U0947797

Gonglu Shuiyun Gongcheng Anquan Shengchan Fagui Zhidu Wenjian Huibian

公路水运工程安全生产法规制度文件汇编

交通运输部工程质量监督局

人民交通出版社

内容提要

本书汇编了公路水运工程安全生产相关的法律、法规、部门及地方规章文件共65篇，共分相关法律法规及规范性文件、部门规章及规范性文件、地方行政法规及规范性文件三部分，均为现行有效文件。

本书可供公路水运工程建设管理、质量监督部门相关工作人员及公路水运工程施工和监理人员使用。

图书在版编目(CIP)数据

公路水运工程安全生产法规制度文件汇编／交通运输部工程质量监督局编．—北京：人民交通出版社，2011.6

ISBN 978-7-114-09155-1

Ⅰ．①公…　Ⅱ．①交…　Ⅲ．①道路工程—安全生产—安全法规—汇编—中国②航道工程—安全生产—安全法规—汇编—中国③道路工程—安全生产—文件—汇编—中国④航道工程—安全生产—文件—汇编—中国　Ⅳ．①D922.54②U415③U615

中国版本图书馆CIP数据核字(2011)第099458号

书　　名：公路水运工程安全生产法规制度文件汇编
著 作 者：交通运输部工程质量监督局
责任编辑：沈鸿雁　刘永超
出版发行：人民交通出版社
地　　址：(100011)北京市朝阳区安定门外外馆斜街3号
网　　址：http://www.ccpress.com.cn
销售电话：(010)59757973
总 经 销：人民交通出版社发行部
经　　销：各地新华书店
印　　刷：北京市密东印刷有限公司
开　　本：787×1092　1/16
印　　张：23.75
字　　数：555千
版　　次：2011年6月　第1版
印　　次：2013年6月　第3次印刷
书　　号：ISBN 978-7-114-09155-1
定　　价：45.00元
(有印刷、装订质量问题的图书由本社负责调换)

《公路水运工程安全生产法规制度文件汇编》编委会

主　任：李彦武

副主任：黄　勇　张立承　和　昆　刘建华
潘　海　刘孝明　乔怀玉　何　光
郑京杰　王增贤　李新杰　李志胜
王春江

委　员：陈　萍　罗海峰　桂志敬　张　宇
肖殿良　彭建华

序

自2005年湖北宜昌会议以来，各级交通运输主管部门认真履行职责，健全机构，不断完善法律法规体系，公路水运工程安全生产监督管理工作得到长足发展。

根据《中华人民共和国安全生产法》和《建设工程安全生产管理条例》，我部于2007年出台了《公路水运工程安全生产监督管理办法》，奠定了公路水运工程安全生产监督管理工作的法制基础。之后，部先后出台了生产安全事故统计报告制度、安全生产管理人员考核培训制度、公路水运工程生产安全事故应急预案、公路桥梁和隧道工程施工安全风险评估等管理制度，为行业安全生产监督管理工作提供了有力的法律支撑。

六年来，各地交通运输主管部门积极探索、创新实践，在交通运输部各项规章制度框架下，不断完善地方安全生产法规制度体系，提升安全生产监督管理能力。尤其是开展公路水运工程"平安工地"建设活动以来，各地安全生产管理水平明显提升。各地在安全生产职责划分、安全生产费用使用、危险性较大工程专项方案审查、施工现场标准化建设等方面出台了许多具体的规定。这些法规制度的出台，为公路水运工程安全生产监督管理工作提供了强有力的法律依据，促进了公路水运工程安全生产工作的制度化、规范化、程序化，带动了全行业安全生产监督管理水平的提升。

本汇编收集整理了《中华人民共和国安全生产法》、《建设工程安全生产管理条例》等与安全生产监督管理相关的法律法规和文件，同时，充分吸收各地具有代表性的法规文件，并将平安工地建设活动有关文件也收纳其中，以供交流参考。让我们创建一个"平安交通、和谐交通"。

交通运输部工程质量监督局 李彦武

2011年5月

前　言

为切实加强交通运输建设安全生产“双基”(基层和基础)工作,全面提升行业安全生产监管水平,加强全国公路水运工程基础设施建设安全生产监管工作经验交流,为全国公路水运工程平安工地交流会提供材料,特完成本汇编。

本汇编内容包括交通运输基础设施建设安全生产监管相关的法律法规、部门规章及规范性文件,充分吸纳了地方具有指导性意义的行政法规及规范性文件,同时将平安工地创建活动期间印发的相关文件进行汇总,该工作得到各地安全监督机构的高度重视和积极配合。

在汇编过程中,由于篇幅有限,不能将所有文件全部纳入,所选文件附件和附表也大都做省略处理,不当之处,欢迎批评指正。

编　者

2011 年 5 月 13 日

目　录

第一部分　相关法律法规及规范性文件

第二部分　部门规章及规范性文件

第三部分　地方行政法规及规范性文件

第一部分　相关法律法规及规范性文件

1. 中华人民共和国安全生产法

（2002 年 6 月 29 日　中华人民共和国主席令第 70 号）

第一章　总　则

第一条　为了加强安全生产监督管理，防止和减少生产安全事故，保障人民群众生命和财产安全，促进经济发展，制定本法。

第二条　在中华人民共和国领域内从事生产经营活动的单位（以下统称生产经营单位）的安全生产，适用本法；有关法律、行政法规对消防安全和道路交通安全、铁路交通安全、水上交通安全、民用航空安全另有规定的，适用其规定。

第三条　安全生产管理，坚持安全第一、预防为主的方针。

第四条　生产经营单位必须遵守本法和其他有关安全生产的法律、法规，加强安全生产管理，建立、健全安全生产责任制度，完善安全生产条件，确保安全生产。

第五条　生产经营单位的主要负责人对本单位的安全生产工作全面负责。

第六条　生产经营单位的从业人员有依法获得安全生产保障的权利，并应当依法履行安全生产方面的义务。

第七条　工会依法组织职工参加本单位安全生产工作的民主管理和民主监督，维护职工在安全生产方面的合法权益。

第八条　国务院和地方各级人民政府应当加强对安全生产工作的领导，支持、督促各有关部门依法履行安全生产监督管理职责。

县级以上人民政府对安全生产监督管理中存在的重大问题应当及时予以协调、解决。

第九条　国务院负责安全生产监督管理的部门依照本法，对全国安全生产工作实施综合监督管理；县级以上地方各级人民政府负责安全生产监督管理的部门依照本法，对本行政区域内安全生产工作实施综合监督管理。

国务院有关部门依照本法和其他有关法律、行政法规的规定，在各自的职责范围内对有关的安全生产工作实施监督管理；县级以上地方各级人民政府有关部门依照本法和其他有关法律、法规的规定，在各自的职责范围内对有关的安全生产工作实施监督管理。

第十条　国务院有关部门应当按照保障安全生产的要求，依法及时制定有关的国家标准或者行业标准，并根据科技进步和经济发展适时修订。

生产经营单位必须执行依法制定的保障安全生产的国家标准或者行业标准。

第十一条　各级人民政府及其有关部门应当采取多种形式，加强对有关安全生产的法律、法规和安全生产知识的宣传，提高职工的安全生产意识。

第十二条　依法设立的为安全生产提供技术服务的中介机构，依照法律、行政法规和执业准则，接受生产经营单位的委托为其安全生产工作提供技术服务。

第十三条 国家实行生产安全事故责任追究制度，依照本法和有关法律、法规的规定，追究生产安全事故责任人员的法律责任。

第十四条 国家鼓励和支持安全生产科学技术研究和安全生产先进技术的推广应用，提高安全生产水平。

第十五条 国家对在改善安全生产条件、防止生产安全事故、参加抢险救护等方面取得显著成绩的单位和个人，给予奖励。

第二章 生产经营单位的安全生产保障

第十六条 生产经营单位应当具备本法和有关法律、行政法规和国家标准或者行业标准规定的安全生产条件；不具备安全生产条件的，不得从事生产经营活动。

第十七条 生产经营单位的主要负责人对本单位安全生产工作负有下列职责：

（一）建立、健全本单位安全生产责任制；

（二）组织制定本单位安全生产规章制度和操作规程；

（三）保证本单位安全生产投入的有效实施；

（四）督促、检查本单位的安全生产工作，及时消除生产安全事故隐患；

（五）组织制定并实施本单位的生产安全事故应急救援预案；

（六）及时、如实报告生产安全事故。

第十八条 生产经营单位应当具备的安全生产条件所必需的资金投入，由生产经营单位的决策机构、主要负责人或者个人经营的投资人予以保证，并对由于安全生产所必需的资金投入不足导致的后果承担责任。

第十九条 矿山、建筑施工单位和危险物品的生产、经营、储存单位，应当设置安全生产管理机构或者配备专职安全生产管理人员。

前款规定以外的其他生产经营单位，从业人员超过三百人的，应当设置安全生产管理机构或者配备专职安全生产管理人员；从业人员在三百人以下的，应当配备专职或者兼职的安全生产管理人员，或者委托具有国家规定的相关专业技术资格的工程技术人员提供安全生产管理服务。

生产经营单位依照前款规定委托工程技术人员提供安全生产管理服务的，保证安全生产的责任仍由本单位负责。

第二十条 生产经营单位的主要负责人和安全生产管理人员必须具备与本单位所从事的生产经营活动相应的安全生产知识和管理能力。

危险物品的生产、经营、储存单位以及矿山、建筑施工单位的主要负责人和安全生产管理人员，应当由有关主管部门对其安全生产知识和管理能力考核合格后方可任职。考核不得收费。

第二十一条 生产经营单位应当对从业人员进行安全生产教育和培训，保证从业人员具备必要的安全生产知识，熟悉有关的安全生产规章制度和安全操作规程，掌握本岗位的安全操作技能。未经安全生产教育和培训合格的从业人员，不得上岗作业。

第二十二条　生产经营单位采用新工艺、新技术、新材料或者使用新设备,必须了解、掌握其安全技术特性,采取有效的安全防护措施,并对从业人员进行专门的安全生产教育和培训。

第二十三条　生产经营单位的特种作业人员必须按照国家有关规定经专门的安全作业培训,取得特种作业操作资格证书,方可上岗作业。

特种作业人员的范围由国务院负责安全生产监督管理的部门会同国务院有关部门确定。

第二十四条　生产经营单位新建、改建、扩建工程项目(以下统称建设项目)的安全设施,必须与主体工程同时设计、同时施工、同时投入生产和使用。安全设施投资应当纳入建设项目概算。

第二十五条　矿山建设项目和用于生产、储存危险物品的建设项目,应当分别按照国家有关规定进行安全条件论证和安全评价。

第二十六条　建设项目安全设施的设计人、设计单位应当对安全设施设计负责。

矿山建设项目和用于生产、储存危险物品的建设项目的安全设施设计应当按照国家有关规定报经有关部门审查,审查部门及其负责审查的人员对审查结果负责。

第二十七条　矿山建设项目和用于生产、储存危险物品的建设项目的施工单位必须按照批准的安全设施设计施工,并对安全设施的工程质量负责。

矿山建设项目和用于生产、储存危险物品的建设项目竣工投入生产或者使用前,必须依照有关法律、行政法规的规定对安全设施进行验收;验收合格后,方可投入生产和使用。验收部门及其验收人员对验收结果负责。

第二十八条　生产经营单位应当在有较大危险因素的生产经营场所和有关设施、设备上,设置明显的安全警示标志。

第二十九条　安全设备的设计、制造、安装、使用、检测、维修、改造和报废,应当符合国家标准或者行业标准。

生产经营单位必须对安全设备进行经常性维护、保养,并定期检测,保证正常运转。维护、保养、检测应当作好记录,并由有关人员签字。

第三十条　生产经营单位使用的涉及生命安全、危险性较大的特种设备,以及危险物品的容器、运输工具,必须按照国家有关规定,由专业生产单位生产,并经取得专业资质的检测、检验机构检测、检验合格,取得安全使用证或者安全标志,方可投入使用。检测、检验机构对检测、检验结果负责。

涉及生命安全、危险性较大的特种设备的目录由国务院负责特种设备安全监督管理的部门制定,报国务院批准后执行。

第三十一条　国家对严重危及生产安全的工艺、设备实行淘汰制度。

生产经营单位不得使用国家明令淘汰、禁止使用的危及生产安全的工艺、设备。

第三十二条　生产、经营、运输、储存、使用危险物品或者处置废弃危险物品的,由有关主管部门依照有关法律、法规的规定和国家标准或者行业标准审批并实施监督管理。

生产经营单位生产、经营、运输、储存、使用危险物品或者处置废弃危险物品,必须执行有关法律、法规和国家标准或者行业标准,建立专门的安全管理制度,采取可靠的安全措施,接受有关主管部门依法实施的监督管理。

第三十三条　生产经营单位对重大危险源应当登记建档,进行定期检测、评估、监控,并制定应急预案,告知从业人员和相关人员在紧急情况下应当采取的应急措施。

生产经营单位应当按照国家有关规定将本单位重大危险源及有关安全措施、应急措施报有关地方人民政府负责安全生产监督管理的部门和有关部门备案。

第三十四条 生产、经营、储存、使用危险物品的车间、商店、仓库不得与员工宿舍在同一座建筑物内,并应当与员工宿舍保持安全距离。

生产经营场所和员工宿舍应当设有符合紧急疏散要求、标志明显、保持畅通的出口。禁止封闭、堵塞生产经营场所或者员工宿舍的出口。

第三十五条 生产经营单位进行爆破、吊装等危险作业,应当安排专门人员进行现场安全管理,确保操作规程的遵守和安全措施的落实。

第三十六条 生产经营单位应当教育和督促从业人员严格执行本单位的安全生产规章制度和安全操作规程;并向从业人员如实告知作业场所和工作岗位存在的危险因素、防范措施以及事故应急措施。

第三十七条 生产经营单位必须为从业人员提供符合国家标准或者行业标准的劳动防护用品,并监督、教育从业人员按照使用规则佩戴、使用。

第三十八条 生产经营单位的安全生产管理人员应当根据本单位的生产经营特点,对安全生产状况进行经常性检查;对检查中发现的安全问题,应当立即处理;不能处理的,应当及时报告本单位有关负责人。检查及处理情况应当记录在案。

第三十九条 生产经营单位应当安排用于配备劳动防护用品、进行安全生产培训的经费。

第四十条 两个以上生产经营单位在同一作业区域内进行生产经营活动,可能危及对方生产安全的,应当签订安全生产管理协议,明确各自的安全生产管理职责和应当采取的安全措施,并指定专职安全生产管理人员进行安全检查与协调。

第四十一条 生产经营单位不得将生产经营项目、场所、设备发包或者出租给不具备安全生产条件或者相应资质的单位或者个人。

生产经营项目、场所有多个承包单位、承租单位的,生产经营单位应当与承包单位、承租单位签订专门的安全生产管理协议,或者在承包合同、租赁合同中约定各自的安全生产管理职责;生产经营单位对承包单位、承租单位的安全生产工作统一协调、管理。

第四十二条 生产经营单位发生重大生产安全事故时,单位的主要负责人应当立即组织抢救,并不得在事故调查处理期间擅离职守。

第四十三条 生产经营单位必须依法参加工伤社会保险,为从业人员缴纳保险费。

第三章　从业人员的权利和义务

第四十四条 生产经营单位与从业人员订立的劳动合同,应当载明有关保障从业人员劳动安全、防止职业危害的事项,以及依法为从业人员办理工伤社会保险的事项。

生产经营单位不得以任何形式与从业人员订立协议,免除或者减轻其对从业人员因生产安全事故伤亡依法应承担的责任。

第四十五条 生产经营单位的从业人员有权了解其作业场所和工作岗位存在的危险因素、防范措施及事故应急措施,有权对本单位的安全生产工作提出建议。

第四十六条　从业人员有权对本单位安全生产工作中存在的问题提出批评、检举、控告；有权拒绝违章指挥和强令冒险作业。

生产经营单位不得因从业人员对本单位安全生产工作提出批评、检举、控告或者拒绝违章指挥、强令冒险作业而降低其工资、福利等待遇或者解除与其订立的劳动合同。

第四十七条　从业人员发现直接危及人身安全的紧急情况时，有权停止作业或者在采取可能的应急措施后撤离作业场所。

生产经营单位不得因从业人员在前款紧急情况下停止作业或者采取紧急撤离措施而降低其工资、福利等待遇或者解除与其订立的劳动合同。

第四十八条　因生产安全事故受到损害的从业人员，除依法享有工伤社会保险外，依照有关民事法律尚有获得赔偿的权利的，有权向本单位提出赔偿要求。

第四十九条　从业人员在作业过程中，应当严格遵守本单位的安全生产规章制度和操作规程，服从管理，正确佩戴和使用劳动防护用品。

第五十条　从业人员应当接受安全生产教育和培训，掌握本职工作所需的安全生产知识，提高安全生产技能，增强事故预防和应急处理能力。

第五十一条　从业人员发现事故隐患或者其他不安全因素，应当立即向现场安全生产管理人员或者本单位负责人报告；接到报告的人员应当及时予以处理。

第五十二条　工会有权对建设项目的安全设施与主体工程同时设计、同时施工、同时投入生产和使用进行监督，提出意见。

工会对生产经营单位违反安全生产法律、法规，侵犯从业人员合法权益的行为，有权要求纠正；发现生产经营单位违章指挥、强令冒险作业或者发现事故隐患时，有权提出解决的建议，生产经营单位应当及时研究答复；发现危及从业人员生命安全的情况时，有权向生产经营单位建议组织从业人员撤离危险场所，生产经营单位必须立即作出处理。

工会有权依法参加事故调查，向有关部门提出处理意见，并要求追究有关人员的责任。

第四章　安全生产的监督管理

第五十三条　县级以上地方各级人民政府应当根据本行政区域内的安全生产状况，组织有关部门按照职责分工，对本行政区域内容易发生重大生产安全事故的生产经营单位进行严格检查；发现事故隐患，应当及时处理。

第五十四条　依照本法第九条规定对安全生产负有监督管理职责的部门（以下统称负有安全生产监督管理职责的部门）依照有关法律、法规的规定，对涉及安全生产的事项需要审查批准（包括批准、核准、许可、注册、认证、颁发证照等，下同）或者验收的，必须严格依照有关法律、法规和国家标准或者行业标准规定的安全生产条件和程序进行审查；不符合有关法律、法规和国家标准或者行业标准规定的安全生产条件的，不得批准或者验收通过。对未依法取得批准或者验收合格的单位擅自从事有关活动的，负责行政审批的部门发现或者接到举报后应当立即予以取缔，并依法予以处理。对已经依法取得批准的单位，负责行政审批的部门发现其不再具备安全生产条件的，应当撤销原批准。

第五十五条　负有安全生产监督管理职责的部门对涉及安全生产的事项进行审查、验收，不得收取费用;不得要求接受审查、验收的单位购买其指定品牌或者指定生产、销售单位的安全设备、器材或者其他产品。

第五十六条 负有安全生产监督管理职责的部门依法对生产经营单位执行有关安全生产的法律、法规和国家标准或者行业标准的情况进行监督检查,行使以下职权:

(一)进入生产经营单位进行检查,调阅有关资料,向有关单位和人员了解情况。

(二)对检查中发现的安全生产违法行为,当场予以纠正或者要求限期改正;对依法应当给予行政处罚的行为,依照本法和其他有关法律、行政法规的规定作出行政处罚决定。

(三)对检查中发现的事故隐患,应当责令立即排除;重大事故隐患排除前或者排除过程中无法保证安全的,应当责令从危险区域内撤出作业人员,责令暂时停产停业或者停止使用;重大事故隐患排除后,经审查同意,方可恢复生产经营和使用。

(四)对有根据认为不符合保障安全生产的国家标准或者行业标准的设施、设备、器材予以查封或者扣押,并应当在十五日内依法作出处理决定。

监督检查不得影响被检查单位的正常生产经营活动。

第五十七条 生产经营单位对负有安全生产监督管理职责的部门的监督检查人员(以下统称安全生产监督检查人员)依法履行监督检查职责,应当予以配合,不得拒绝、阻挠。

第五十八条 安全生产监督检查人员应当忠于职守,坚持原则,秉公执法。

安全生产监督检查人员执行监督检查任务时,必须出示有效的监督执法证件;对涉及被检查单位的技术秘密和业务秘密,应当为其保密。

第五十九条 安全生产监督检查人员应当将检查的时间、地点、内容、发现的问题及其处理情况,作出书面记录,并由检查人员和被检查单位的负责人签字;被检查单位的负责人拒绝签字的,检查人员应当将情况记录在案,并向负有安全生产监督管理职责的部门报告。

第六十条 负有安全生产监督管理职责的部门在监督检查中,应当互相配合,实行联合检查;确需分别进行检查的,应当互通情况,发现存在的安全问题应当由其他有关部门进行处理的,应当及时移送其他有关部门并形成记录备查,接受移送的部门应当及时进行处理。

第六十一条 监察机关依照行政监察法的规定,对负有安全生产监督管理职责的部门及其工作人员履行安全生产监督管理职责实施监察。

第六十二条 承担安全评价、认证、检测、检验的机构应当具备国家规定的资质条件,并对其作出的安全评价、认证、检测、检验的结果负责。

第六十三条 负有安全生产监督管理职责的部门应当建立举报制度,公开举报电话、信箱或者电子邮件地址,受理有关安全生产的举报;受理的举报事项经调查核实后,应当形成书面材料;需要落实整改措施的,报经有关负责人签字并督促落实。

第六十四条 任何单位或者个人对事故隐患或者安全生产违法行为,均有权向负有安全生产监督管理职责的部门报告或者举报。

第六十五条 居民委员会、村民委员会发现其所在区域内的生产经营单位存在事故隐患或者安全生产违法行为时,应当向当地人民政府或者有关部门报告。

第六十六条 县级以上各级人民政府及其有关部门对报告重大事故隐患或者举报安全生产违法行为的有功人员,给予奖励。具体奖励办法由国务院负责安全生产监督管理的部门会同国务院财政部门制定。

第六十七条 新闻、出版、广播、电影、电视等单位有进行安全生产宣传教育的义务,有对违反安全生产法律、法规的行为进行舆论监督的权利。

第五章 生产安全事故的应急救援与调查处理

第六十八条 县级以上地方各级人民政府应当组织有关部门制定本行政区域内特大生产安全事故应急救援预案,建立应急救援体系。

第六十九条 危险物品的生产、经营、储存单位以及矿山、建筑施工单位应当建立应急救援组织;生产经营规模较小,可以不建立应急救援组织的,应当指定兼职的应急救援人员。

危险物品的生产、经营、储存单位以及矿山、建筑施工单位应当配备必要的应急救援器材、设备,并进行经常性维护、保养,保证正常运转。

第七十条 生产经营单位发生生产安全事故后,事故现场有关人员应当立即报告本单位负责人。

单位负责人接到事故报告后,应当迅速采取有效措施,组织抢救,防止事故扩大,减少人员伤亡和财产损失,并按照国家有关规定立即如实报告当地负有安全生产监督管理职责的部门,不得隐瞒不报、谎报或者拖延不报,不得故意破坏事故现场、毁灭有关证据。

第七十一条 负有安全生产监督管理职责的部门接到事故报告后,应当立即按照国家有关规定上报事故情况。负有安全生产监督管理职责的部门和有关地方人民政府对事故情况不得隐瞒不报、谎报或者拖延不报。

第七十二条 有关地方人民政府和负有安全生产监督管理职责的部门的负责人接到重大生产安全事故报告后,应当立即赶到事故现场,组织事故抢救。

任何单位和个人都应当支持、配合事故抢救,并提供一切便利条件。

第七十三条 事故调查处理应当按照实事求是、尊重科学的原则,及时、准确地查清事故原因,查明事故性质和责任,总结事故教训,提出整改措施,并对事故责任者提出处理意见。事故调查和处理的具体办法由国务院制定。

第七十四条 生产经营单位发生生产安全事故,经调查确定为责任事故的,除了应当查明事故单位的责任并依法予以追究外,还应当查明对安全生产的有关事项负有审查批准和监督职责的行政部门的责任,对有失职、渎职行为的,依照本法第七十七条的规定追究法律责任。

第七十五条 任何单位和个人不得阻挠和干涉对事故的依法调查处理。

第七十六条 县级以上地方各级人民政府负责安全生产监督管理的部门应当定期统计分析本行政区域内发生生产安全事故的情况,并定期向社会公布。

第六章 法 律 责 任

第七十七条 负有安全生产监督管理职责的部门的工作人员,有下列行为之一的,给予降级或者撤职的行政处分;构成犯罪的,依照刑法有关规定追究刑事责任:

(一)对不符合法定安全生产条件的涉及安全生产的事项予以批准或者验收通过的;

(二)发现未依法取得批准、验收的单位擅自从事有关活动或者接到举报后不予取缔或者不依法予以处理的；

（三）对已经依法取得批准的单位不履行监督管理职责，发现其不再具备安全生产条件而不撤销原批准或者发现安全生产违法行为不予查处的。

第七十八条 负有安全生产监督管理职责的部门，要求被审查、验收的单位购买其指定的安全设备、器材或者其他产品的，在对安全生产事项的审查、验收中收取费用的，由其上级机关或者监察机关责令改正，责令退还收取的费用；情节严重的，对直接负责的主管人员和其他直接责任人员依法给予行政处分。

第七十九条 承担安全评价、认证、检测、检验工作的机构，出具虚假证明，构成犯罪的，依照刑法有关规定追究刑事责任；尚不够刑事处罚的，没收违法所得，违法所得在五千元以上的，并处违法所得二倍以上五倍以下的罚款，没有违法所得或者违法所得不足五千元的，单处或者并处五千元以上二万元以下的罚款，对其直接负责的主管人员和其他直接责任人员处五千元以上五万元以下的罚款；给他人造成损害的，与生产经营单位承担连带赔偿责任。

对有前款违法行为的机构，撤销其相应资格。

第八十条 生产经营单位的决策机构、主要负责人、个人经营的投资人不依照本法规定保证安全生产所必需的资金投入，致使生产经营单位不具备安全生产条件的，责令限期改正，提供必需的资金；逾期未改正的，责令生产经营单位停产停业整顿。

有前款违法行为，导致发生生产安全事故，构成犯罪的，依照刑法有关规定追究刑事责任；尚不够刑事处罚的，对生产经营单位的主要负责人给予撤职处分，对个人经营的投资人处二万元以上二十万元以下的罚款。

第八十一条 生产经营单位的主要负责人未履行本法规定的安全生产管理职责的，责令限期改正；逾期未改正的，责令生产经营单位停产停业整顿。

生产经营单位的主要负责人有前款违法行为，导致发生生产安全事故，构成犯罪的，依照刑法有关规定追究刑事责任；尚不够刑事处罚的，给予撤职处分或者处二万元以上二十万元以下的罚款。

生产经营单位的主要负责人依照前款规定受刑事处罚或者撤职处分的，自刑罚执行完毕或者受处分之日起，五年内不得担任任何生产经营单位的主要负责人。

第八十二条 生产经营单位有下列行为之一的，责令限期改正；逾期未改正的，责令停产停业整顿，可以并处二万元以下的罚款：

（一）未按照规定设立安全生产管理机构或者配备安全生产管理人员的；

（二）危险物品的生产、经营、储存单位以及矿山、建筑施工单位的主要负责人和安全生产管理人员未按照规定经考核合格的；

（三）未按照本法第二十一条、第二十二条的规定对从业人员进行安全生产教育和培训，或者未按照本法第三十六条的规定如实告知从业人员有关的安全生产事项的；

（四）特种作业人员未按照规定经专门的安全作业培训并取得特种作业操作资格证书，上岗作业的。

第八十三条 生产经营单位有下列行为之一的，责令限期改正；逾期未改正的，责令停止建设或者停产停业整顿，可以并处五万元以下的罚款；造成严重后果，构成犯罪的，依照刑法有关规定追究刑事责任：

(一)矿山建设项目或者用于生产、储存危险物品的建设项目没有安全设施设计或者安全设施设计未按照规定报经有关部门审查同意的;

(二)矿山建设项目或者用于生产、储存危险物品的建设项目的施工单位未按照批准的安全设施设计施工的;

(三)矿山建设项目或者用于生产、储存危险物品的建设项目竣工投入生产或者使用前,安全设施未经验收合格的;

(四)未在有较大危险因素的生产经营场所和有关设施、设备上设置明显的安全警示标志的;

(五)安全设备的安装、使用、检测、改造和报废不符合国家标准或者行业标准的;

(六)未对安全设备进行经常性维护、保养和定期检测的;

(七)未为从业人员提供符合国家标准或者行业标准的劳动防护用品的;

(八)特种设备以及危险物品的容器、运输工具未经取得专业资质的机构检测、检验合格,取得安全使用证或者安全标志,投入使用的;

(九)使用国家明令淘汰、禁止使用的危及生产安全的工艺、设备的。

第八十四条 未经依法批准,擅自生产、经营、储存危险物品的,责令停止违法行为或者予以关闭,没收违法所得,违法所得十万元以上的,并处违法所得一倍以上五倍以下的罚款,没有违法所得或者违法所得不足十万元的,单处或者并处二万元以上十万元以下的罚款;造成严重后果,构成犯罪的,依照刑法有关规定追究刑事责任。

第八十五条 生产经营单位有下列行为之一的,责令限期改正;逾期未改正的,责令停产停业整顿,可以并处二万元以上十万元以下的罚款;造成严重后果,构成犯罪的,依照刑法有关规定追究刑事责任:

(一)生产、经营、储存、使用危险物品,未建立专门安全管理制度、未采取可靠的安全措施或者不接受有关主管部门依法实施的监督管理的;

(二)对重大危险源未登记建档,或者未进行评估、监控,或者未制定应急预案的;

(三)进行爆破、吊装等危险作业,未安排专门管理人员进行现场安全管理的。

第八十六条 生产经营单位将生产经营项目、场所、设备发包或者出租给不具备安全生产条件或者相应资质的单位或者个人的,责令限期改正,没收违法所得;违法所得五万元以上的,并处违法所得一倍以上五倍以下的罚款;没有违法所得或者违法所得不足五万元的,单处或者并处一万元以上五万元以下的罚款;导致发生生产安全事故给他人造成损害的,与承包方、承租方承担连带赔偿责任。

生产经营单位未与承包单位、承租单位签订专门的安全生产管理协议或者未在承包合同、租赁合同中明确各自的安全生产管理职责,或者未对承包单位、承租单位的安全生产统一协调、管理的,责令限期改正;逾期未改正的,责令停产停业整顿。

第八十七条 两个以上生产经营单位在同一作业区域内进行可能危及对方安全生产的生产经营活动,未签订安全生产管理协议或者未指定专职安全生产管理人员进行安全检查与协调的,责令限期改正;逾期未改正的,责令停产停业。

第八十八条 生产经营单位有下列行为之一的,责令限期改正;逾期未改正的,责令停产停业整顿;造成严重后果,构成犯罪的,依照刑法有关规定追究刑事责任:

(一)生产、经营、储存、使用危险物品的车间、商店、仓库与员工宿舍在同一座建筑内,或者与员工宿舍的距离不符合安全要求的；

（二）生产经营场所和员工宿舍未设有符合紧急疏散需要、标志明显、保持畅通的出口，或者封闭、堵塞生产经营场所或者员工宿舍出口的。

第八十九条 生产经营单位与从业人员订立协议，免除或者减轻其对从业人员因生产安全事故伤亡依法应承担的责任的，该协议无效；对生产经营单位的主要负责人、个人经营的投资人处二万元以上十万元以下的罚款。

第九十条 生产经营单位的从业人员不服从管理，违反安全生产规章制度或者操作规程的，由生产经营单位给予批评教育，依照有关规章制度给予处分；造成重大事故，构成犯罪的，依照刑法有关规定追究刑事责任。

第九十一条 生产经营单位主要负责人在本单位发生重大生产安全事故时，不立即组织抢救或者在事故调查处理期间擅离职守或者逃匿的，给予降职、撤职的处分，对逃匿的处十五日以下拘留；构成犯罪的，依照刑法有关规定追究刑事责任。

生产经营单位主要负责人对生产安全事故隐瞒不报、谎报或者拖延不报的，依照前款规定处罚。

第九十二条 有关地方人民政府、负有安全生产监督管理职责的部门，对生产安全事故隐瞒不报、谎报或者拖延不报的，对直接负责的主管人员和其他直接责任人员依法给予行政处分；构成犯罪的，依照刑法有关规定追究刑事责任。

第九十三条 生产经营单位不具备本法和其他有关法律、行政法规和国家标准或者行业标准规定的安全生产条件，经停产停业整顿仍不具备安全生产条件的，予以关闭；有关部门应当依法吊销其有关证照。

第九十四条 本法规定的行政处罚，由负责安全生产监督管理的部门决定；予以关闭的行政处罚由负责安全生产监督管理的部门报请县级以上人民政府按照国务院规定的权限决定；给予拘留的行政处罚由公安机关依照治安管理处罚条例的规定决定。有关法律、行政法规对行政处罚的决定机关另有规定的，依照其规定。

第九十五条 生产经营单位发生生产安全事故造成人员伤亡、他人财产损失的，应当依法承担赔偿责任；拒不承担或者其负责人逃匿的，由人民法院依法强制执行。

生产安全事故的责任人未依法承担赔偿责任，经人民法院依法采取执行措施后，仍不能对受害人给予足额赔偿的，应当继续履行赔偿义务；受害人发现责任人有其他财产的，可以随时请求人民法院执行。

第七章 附 则

第九十六条 本法下列用语的含义：

危险物品，是指易燃易爆物品、危险化学品、放射性物品等能够危及人身安全和财产安全的物品。

重大危险源，是指长期地或者临时地生产、搬运、使用或者储存危险物品，且危险物品的数量等于或者超过临界量的单元（包括场所和设施）。

第九十七条 本法自2002年11月1日起施行。

2. 中华人民共和国突发事件应对法

（2007 年 8 月 30 日　中华人民共和国主席令第 69 号）

第一章　总　　则

第一条　为了预防和减少突发事件的发生，控制、减轻和消除突发事件引起的严重社会危害，规范突发事件应对活动，保护人民生命财产安全，维护国家安全、公共安全、环境安全和社会秩序，制定本法。

第二条　突发事件的预防与应急准备、监测与预警、应急处置与救援、事后恢复与重建等应对活动，适用本法。

第三条　本法所称突发事件，是指突然发生，造成或者可能造成严重社会危害，需要采取应急处置措施予以应对的自然灾害、事故灾难、公共卫生事件和社会安全事件。

按照社会危害程度、影响范围等因素，自然灾害、事故灾难、公共卫生事件分为特别重大、重大、较大和一般四级。法律、行政法规或者国务院另有规定的，从其规定。

突发事件的分级标准由国务院或者国务院确定的部门制定。

第四条　国家建立统一领导、综合协调、分类管理、分级负责、属地管理为主的应急管理体制。

第五条　突发事件应对工作实行预防为主、预防与应急相结合的原则。国家建立重大突发事件风险评估体系，对可能发生的突发事件进行综合性评估，减少重大突发事件的发生，最大限度地减轻重大突发事件的影响。

第六条　国家建立有效的社会动员机制，增强全民的公共安全和防范风险的意识，提高全社会的避险救助能力。

第七条　县级人民政府对本行政区域内突发事件的应对工作负责；涉及两个以上行政区域的，由有关行政区域共同的上一级人民政府负责，或者由各有关行政区域的上一级人民政府共同负责。

突发事件发生后，发生地县级人民政府应当立即采取措施控制事态发展，组织开展应急救援和处置工作，并立即向上一级人民政府报告，必要时可以越级上报。

突发事件发生地县级人民政府不能消除或者不能有效控制突发事件引起的严重社会危害的，应当及时向上级人民政府报告。上级人民政府应当及时采取措施，统一领导应急处置工作。

法律、行政法规规定由国务院有关部门对突发事件的应对工作负责的，从其规定；地方人民政府应当积极配合并提供必要的支持。

第八条　国务院在总理领导下研究、决定和部署特别重大突发事件的应对工作；根据实际需要，设立国家突发事件应急指挥机构，负责突发事件应对工作；必要时，国务院可以派出工作组指导有关工作。

县级以上地方各级人民政府设立由本级人民政府主要负责人、相关部门负责人、驻当地中国人民解放军和中国人民武装警察部队有关负责人组成的突发事件应急指挥机构,统一领导、协调本级人民政府各有关部门和下级人民政府开展突发事件应对工作;根据实际需要,设立相关类别突发事件应急指挥机构,组织、协调、指挥突发事件应对工作。

上级人民政府主管部门应当在各自职责范围内,指导、协助下级人民政府及其相应部门做好有关突发事件的应对工作。

第九条 国务院和县级以上地方各级人民政府是突发事件应对工作的行政领导机关,其办事机构及具体职责由国务院规定。

第十条 有关人民政府及其部门作出的应对突发事件的决定、命令,应当及时公布。

第十一条 有关人民政府及其部门采取的应对突发事件的措施,应当与突发事件可能造成的社会危害的性质、程度和范围相适应;有多种措施可供选择的,应当选择有利于最大程度地保护公民、法人和其他组织权益的措施。

公民、法人和其他组织有义务参与突发事件应对工作。

第十二条 有关人民政府及其部门为应对突发事件,可以征用单位和个人的财产。被征用的财产在使用完毕或者突发事件应急处置工作结束后,应当及时返还。财产被征用或者征用后毁损、灭失的,应当给予补偿。

第十三条 因采取突发事件应对措施,诉讼、行政复议、仲裁活动不能正常进行的,适用有关时效中止和程序中止的规定,但法律另有规定的除外。

第十四条 中国人民解放军、中国人民武装警察部队和民兵组织依照本法和其他有关法律、行政法规、军事法规的规定以及国务院、中央军事委员会的命令,参加突发事件的应急救援和处置工作。

第十五条 中华人民共和国政府在突发事件的预防、监测与预警、应急处置与救援、事后恢复与重建等方面,同外国政府和有关国际组织开展合作与交流。

第十六条 县级以上人民政府作出应对突发事件的决定、命令,应当报本级人民代表大会常务委员会备案;突发事件应急处置工作结束后,应当向本级人民代表大会常务委员会作出专项工作报告。

第二章 预防与应急准备

第十七条 国家建立健全突发事件应急预案体系。

国务院制定国家突发事件总体应急预案,组织制定国家突发事件专项应急预案;国务院有关部门根据各自的职责和国务院相关应急预案,制定国家突发事件部门应急预案。

地方各级人民政府和县级以上地方各级人民政府有关部门根据有关法律、法规、规章、上级人民政府及其有关部门的应急预案以及本地区的实际情况,制定相应的突发事件应急预案。

应急预案制定机关应当根据实际需要和情势变化,适时修订应急预案。应急预案的制定、修订程序由国务院规定。

第十八条 应急预案应当根据本法和其他有关法律、法规的规定,针对突发事件的性质、特点和可能造成的社会危害，具体规定突发事件应急管理工作的组织指挥体系与职责和突发事件的预防与预警机制、处置程序、应急保障措施以及事后恢复与重建措施等内容。

第十九条 城乡规划应当符合预防、处置突发事件的需要，统筹安排应对突发事件所必需的设备和基础设施建设，合理确定应急避难场所。

第二十条 县级人民政府应当对本行政区域内容易引发自然灾害、事故灾难和公共卫生事件的危险源、危险区域进行调查、登记、风险评估，定期进行检查、监控，并责令有关单位采取安全防范措施。

省级和设区的市级人民政府应当对本行政区域内容易引发特别重大、重大突发事件的危险源、危险区域进行调查、登记、风险评估，组织进行检查、监控，并责令有关单位采取安全防范措施。

县级以上地方各级人民政府按照本法规定登记的危险源、危险区域，应当按照国家规定及时向社会公布。

第二十一条 县级人民政府及其有关部门、乡级人民政府、街道办事处、居民委员会、村民委员会应当及时调解处理可能引发社会安全事件的矛盾纠纷。

第二十二条 所有单位应当建立健全安全管理制度，定期检查本单位各项安全防范措施的落实情况，及时消除事故隐患；掌握并及时处理本单位存在的可能引发社会安全事件的问题，防止矛盾激化和事态扩大；对本单位可能发生的突发事件和采取安全防范措施的情况，应当按照规定及时向所在地人民政府或者人民政府有关部门报告。

第二十三条 矿山、建筑施工单位和易燃易爆物品、危险化学品、放射性物品等危险物品的生产、经营、储运、使用单位，应当制定具体应急预案，并对生产经营场所、有危险物品的建筑物、构筑物及周边环境开展隐患排查，及时采取措施消除隐患，防止发生突发事件。

第二十四条 公共交通工具、公共场所和其他人员密集场所的经营单位或者管理单位应当制定具体应急预案，为交通工具和有关场所配备报警装置和必要的应急救援设备、设施，注明其使用方法，并显著标明安全撤离的通道、路线，保证安全通道、出口的畅通。

有关单位应当定期检测、维护其报警装置和应急救援设备、设施，使其处于良好状态，确保正常使用。

第二十五条 县级以上人民政府应当建立健全突发事件应急管理培训制度，对人民政府及其有关部门负有处置突发事件职责的工作人员定期进行培训。

第二十六条 县级以上人民政府应当整合应急资源，建立或者确定综合性应急救援队伍。人民政府有关部门可以根据实际需要设立专业应急救援队伍。

县级以上人民政府及其有关部门可以建立由成年志愿者组成的应急救援队伍。单位应当建立由本单位职工组成的专职或者兼职应急救援队伍。

县级以上人民政府应当加强专业应急救援队伍与非专业应急救援队伍的合作，联合培训、联合演练，提高合成应急、协同应急的能力。

第二十七条 国务院有关部门、县级以上地方各级人民政府及其有关部门、有关单位应当为专业应急救援人员购买人身意外伤害保险，配备必要的防护装备和器材，减少应急救援人员的人身风险。

第二十八条 中国人民解放军、中国人民武装警察部队和民兵组织应当有计划地组织开展应急救援的专门训练。

第二十九条 县级人民政府及其有关部门、乡级人民政府、街道办事处应当组织开展应急知识的宣传普及活动和必要的应急演练。

居民委员会、村民委员会、企业事业单位应当根据所在地人民政府的要求,结合各自的实际情况,开展有关突发事件应急知识的宣传普及活动和必要的应急演练。

新闻媒体应当无偿开展突发事件预防与应急、自救与互救知识的公益宣传。

第三十条 各级各类学校应当把应急知识教育纳入教学内容,对学生进行应急知识教育,培养学生的安全意识和自救与互救能力。

教育主管部门应当对学校开展应急知识教育进行指导和监督。

第三十一条 国务院和县级以上地方各级人民政府应当采取财政措施,保障突发事件应对工作所需经费。

第三十二条 国家建立健全应急物资储备保障制度,完善重要应急物资的监管、生产、储备、调拨和紧急配送体系。

设区的市级以上人民政府和突发事件易发、多发地区的县级人民政府应当建立应急救援物资、生活必需品和应急处置装备的储备制度。

县级以上地方各级人民政府应当根据本地区的实际情况,与有关企业签订协议,保障应急救援物资、生活必需品和应急处置装备的生产、供给。

第三十三条 国家建立健全应急通信保障体系,完善公用通信网,建立有线与无线相结合、基础电信网络与机动通信系统相配套的应急通信系统,确保突发事件应对工作的通信畅通。

第三十四条 国家鼓励公民、法人和其他组织为人民政府应对突发事件工作提供物资、资金、技术支持和捐赠。

第三十五条 国家发展保险事业,建立国家财政支持的巨灾风险保险体系,并鼓励单位和公民参加保险。

第三十六条 国家鼓励、扶持具备相应条件的教学科研机构培养应急管理专门人才,鼓励、扶持教学科研机构和有关企业研究开发用于突发事件预防、监测、预警、应急处置与救援的新技术、新设备和新工具。

第三章 监测与预警

第三十七条 国务院建立全国统一的突发事件信息系统。

县级以上地方各级人民政府应当建立或者确定本地区统一的突发事件信息系统,汇集、储存、分析、传输有关突发事件的信息,并与上级人民政府及其有关部门、下级人民政府及其有关部门、专业机构和监测网点的突发事件信息系统实现互联互通,加强跨部门、跨地区的信息交流与情报合作。

第三十八条 县级以上人民政府及其有关部门、专业机构应当通过多种途径收集突发事件信息。

县级人民政府应当在居民委员会、村民委员会和有关单位建立专职或者兼职信息报告员制度。

获悉突发事件信息的公民、法人或者其他组织，应当立即向所在地人民政府、有关主管部门或者指定的专业机构报告。

第三十九条　地方各级人民政府应当按照国家有关规定向上级人民政府报送突发事件信息。县级以上人民政府有关主管部门应当向本级人民政府相关部门通报突发事件信息。专业机构、监测网点和信息报告员应当及时向所在地人民政府及其有关主管部门报告突发事件信息。

有关单位和人员报送、报告突发事件信息，应当做到及时、客观、真实，不得迟报、谎报、瞒报、漏报。

第四十条　县级以上地方各级人民政府应当及时汇总分析突发事件隐患和预警信息，必要时组织相关部门、专业技术人员、专家学者进行会商，对发生突发事件的可能性及其可能造成的影响进行评估；认为可能发生重大或者特别重大突发事件的，应当立即向上级人民政府报告，并向上级人民政府有关部门、当地驻军和可能受到危害的毗邻或者相关地区的人民政府通报。

第四十一条　国家建立健全突发事件监测制度。

县级以上人民政府及其有关部门应当根据自然灾害、事故灾难和公共卫生事件的种类和特点，建立健全基础信息数据库，完善监测网络，划分监测区域，确定监测点，明确监测项目，提供必要的设备、设施，配备专职或者兼职人员，对可能发生的突发事件进行监测。

第四十二条　国家建立健全突发事件预警制度。

可以预警的自然灾害、事故灾难和公共卫生事件的预警级别，按照突发事件发生的紧急程度、发展势态和可能造成的危害程度分为一级、二级、三级和四级，分别用红色、橙色、黄色和蓝色标示，一级为最高级别。

预警级别的划分标准由国务院或者国务院确定的部门制定。

第四十三条　可以预警的自然灾害、事故灾难或者公共卫生事件即将发生或者发生的可能性增大时，县级以上地方各级人民政府应当根据有关法律、行政法规和国务院规定的权限和程序，发布相应级别的警报，决定并宣布有关地区进入预警期，同时向上一级人民政府报告，必要时可以越级上报，并向当地驻军和可能受到危害的毗邻或者相关地区的人民政府通报。

第四十四条　发布三级、四级警报，宣布进入预警期后，县级以上地方各级人民政府应当根据即将发生的突发事件的特点和可能造成的危害，采取下列措施：

（一）启动应急预案；

（二）责令有关部门、专业机构、监测网点和负有特定职责的人员及时收集、报告有关信息，向社会公布反映突发事件信息的渠道，加强对突发事件发生、发展情况的监测、预报和预警工作；

（三）组织有关部门和机构、专业技术人员、有关专家学者，随时对突发事件信息进行分析评估，预测发生突发事件可能性的大小、影响范围和强度以及可能发生的突发事件的级别；

（四）定时向社会发布与公众有关的突发事件预测信息和分析评估结果，并对相关信息的报道工作进行管理；

（五）及时按照有关规定向社会发布可能受到突发事件危害的警告，宣传避免、减轻危害的常识，公布咨询电话。

第四十五条 发布一级、二级警报，宣布进入预警期后，县级以上地方各级人民政府除采取本法第四十四条规定的措施外，还应当针对即将发生的突发事件的特点和可能造成的危害，采取下列一项或者多项措施：

（一）责令应急救援队伍、负有特定职责的人员进入待命状态，并动员后备人员做好参加应急救援和处置工作的准备；

（二）调集应急救援所需物资、设备、工具，准备应急设施和避难场所，并确保其处于良好状态、随时可以投入正常使用；

（三）加强对重点单位、重要部位和重要基础设施的安全保卫，维护社会治安秩序；

（四）采取必要措施，确保交通、通信、供水、排水、供电、供气、供热等公共设施的安全和正常运行；

（五）及时向社会发布有关采取特定措施避免或者减轻危害的建议、劝告；

（六）转移、疏散或者撤离易受突发事件危害的人员并予以妥善安置，转移重要财产；

（七）关闭或者限制使用易受突发事件危害的场所，控制或者限制容易导致危害扩大的公共场所的活动；

（八）法律、法规、规章规定的其他必要的防范性、保护性措施。

第四十六条 对即将发生或者已经发生的社会安全事件，县级以上地方各级人民政府及其有关主管部门应当按照规定向上一级人民政府及其有关主管部门报告，必要时可以越级上报。

第四十七条 发布突发事件警报的人民政府应当根据事态的发展，按照有关规定适时调整预警级别并重新发布。

有事实证明不可能发生突发事件或者危险已经解除的，发布警报的人民政府应当立即宣布解除警报，终止预警期，并解除已经采取的有关措施。

第四章　应急处置与救援

第四十八条 突发事件发生后，履行统一领导职责或者组织处置突发事件的人民政府应当针对其性质、特点和危害程度，立即组织有关部门，调动应急救援队伍和社会力量，依照本章的规定和有关法律、法规、规章的规定采取应急处置措施。

第四十九条 自然灾害、事故灾难或者公共卫生事件发生后，履行统一领导职责的人民政府可以采取下列一项或者多项应急处置措施：

（一）组织营救和救治受害人员，疏散、撤离并妥善安置受到威胁的人员以及采取其他救助措施；

（二）迅速控制危险源，标明危险区域，封锁危险场所，划定警戒区，实行交通管制以及其他控制措施；

（三）立即抢修被损坏的交通、通信、供水、排水、供电、供气、供热等公共设施，向受到危害的人员提供避难场所和生活必需品，实施医疗救护和卫生防疫以及其他保障措施；

（四）禁止或者限制使用有关设备、设施，关闭或者限制使用有关场所，中止人员密集的活动或者可能导致危害扩大的生产经营活动以及采取其他保护措施；

（五）启用本级人民政府设置的财政预备费和储备的应急救援物资，必要时调用其他急需物资、设备、设施、工具；

（六）组织公民参加应急救援和处置工作，要求具有特定专长的人员提供服务；

（七）保障食品、饮用水、燃料等基本生活必需品的供应；

（八）依法从严惩处囤积居奇、哄抬物价、制假售假等扰乱市场秩序的行为，稳定市场价格，维护市场秩序；

（九）依法从严惩处哄抢财物、干扰破坏应急处置工作等扰乱社会秩序的行为，维护社会治安；

（十）采取防止发生次生、衍生事件的必要措施。

第五十条　社会安全事件发生后，组织处置工作的人民政府应当立即组织有关部门并由公安机关针对事件的性质和特点，依照有关法律、行政法规和国家其他有关规定，采取下列一项或者多项应急处置措施：

（一）强制隔离使用器械相互对抗或者以暴力行为参与冲突的当事人，妥善解决现场纠纷和争端，控制事态发展；

（二）对特定区域内的建筑物、交通工具、设备、设施以及燃料、燃气、电力、水的供应进行控制；

（三）封锁有关场所、道路，查验现场人员的身份证件，限制有关公共场所内的活动；

（四）加强对易受冲击的核心机关和单位的警卫，在国家机关、军事机关、国家通讯社、广播电台、电视台、外国驻华使领馆等单位附近设置临时警戒线；

（五）法律、行政法规和国务院规定的其他必要措施。

严重危害社会治安秩序的事件发生时，公安机关应当立即依法出动警力，根据现场情况依法采取相应的强制性措施，尽快使社会秩序恢复正常。

第五十一条　发生突发事件，严重影响国民经济正常运行时，国务院或者国务院授权的有关主管部门可以采取保障、控制等必要的应急措施，保障人民群众的基本生活需要，最大限度地减轻突发事件的影响。

第五十二条　履行统一领导职责或者组织处置突发事件的人民政府，必要时可以向单位和个人征用应急救援所需设备、设施、场地、交通工具和其他物资，请求其他地方人民政府提供人力、物力、财力或者技术支援，要求生产、供应生活必需品和应急救援物资的企业组织生产、保证供给，要求提供医疗、交通等公共服务的组织提供相应的服务。

履行统一领导职责或者组织处置突发事件的人民政府，应当组织协调运输经营单位，优先运送处置突发事件所需物资、设备、工具、应急救援人员和受到突发事件危害的人员。

第五十三条　履行统一领导职责或者组织处置突发事件的人民政府，应当按照有关规定统一、准确、及时发布有关突发事件事态发展和应急处置工作的信息。

第五十四条　任何单位和个人不得编造、传播有关突发事件事态发展或者应急处置工作的虚假信息。

第五十五条　突发事件发生地的居民委员会、村民委员会和其他组织应当按照当地人民政府的决定、命令，进行宣传动员，组织群众开展自救和互救，协助维护社会秩序。

第五十六条 受到自然灾害危害或者发生事故灾难、公共卫生事件的单位，应当立即组织本单位应急救援队伍和工作人员营救受害人员，疏散、撤离、安置受到威胁的人员，控制危险源，标明危险区域，封锁危险场所，并采取其他防止危害扩大的必要措施，同时向所在地县级人民政府报告；对因本单位的问题引发的或者主体是本单位人员的社会安全事件，有关单位应当按照规定上报情况，并迅速派出负责人赶赴现场开展劝解、疏导工作。

突发事件发生地的其他单位应当服从人民政府发布的决定、命令，配合人民政府采取的应急处置措施，做好本单位的应急救援工作，并积极组织人员参加所在地的应急救援和处置工作。

第五十七条 突发事件发生地的公民应当服从人民政府、居民委员会、村民委员会或者所属单位的指挥和安排，配合人民政府采取的应急处置措施，积极参加应急救援工作，协助维护社会秩序。

第五章 事后恢复与重建

第五十八条 突发事件的威胁和危害得到控制或者消除后，履行统一领导职责或者组织处置突发事件的人民政府应当停止执行依照本法规定采取的应急处置措施，同时采取或者继续实施必要措施，防止发生自然灾害、事故灾难、公共卫生事件的次生、衍生事件或者重新引发社会安全事件。

第五十九条 突发事件应急处置工作结束后，履行统一领导职责的人民政府应当立即组织对突发事件造成的损失进行评估，组织受影响地区尽快恢复生产、生活、工作和社会秩序，制定恢复重建计划，并向上一级人民政府报告。

受突发事件影响地区的人民政府应当及时组织和协调公安、交通、铁路、民航、邮电、建设等有关部门恢复社会治安秩序，尽快修复被损坏的交通、通信、供水、排水、供电、供气、供热等公共设施。

第六十条 受突发事件影响地区的人民政府开展恢复重建工作需要上一级人民政府支持的，可以向上一级人民政府提出请求。上一级人民政府应当根据受影响地区遭受的损失和实际情况，提供资金、物资支持和技术指导，组织其他地区提供资金、物资和人力支援。

第六十一条 国务院根据受突发事件影响地区遭受损失的情况，制定扶持该地区有关行业发展的优惠政策。

受突发事件影响地区的人民政府应当根据本地区遭受损失的情况，制定救助、补偿、抚慰、抚恤、安置等善后工作计划并组织实施，妥善解决因处置突发事件引发的矛盾和纠纷。

公民参加应急救援工作或者协助维护社会秩序期间，其在本单位的工资待遇和福利不变；表现突出、成绩显著的，由县级以上人民政府给予表彰或者奖励。

县级以上人民政府对在应急救援工作中伤亡的人员依法给予抚恤。

第六十二条 履行统一领导职责的人民政府应当及时查明突发事件的发生经过和原因，总结突发事件应急处置工作的经验教训，制定改进措施，并向上一级人民政府提出报告。

第六章　法律责任

第六十三条　地方各级人民政府和县级以上各级人民政府有关部门违反本法规定，不履行法定职责的，由其上级行政机关或者监察机关责令改正；有下列情形之一的，根据情节对直接负责的主管人员和其他直接责任人员依法给予处分：

（一）未按规定采取预防措施，导致发生突发事件，或者未采取必要的防范措施，导致发生次生、衍生事件的；

（二）迟报、谎报、瞒报、漏报有关突发事件的信息，或者通报、报送、公布虚假信息，造成后果的；

（三）未按规定及时发布突发事件警报、采取预警期的措施，导致损害发生的；

（四）未按规定及时采取措施处置突发事件或者处置不当，造成后果的；

（五）不服从上级人民政府对突发事件应急处置工作的统一领导、指挥和协调的；

（六）未及时组织开展生产自救、恢复重建等善后工作的；

（七）截留、挪用、私分或者变相私分应急救援资金、物资的；

（八）不及时归还征用的单位和个人的财产，或者对被征用财产的单位和个人不按规定给予补偿的。

第六十四条　有关单位有下列情形之一的，由所在地履行统一领导职责的人民政府责令停产停业，暂扣或者吊销许可证或者营业执照，并处五万元以上二十万元以下的罚款；构成违反治安管理行为的，由公安机关依法给予处罚：

（一）未按规定采取预防措施，导致发生严重突发事件的；

（二）未及时消除已发现的可能引发突发事件的隐患，导致发生严重突发事件的；

（三）未做好应急设备、设施日常维护、检测工作，导致发生严重突发事件或者突发事件危害扩大的；

（四）突发事件发生后，不及时组织开展应急救援工作，造成严重后果的。

前款规定的行为，其他法律、行政法规规定由人民政府有关部门依法决定处罚的，从其规定。

第六十五条　违反本法规定，编造并传播有关突发事件事态发展或者应急处置工作的虚假信息，或者明知是有关突发事件事态发展或者应急处置工作的虚假信息而进行传播的，责令改正，给予警告；造成严重后果的，依法暂停其业务活动或者吊销其执业许可证；负有直接责任的人员是国家工作人员的，还应当对其依法给予处分；构成违反治安管理行为的，由公安机关依法给予处罚。

第六十六条　单位或者个人违反本法规定，不服从所在地人民政府及其有关部门发布的决定、命令或者不配合其依法采取的措施，构成违反治安管理行为的，由公安机关依法给予处罚。

第六十七条　单位或者个人违反本法规定，导致突发事件发生或者危害扩大，给他人人身、财产造成损害的，应当依法承担民事责任。

第六十八条　违反本法规定，构成犯罪的，依法追究刑事责任。

第七章 附 则

第六十九条 发生特别重大突发事件，对人民生命财产安全、国家安全、公共安全、环境安全或者社会秩序构成重大威胁，采取本法和其他有关法律、法规、规章规定的应急处置措施不能消除或者有效控制、减轻其严重社会危害，需要进入紧急状态的，由全国人民代表大会常务委员会或者国务院依照宪法和其他有关法律规定的权限和程序决定。

紧急状态期间采取的非常措施，依照有关法律规定执行或者由全国人民代表大会常务委员会另行规定。

第七十条 本法自2007年11月1日起施行。

3. 建设工程安全生产管理条例

（2003 年 11 月 24 日　国务院令第 393 号）

第一章　总　　则

第一条　为了加强建设工程安全生产监督管理，保障人民群众生命和财产安全，根据《中华人民共和国建筑法》、《中华人民共和国安全生产法》，制定本条例。

第二条　在中华人民共和国境内从事建设工程的新建、扩建、改建和拆除等有关活动及实施对建设工程安全生产的监督管理，必须遵守本条例。

本条例所称建设工程，是指土木工程、建筑工程、线路管道和设备安装工程及装修工程。

第三条　建设工程安全生产管理，坚持安全第一、预防为主的方针。

第四条　建设单位、勘察单位、设计单位、施工单位、工程监理单位及其他与建设工程安全生产有关的单位，必须遵守安全生产法律、法规的规定，保证建设工程安全生产，依法承担建设工程安全生产责任。

第五条　国家鼓励建设工程安全生产的科学技术研究和先进技术的推广应用，推进建设工程安全生产的科学管理。

第二章　建设单位的安全责任

第六条　建设单位应当向施工单位提供施工现场及毗邻区域内供水、排水、供电、供气、供热、通信、广播电视等地下管线资料，气象和水文观测资料，相邻建筑物和构筑物、地下工程的有关资料，并保证资料的真实、准确、完整。

建设单位因建设工程需要，向有关部门或者单位查询前款规定的资料时，有关部门或者单位应当及时提供。

第七条　建设单位不得对勘察、设计、施工、工程监理等单位提出不符合建设工程安全生产法律、法规和强制性标准规定的要求，不得压缩合同约定的工期。

第八条　建设单位在编制工程概算时，应当确定建设工程安全作业环境及安全施工措施所需费用。

第九条　建设单位不得明示或者暗示施工单位购买、租赁、使用不符合安全施工要求的安全防护用具、机械设备、施工机具及配件、消防设施和器材。

第十条　建设单位在申请领取施工许可证时，应当提供建设工程有关安全施工措施的资料。

依法批准开工报告的建设工程，建设单位应当自开工报告批准之日起 15 日内，将保证安全施工的措施报送建设工程所在地的县级以上地方人民政府建设行政主管部门或者其他有关部门备案。

第十一条 建设单位应当将拆除工程发包给具有相应资质等级的施工单位。建设单位应当在拆除工程施工15日前,将下列资料报送建设工程所在地的县级以上地方人民政府建设行政主管部门或者其他有关部门备案:

(一)施工单位资质等级证明;

(二)拟拆除建筑物、构筑物及可能危及毗邻建筑的说明;

(三)拆除施工组织方案;

(四)堆放、清除废弃物的措施。

实施爆破作业的,应当遵守国家有关民用爆炸物品管理的规定。

第三章 勘察设计监理及有关单位的安全责任

第十二条 勘察单位应当按照法律、法规和工程建设强制性标准进行勘察,提供的勘察文件应当真实、准确,满足建设工程安全生产的需要。勘察单位在勘察作业时,应当严格执行操作规程,采取措施保证各类管线、设施和周边建筑物、构筑物的安全。

第十三条 设计单位应当按照法律、法规和工程建设强制性标准进行设计,防止因设计不合理导致生产安全事故的发生。

设计单位应当考虑施工安全操作和防护的需要,对涉及施工安全的重点部位和环节在设计文件中注明,并对防范生产安全事故提出指导意见。

采用新结构、新材料、新工艺的建设工程和特殊结构的建设工程,设计单位应当在设计中提出保障施工作业人员安全和预防生产安全事故的措施建议。

设计单位和注册建筑师等注册执业人员应当对其设计负责。

第十四条 工程监理单位应当审查施工组织设计中的安全技术措施或者专项施工方案是否符合工程建设强制性标准。

工程监理单位在实施监理过程中,发现存在安全事故隐患的,应当要求施工单位整改;情况严重的,应当要求施工单位暂时停止施工,并及时报告建设单位。施工单位拒不整改或者不停止施工的,工程监理单位应当及时向有关主管部门报告。

工程监理单位和监理工程师应当按照法律、法规和工程建设强制性标准实施监理,并对建设工程安全生产承担监理责任。

第十五条 为建设工程提供机械设备和配件的单位,应当按照安全施工的要求配备齐全有效的保险、限位等安全设施和装置。

第十六条 出租的机械设备和施工机具及配件,应当具有生产(制造)许可证、产品合格证。

出租单位应当对出租的机械设备和施工机具及配件的安全性能进行检测,在签订租赁协议时,应当出具检测合格证明。

禁止出租检测不合格的机械设备和施工机具及配件。

第十七条 在施工现场安装、拆卸施工起重机械和整体提升脚手架、模板等自升式架设设施,必须由具有相应资质的单位承担。

安装、拆卸施工起重机械和整体提升脚手架、模板等自升式架设设施,应当编制拆装方案、制定安全施工措施,并由专业技术人员现场监督。

施工起重机械和整体提升脚手架、模板等自升式架设设施安装完毕后,安装单位应当自检,出具自检合格证明,并向施工单位进行安全使用说明,办理验收手续并签字。

第十八条 施工起重机械和整体提升脚手架、模板等自升式架设设施的使用达到国家规定的检验检测期限的,必须经具有专业资质的检验检测机构检测。经检测不合格的,不得继续使用。

第十九条 检验检测机构对检测合格的施工起重机械和整体提升脚手架、模板等自升式架设设施,应当出具安全合格证明文件,并对检测结果负责。

第四章 施工单位的安全责任

第二十条 施工单位从事建设工程的新建、扩建、改建和拆除等活动,应当具备国家规定的注册资本、专业技术人员、技术装备和安全生产等条件,依法取得相应等级的资质证书,并在其资质等级许可的范围内承揽工程。

第二十一条 施工单位主要负责人依法对本单位的安全生产工作全面负责。施工单位应当建立健全安全生产责任制度和安全生产教育培训制度,制定安全生产规章制度和操作规程,保证本单位安全生产条件所需资金的投入,对所承担的建设工程进行定期和专项安全检查,并做好安全检查记录。

施工单位的项目负责人应当由取得相应执业资格的人员担任,对建设工程项目的安全施工负责,落实安全生产责任制度、安全生产规章制度和操作规程,确保安全生产费用的有效使用,并根据工程的特点组织制定安全施工措施,消除安全事故隐患,及时、如实报告生产安全事故。

第二十二条 施工单位对列入建设工程概算的安全作业环境及安全施工措施所需费用,应当用于施工安全防护用具及设施的采购和更新、安全施工措施的落实、安全生产条件的改善,不得挪作他用。

第二十三条 施工单位应当设立安全生产管理机构,配备专职安全生产管理人员。

专职安全生产管理人员负责对安全生产进行现场监督检查。发现安全事故隐患,应当及时向项目负责人和安全生产管理机构报告;对违章指挥、违章操作的,应当立即制止。

专职安全生产管理人员的配备办法由国务院建设行政主管部门会同国务院其他有关部门制定。

第二十四条 建设工程实行施工总承包的,由总承包单位对施工现场的安全生产负总责。

总承包单位应当自行完成建设工程主体结构的施工。

总承包单位依法将建设工程分包给其他单位的,分包合同中应当明确各自的安全生产方面的权利、义务。总承包单位和分包单位对分包工程的安全生产承担连带责任。

分包单位应当服从总承包单位的安全生产管理,分包单位不服从管理导致生产安全事故的,由分包单位承担主要责任。

第二十五条 垂直运输机械作业人员、安装拆卸工、爆破作业人员、起重信号工、登高架设作业人员等特种作业人员，必须按照国家有关规定经过专门的安全作业培训，并取得特种作业操作资格证书后，方可上岗作业。

第二十六条 施工单位应当在施工组织设计中编制安全技术措施和施工现场临时用电方案，对下列达到一定规模的危险性较大的分部分项工程编制专项施工方案，并附具安全验算结果，经施工单位技术负责人、总监理工程师签字后实施，由专职安全生产管理人员进行现场监督：

（一）基坑支护与降水工程；

（二）土方开挖工程；

（三）模板工程；

（四）起重吊装工程；

（五）脚手架工程；

（六）拆除、爆破工程；

（七）国务院建设行政主管部门或者其他有关部门规定的其他危险性较大的工程。对前款所列工程中涉及深基坑、地下暗挖工程、高大模板工程的专项施工方案，施工单位还应当组织专家进行论证、审查。

本条第一款规定的达到一定规模的危险性较大工程的标准，由国务院建设行政主管部门会同国务院其他有关部门制定。

第二十七条 建设工程施工前，施工单位负责项目管理的技术人员应当对有关安全施工的技术要求向施工作业班组、作业人员作出详细说明，并由双方签字确认。

第二十八条 施工单位应当在施工现场入口处、施工起重机械、临时用电设施、脚手架、出入通道口、楼梯口、电梯井口、孔洞口、桥梁口、隧道口、基坑边沿、爆破物及有害危险气体和液体存放处等危险部位，设置明显的安全警示标志。安全警示标志必须符合国家标准。

施工单位应当根据不同施工阶段和周围环境及季节、气候的变化，在施工现场采取相应的安全施工措施。施工现场暂时停止施工的，施工单位应当做好现场防护，所需费用由责任方承担，或者按照合同约定执行。

第二十九条 施工单位应当将施工现场的办公、生活区与作业区分开设置，并保持安全距离；办公、生活区的选址应当符合安全性要求。职工的膳食、饮水、休息场所等应当符合卫生标准。施工单位不得在尚未竣工的建筑物内设置员工集体宿舍。

施工现场临时搭建的建筑物应当符合安全使用要求。施工现场使用的装配式活动房屋应当具有产品合格证。

第三十条 施工单位对因建设工程施工可能造成损害的毗邻建筑物、构筑物和地下管线等，应当采取专项防护措施。

施工单位应当遵守有关环境保护法律、法规的规定，在施工现场采取措施，防止或者减少粉尘、废气、废水、固体废物、噪声、振动和施工照明对人和环境的危害和污染。

在城市市区内的建设工程，施工单位应当对施工现场实行封闭围挡。

第三十一条 施工单位应当在施工现场建立消防安全责任制度，确定消防安全责任人，制定用火、用电、使用易燃易爆材料等各项消防安全管理制度和操作规程，设置消防通道、消防水源，配备消防设施和灭火器材，并在施工现场入口处设置明显标志。

第三十二条　施工单位应当向作业人员提供安全防护用具和安全防护服装，并书面告知危险岗位的操作规程和违章操作的危害。

作业人员有权对施工现场的作业条件、作业程序和作业方式中存在的安全问题提出批评、检举和控告，有权拒绝违章指挥和强令冒险作业。在施工中发生危及人身安全的紧急情况时，作业人员有权立即停止作业或者在采取必要的应急措施后撤离危险区域。

第三十三条　作业人员应当遵守安全施工的强制性标准、规章制度和操作规程，正确使用安全防护用具、机械设备等。

第三十四条　施工单位采购、租赁的安全防护用具、机械设备、施工机具及配件，应当具有生产(制造)许可证、产品合格证，并在进入施工现场前进行查验。

施工现场的安全防护用具、机械设备、施工机具及配件必须由专人管理，定期进行检查、维修和保养，建立相应的资料档案，并按照国家有关规定及时报废。

第三十五条　施工单位在使用施工起重机械和整体提升脚手架、模板等自升式架设设施前，应当组织有关单位进行验收，也可以委托具有相应资质的检验检测机构进行验收；使用承租的机械设备和施工机具及配件的，由施工总承包单位、分包单位、出租单位和安装单位共同进行验收。验收合格的方可使用。

《特种设备安全监察条例》规定的施工起重机械，在验收前应当经有相应资质的检验检测机构监督检验合格。

施工单位应当自施工起重机械和整体提升脚手架、模板等自升式架设设施验收合格之日起 30 日内，向建设行政主管部门或者其他有关部门登记。登记标志应当置于或者附着于该设备的显著位置。

第三十六条　施工单位的主要负责人、项目负责人、专职安全生产管理人员应当经建设行政主管部门或者其他有关部门考核合格后方可任职。

施工单位应当对管理人员和作业人员每年至少进行一次安全生产教育培训，其教育培训情况记入个人工作档案。安全生产教育培训考核不合格的人员，不得上岗。

第三十七条　作业人员进入新的岗位或者新的施工现场前，应当接受安全生产教育培训。未经教育培训或者教育培训考核不合格的人员，不得上岗作业。

施工单位在采用新技术、新工艺、新设备、新材料时，应当对作业人员进行相应的安全生产教育培训。

第三十八条　施工单位应当为施工现场从事危险作业的人员办理意外伤害保险。

意外伤害保险费由施工单位支付。实行施工总承包的，由总承包单位支付意外伤害保险费。意外伤害保险期限自建设工程开工之日起至竣工验收合格止。

第五章　监督管理

第三十九条　国务院负责安全生产监督管理的部门依照《中华人民共和国安全生产法》的规定，对全国建设工程安全生产工作实施综合监督管理。

县级以上地方人民政府负责安全生产监督管理的部门依照《中华人民共和国安全生产

法》的规定，对本行政区域内建设工程安全生产工作实施综合监督管理。

第四十条 国务院建设行政主管部门对全国的建设工程安全生产实施监督管理。国务院铁路、交通、水利等有关部门按照国务院规定的职责分工，负责有关专业建设工程安全生产的监督管理。

县级以上地方人民政府建设行政主管部门对本行政区域内的建设工程安全生产实施监督管理。县级以上地方人民政府交通、水利等有关部门在各自的职责范围内，负责本行政区域内的专业建设工程安全生产的监督管理。

第四十一条 建设行政主管部门和其他有关部门应当将本条例第十条、第十一条规定的有关资料的主要内容抄送同级负责安全生产监督管理的部门。

第四十二条 建设行政主管部门在审核发放施工许可证时，应当对建设工程是否有安全施工措施进行审查，对没有安全施工措施的，不得颁发施工许可证。

建设行政主管部门或者其他有关部门对建设工程是否有安全施工措施进行审查时，不得收取费用。

第四十三条 县级以上人民政府负有建设工程安全生产监督管理职责的部门在各自的职责范围内履行安全监督检查职责时，有权采取下列措施：

（一）要求被检查单位提供有关建设工程安全生产的文件和资料；

（二）进入被检查单位施工现场进行检查；

（三）纠正施工中违反安全生产要求的行为；

（四）对检查中发现的安全事故隐患，责令立即排除；重大安全事故隐患排除前或者排除过程中无法保证安全的，责令从危险区域内撤出作业人员或者暂时停止施工。

第四十四条 建设行政主管部门或者其他有关部门可以将施工现场的监督检查委托给建设工程安全监督机构具体实施。

第四十五条 国家对严重危及施工安全的工艺、设备、材料实行淘汰制度。具体目录由国务院建设行政主管部门会同国务院其他有关部门制定并公布。

第四十六条 县级以上人民政府建设行政主管部门和其他有关部门应当及时受理对建设工程生产安全事故及安全事故隐患的检举、控告和投诉。

第六章　生产安全事故的应急救援和调查处理

第四十七条 县级以上地方人民政府建设行政主管部门应当根据本级人民政府的要求，制定本行政区域内建设工程特大生产安全事故应急救援预案。

第四十八条 施工单位应当制定本单位生产安全事故应急救援预案，建立应急救援组织或者配备应急救援人员，配备必要的应急救援器材、设备，并定期组织演练。

第四十九条 施工单位应当根据建设工程施工的特点、范围，对施工现场易发生重大事故的部位、环节进行监控，制定施工现场生产安全事故应急救援预案。实行施工总承包的，由总承包单位统一组织编制建设工程生产安全事故应急救援预案，工程总承包单位和分包单位按照应急救援预案，各自建立应急救援组织或者配备应急救援人员，配备救援器材、设备，并定期组织演练。

第五十条　施工单位发生生产安全事故,应当按照国家有关伤亡事故报告和调查处理的规定,及时、如实地向负责安全生产监督管理的部门、建设行政主管部门或者其他有关部门报告;特种设备发生事故的,还应当同时向特种设备安全监督管理部门报告。接到报告的部门应当按照国家有关规定,如实上报。

实行施工总承包的建设工程,由总承包单位负责上报事故。

第五十一条　发生生产安全事故后,施工单位应当采取措施防止事故扩大,保护事故现场。需要移动现场物品时,应当做出标记和书面记录,妥善保管有关证物。

第五十二条　建设工程生产安全事故的调查、对事故责任单位和责任人的处罚与处理,按照有关法律、法规的规定执行。

第七章　法 律 责 任

第五十三条　违反本条例的规定,县级以上人民政府建设行政主管部门或者其他有关行政管理部门的工作人员,有下列行为之一的,给予降级或者撤职的行政处分;构成犯罪的,依照刑法有关规定追究刑事责任:

(一)对不具备安全生产条件的施工单位颁发资质证书的;

(二)对没有安全施工措施的建设工程颁发施工许可证的;

(三)发现违法行为不予查处的;

(四)不依法履行监督管理职责的其他行为。

第五十四条　违反本条例的规定,建设单位未提供建设工程安全生产作业环境及安全施工措施所需费用的,责令限期改正;逾期未改正的,责令该建设工程停止施工。

建设单位未将保证安全施工的措施或者拆除工程的有关资料报送有关部门备案的,责令限期改正,给予警告。

第五十五条　违反本条例的规定,建设单位有下列行为之一的,责令限期改正,处20万元以上50万元以下的罚款;造成重大安全事故,构成犯罪的,对直接责任人员,依照刑法有关规定追究刑事责任;造成损失的,依法承担赔偿责任:

(一)对勘察、设计、施工、工程监理等单位提出不符合安全生产法律、法规和强制性标准规定的要求的;

(二)要求施工单位压缩合同约定的工期的;

(三)将拆除工程发包给不具有相应资质等级的施工单位的。

第五十六条　违反本条例的规定,勘察单位、设计单位有下列行为之一的,责令限期改正,处10万元以上30万元以下的罚款;情节严重的,责令停业整顿,降低资质等级,直至吊销资质证书;造成重大安全事故,构成犯罪的,对直接责任人员,依照刑法有关规定追究刑事责任;造成损失的,依法承担赔偿责任:

(一)未按照法律、法规和工程建设强制性标准进行勘察、设计的;

(二)采用新结构、新材料、新工艺的建设工程和特殊结构的建设工程,设计单位未在设计中提出保障施工作业人员安全和预防生产安全事故的措施建议的。

第五十七条　违反本条例的规定,工程监理单位有下列行为之一的,责令限期改正;逾期未改正的,责令停业整顿,并处10万元以上30万元以下的罚款;情节严重的,降低资质等级,直至吊销资质证书;造成重大安全事故,构成犯罪的,对直接责任人员,依照刑法有关规定追究刑事责任;造成损失的,依法承担赔偿责任:

(一)未对施工组织设计中的安全技术措施或者专项施工方案进行审查的;

(二)发现安全事故隐患未及时要求施工单位整改或者暂时停止施工的;

(三)施工单位拒不整改或者不停止施工,未及时向有关主管部门报告的;

(四)未依照法律、法规和工程建设强制性标准实施监理的。

第五十八条 注册执业人员未执行法律、法规和工程建设强制性标准的,责令停止执业3个月以上1年以下;情节严重的,吊销执业资格证书,5年内不予注册;造成重大安全事故的,终身不予注册;构成犯罪的,依照刑法有关规定追究刑事责任。

第五十九条 违反本条例的规定,为建设工程提供机械设备和配件的单位,未按照安全施工的要求配备齐全有效的保险、限位等安全设施和装置的,责令限期改正,处合同价款1倍以上3倍以下的罚款;造成损失的,依法承担赔偿责任。

第六十条 违反本条例的规定,出租单位出租未经安全性能检测或者经检测不合格的机械设备和施工机具及配件的,责令停业整顿,并处5万元以上10万元以下的罚款;造成损失的,依法承担赔偿责任。

第六十一条 违反本条例的规定,施工起重机械和整体提升脚手架、模板等自升式架设设施安装、拆卸单位有下列行为之一的,责令限期改正,处5万元以上10万元以下的罚款;情节严重的,责令停业整顿,降低资质等级,直至吊销资质证书;造成损失的,依法承担赔偿责任:

(一)未编制拆装方案、制定安全施工措施的;

(二)未由专业技术人员现场监督的;

(三)未出具自检合格证明或者出具虚假证明的;

(四)未向施工单位进行安全使用说明,办理移交手续的。

施工起重机械和整体提升脚手架、模板等自升式架设设施安装、拆卸单位有前款规定的第(一)项、第(三)项行为,经有关部门或者单位职工提出后,对事故隐患仍不采取措施,因而发生重大伤亡事故或者造成其他严重后果,构成犯罪的,对直接责任人员,依照刑法有关规定追究刑事责任。

第六十二条 违反本条例的规定,施工单位有下列行为之一的,责令限期改正;逾期未改正的,责令停业整顿,依照《中华人民共和国安全生产法》的有关规定处以罚款;造成重大安全事故,构成犯罪的,对直接责任人员,依照刑法有关规定追究刑事责任:

(一)未设立安全生产管理机构、配备专职安全生产管理人员或者分部分项工程施工时无专职安全生产管理人员现场监督的;

(二)施工单位的主要负责人、项目负责人、专职安全生产管理人员、作业人员或者特种作业人员,未经安全教育培训或者经考核不合格即从事相关工作的;

(三)未在施工现场的危险部位设置明显的安全警示标志,或者未按照国家有关规定在施工现场设置消防通道、消防水源、配备消防设施和灭火器材的;

(四)未向作业人员提供安全防护用具和安全防护服装的;

(五)未按照规定在施工起重机械和整体提升脚手架、模板等自升式架设设施验收合格后登记的；

（六）使用国家明令淘汰、禁止使用的危及施工安全的工艺、设备、材料的。

第六十三条　违反本条例的规定，施工单位挪用列入建设工程概算的安全生产作业环境及安全施工措施所需费用的，责令限期改正，处挪用费用20%以上50%以下的罚款；造成损失的，依法承担赔偿责任。

第六十四条　违反本条例的规定，施工单位有下列行为之一的，责令限期改正；逾期未改正的，责令停业整顿，并处5万元以上10万元以下的罚款；造成重大安全事故，构成犯罪的，对直接责任人员，依照刑法有关规定追究刑事责任：

（一）施工前未对有关安全施工的技术要求作出详细说明的；

（二）未根据不同施工阶段和周围环境及季节、气候的变化，在施工现场采取相应的安全施工措施，或者在城市市区内的建设工程的施工现场未实行封闭围挡的；

（三）在尚未竣工的建筑物内设置员工集体宿舍的；

（四）施工现场临时搭建的建筑物不符合安全使用要求的；

（五）未对因建设工程施工可能造成损害的毗邻建筑物、构筑物和地下管线等采取专项防护措施的。

施工单位有前款规定第（四）项、第（五）项行为，造成损失的，依法承担赔偿责任。

第六十五条　违反本条例的规定，施工单位有下列行为之一的，责令限期改正；逾期未改正的，责令停业整顿，并处10万元以上30万元以下的罚款；情节严重的，降低资质等级，直至吊销资质证书；造成重大安全事故，构成犯罪的，对直接责任人员，依照刑法有关规定追究刑事责任；造成损失的，依法承担赔偿责任：

（一）安全防护用具、机械设备、施工机具及配件在进入施工现场前未经查验或者查验不合格即投入使用的；

（二）使用未经验收或者验收不合格的施工起重机械和整体提升脚手架、模板等自升式架设设施的；

（三）委托不具有相应资质的单位承担施工现场安装、拆卸施工起重机械和整体提升脚手架、模板等自升式架设设施的；

（四）在施工组织设计中未编制安全技术措施、施工现场临时用电方案或者专项施工方案的。

第六十六条　违反本条例的规定，施工单位的主要负责人、项目负责人未履行安全生产管理职责的，责令限期改正；逾期未改正的，责令施工单位停业整顿；造成重大安全事故、重大伤亡事故或者其他严重后果，构成犯罪的，依照刑法有关规定追究刑事责任。

作业人员不服管理、违反规章制度和操作规程冒险作业造成重大伤亡事故或者其他严重后果，构成犯罪的，依照刑法有关规定追究刑事责任。

施工单位的主要负责人、项目负责人有前款违法行为，尚不够刑事处罚的，处2万元以上20万元以下的罚款或者按照管理权限给予撤职处分；自刑罚执行完毕或者受处分之日起，5年内不得担任任何施工单位的主要负责人、项目负责人。

第六十七条　施工单位取得资质证书后，降低安全生产条件的，责令限期改正；经整改仍未达到与其资质等级相适应的安全生产条件的，责令停业整顿，降低其资质等级直至吊销资质证书。

第六十八条 本条例规定的行政处罚,由建设行政主管部门或者其他有关部门依照法定职权决定。违反消防安全管理规定的行为,由公安消防机构依法处罚。

有关法律、行政法规对建设工程安全生产违法行为的行政处罚决定机关另有规定的,从其规定。

第八章 附 则

第六十九条 抢险救灾和农民自建低层住宅的安全生产管理,不适用本条例。

第七十条 军事建设工程的安全生产管理,按照中央军事委员会的有关规定执行。

第七十一条 本条例自2004年2月1日起施行。

4. 生产安全事故报告和调查处理条例

(2007 年 4 月 9 日　国务院令第 493 号)

第一章　总　　则

第一条　为了规范生产安全事故的报告和调查处理,落实生产安全事故责任追究制度,防止和减少生产安全事故,根据《中华人民共和国安全生产法》和有关法律,制定本条例。

第二条　生产经营活动中发生的造成人身伤亡或者直接经济损失的生产安全事故的报告和调查处理,适用本条例;环境污染事故、核设施事故、国防科研生产事故的报告和调查处理不适用本条例。

第三条　根据生产安全事故(以下简称事故)造成的人员伤亡或者直接经济损失,事故一般分为以下等级:

(一)特别重大事故,是指造成 30 人以上死亡,或者 100 人以上重伤(包括急性工业中毒,下同),或者 1 亿元以上直接经济损失的事故;

(二)重大事故,是指造成 10 人以上 30 人以下死亡,或者 50 人以上 100 人以下重伤,或者 5 000 万元以上 1 亿元以下直接经济损失的事故;

(三)较大事故,是指造成 3 人以上 10 人以下死亡,或者 10 人以上 50 人以下重伤,或者 1 000 万元以上 5 000 万元以下直接经济损失的事故;

(四)一般事故,是指造成 3 人以下死亡,或者 10 人以下重伤,或者 1 000 万元以下直接经济损失的事故。

国务院安全生产监督管理部门可以会同国务院有关部门,制定事故等级划分的补充性规定。

本条第一款所称的“以上”包括本数,所称的“以下”不包括本数。

第四条　事故报告应当及时、准确、完整,任何单位和个人对事故不得迟报、漏报、谎报或者瞒报。

事故调查处理应当坚持实事求是、尊重科学的原则,及时、准确地查清事故经过、事故原因和事故损失,查明事故性质,认定事故责任,总结事故教训,提出整改措施,并对事故责任者依法追究责任。

第五条　县级以上人民政府应当依照本条例的规定,严格履行职责,及时、准确地完成事故调查处理工作。

事故发生地有关地方人民政府应当支持、配合上级人民政府或者有关部门的事故调查处理工作,并提供必要的便利条件。

参加事故调查处理的部门和单位应当互相配合,提高事故调查处理工作的效率。

第六条 工会依法参加事故调查处理,有权向有关部门提出处理意见。

第七条 任何单位和个人不得阻挠和干涉对事故的报告和依法调查处理。

第八条 对事故报告和调查处理中的违法行为,任何单位和个人有权向安全生产监督管理部门、监察机关或者其他有关部门举报,接到举报的部门应当依法及时处理。

第二章 事 故 报 告

第九条 事故发生后,事故现场有关人员应当立即向本单位负责人报告;单位负责人接到报告后,应当于1小时内向事故发生地县级以上人民政府安全生产监督管理部门和负有安全生产监督管理职责的有关部门报告。

情况紧急时,事故现场有关人员可以直接向事故发生地县级以上人民政府安全生产监督管理部门和负有安全生产监督管理职责的有关部门报告。

第十条 安全生产监督管理部门和负有安全生产监督管理职责的有关部门接到事故报告后,应当依照下列规定上报事故情况,并通知公安机关、劳动保障行政部门、工会和人民检察院:

(一)特别重大事故、重大事故逐级上报至国务院安全生产监督管理部门和负有安全生产监督管理职责的有关部门;

(二)较大事故逐级上报至省、自治区、直辖市人民政府安全生产监督管理部门和负有安全生产监督管理职责的有关部门;

(三)一般事故上报至设区的市级人民政府安全生产监督管理部门和负有安全生产监督管理职责的有关部门。

安全生产监督管理部门和负有安全生产监督管理职责的有关部门依照前款规定上报事故情况,应当同时报告本级人民政府。国务院安全生产监督管理部门和负有安全生产监督管理职责的有关部门以及省级人民政府接到发生特别重大事故、重大事故的报告后,应当立即报告国务院。

必要时,安全生产监督管理部门和负有安全生产监督管理职责的有关部门可以越级上报事故情况。

第十一条 安全生产监督管理部门和负有安全生产监督管理职责的有关部门逐级上报事故情况,每级上报的时间不得超过2小时。

第十二条 报告事故应当包括下列内容:

(一)事故发生单位概况;

(二)事故发生的时间、地点以及事故现场情况;

(三)事故的简要经过;

(四)事故已经造成或者可能造成的伤亡人数(包括下落不明的人数)和初步估计的直接经济损失;

(五)已经采取的措施;

(六)其他应当报告的情况。

第十三条 事故报告后出现新情况的,应当及时补报。

自事故发生之日起30日内,事故造成的伤亡人数发生变化的,应当及时补报。道路交通事故、火灾事故自发生之日起7日内,事故造成的伤亡人数发生变化的,应当及时补报。

第十四条 事故发生单位负责人接到事故报告后,应当立即启动事故相应应急预案,或者采取有效措施,组织抢救,防止事故扩大,减少人员伤亡和财产损失。

第十五条 事故发生地有关地方人民政府、安全生产监督管理部门和负有安全生产监督管理职责的有关部门接到事故报告后,其负责人应当立即赶赴事故现场,组织事故救援。

第十六条 事故发生后,有关单位和人员应当妥善保护事故现场以及相关证据,任何单位和个人不得破坏事故现场、毁灭相关证据。

因抢救人员、防止事故扩大以及疏通交通等原因,需要移动事故现场物件的,应当做出标志,绘制现场简图并做出书面记录,妥善保存现场重要痕迹、物证。

第十七条 事故发生地公安机关根据事故的情况,对涉嫌犯罪的,应当依法立案侦查,采取强制措施和侦查措施。犯罪嫌疑人逃匿的,公安机关应当迅速追捕归案。

第十八条 安全生产监督管理部门和负有安全生产监督管理职责的有关部门应当建立值班制度,并向社会公布值班电话,受理事故报告和举报。

第三章 事故调查

第十九条 特别重大事故由国务院或者国务院授权有关部门组织事故调查组进行调查。

重大事故、较大事故、一般事故分别由事故发生地省级人民政府、设区的市级人民政府、县级人民政府负责调查。省级人民政府、设区的市级人民政府、县级人民政府可以直接组织事故调查组进行调查,也可以授权或者委托有关部门组织事故调查组进行调查。

未造成人员伤亡的一般事故,县级人民政府也可以委托事故发生单位组织事故调查组进行调查。

第二十条 上级人民政府认为必要时,可以调查由下级人民政府负责调查的事故。

自事故发生之日起30日内(道路交通事故、火灾事故自发生之日起7日内),因事故伤亡人数变化导致事故等级发生变化,依照本条例规定应当由上级人民政府负责调查的,上级人民政府可以另行组织事故调查组进行调查。

第二十一条 特别重大事故以下等级事故,事故发生地与事故发生单位不在同一个县级以上行政区域的,由事故发生地人民政府负责调查,事故发生单位所在地人民政府应当派人参加。

第二十二条 事故调查组的组成应当遵循精简、效能的原则。

根据事故的具体情况,事故调查组由有关人民政府、安全生产监督管理部门、负有安全生产监督管理职责的有关部门、监察机关、公安机关以及工会派人组成,并应当邀请人民检察院派人参加。

事故调查组可以聘请有关专家参与调查。

第二十三条 事故调查组成员应当具有事故调查所需要的知识和专长,并与所调查的事故没有直接利害关系。

第二十四条 事故调查组组长由负责事故调查的人民政府指定。事故调查组组长主持事故调查组的工作。

第二十五条 事故调查组履行下列职责：

(一)查明事故发生的经过、原因、人员伤亡情况及直接经济损失；

(二)认定事故的性质和事故责任；

(三)提出对事故责任者的处理建议；

(四)总结事故教训，提出防范和整改措施；

(五)提交事故调查报告。

第二十六条 事故调查组有权向有关单位和个人了解与事故有关的情况，并要求其提供相关文件、资料，有关单位和个人不得拒绝。

事故发生单位的负责人和有关人员在事故调查期间不得擅离职守，并应当随时接受事故调查组的询问，如实提供有关情况。

事故调查中发现涉嫌犯罪的，事故调查组应当及时将有关材料或者其复印件移交司法机关处理。

第二十七条 事故调查中需要进行技术鉴定的，事故调查组应当委托具有国家规定资质的单位进行技术鉴定。必要时，事故调查组可以直接组织专家进行技术鉴定。技术鉴定所需时间不计入事故调查期限。

第二十八条 事故调查组成员在事故调查工作中应当诚信公正、恪尽职守，遵守事故调查组的纪律，保守事故调查的秘密。

未经事故调查组组长允许，事故调查组成员不得擅自发布有关事故的信息。

第二十九条 事故调查组应当自事故发生之日起60日内提交事故调查报告；特殊情况下，经负责事故调查的人民政府批准，提交事故调查报告的期限可以适当延长，但延长的期限最长不超过60日。

第三十条 事故调查报告应当包括下列内容：

(一)事故发生单位概况；

(二)事故发生经过和事故救援情况；

(三)事故造成的人员伤亡和直接经济损失；

(四)事故发生的原因和事故性质；

(五)事故责任的认定以及对事故责任者的处理建议；

(六)事故防范和整改措施。

事故调查报告应当附具有关证据材料。事故调查组成员应当在事故调查报告上签名。

第三十一条 事故调查报告报送负责事故调查的人民政府后，事故调查工作即告结束。事故调查的有关资料应当归档保存。

第四章　事故处理

第三十二条 重大事故、较大事故、一般事故，负责事故调查的人民政府应当自收到事故调查报告之日起15日内做出批复；特别重大事故，30日内做出批复，特殊情况下，批复时间可以适当延长,但延长的时间最长不超过30日。

有关机关应当按照人民政府的批复,依照法律、行政法规规定的权限和程序,对事故发生单位和有关人员进行行政处罚,对负有事故责任的国家工作人员进行处分。

事故发生单位应当按照负责事故调查的人民政府的批复,对本单位负有事故责任的人员进行处理。

负有事故责任的人员涉嫌犯罪的,依法追究刑事责任。

第三十三条 事故发生单位应当认真吸取事故教训,落实防范和整改措施,防止事故再次发生。防范和整改措施的落实情况应当接受工会和职工的监督。

安全生产监督管理部门和负有安全生产监督管理职责的有关部门应当对事故发生单位落实防范和整改措施的情况进行监督检查。

第三十四条 事故处理的情况由负责事故调查的人民政府或者其授权的有关部门、机构向社会公布,依法应当保密的除外。

第五章 法 律 责 任

第三十五条 事故发生单位主要负责人有下列行为之一的,处上一年年收入40%至80%的罚款;属于国家工作人员的,并依法给予处分;构成犯罪的,依法追究刑事责任:

(一)不立即组织事故抢救的;

(二)迟报或者漏报事故的;

(三)在事故调查处理期间擅离职守的。

第三十六条 事故发生单位及其有关人员有下列行为之一的,对事故发生单位处100万元以上500万元以下的罚款;对主要负责人、直接负责的主管人员和其他直接责任人员处上一年年收入60%至100%的罚款;属于国家工作人员的,并依法给予处分;构成违反治安管理行为的,由公安机关依法给予治安管理处罚;构成犯罪的,依法追究刑事责任:

(一)谎报或者瞒报事故的;

(二)伪造或者故意破坏事故现场的;

(三)转移、隐匿资金、财产,或者销毁有关证据、资料的;

(四)拒绝接受调查或者拒绝提供有关情况和资料的;

(五)在事故调查中作伪证或者指使他人作伪证的;

(六)事故发生后逃匿的。

第三十七条 事故发生单位对事故发生负有责任的,依照下列规定处以罚款:

(一)发生一般事故的,处10万元以上20万元以下的罚款;

(二)发生较大事故的,处20万元以上50万元以下的罚款;

(三)发生重大事故的,处50万元以上200万元以下的罚款;

(四)发生特别重大事故的,处200万元以上500万元以下的罚款。

第三十八条 事故发生单位主要负责人未依法履行安全生产管理职责,导致事故发生的,依照下列规定处以罚款;属于国家工作人员的,并依法给予处分;构成犯罪的,依法追究刑事责任:

(一)发生一般事故的,处上一年年收入30%的罚款;

(二)发生较大事故的,处上一年年收入40%的罚款;

(三)发生重大事故的,处上一年年收入60%的罚款;

(四)发生特别重大事故的,处上一年年收入80%的罚款。

第三十九条 有关地方人民政府、安全生产监督管理部门和负有安全生产监督管理职责的有关部门有下列行为之一的,对直接负责的主管人员和其他直接责任人员依法给予处分;构成犯罪的,依法追究刑事责任:

(一)不立即组织事故抢救的;

(二)迟报、漏报、谎报或者瞒报事故的;

(三)阻碍、干涉事故调查工作的;

(四)在事故调查中作伪证或者指使他人作伪证的。

第四十条 事故发生单位对事故发生负有责任的,由有关部门依法暂扣或者吊销其有关证照;对事故发生单位负有事故责任的有关人员,依法暂停或者撤销其与安全生产有关的执业资格、岗位证书;事故发生单位主要负责人受到刑事处罚或者撤职处分的,自刑罚执行完毕或者受处分之日起,5年内不得担任任何生产经营单位的主要负责人。

为发生事故的单位提供虚假证明的中介机构,由有关部门依法暂扣或者吊销其有关证照及其相关人员的执业资格;构成犯罪的,依法追究刑事责任。

第四十一条 参与事故调查的人员在事故调查中有下列行为之一的,依法给予处分;构成犯罪的,依法追究刑事责任:

(一)对事故调查工作不负责任,致使事故调查工作有重大疏漏的;

(二)包庇、袒护负有事故责任的人员或者借机打击报复的。

第四十二条 违反本条例规定,有关地方人民政府或者有关部门故意拖延或者拒绝落实经批复的对事故责任人的处理意见的,由监察机关对有关责任人员依法给予处分。

第四十三条 本条例规定的罚款的行政处罚,由安全生产监督管理部门决定。

法律、行政法规对行政处罚的种类、幅度和决定机关另有规定的,依照其规定。

第六章 附 则

第四十四条 没有造成人员伤亡,但是社会影响恶劣的事故,国务院或者有关地方人民政府认为需要调查处理的,依照本条例的有关规定执行。

国家机关、事业单位、人民团体发生的事故的报告和调查处理,参照本条例的规定执行。

第四十五条 特别重大事故以下等级事故的报告和调查处理,有关法律、行政法规或者国务院另有规定的,依照其规定。

第四十六条 本条例自2007年6月1日起施行。国务院1989年3月29日公布的《特别重大事故调查程序暂行规定》和1991年2月22日公布的《企业职工伤亡事故报告和处理规定》同时废止。

5. 安全生产许可证条例

(2004 年 1 月 13 日　国务院令第 397 号)

第一条　为了严格规范安全生产条件,进一步加强安全生产监督管理,防止和减少生产安全事故,根据《中华人民共和国安全生产法》的有关规定,制定本条例。

第二条　国家对矿山企业、建筑施工企业和危险化学品、烟花爆竹、民用爆破器材生产企业(以下统称企业)实行安全生产许可制度。

企业未取得安全生产许可证的,不得从事生产活动。

第三条　国务院安全生产监督管理部门负责中央管理的非煤矿矿山企业和危险化学品、烟花爆竹生产企业安全生产许可证的颁发和管理。

省、自治区、直辖市人民政府安全生产监督管理部门负责前款规定以外的非煤矿矿山企业和危险化学品、烟花爆竹生产企业安全生产许可证的颁发和管理,并接受国务院安全生产监督管理部门的指导和监督。

国家煤矿安全监察机构负责中央管理的煤矿企业安全生产许可证的颁发和管理。

在省、自治区、直辖市设立的煤矿安全监察机构负责前款规定以外的其他煤矿企业安全生产许可证的颁发和管理,并接受国家煤矿安全监察机构的指导和监督。

第四条　国务院建设主管部门负责中央管理的建筑施工企业安全生产许可证的颁发和管理。

省、自治区、直辖市人民政府建设主管部门负责前款规定以外的建筑施工企业安全生产许可证的颁发和管理,并接受国务院建设主管部门的指导和监督。

第五条　国务院国防科技工业主管部门负责民用爆破器材生产企业安全生产许可证的颁发和管理。

第六条　企业取得安全生产许可证,应当具备下列安全生产条件:

(一)建立、健全安全生产责任制,制定完备的安全生产规章制度和操作规程;

(二)安全投入符合安全生产要求;

(三)设置安全生产管理机构,配备专职安全生产管理人员;

(四)主要负责人和安全生产管理人员经考核合格;

(五)特种作业人员经有关业务主管部门考核合格,取得特种作业操作资格证书;

(六)从业人员经安全生产教育和培训合格;

(七)依法参加工伤保险,为从业人员缴纳保险费;

(八)厂房、作业场所和安全设施、设备、工艺符合有关安全生产法律、法规、标准和规程的要求;

(九)有职业危害防治措施,并为从业人员配备符合国家标准或者行业标准的劳动防护用品；

（十）依法进行安全评价；

（十一）有重大危险源检测、评估、监控措施和应急预案；

（十二）有生产安全事故应急救援预案、应急救援组织或者应急救援人员，配备必要的应急救援器材、设备；

（十三）法律、法规规定的其他条件。

第七条 企业进行生产前，应当依照本条例的规定向安全生产许可证颁发管理机关申请领取安全生产许可证，并提供本条例第六条规定的相关文件、资料。安全生产许可证颁发管理机关应当自收到申请之日起45日内审查完毕，经审查符合本条例规定的安全生产条件的，颁发安全生产许可证；不符合本条例规定的安全生产条件的，不予颁发安全生产许可证，书面通知企业并说明理由。

煤矿企业应当以矿（井）为单位，在申请领取煤炭生产许可证前，依照本条例的规定取得安全生产许可证。

第八条 安全生产许可证由国务院安全生产监督管理部门规定统一的式样。

第九条 安全生产许可证的有效期为3年。安全生产许可证有效期满需要延期的，企业应当于期满前3个月向原安全生产许可证颁发管理机关办理延期手续。

企业在安全生产许可证有效期内，严格遵守有关安全生产的法律法规，未发生死亡事故的，安全生产许可证有效期届满时，经原安全生产许可证颁发管理机关同意，不再审查，安全生产许可证有效期延期3年。

第十条 安全生产许可证颁发管理机关应当建立、健全安全生产许可证档案管理制度，并定期向社会公布企业取得安全生产许可证的情况。

第十一条 煤矿企业安全生产许可证颁发管理机关、建筑施工企业安全生产许可证颁发管理机关、民用爆破器材生产企业安全生产许可证颁发管理机关，应当每年向同级安全生产监督管理部门通报其安全生产许可证颁发和管理情况。

第十二条 国务院安全生产监督管理部门和省、自治区、直辖市人民政府安全生产监督管理部门对建筑施工企业、民用爆破器材生产企业、煤矿企业取得安全生产许可证的情况进行监督。

第十三条 企业不得转让、冒用安全生产许可证或者使用伪造的安全生产许可证。

第十四条 企业取得安全生产许可证后，不得降低安全生产条件，并应当加强日常安全生产管理，接受安全生产许可证颁发管理机关的监督检查。

安全生产许可证颁发管理机关应当加强对取得安全生产许可证的企业的监督检查，发现其不再具备本条例规定的安全生产条件的，应当暂扣或者吊销安全生产许可证。

第十五条 安全生产许可证颁发管理机关工作人员在安全生产许可证颁发、管理和监督检查工作中，不得索取或者接受企业的财物，不得谋取其他利益。

第十六条 监察机关依照《中华人民共和国行政监察法》的规定，对安全生产许可证颁发管理机关及其工作人员履行本条例规定的职责实施监察。

第十七条 任何单位或者个人对违反本条例规定的行为，有权向安全生产许可证颁发管理机关或者监察机关等有关部门举报。

第十八条　安全生产许可证颁发管理机关工作人员有下列行为之一的，给予降级或者撤职的行政处分；构成犯罪的，依法追究刑事责任：

（一）向不符合本条例规定的安全生产条件的企业颁发安全生产许可证的；

（二）发现企业未依法取得安全生产许可证擅自从事生产活动，不依法处理的；

（三）发现取得安全生产许可证的企业不再具备本条例规定的安全生产条件，不依法处理的；

（四）接到对违反本条例规定行为的举报后，不及时处理的；

（五）在安全生产许可证颁发、管理和监督检查工作中，索取或者接受企业的财物，或者谋取其他利益的。

第十九条　违反本条例规定，未取得安全生产许可证擅自进行生产的，责令停止生产，没收违法所得，并处10万元以上50万元以下的罚款；造成重大事故或者其他严重后果，构成犯罪的，依法追究刑事责任。

第二十条　违反本条例规定，安全生产许可证有效期满未办理延期手续，继续进行生产的，责令停止生产，限期补办延期手续，没收违法所得，并处5万元以上10万元以下的罚款；逾期仍不办理延期手续，继续进行生产的，依照本条例第十九条的规定处罚。

第二十一条　违反本条例规定，转让安全生产许可证的，没收违法所得，处10万元以上50万元以下的罚款，并吊销其安全生产许可证；构成犯罪的，依法追究刑事责任；接受转让的，依照本条例第十九条的规定处罚。

冒用安全生产许可证或者使用伪造的安全生产许可证的，依照本条例第十九条的规定处罚。

第二十二条　本条例施行前已经进行生产的企业，应当自本条例施行之日起1年内，依照本条例的规定向安全生产许可证颁发管理机关申请办理安全生产许可证；逾期不办理安全生产许可证，或者经审查不符合本条例规定的安全生产条件，未取得安全生产许可证，继续进行生产的，依照本条例第十九条的规定处罚。

第二十三条　本条例规定的行政处罚，由安全生产许可证颁发管理机关决定。

第二十四条　本条例自公布之日起施行。

6. 特种设备安全监察条例

(2003年3月11日　国务院令第373号公布
2009年1月24日　国务院令第549号修订)

第一章　总　则

第一条　为了加强特种设备的安全监察,防止和减少事故,保障人民群众生命和财产安全,促进经济发展,制定本条例。

第二条　本条例所称特种设备是指涉及生命安全、危险性较大的锅炉、压力容器(含气瓶,下同)、压力管道、电梯、起重机械、客运索道、大型游乐设施和场(厂)内专用机动车辆。

前款特种设备的目录由国务院负责特种设备安全监督管理的部门(以下简称国务院特种设备安全监督管理部门)制订,报国务院批准后执行。

第三条　特种设备的生产(含设计、制造、安装、改造、维修,下同)、使用、检验检测及其监督检查,应当遵守本条例,但本条例另有规定的除外。

军事装备、核设施、航空航天器、铁路机车、海上设施和船舶以及矿山井下使用的特种设备、民用机场专用设备的安全监察不适用本条例。

房屋建筑工地和市政工程工地用起重机械、场(厂)内专用机动车辆的安装、使用的监督管理,由建设行政主管部门依照有关法律、法规的规定执行。

第四条　国务院特种设备安全监督管理部门负责全国特种设备的安全监察工作,县以上地方负责特种设备安全监督管理的部门对本行政区域内特种设备实施安全监察(以下统称特种设备安全监督管理部门)。

第五条　特种设备生产、使用单位应当建立健全特种设备安全、节能管理制度和岗位安全、节能责任制度。

特种设备生产、使用单位的主要负责人应当对本单位特种设备的安全和节能全面负责。

特种设备生产、使用单位和特种设备检验检测机构,应当接受特种设备安全监督管理部门依法进行的特种设备安全监察。

第六条　特种设备检验检测机构,应当依照本条例规定,进行检验检测工作,对其检验检测结果、鉴定结论承担法律责任。

第七条　县级以上地方人民政府应当督促、支持特种设备安全监督管理部门依法履行安全监察职责,对特种设备安全监察中存在的重大问题及时予以协调、解决。

第八条　国家鼓励推行科学的管理方法,采用先进技术,提高特种设备安全性能和管理水平,增强特种设备生产、使用单位防范事故的能力,对取得显著成绩的单位和个人,给予奖励。

国家鼓励特种设备节能技术的研究、开发、示范和推广,促进特种设备节能技术创新和应用。

特种设备生产、使用单位和特种设备检验检测机构，应当保证必要的安全和节能投入。

国家鼓励实行特种设备责任保险制度，提高事故赔付能力。

第九条　任何单位和个人对违反本条例规定的行为，有权向特种设备安全监督管理部门和行政监察等有关部门举报。

特种设备安全监督管理部门应当建立特种设备安全监察举报制度，公布举报电话、信箱或者电子邮件地址，受理对特种设备生产、使用和检验检测违法行为的举报，并及时予以处理。

特种设备安全监督管理部门和行政监察等有关部门应当为举报人保密，并按照国家有关规定给予奖励。

第二章　特种设备的生产

第十条　特种设备生产单位，应当依照本条例规定以及国务院特种设备安全监督管理部门制订并公布的安全技术规范（以下简称安全技术规范）的要求，进行生产活动。

特种设备生产单位对其生产的特种设备的安全性能和能效指标负责，不得生产不符合安全性能要求和能效指标的特种设备，不得生产国家产业政策明令淘汰的特种设备。

第十一条　压力容器的设计单位应当经国务院特种设备安全监督管理部门许可，方可从事压力容器的设计活动。

压力容器的设计单位应当具备下列条件：

（一）有与压力容器设计相适应的设计人员、设计审核人员；

（二）有与压力容器设计相适应的场所和设备；

（三）有与压力容器设计相适应的健全的管理制度和责任制度。

第十二条　锅炉、压力容器中的气瓶（以下简称气瓶）、氧舱和客运索道、大型游乐设施以及高耗能特种设备的设计文件，应当经国务院特种设备安全监督管理部门核准的检验检测机构鉴定，方可用于制造。

第十三条　按照安全技术规范的要求，应当进行型式试验的特种设备产品、部件或者试制特种设备新产品、新部件、新材料，必须进行型式试验和能效测试。

第十四条　锅炉、压力容器、电梯、起重机械、客运索道、大型游乐设施及其安全附件、安全保护装置的制造、安装、改造单位，以及压力管道用管子、管件、阀门、法兰、补偿器、安全保护装置等（以下简称压力管道元件）的制造单位和场（厂）内专用机动车辆的制造、改造单位，应当经国务院特种设备安全监督管理部门许可，方可从事相应的活动。

前款特种设备的制造、安装、改造单位应当具备下列条件：

（一）有与特种设备制造、安装、改造相适应的专业技术人员和技术工人；

（二）有与特种设备制造、安装、改造相适应的生产条件和检测手段；

（三）有健全的质量管理制度和责任制度。

第十五条　特种设备出厂时，应当附有安全技术规范要求的设计文件、产品质量合格证明、安装及使用维修说明、监督检验证明等文件。

第十六条　锅炉、压力容器、电梯、起重机械、客运索道、大型游乐设施、场（厂）内专用机动车辆的维修单位，应当有与特种设备维修相适应的专业技术人员和技术工人以及必要的检测手段，并经省、自治区、直辖市特种设备安全监督管理部门许可，方可从事相应的维修活动。

第十七条 锅炉、压力容器、起重机械、客运索道、大型游乐设施的安装、改造、维修以及场（厂）内专用机动车辆的改造、维修，必须由依照本条例取得许可的单位进行。

电梯的安装、改造、维修，必须由电梯制造单位或者其通过合同委托、同意的依照本条例取得许可的单位进行。电梯制造单位对电梯质量以及安全运行涉及的质量问题负责。

特种设备安装、改造、维修的施工单位应当在施工前将拟进行的特种设备安装、改造、维修情况书面告知直辖市或者设区的市的特种设备安全监督管理部门，告知后即可施工。

第十八条 电梯井道的土建工程必须符合建筑工程质量要求。电梯安装施工过程中，电梯安装单位应当遵守施工现场的安全生产要求，落实现场安全防护措施。电梯安装施工过程中，施工现场的安全生产监督，由有关部门依照有关法律、行政法规的规定执行。

电梯安装施工过程中，电梯安装单位应当服从建筑施工总承包单位对施工现场的安全生产管理，并订立合同，明确各自的安全责任。

第十九条 电梯的制造、安装、改造和维修活动，必须严格遵守安全技术规范的要求。电梯制造单位委托或者同意其他单位进行电梯安装、改造、维修活动的，应当对其安装、改造、维修活动进行安全指导和监控。电梯的安装、改造、维修活动结束后，电梯制造单位应当按照安全技术规范的要求对电梯进行校验和调试，并对校验和调试的结果负责。

第二十条 锅炉、压力容器、电梯、起重机械、客运索道、大型游乐设施的安装、改造、维修以及场（厂）内专用机动车辆的改造、维修竣工后，安装、改造、维修的施工单位应当在验收后30日内将有关技术资料移交使用单位，高耗能特种设备还应当按照安全技术规范的要求提交能效测试报告。使用单位应当将其存入该特种设备的安全技术档案。

第二十一条 锅炉、压力容器、压力管道元件、起重机械、大型游乐设施的制造过程和锅炉、压力容器、电梯、起重机械、客运索道、大型游乐设施的安装、改造、重大维修过程，必须经国务院特种设备安全监督管理部门核准的检验检测机构按照安全技术规范的要求进行监督检验；未经监督检验合格的不得出厂或者交付使用。

第二十二条 移动式压力容器、气瓶充装单位应当经省、自治区、直辖市的特种设备安全监督管理部门许可，方可从事充装活动。

充装单位应当具备下列条件：

（一）有与充装和管理相适应的管理人员和技术人员；

（二）有与充装和管理相适应的充装设备、检测手段、场地厂房、器具、安全设施；

（三）有健全的充装管理制度、责任制度、紧急处理措施。

气瓶充装单位应当向气体使用者提供符合安全技术规范要求的气瓶，对使用者进行气瓶安全使用指导，并按照安全技术规范的要求办理气瓶使用登记，提出气瓶的定期检验要求。

第三章 特种设备的使用

第二十三条 特种设备使用单位，应当严格执行本条例和有关安全生产的法律、行政法规的规定，保证特种设备的安全使用。

第二十四条 特种设备使用单位应当使用符合安全技术规范要求的特种设备。特种设备投入使用前，使用单位应当核对其是否附有本条例第十五条规定的相关文件。

第二十五条 特种设备在投入使用前或者投入使用后30日内，特种设备使用单位应当向直辖市或者设区的市的特种设备安全监督管理部门登记。登记标志应当置于或者附着于该特种设备的显著位置。

第二十六条 特种设备使用单位应当建立特种设备安全技术档案。安全技术档案应当包括以下内容：

（一）特种设备的设计文件、制造单位、产品质量合格证明、使用维护说明等文件以及安装技术文件和资料；

（二）特种设备的定期检验和定期自行检查的记录；

（三）特种设备的日常使用状况记录；

（四）特种设备及其安全附件、安全保护装置、测量调控装置及有关附属仪器仪表的日常维护保养记录；

（五）特种设备运行故障和事故记录；

（六）高耗能特种设备的能效测试报告、能耗状况记录以及节能改造技术资料。

第二十七条 特种设备使用单位应当对在用特种设备进行经常性日常维护保养，并定期自行检查。

特种设备使用单位对在用特种设备应当至少每月进行一次自行检查，并作出记录。特种设备使用单位在对在用特种设备进行自行检查和日常维护保养时发现异常情况的，应当及时处理。

特种设备使用单位应当对在用特种设备的安全附件、安全保护装置、测量调控装置及有关附属仪器仪表进行定期校验、检修，并作出记录。

锅炉使用单位应当按照安全技术规范的要求进行锅炉水（介）质处理，并接受特种设备检验检测机构实施的水（介）质处理定期检验。

从事锅炉清洗的单位，应当按照安全技术规范的要求进行锅炉清洗，并接受特种设备检验检测机构实施的锅炉清洗过程监督检验。

第二十八条 特种设备使用单位应当按照安全技术规范的定期检验要求，在安全检验合格有效期届满前1个月向特种设备检验检测机构提出定期检验要求。

检验检测机构接到定期检验要求后，应当按照安全技术规范的要求及时进行安全性能检验和能效测试。

未经定期检验或者检验不合格的特种设备，不得继续使用。

第二十九条 特种设备出现故障或者发生异常情况，使用单位应当对其进行全面检查，消除事故隐患后，方可重新投入使用。

特种设备不符合能效指标的，特种设备使用单位应当采取相应措施进行整改。

第三十条 特种设备存在严重事故隐患，无改造、维修价值，或者超过安全技术规范规定使用年限，特种设备使用单位应当及时予以报废，并应当向原登记的特种设备安全监督管理部门办理注销。

第三十一条 电梯的日常维护保养必须由依照本条例取得许可的安装、改造、维修单位或者电梯制造单位进行。

电梯应当至少每15日进行一次清洁、润滑、调整和检查。

第三十二条 电梯的日常维护保养单位应当在维护保养中严格执行国家安全技术规范的要求,保证其维护保养的电梯的安全技术性能,并负责落实现场安全防护措施,保证施工安全。

电梯的日常维护保养单位,应当对其维护保养的电梯的安全性能负责。接到故障通知后,应当立即赶赴现场,并采取必要的应急救援措施。

第三十三条 电梯、客运索道、大型游乐设施等为公众提供服务的特种设备运营使用单位,应当设置特种设备安全管理机构或者配备专职的安全管理人员;其他特种设备使用单位,应当根据情况设置特种设备安全管理机构或者配备专职、兼职的安全管理人员。

特种设备的安全管理人员应当对特种设备使用状况进行经常性检查,发现问题的应当立即处理;情况紧急时,可以决定停止使用特种设备并及时报告本单位有关负责人。

第三十四条 客运索道、大型游乐设施的运营使用单位在客运索道、大型游乐设施每日投入使用前,应当进行试运行和例行安全检查,并对安全装置进行检查确认。

电梯、客运索道、大型游乐设施的运营使用单位应当将电梯、客运索道、大型游乐设施的安全注意事项和警示标志置于易于为乘客注意的显著位置。

第三十五条 客运索道、大型游乐设施的运营使用单位的主要负责人应当熟悉客运索道、大型游乐设施的相关安全知识,并全面负责客运索道、大型游乐设施的安全使用。

客运索道、大型游乐设施的运营使用单位的主要负责人至少应当每月召开一次会议,督促、检查客运索道、大型游乐设施的安全使用工作。

客运索道、大型游乐设施的运营使用单位,应当结合本单位的实际情况,配备相应数量的营救装备和急救物品。

第三十六条 电梯、客运索道、大型游乐设施的乘客应当遵守使用安全注意事项的要求,服从有关工作人员的指挥。

第三十七条 电梯投入使用后,电梯制造单位应当对其制造的电梯的安全运行情况进行跟踪调查和了解,对电梯的日常维护保养单位或者电梯的使用单位在安全运行方面存在的问题,提出改进建议,并提供必要的技术帮助。发现电梯存在严重事故隐患的,应当及时向特种设备安全监督管理部门报告。电梯制造单位对调查和了解的情况,应当作出记录。

第三十八条 锅炉、压力容器、电梯、起重机械、客运索道、大型游乐设施、场(厂)内专用机动车辆的作业人员及其相关管理人员(以下统称特种设备作业人员),应当按照国家有关规定经特种设备安全监督管理部门考核合格,取得国家统一格式的特种作业人员证书,方可从事相应的作业或者管理工作。

第三十九条 特种设备使用单位应当对特种设备作业人员进行特种设备安全、节能教育和培训,保证特种设备作业人员具备必要的特种设备安全、节能知识。

特种设备作业人员在作业中应当严格执行特种设备的操作规程和有关的安全规章制度。

第四十条 特种设备作业人员在作业过程中发现事故隐患或者其他不安全因素,应当立即向现场安全管理人员和单位有关负责人报告。

第四章　检　验　检　测

第四十一条　从事本条例规定的监督检验、定期检验、型式试验以及专门为特种设备生产、使用、检验检测提供无损检测服务的特种设备检验检测机构，应当经国务院特种设备安全监督管理部门核准。

特种设备使用单位设立的特种设备检验检测机构，经国务院特种设备安全监督管理部门核准，负责本单位核准范围内的特种设备定期检验工作。

第四十二条　特种设备检验检测机构，应当具备下列条件：

（一）有与所从事的检验检测工作相适应的检验检测人员；

（二）有与所从事的检验检测工作相适应的检验检测仪器和设备；

（三）有健全的检验检测管理制度、检验检测责任制度。

第四十三条　特种设备的监督检验、定期检验、型式试验和无损检测应当由依照本条例经核准的特种设备检验检测机构进行。

特种设备检验检测工作应当符合安全技术规范的要求。

第四十四条　从事本条例规定的监督检验、定期检验、型式试验和无损检测的特种设备检验检测人员应当经国务院特种设备安全监督管理部门组织考核合格，取得检验检测人员证书，方可从事检验检测工作。

检验检测人员从事检验检测工作，必须在特种设备检验检测机构执业，但不得同时在两个以上检验检测机构中执业。

第四十五条　特种设备检验检测机构和检验检测人员进行特种设备检验检测，应当遵循诚信原则和方便企业的原则，为特种设备生产、使用单位提供可靠、便捷的检验检测服务。

特种设备检验检测机构和检验检测人员对涉及的被检验检测单位的商业秘密，负有保密义务。

第四十六条　特种设备检验检测机构和检验检测人员应当客观、公正、及时地出具检验检测结果、鉴定结论。检验检测结果、鉴定结论经检验检测人员签字后，由检验检测机构负责人签署。

特种设备检验检测机构和检验检测人员对检验检测结果、鉴定结论负责。

国务院特种设备安全监督管理部门应当组织对特种设备检验检测机构的检验检测结果、鉴定结论进行监督抽查。县以上地方负责特种设备安全监督管理的部门在本行政区域内也可以组织监督抽查，但是要防止重复抽查。监督抽查结果应当向社会公布。

第四十七条　特种设备检验检测机构和检验检测人员不得从事特种设备的生产、销售，不得以其名义推荐或者监制、监销特种设备。

第四十八条　特种设备检验检测机构进行特种设备检验检测，发现严重事故隐患或者能耗严重超标的，应当及时告知特种设备使用单位，并立即向特种设备安全监督管理部门报告。

第四十九条　特种设备检验检测机构和检验检测人员利用检验检测工作故意刁难特种设备生产、使用单位，特种设备生产、使用单位有权向特种设备安全监督管理部门投诉，接到投诉的特种设备安全监督管理部门应当及时进行调查处理。

第五章 监督检查

第五十条 特种设备安全监督管理部门依照本条例规定,对特种设备生产、使用单位和检验检测机构实施安全监察。

对学校、幼儿园以及车站、客运码头、商场、体育场馆、展览馆、公园等公众聚集场所的特种设备,特种设备安全监督管理部门应当实施重点安全监察。

第五十一条 特种设备安全监督管理部门根据举报或者取得的涉嫌违法证据,对涉嫌违反本条例规定的行为进行查处时,可以行使下列职权:

(一)向特种设备生产、使用单位和检验检测机构的法定代表人、主要负责人和其他有关人员调查、了解与涉嫌从事违反本条例的生产、使用、检验检测有关的情况;

(二)查阅、复制特种设备生产、使用单位和检验检测机构的有关合同、发票、账簿以及其他有关资料;

(三)对有证据表明不符合安全技术规范要求的或者有其他严重事故隐患、能耗严重超标的特种设备,予以查封或者扣押。

第五十二条 依照本条例规定实施许可、核准、登记的特种设备安全监督管理部门,应当严格依照本条例规定条件和安全技术规范要求对有关事项进行审查;不符合本条例规定条件和安全技术规范要求的,不得许可、核准、登记;在申请办理许可、核准期间,特种设备安全监督管理部门发现申请人未经许可从事特种设备相应活动或者伪造许可、核准证书的,不予受理或者不予许可、核准,并在1年内不再受理其新的许可、核准申请。

未依法取得许可、核准、登记的单位擅自从事特种设备的生产、使用或者检验检测活动的,特种设备安全监督管理部门应当依法予以处理。

违反本条例规定,被依法撤销许可的,自撤销许可之日起3年内,特种设备安全监督管理部门不予受理其新的许可申请。

第五十三条 特种设备安全监督管理部门在办理本条例规定的有关行政审批事项时,其受理、审查、许可、核准的程序必须公开,并应当自受理申请之日起30日内,作出许可、核准或者不予许可、核准的决定;不予许可、核准的,应当书面向申请人说明理由。

第五十四条 地方各级特种设备安全监督管理部门不得以任何形式进行地方保护和地区封锁,不得对已经依照本条例规定在其他地方取得许可的特种设备生产单位重复进行许可,也不得要求对依照本条例规定在其他地方检验检测合格的特种设备,重复进行检验检测。

第五十五条 特种设备安全监督管理部门的安全监察人员(以下简称特种设备安全监察人员)应当熟悉相关法律、法规、规章和安全技术规范,具有相应的专业知识和工作经验,并经国务院特种设备安全监督管理部门考核,取得特种设备安全监察人员证书。

特种设备安全监察人员应当忠于职守、坚持原则、秉公执法。

第五十六条 特种设备安全监督管理部门对特种设备生产、使用单位和检验检测机构实施安全监察时,应当有两名以上特种设备安全监察人员参加,并出示有效的特种设备安全监察人员证件。

第五十七条 特种设备安全监督管理部门对特种设备生产、使用单位和检验检测机构实施安全监察，应当对每次安全监察的内容、发现的问题及处理情况，作出记录，并由参加安全监察的特种设备安全监察人员和被检查单位的有关负责人签字后归档。被检查单位的有关负责人拒绝签字的，特种设备安全监察人员应当将情况记录在案。

第五十八条　特种设备安全监督管理部门对特种设备生产、使用单位和检验检测机构进行安全监察时，发现有违反本条例规定和安全技术规范要求的行为或者在用的特种设备存在事故隐患、不符合能效指标的，应当以书面形式发出特种设备安全监察指令，责令有关单位及时采取措施，予以改正或者消除事故隐患。紧急情况下需要采取紧急处置措施的，应当随后补发书面通知。

第五十九条　特种设备安全监督管理部门对特种设备生产、使用单位和检验检测机构进行安全监察，发现重大违法行为或者严重事故隐患时，应当在采取必要措施的同时，及时向上级特种设备安全监督管理部门报告。接到报告的特种设备安全监督管理部门应当采取必要措施，及时予以处理。

对违法行为、严重事故隐患或者不符合能效指标的处理需要当地人民政府和有关部门的支持、配合时，特种设备安全监督管理部门应当报告当地人民政府，并通知其他有关部门。当地人民政府和其他有关部门应当采取必要措施，及时予以处理。

第六十条　国务院特种设备安全监督管理部门和省、自治区、直辖市特种设备安全监督管理部门应当定期向社会公布特种设备安全以及能效状况。

公布特种设备安全以及能效状况，应当包括下列内容：

（一）特种设备质量安全状况；

（二）特种设备事故的情况、特点、原因分析、防范对策；

（三）特种设备能效状况；

（四）其他需要公布的情况。

第六章　事故预防和调查处理

第六十一条　有下列情形之一的，为特别重大事故：

（一）特种设备事故造成 30 人以上死亡，或者 100 人以上重伤（包括急性工业中毒，下同），或者 1 亿元以上直接经济损失的；

（二）600 兆瓦以上锅炉爆炸的；

（三）压力容器、压力管道有毒介质泄漏，造成 15 万人以上转移的；

（四）客运索道、大型游乐设施高空滞留 100 人以上并且时间在 48 小时以上的。

第六十二条　有下列情形之一的，为重大事故：

（一）特种设备事故造成 10 人以上 30 人以下死亡，或者 50 人以上 100 人以下重伤，或者 5 000 万元以上 1 亿元以下直接经济损失的；

（二）600 兆瓦以上锅炉因安全故障中断运行 240 小时以上的；

（三）压力容器、压力管道有毒介质泄漏，造成 5 万人以上 15 万人以下转移的；

（四）客运索道、大型游乐设施高空滞留 100 人以上并且时间在 24 小时以上 48 小时以下的。

第六十三条 有下列情形之一的,为较大事故:

(一)特种设备事故造成3人以上10人以下死亡,或者10人以上50人以下重伤,或者1 000万元以上5 000万元以下直接经济损失的;

(二)锅炉、压力容器、压力管道爆炸的;

(三)压力容器、压力管道有毒介质泄漏,造成1万人以上5万人以下转移的;

(四)起重机械整体倾覆的;

(五)客运索道、大型游乐设施高空滞留人员12小时以上的。

第六十四条 有下列情形之一的,为一般事故:

(一)特种设备事故造成3人以下死亡,或者10人以下重伤,或者1万元以上1 000万元以下直接经济损失的;

(二)压力容器、压力管道有毒介质泄漏,造成500人以上1万人以下转移的;

(三)电梯轿厢滞留人员2小时以上的;

(四)起重机械主要受力结构件折断或者起升机构坠落的;

(五)客运索道高空滞留人员3.5小时以上12小时以下的;

(六)大型游乐设施高空滞留人员1小时以上12小时以下的。

除前款规定外,国务院特种设备安全监督管理部门可以对一般事故的其他情形做出补充规定。

第六十五条 特种设备安全监督管理部门应当制定特种设备应急预案。特种设备使用单位应当制定事故应急专项预案,并定期进行事故应急演练。

压力容器、压力管道发生爆炸或者泄漏,在抢险救援时应当区分介质特性,严格按照相关预案规定程序处理,防止二次爆炸。

第六十六条 特种设备事故发生后,事故发生单位应当立即启动事故应急预案,组织抢救,防止事故扩大,减少人员伤亡和财产损失,并及时向事故发生地县以上特种设备安全监督管理部门和有关部门报告。

县以上特种设备安全监督管理部门接到事故报告,应当尽快核实有关情况,立即向所在地人民政府报告,并逐级上报事故情况。必要时,特种设备安全监督管理部门可以越级上报事故情况。对特别重大事故、重大事故,国务院特种设备安全监督管理部门应当立即报告国务院并通报国务院安全生产监督管理部门等有关部门。

第六十七条 特别重大事故由国务院或者国务院授权有关部门组织事故调查组进行调查。

重大事故由国务院特种设备安全监督管理部门会同有关部门组织事故调查组进行调查。

较大事故由省、自治区、直辖市特种设备安全监督管理部门会同有关部门组织事故调查组进行调查。

一般事故由设区的市的特种设备安全监督管理部门会同有关部门组织事故调查组进行调查。

第六十八条 事故调查报告应当由负责组织事故调查的特种设备安全监督管理部门的所在地人民政府批复,并报上一级特种设备安全监督管理部门备案。

有关机关应当按照批复,依照法律、行政法规规定的权限和程序,对事故责任单位和有关人员进行行政处罚,对负有事故责任的国家工作人员进行处分。

第六十九条 特种设备安全监督管理部门应当在有关地方人民政府的领导下,组织开展特种设备事故调查处理工作。

有关地方人民政府应当支持、配合上级人民政府或者特种设备安全监督管理部门的事故调查处理工作,并提供必要的便利条件。

第七十条 特种设备安全监督管理部门应当对发生事故的原因进行分析,并根据特种设备的管理和技术特点、事故情况对相关安全技术规范进行评估;需要制定或者修订相关安全技术规范的,应当及时制定或者修订。

第七十一条 本章所称的"以上"包括本数,所称的"以下"不包括本数。

第七章 法律责任

第七十二条 未经许可,擅自从事压力容器设计活动的,由特种设备安全监督管理部门予以取缔,处5万元以上20万元以下罚款;有违法所得的,没收违法所得;触犯刑律的,对负有责任的主管人员和其他直接责任人员依照刑法关于非法经营罪或者其他罪的规定,依法追究刑事责任。

第七十三条 锅炉、气瓶、氧舱和客运索道、大型游乐设施以及高耗能特种设备的设计文件,未经国务院特种设备安全监督管理部门核准的检验检测机构鉴定,擅自用于制造的,由特种设备安全监督管理部门责令改正,没收非法制造的产品,处5万元以上20万元以下罚款;触犯刑律的,对负有责任的主管人员和其他直接责任人员依照刑法关于生产、销售伪劣产品罪、非法经营罪或者其他罪的规定,依法追究刑事责任。

第七十四条 按照安全技术规范的要求应当进行型式试验的特种设备产品、部件或者试制特种设备新产品、新部件,未进行整机或者部件型式试验的,由特种设备安全监督管理部门责令限期改正;逾期未改正的,处2万元以上10万元以下罚款。

第七十五条 未经许可,擅自从事锅炉、压力容器、电梯、起重机械、客运索道、大型游乐设施、场(厂)内专用机动车辆及其安全附件、安全保护装置的制造、安装、改造以及压力管道元件的制造活动的,由特种设备安全监督管理部门予以取缔,没收非法制造的产品,已经实施安装、改造的,责令恢复原状或者责令限期由取得许可的单位重新安装、改造,处10万元以上50万元以下罚款;触犯刑律的,对负有责任的主管人员和其他直接责任人员依照刑法关于生产、销售伪劣产品罪、非法经营罪、重大责任事故罪或者其他罪的规定,依法追究刑事责任。

第七十六条 特种设备出厂时,未按照安全技术规范的要求附有设计文件、产品质量合格证明、安装及使用维修说明、监督检验证明等文件的,由特种设备安全监督管理部门责令改正;情节严重的,责令停止生产、销售,处违法生产、销售货值金额30%以下罚款;有违法所得的,没收违法所得。

第七十七条 未经许可,擅自从事锅炉、压力容器、电梯、起重机械、客运索道、大型游乐设施、场(厂)内专用机动车辆的维修或者日常维护保养的,由特种设备安全监督管理部门予以取缔,处1万元以上5万元以下罚款;有违法所得的,没收违法所得;触犯刑律的,对负有责任的主管人员和其他直接责任人员依照刑法关于非法经营罪、重大责任事故罪或者其他罪的规定,依法追究刑事责任。

第七十八条 锅炉、压力容器、电梯、起重机械、客运索道、大型游乐设施的安装、改造、维修的施工单位以及场(厂)内专用机动车辆的改造、维修单位,在施工前未将拟进行的特种设备安装、改造、维修情况书面告知直辖市或者设区的市的特种设备安全监督管理部门即行施工的,或者在验收后30日内未将有关技术资料移交锅炉、压力容器、电梯、起重机械、客运索道、大型游乐设施的使用单位的,由特种设备安全监督管理部门责令限期改正;逾期未改正的,处2 000元以上1万元以下罚款。

第七十九条 锅炉、压力容器、压力管道元件、起重机械、大型游乐设施的制造过程和锅炉、压力容器、电梯、起重机械、客运索道、大型游乐设施的安装、改造、重大维修过程,以及锅炉清洗过程,未经国务院特种设备安全监督管理部门核准的检验检测机构按照安全技术规范的要求进行监督检验的,由特种设备安全监督管理部门责令改正,已经出厂的,没收违法生产、销售的产品,已经实施安装、改造、重大维修或者清洗的,责令限期进行监督检验,处5万元以上20万元以下罚款;有违法所得的,没收违法所得;情节严重的,撤销制造、安装、改造或者维修单位已经取得的许可,并由工商行政管理部门吊销其营业执照;触犯刑律的,对负有责任的主管人员和其他直接责任人员依照刑法关于生产、销售伪劣产品罪或者其他罪的规定,依法追究刑事责任。

第八十条 未经许可,擅自从事移动式压力容器或者气瓶充装活动的,由特种设备安全监督管理部门予以取缔,没收违法充装的气瓶,处10万元以上50万元以下罚款;有违法所得的,没收违法所得;触犯刑律的,对负有责任的主管人员和其他直接责任人员依照刑法关于非法经营罪或者其他罪的规定,依法追究刑事责任。

移动式压力容器、气瓶充装单位未按照安全技术规范的要求进行充装活动的,由特种设备安全监督管理部门责令改正,处2万元以上10万元以下罚款;情节严重的,撤销其充装资格。

第八十一条 电梯制造单位有下列情形之一的,由特种设备安全监督管理部门责令限期改正;逾期未改正的,予以通报批评:

(一)未依照本条例第十九条的规定对电梯进行校验、调试的;

(二)对电梯的安全运行情况进行跟踪调查和了解时,发现存在严重事故隐患,未及时向特种设备安全监督管理部门报告的。

第八十二条 已经取得许可、核准的特种设备生产单位、检验检测机构有下列行为之一的,由特种设备安全监督管理部门责令改正,处2万元以上10万元以下罚款;情节严重的,撤销其相应资格:

(一)未按照安全技术规范的要求办理许可证变更手续的;

(二)不再符合本条例规定或者安全技术规范要求的条件,继续从事特种设备生产、检验检测的;

(三)未依照本条例规定或者安全技术规范要求进行特种设备生产、检验检测的;

(四)伪造、变造、出租、出借、转让许可证书或者监督检验报告的。

第八十三条 特种设备使用单位有下列情形之一的,由特种设备安全监督管理部门责令限期改正;逾期未改正的,处2 000元以上2万元以下罚款;情节严重的,责令停止使用或者停产停业整顿:

（一）特种设备投入使用前或者投入使用后30日内，未向特种设备安全监督管理部门登记，擅自将其投入使用的；

（二）未依照本条例第二十六条的规定，建立特种设备安全技术档案的；

（三）未依照本条例第二十七条的规定，对在用特种设备进行经常性日常维护保养和定期自行检查的，或者对在用特种设备的安全附件、安全保护装置、测量调控装置及有关附属仪器仪表进行定期校验、检修，并作出记录的；

（四）未按照安全技术规范的定期检验要求，在安全检验合格有效期届满前1个月向特种设备检验检测机构提出定期检验要求的；

（五）使用未经定期检验或者检验不合格的特种设备的；

（六）特种设备出现故障或者发生异常情况，未对其进行全面检查、消除事故隐患，继续投入使用的；

（七）未制定特种设备事故应急专项预案的；

（八）未依照本条例第三十一条第二款的规定，对电梯进行清洁、润滑、调整和检查的；

（九）未按照安全技术规范要求进行锅炉水（介）质处理的；

（十）特种设备不符合能效指标，未及时采取相应措施进行整改的。

特种设备使用单位使用未取得生产许可的单位生产的特种设备或者将非承压锅炉、非压力容器作为承压锅炉、压力容器使用的，由特种设备安全监督管理部门责令停止使用，予以没收，处2万元以上10万元以下罚款。

第八十四条　特种设备存在严重事故隐患，无改造、维修价值，或者超过安全技术规范规定的使用年限，特种设备使用单位未予以报废，并向原登记的特种设备安全监督管理部门办理注销的，由特种设备安全监督管理部门责令限期改正；逾期未改正的，处5万元以上20万元以下罚款。

第八十五条　电梯、客运索道、大型游乐设施的运营使用单位有下列情形之一的，由特种设备安全监督管理部门责令限期改正；逾期未改正的，责令停止使用或者停产停业整顿，处1万元以上5万元以下罚款：

（一）客运索道、大型游乐设施每日投入使用前，未进行试运行和例行安全检查，并对安全装置进行检查确认的；

（二）未将电梯、客运索道、大型游乐设施的安全注意事项和警示标志置于易于为乘客注意的显著位置的。

第八十六条　特种设备使用单位有下列情形之一的，由特种设备安全监督管理部门责令限期改正；逾期未改正的，责令停止使用或者停产停业整顿，处2 000元以上2万元以下罚款：

（一）未依照本条例规定设置特种设备安全管理机构或者配备专职、兼职的安全管理人员的；

（二）从事特种设备作业的人员，未取得相应特种作业人员证书，上岗作业的；

（三）未对特种设备作业人员进行特种设备安全教育和培训的。

第八十七条　发生特种设备事故，有下列情形之一的，对单位，由特种设备安全监督管理部门处5万元以上20万元以下罚款；对主要负责人，由特种设备安全监督管理部门处4 000元以上2万元以下罚款；属于国家工作人员的，依法给予处分；触犯刑律的，依照刑法关于重大责

任事故罪或者其他罪的规定,依法追究刑事责任:

(一)特种设备使用单位的主要负责人在本单位发生特种设备事故时,不立即组织抢救或者在事故调查处理期间擅离职守或者逃匿的;

(二)特种设备使用单位的主要负责人对特种设备事故隐瞒不报、谎报或者拖延不报的。

第八十八条 对事故发生负有责任的单位,由特种设备安全监督管理部门依照下列规定处以罚款:

(一)发生一般事故的,处10万元以上20万元以下罚款;

(二)发生较大事故的,处20万元以上50万元以下罚款;

(三)发生重大事故的,处50万元以上200万元以下罚款。

第八十九条 对事故发生负有责任的单位的主要负责人未依法履行职责,导致事故发生的,由特种设备安全监督管理部门依照下列规定处以罚款;属于国家工作人员的,并依法给予处分;触犯刑律的,依照刑法关于重大责任事故罪或者其他罪的规定,依法追究刑事责任:

(一)发生一般事故的,处上一年年收入30%的罚款;

(二)发生较大事故的,处上一年年收入40%的罚款;

(三)发生重大事故的,处上一年年收入60%的罚款。

第九十条 特种设备作业人员违反特种设备的操作规程和有关的安全规章制度操作,或者在作业过程中发现事故隐患或者其他不安全因素,未立即向现场安全管理人员和单位有关负责人报告的,由特种设备使用单位给予批评教育、处分;情节严重的,撤销特种设备作业人员资格;触犯刑律的,依照刑法关于重大责任事故罪或者其他罪的规定,依法追究刑事责任。

第九十一条 未经核准,擅自从事本条例所规定的监督检验、定期检验、型式试验以及无损检测等检验检测活动的,由特种设备安全监督管理部门予以取缔,处5万元以上20万元以下罚款;有违法所得的,没收违法所得;触犯刑律的,对负有责任的主管人员和其他直接责任人员依照刑法关于非法经营罪或者其他罪的规定,依法追究刑事责任。

第九十二条 特种设备检验检测机构,有下列情形之一的,由特种设备安全监督管理部门处2万元以上10万元以下罚款;情节严重的,撤销其检验检测资格:

(一)聘用未经特种设备安全监督管理部门组织考核合格并取得检验检测人员证书的人员,从事相关检验检测工作的;

(二)在进行特种设备检验检测中,发现严重事故隐患或者能耗严重超标,未及时告知特种设备使用单位,并立即向特种设备安全监督管理部门报告的。

第九十三条 特种设备检验检测机构和检验检测人员,出具虚假的检验检测结果、鉴定结论或者检验检测结果、鉴定结论严重失实的,由特种设备安全监督管理部门对检验检测机构没收违法所得,处5万元以上20万元以下罚款,情节严重的,撤销其检验检测资格;对检验检测人员处5 000元以上5万元以下罚款,情节严重的,撤销其检验检测资格,触犯刑律的,依照刑法关于中介组织人员提供虚假证明文件罪、中介组织人员出具证明文件重大失实罪或者其他罪的规定,依法追究刑事责任。

特种设备检验检测机构和检验检测人员,出具虚假的检验检测结果、鉴定结论或者检验检测结果、鉴定结论严重失实,造成损害的,应当承担赔偿责任。

第九十四条　特种设备检验检测机构或者检验检测人员从事特种设备的生产、销售,或者以其名义推荐或者监制、监销特种设备的,由特种设备安全监督管理部门撤销特种设备检验检测机构和检验检测人员的资格,处5万元以上20万元以下罚款;有违法所得的,没收违法所得。

第九十五条　特种设备检验检测机构和检验检测人员利用检验检测工作故意刁难特种设备生产、使用单位,由特种设备安全监督管理部门责令改正;拒不改正的,撤销其检验检测资格。

第九十六条　检验检测人员,从事检验检测工作,不在特种设备检验检测机构执业或者同时在两个以上检验检测机构中执业的,由特种设备安全监督管理部门责令改正,情节严重的,给予停止执业6个月以上2年以下的处罚;有违法所得的,没收违法所得。

第九十七条　特种设备安全监督管理部门及其特种设备安全监察人员,有下列违法行为之一的,对直接负责的主管人员和其他直接责任人员,依法给予降级或者撤职的处分;触犯刑律的,依照刑法关于受贿罪、滥用职权罪、玩忽职守罪或者其他罪的规定,依法追究刑事责任:

(一)不按照本条例规定的条件和安全技术规范要求,实施许可、核准、登记的;

(二)发现未经许可、核准、登记擅自从事特种设备的生产、使用或者检验检测活动不予取缔或者不依法予以处理的;

(三)发现特种设备生产、使用单位不再具备本条例规定的条件而不撤销其原许可,或者发现特种设备生产、使用违法行为不予查处的;

(四)发现特种设备检验检测机构不再具备本条例规定的条件而不撤销其原核准,或者对其出具虚假的检验检测结果、鉴定结论或者检验检测结果、鉴定结论严重失实的行为不予查处的;

(五)对依照本条例规定在其他地方取得许可的特种设备生产单位重复进行许可,或者对依照本条例规定在其他地方检验检测合格的特种设备,重复进行检验检测的;

(六)发现有违反本条例和安全技术规范的行为或者在用的特种设备存在严重事故隐患,不立即处理的;

(七)发现重大的违法行为或者严重事故隐患,未及时向上级特种设备安全监督管理部门报告,或者接到报告的特种设备安全监督管理部门不立即处理的;

(八)迟报、漏报、瞒报或者谎报事故的;

(九)妨碍事故救援或者事故调查处理的。

第九十八条　特种设备的生产、使用单位或者检验检测机构,拒不接受特种设备安全监督管理部门依法实施的安全监察的,由特种设备安全监督管理部门责令限期改正;逾期未改正的,责令停产停业整顿,处2万元以上10万元以下罚款;触犯刑律的,依照刑法关于妨害公务罪或者其他罪的规定,依法追究刑事责任。

特种设备生产、使用单位擅自动用、调换、转移、损毁被查封、扣押的特种设备或者其主要部件的,由特种设备安全监督管理部门责令改正,处5万元以上20万元以下罚款;情节严重的,撤销其相应资格。

第八章　附　则

第九十九条　本条例下列用语的含义是：

（一）锅炉，是指利用各种燃料、电或者其他能源，将所盛装的液体加热到一定的参数，并对外输出热能的设备，其范围规定为容积大于或者等于30L的承压蒸汽锅炉；出口水压大于或者等于0.1MPa（表压），且额定功率大于或者等于0.1MW的承压热水锅炉；有机热载体锅炉。

（二）压力容器，是指盛装气体或者液体，承载一定压力的密闭设备，其范围规定为最高工作压力大于或者等于0.1MPa（表压），且压力与容积的乘积大于或者等于2.5MPa·L的气体、液化气体和最高工作温度高于或者等于标准沸点的液体的固定式容器和移动式容器；盛装公称工作压力大于或者等于0.2MPa（表压），且压力与容积的乘积大于或者等于1.0MPa·L的气体、液化气体和标准沸点等于或者低于60℃液体的气瓶；氧舱等。

（三）压力管道，是指利用一定的压力，用于输送气体或者液体的管状设备，其范围规定为最高工作压力大于或者等于0.1MPa（表压）的气体、液化气体、蒸汽介质或者可燃、易爆、有毒、有腐蚀性、最高工作温度高于或者等于标准沸点的液体介质，且公称直径大于25mm的管道。

（四）电梯，是指动力驱动，利用沿刚性导轨运行的箱体或者沿固定线路运行的梯级（踏步），进行升降或者平行运送人、货物的机电设备，包括载人（货）电梯、自动扶梯、自动人行道等。

（五）起重机械，是指用于垂直升降或者垂直升降并水平移动重物的机电设备，其范围规定为额定起重量大于或者等于0.5t的升降机；额定起重量大于或者等于1t，且提升高度大于或者等于2m的起重机和承重形式固定的电动葫芦等。

（六）客运索道，是指动力驱动，利用柔性绳索牵引箱体等运载工具运送人员的机电设备，包括客运架空索道、客运缆车、客运拖牵索道等。

（七）大型游乐设施，是指用于经营目的，承载乘客游乐的设施，其范围规定为设计最大运行线速度大于或者等于2m/s，或者运行高度距地面高于或者等于2m的载人大型游乐设施。

（八）场（厂）内专用机动车辆，是指除道路交通、农用车辆以外仅在工厂厂区、旅游景区、游乐场所等特定区域使用的专用机动车辆。

特种设备包括其所用的材料、附属的安全附件、安全保护装置和与安全保护装置相关的设施。

第一百条　压力管道设计、安装、使用的安全监督管理办法由国务院另行制定。

第一百零一条　国务院特种设备安全监督管理部门可以授权省、自治区、直辖市特种设备安全监督管理部门负责本条例规定的特种设备行政许可工作，具体办法由国务院特种设备安全监督管理部门制定。

第一百零二条　特种设备行政许可、检验检测，应当按照国家有关规定收取费用。

第一百零三条　本条例自2003年6月1日起施行。1982年2月6日国务院发布的《锅炉压力容器安全监察暂行条例》同时废止。

7. 国务院关于进一步加强企业安全生产工作的通知

（2010年7月19日　国务院　国发〔2010〕23号）

各省、自治区、直辖市人民政府，国务院各部委、各直属机构：

近年来，全国生产安全事故逐年下降，安全生产状况总体稳定、趋于好转，但形势依然十分严峻，事故总量仍然很大，非法违法生产现象严重，重特大事故多发频发，给人民群众生命财产安全造成重大损失，暴露出一些企业重生产轻安全、安全管理薄弱、主体责任不落实，一些地方和部门安全监管不到位等突出问题。为进一步加强安全生产工作，全面提高企业安全生产水平，现就有关事项通知如下：

一、总体要求

1. 工作要求。深入贯彻落实科学发展观，坚持以人为本，牢固树立安全发展的理念，切实转变经济发展方式，调整产业结构，提高经济发展的质量和效益，把经济发展建立在安全生产有可靠保障的基础上；坚持"安全第一、预防为主、综合治理"的方针，全面加强企业安全管理，健全规章制度，完善安全标准，提高企业技术水平，夯实安全生产基础；坚持依法依规生产经营，切实加强安全监管，强化企业安全生产主体责任落实和责任追究，促进我国安全生产形势实现根本好转。

2. 主要任务。以煤矿、非煤矿山、交通运输、建筑施工、危险化学品、烟花爆竹、民用爆炸物品、冶金等行业（领域）为重点，全面加强企业安全生产工作。要通过更加严格的目标考核和责任追究，采取更加有效的管理手段和政策措施，集中整治非法违法生产行为，坚决遏制重特大事故发生；要尽快建成完善的国家安全生产应急救援体系，在高危行业强制推行一批安全适用的技术装备和防护设施，最大程度减少事故造成的损失；要建立更加完善的技术标准体系，促进企业安全生产技术装备全面达到国家和行业标准，实现我国安全生产技术水平的提高；要进一步调整产业结构，积极推进重点行业的企业重组和矿产资源开发整合，彻底淘汰安全性能低下、危及安全生产的落后产能；以更加有力的政策引导，形成安全生产长效机制。

二、严格企业安全管理

3. 进一步规范企业生产经营行为。企业要健全完善严格的安全生产规章制度，坚持不安全不生产。加强对生产现场监督检查，严格查处违章指挥、违规作业、违反劳动纪律的"三违"行为。凡超能力、超强度、超定员组织生产的，要责令停产停工整顿，并对企业和企业主要负责人依法给予规定上限的经济处罚。对以整合、技改名义违规组织生产，以及规定期限内未实施改造或故意拖延工期的矿井，由地方政府依法予以关闭。要加强对境外中资企业安全生产工作的指导和管理，严格落实境内投资主体和派出企业的安全生产监督责任。

4. 及时排查治理安全隐患。企业要经常性开展安全隐患排查,并切实做到整改措施、责任、资金、时限和预案“五到位”。建立以安全生产专业人员为主导的隐患整改效果评价制度,确保整改到位。对隐患整改不力造成事故的,要依法追究企业和企业相关负责人的责任。对停产整改逾期未完成的不得复产。

5. 强化生产过程管理的领导责任。企业主要负责人和领导班子成员要轮流现场带班。煤矿、非煤矿山要有矿领导带班并与工人同时下井、同时升井,对无企业负责人带班下井或该带班而未带班的,对有关责任人按擅离职守处理,同时给予规定上限的经济处罚。发生事故而没有领导现场带班的,对企业给予规定上限的经济处罚,并依法从重追究企业主要负责人的责任。

6. 强化职工安全培训。企业主要负责人和安全生产管理人员、特殊工种人员一律严格考核,按国家有关规定持职业资格证书上岗;职工必须全部经过培训合格后上岗。企业用工要严格依照劳动合同法与职工签订劳动合同。凡存在不经培训上岗、无证上岗的企业,依法停产整顿。没有对井下作业人员进行安全培训教育,或存在特种作业人员无证上岗的企业,情节严重的要依法予以关闭。

7. 全面开展安全达标。深入开展以岗位达标、专业达标和企业达标为内容的安全生产标准化建设,凡在规定时间内未实现达标的企业要依法暂扣其生产许可证、安全生产许可证,责令停产整顿;对整改逾期未达标的,地方政府要依法予以关闭。

三、建设坚实的技术保障体系

8. 加强企业生产技术管理。强化企业技术管理机构的安全职能,按规定配备安全技术人员,切实落实企业负责人安全生产技术管理负责制,强化企业主要技术负责人技术决策和指挥权。因安全生产技术问题不解决产生重大隐患的,要对企业主要负责人、主要技术负责人和有关人员给予处罚;发生事故的,依法追究责任。

9. 强制推行先进适用的技术装备。煤矿、非煤矿山要制定和实施生产技术装备标准,安装监测监控系统、井下人员定位系统、紧急避险系统、压风自救系统、供水施救系统和通信联络系统等技术装备,并于3年之内完成。逾期未安装的,依法暂扣安全生产许可证、生产许可证。运输危险化学品、烟花爆竹、民用爆炸物品的道路专用车辆,旅游包车和三类以上的班线客车要安装使用具有行驶记录功能的卫星定位装置,于2年之内全部完成;鼓励有条件的渔船安装防撞自动识别系统,在大型尾矿库安装全过程在线监控系统,大型起重机械要安装安全监控管理系统;积极推进信息化建设,努力提高企业安全防护水平。

10. 加快安全生产技术研发。企业在年度财务预算中必须确定必要的安全投入。国家鼓励企业开展安全科技研发,加快安全生产关键技术装备的换代升级。进一步落实《国家中长期科学和技术发展规划纲要(2006~2020年)》等,加大对高危行业安全技术、装备、工艺和产品研发的支持力度,引导高危行业提高机械化、自动化生产水平,合理确定生产一线用工。“十二五”期间要继续组织研发一批提升我国重点行业领域安全生产保障能力的关键技术和装备项目。

四、实施更加有力的监督管理

11. 进一步加大安全监管力度。强化安全生产监管部门对安全生产的综合监管,全面落实公安、交通、国土资源、建设、工商、质检等部门的安全生产监督管理及工业主管部门的安全生产指导职责，形成安全生产综合监管与行业监管指导相结合的工作机制，加强协作，形成合力。在各级政府统一领导下，严厉打击非法违法生产、经营、建设等影响安全生产的行为，安全生产综合监管和行业管理部门要会同司法机关联合执法，以强有力措施查处、取缔非法企业。对重大安全隐患治理实行逐级挂牌督办、公告制度，重大隐患治理由省级安全生产监管部门或行业主管部门挂牌督办，国家相关部门加强督促检查。对拒不执行监管监察指令的企业，要依法依规从重处罚。进一步加强监管力量建设，提高监管人员专业素质和技术装备水平，强化基层站点监管能力，加强对企业安全生产的现场监管和技术指导。

12. 强化企业安全生产属地管理。安全生产监管监察部门、负有安全生产监管职责的有关部门和行业管理部门要按职责分工，对当地企业包括中央、省属企业实行严格的安全生产监督检查和管理，组织对企业安全生产状况进行安全标准化分级考核评价，评价结果向社会公开，并向银行业、证券业、保险业、担保业等主管部门通报，作为企业信用评级的重要参考依据。

13. 加强建设项目安全管理。强化项目安全设施核准审批，加强建设项目的日常安全监管，严格落实审批、监管的责任。企业新建、改建、扩建工程项目的安全设施，要包括安全监控设施和防瓦斯等有害气体、防尘、排水、防火、防爆等设施，并与主体工程同时设计、同时施工、同时投入生产和使用。安全设施与建设项目主体工程未做到同时设计的一律不予审批，未做到同时施工的责令立即停止施工，未同时投入使用的不得颁发安全生产许可证，并视情节追究有关单位负责人的责任。严格落实建设、设计、施工、监理、监管等各方安全责任。对项目建设生产经营单位存在违法分包、转包等行为的，立即依法停工停产整顿，并追究项目业主、承包方等各方责任。

14. 加强社会监督和舆论监督。要充分发挥工会、共青团、妇联组织的作用，依法维护和落实企业职工对安全生产的参与权与监督权，鼓励职工监督举报各类安全隐患，对举报者予以奖励。有关部门和地方要进一步畅通安全生产的社会监督渠道，设立举报箱，公布举报电话，接受人民群众的公开监督。要发挥新闻媒体的舆论监督，对舆论反映的客观问题要深查原因，切实整改。

五、建设更加高效的应急救援体系

15. 加快国家安全生产应急救援基地建设。按行业类型和区域分布，依托大型企业，在中央预算内基建投资支持下，先期抓紧建设 7 个国家矿山应急救援队，配备性能可靠、机动性强的装备和设备，保障必要的运行维护费用。推进公路交通、铁路运输、水上搜救、船舶溢油、油气田、危险化学品等行业(领域)国家救援基地和队伍建设。鼓励和支持各地区、各部门、各行业依托大型企业和专业救援力量，加强服务周边的区域性应急救援能力建设。

16. 建立完善企业安全生产预警机制。企业要建立完善安全生产动态监控及预警预报体系，每月进行一次安全生产风险分析。发现事故征兆要立即发布预警信息，落实防范和应急处置措施。对重大危险源和重大隐患要报当地安全生产监管监察部门、负有安全生产监管职责的有关部门和行业管理部门备案。涉及国家秘密的，按有关规定执行。

17. 完善企业应急预案。企业应急预案要与当地政府应急预案保持衔接，并定期进行演练。赋予企业生产现场带班人员、班组长和调度人员在遇到险情时第一时间下达停产撤人命令的直接决策权和指挥权。因撤离不及时导致人身伤亡事故的，要从重追究相关人员的法律责任。

六、严格行业安全准入

18. 加快完善安全生产技术标准。各行业管理部门和负有安全生产监管职责的有关部门要根据行业技术进步和产业升级的要求,加快制定修订生产、安全技术标准,制定和实施高危行业从业人员资格标准。对实施许可证管理制度的危险性作业要制定落实专项安全技术作业规程和岗位安全操作规程。

19. 严格安全生产准入前置条件。把符合安全生产标准作为高危行业企业准入的前置条件,实行严格的安全标准核准制度。矿山建设项目和用于生产、储存危险物品的建设项目,应当分别按照国家有关规定进行安全条件论证和安全评价,严把安全生产准入关。凡不符合安全生产条件违规建设的,要立即停止建设,情节严重的由本级人民政府或主管部门实施关闭取缔。降低标准造成隐患的,要追究相关人员和负责人的责任。

20. 发挥安全生产专业服务机构的作用。依托科研院所,结合事业单位改制,推动安全生产评价、技术支持、安全培训、技术改造等服务性机构的规范发展。制定完善安全生产专业服务机构管理办法,保证专业服务机构从业行为的专业性、独立性和客观性。专业服务机构对相关评价、鉴定结论承担法律责任,对违法违规、弄虚作假的,要依法依规从严追究相关人员和机构的法律责任,并降低或取消相关资质。

七、加强政策引导

21. 制定促进安全技术装备发展的产业政策。要鼓励和引导企业研发、采用先进适用的安全技术和产品,鼓励安全生产适用技术和新装备、新工艺、新标准的推广应用。把安全检测监控、安全避险、安全保护、个人防护、灾害监控、特种安全设施及应急救援等安全生产专用设备的研发制造,作为安全产业加以培育,纳入国家振兴装备制造业的政策支持范畴。大力发展安全装备融资租赁业务,促进高危行业企业加快提升安全装备水平。

22. 加大安全专项投入。切实做好尾矿库治理、扶持煤矿安全技改建设、瓦斯防治和小煤矿整顿关闭等各类中央资金的安排使用,落实地方和企业配套资金。加强对高危行业企业安全生产费用提取和使用管理的监督检查,进一步完善高危行业企业安全生产费用财务管理制度,研究提高安全生产费用提取下限标准,适当扩大适用范围。依法加强道路交通事故社会救助基金制度建设,加快建立完善水上搜救奖励与补偿机制。高危行业企业探索实行全员安全风险抵押金制度。完善落实工伤保险制度,积极稳妥推行安全生产责任保险制度。

23. 提高工伤事故死亡职工一次性赔偿标准。从 2011 年 1 月 1 日起,依照《工伤保险条例》的规定,对因生产安全事故造成的职工死亡,其一次性工亡补助金标准调整为按全国上一年度城镇居民人均可支配收入的 20 倍计算,发放给工亡职工近亲属。同时,依法确保工亡职工一次性丧葬补助金、供养亲属抚恤金的发放。

24. 鼓励扩大专业技术和技能人才培养。进一步落实完善校企合作办学、对口单招、订单式培养等政策,鼓励高等院校、职业学校逐年扩大采矿、机电、地质、通风、安全等相关专业人才的招生培养规模,加快培养高危行业专业人才和生产一线急需技能型人才。

八、更加注重经济发展方式转变

25. 制定落实安全生产规划。各地区、各有关部门要把安全生产纳入经济社会发展的总体布局，在制定国家、地区发展规划时，要同步明确安全生产目标和专项规划。企业要把安全生产工作的各项要求落实在企业发展和日常工作之中，在制定企业发展规划和年度生产经营计划中要突出安全生产，确保安全投入和各项安全措施到位。

26. 强制淘汰落后技术产品。不符合有关安全标准、安全性能低下、职业危害严重、危及安全生产的落后技术、工艺和装备要列入国家产业结构调整指导目录，予以强制性淘汰。各省级人民政府也要制订本地区相应的目录和措施，支持有效消除重大安全隐患的技术改造和搬迁项目，遏制安全水平低、保障能力差的项目建设和延续。对存在落后技术装备、构成重大安全隐患的企业，要予以公布，责令限期整改，逾期未整改的依法予以关闭。

27. 加快产业重组步伐。要充分发挥产业政策导向和市场机制的作用，加大对相关高危行业企业重组力度，进一步整合或淘汰浪费资源、安全保障低的落后产能，提高安全基础保障能力。

九、实行更加严格的考核和责任追究

28. 严格落实安全目标考核。对各地区、各有关部门和企业完成年度生产安全事故控制指标情况进行严格考核，并建立激励约束机制。加大重特大事故的考核权重，发生特别重大生产安全事故的，要根据情节轻重，追究地市级分管领导或主要领导的责任；后果特别严重、影响特别恶劣的，要按规定追究省部级相关领导的责任。加强安全生产基础工作考核，加快推进安全生产长效机制建设，坚决遏制重特大事故的发生。

29. 加大对事故企业负责人的责任追究力度。企业发生重大生产安全责任事故，追究事故企业主要负责人责任；触犯法律的，依法追究事故企业主要负责人或企业实际控制人的法律责任。发生特别重大事故，除追究企业主要负责人和实际控制人责任外，还要追究上级企业主要负责人的责任；触犯法律的，依法追究企业主要负责人、企业实际控制人和上级企业负责人的法律责任。对重大、特别重大生产安全责任事故负有主要责任的企业，其主要负责人终身不得担任本行业企业的矿长（厂长、经理）。对非法违法生产造成人员伤亡的，以及瞒报事故、事故后逃逸等情节特别恶劣的，要依法从重处罚。

30. 加大对事故企业的处罚力度。对于发生重大、特别重大生产安全责任事故或一年内发生 2 次以上较大生产安全责任事故并负主要责任的企业，以及存在重大隐患整改不力的企业，由省级及以上安全监管监察部门会同有关行业主管部门向社会公告，并向投资、国土资源、建设、银行、证券等主管部门通报，一年内严格限制新增的项目核准、用地审批、证券融资等，并作为银行贷款等的重要参考依据。

31. 对打击非法生产不力的地方实行严格的责任追究。在所辖区域对群众举报、上级督办、日常检查发现的非法生产企业（单位）没有采取有效措施予以查处，致使非法生产企业（单位）存在的，对县（市、区）、乡（镇）人民政府主要领导以及相关责任人，根据情节轻重，给予降级、撤职或者开除的行政处分，涉嫌犯罪的，依法追究刑事责任。国家另有规定的，从其规定。

32. 建立事故查处督办制度。依法严格事故查处，对事故查处实行地方各级安全生产委员会层层挂牌督办，重大事故查处实行国务院安全生产委员会挂牌督办。事故查处结案后，要及时予以公告，接受社会监督。

各地区、各部门和各有关单位要做好对加强企业安全生产工作的组织实施，制订部署本地区本行业贯彻落实本通知要求的具体措施，加强监督检查和指导，及时研究、协调解决贯彻实施中出现的突出问题。国务院安全生产委员会办公室和国务院有关部门要加强工作督查，及时掌握各地区、各部门和本行业（领域）工作进展情况，确保各项规定、措施执行落实到位。省级人民政府和国务院有关部门要将加强企业安全生产工作情况及时报送国务院安全生产委员会办公室。

8.国务院关于坚持科学发展安全发展促进安全生产形势持续稳定好转的意见

(2011年11月26日　国务院　国发〔2011〕40号)

各省、自治区、直辖市人民政府,国务院各部委、各直属机构:

安全生产事关人民群众生命财产安全,事关改革开放、经济发展和社会稳定大局,事关党和政府形象和声誉。为深入贯彻落实科学发展观,实现安全发展,促进全国安全生产形势持续稳定好转,提出以下意见:

一、充分认识坚持科学发展安全发展的重大意义

(一)坚持科学发展安全发展是对安全生产实践经验的科学总结。多年来,各地区、各部门、各单位深入贯彻落实科学发展观,按照党中央、国务院的决策部署,大力推进安全发展,全国安全生产工作取得了积极进展和明显成效。"十一五"期间,事故总量和重特大事故大幅度下降,全国各类事故死亡人数年均减少约1万人,反映安全生产状况的各项指标显著改善,安全生产形势持续稳定好转。实践表明,坚持科学发展安全发展,是对新时期安全生产客观规律的科学认识和准确把握,是保障人民群众生命财产安全的必然选择。

(二)坚持科学发展安全发展是解决安全生产问题的根本途径。我国正处于工业化、城镇化快速发展进程中,处于生产安全事故易发多发的高峰期,安全基础仍然比较薄弱,重特大事故尚未得到有效遏制,非法违法生产经营建设行为屡禁不止,安全责任不落实、防范和监督管理不到位等问题在一些地方和企业还比较突出。安全生产工作既要解决长期积累的深层次、结构性和区域性问题,又要应对不断出现的新情况、新问题,根本出路在于坚持科学发展安全发展。要把这一重要思想和理念落实到生产经营建设的每一个环节,使之成为衡量各行业领域、各生产经营单位安全生产工作的基本标准,自觉做到不安全不生产,实现安全与发展的有机统一。

(三)坚持科学发展安全发展是经济发展社会进步的必然要求。随着经济发展和社会进步,全社会对安全生产的期待不断提高,广大从业人员"体面劳动"意识不断增强,对加强安全监管监察、改善作业环境、保障职业安全健康权益等方面的要求越来越高。这就要求各地区、各部门、各单位必须始终把安全生产摆在经济社会发展重中之重的位置,自觉坚持科学发展安全发展,把安全真正作为发展的前提和基础,使经济社会发展切实建立在安全保障能力不断增强、劳动者生命安全和身体健康得到切实保障的基础之上,确保人民群众平安幸福地享有经济发展和社会进步的成果。

二、指导思想和基本原则

(四)指导思想。坚持以邓小平理论和"三个代表"重要思想为指导,深入贯彻落实科学发展观，牢固树立以人为本、安全发展的理念，始终把保障人民群众生命财产安全放在首位，大力实施安全发展战略，紧紧围绕科学发展主题和加快转变经济发展方式主线，自觉坚持“安全第一、预防为主、综合治理”方针，坚持速度、质量、效益与安全的有机统一，以强化和落实企业主体责任为重点，以事故预防为主攻方向，以规范生产为保障，以科技进步为支撑，认真落实安全生产各项措施，标本兼治、综合治理，有效防范和坚决遏制重特大事故，促进安全生产与经济社会同步协调发展。

（五）基本原则。——统筹兼顾，协调发展。正确处理安全生产与经济社会发展、与速度质量效益的关系，坚持把安全生产放在首要位置，促进区域、行业领域的科学、安全、可持续发展。——依法治安，综合治理。健全完善安全生产法律法规、制度标准体系，严格安全生产执法，严厉打击非法违法行为，综合运用法律、行政、经济等手段，推动安全生产工作规范、有序、高效开展。——突出预防，落实责任。加大安全投入，严格安全准入，深化隐患排查治理，筑牢安全生产基础，全面落实企业安全生产主体责任、政府及部门监管责任和属地管理责任。——依靠科技，创新管理。加快安全科技研发应用，加强专业技术人才队伍和高素质的职工队伍培养，创新安全管理体制机制和方式方法，不断提升安全保障能力和安全管理水平。

三、进一步加强安全生产法制建设

（六）健全完善安全生产法律制度体系。加快推进安全生产法等相关法律法规的修订制定工作。适应经济社会快速发展的新要求，制定高速铁路、高速公路、大型桥梁隧道、超高层建筑、城市轨道交通和地下管网等建设、运行、管理方面的安全法规规章。根据技术进步和产业升级需要，抓紧修订完善国家和行业安全技术标准，尽快健全覆盖各行业领域的安全生产标准体系。进一步建立完善安全生产激励约束、督促检查、行政问责、区域联动等制度，形成规范有力的制度保障体系。

（七）加大安全生产普法执法力度。加强安全生产法制教育，普及安全生产法律知识，提高全民安全法制意识，增强依法生产经营建设的自觉性。加强安全生产日常执法、重点执法和跟踪执法，强化相关部门及与司法机关的联合执法，确保执法实效。继续依法严厉打击各类非法违法生产经营建设行为，切实落实停产整顿、关闭取缔、严格问责的惩治措施。强化地方人民政府特别是县乡级人民政府责任，对打击非法生产不力的，要严肃追究责任。

（八）依法严肃查处各类事故。严格按照“科学严谨、依法依规、实事求是、注重实效”的原则，认真调查处理每一起事故，查明原因，依法严肃追究事故单位和有关责任人的责任，严厉查处事故背后的腐败行为，及时向社会公布调查进展和处理结果。认真落实事故查处分级挂牌督办、跟踪督办、警示通报、诫勉约谈和现场分析制度，深刻吸取事故教训，查找安全漏洞，完善相关管理措施，切实改进安全生产工作。

四、全面落实安全生产责任

（九）认真落实企业安全生产主体责任。企业必须严格遵守和执行安全生产法律法规、规章制度与技术标准，依法依规加强安全生产，加大安全投入，健全安全管理机构，加强班组安全建设，保持安全设备设施完好有效。企业主要负责人、实际控制人要切实承担安全生产第一责任人的责任，带头执行现场带班制度，加强现场安全管理。强化企业技术负责人技术决策和指挥权，注重发挥注册安全工程师对企业安全状况诊断、评估、整改方面的作用。企业主要负责人、安全管理人员、特种作业人员一律经严格考核、持证上岗。企业用工要严格依照劳动合同法与职工签订劳动合同,职工必须全部经培训合格后上岗。

(十)强化地方人民政府安全监管责任。地方各级人民政府要健全完善安全生产责任制,把安全生产作为衡量地方经济发展、社会管理、文明建设成效的重要指标,切实履行属地管理职责,对辖区内各类企业包括中央、省属企业实施严格的安全生产监督检查和管理。严格落实地方行政首长安全生产第一责任人的责任,建立健全政府领导班子成员安全生产"一岗双责"制度。省、市、县级政府主要负责人要定期研究部署安全生产工作,组织解决安全生产重点难点问题。

(十一)切实履行部门安全生产管理和监督职责。健全完善安全生产综合监管与行业监管相结合的工作机制,强化安全生产监管部门对安全生产的综合监管,全面落实行业主管部门的专业监管、行业管理和指导职责。相关部门、境内投资主体和派出企业要切实加强对境外中资企业安全生产工作的指导和管理。要不断探索创新与经济运行、社会管理相适应的安全监管模式,建立健全与企业信誉、项目核准、用地审批、证券融资、银行贷款等方面相挂钩的安全生产约束机制。

五、着力强化安全生产基础

(十二)严格安全生产准入条件。要认真执行安全生产许可制度和产业政策,严格技术和安全质量标准,严把行业安全准入关。强化建设项目安全核准,把安全生产条件作为高危行业建设项目审批的前置条件,未通过安全评估的不准立项;未经批准擅自开工建设的,要依法取缔。严格执行建设项目安全设施"三同时"(同时设计、同时施工、同时投产和使用)制度。制定和实施高危行业从业人员资格标准。加强对安全生产专业服务机构管理,实行严格的资格认证制度,确保其评价、检测结果的专业性和客观性。

(十三)加强安全生产风险监控管理。充分运用科技和信息手段,建立健全安全生产隐患排查治理体系,强化监测监控、预报预警,及时发现和消除安全隐患。企业要定期进行安全风险评估分析,重大隐患要及时报安全监管监察和行业主管部门备案。各级政府要对重大隐患实行挂牌督办,确保监控、整改、防范等措施落实到位。各地区要建立重大危险源管理档案,实施动态全程监控。

(十四)推进安全生产标准化建设。在工矿商贸和交通运输行业领域普遍开展岗位达标、专业达标和企业达标建设,对在规定期限内未实现达标的企业,要依据有关规定暂扣其生产许可证、安全生产许可证,责令停产整顿;对整改逾期仍未达标的,要依法予以关闭。加强安全标准化分级考核评价,将评价结果向银行、证券、保险、担保等主管部门通报,作为企业信用评级的重要参考依据。

(十五)加强职业病危害防治工作。要严格执行职业病防治法,认真实施国家职业病防治规划,深入落实职业危害防护设施"三同时"制度,切实抓好煤(矽)尘、热害、高毒物质等职业危害防范治理。对可能产生职业病危害的建设项目,必须进行严格的职业病危害预评价,未提交预评价报告或预评价报告未经审核同意的,一律不得批准建设;对职业病危害防控措施不到位的企业,要依法责令其整改,情节严重的要依法予以关闭。切实做好职业病诊断、鉴定和治疗,保障职工安全健康权益。

六、深化重点行业领域安全专项整治

（十六）深入推进煤矿瓦斯防治和整合技改。加快建设“通风可靠、抽采达标、监控有效、管理到位”的瓦斯综合治理工作体系，完善落实瓦斯抽采利用扶持政策，推进瓦斯防治技术创新。严格控制高瓦斯和煤与瓦斯突出矿井建设项目审批。建立完善煤矿瓦斯防治能力评估制度，对不具备防治能力的高瓦斯和煤与瓦斯突出矿井，要严格按规定停产整改、重组或依法关闭。继续运用中央预算内投资扶持煤矿安全技术改造，支持煤矿整顿关闭和兼并重组。加强对整合技改煤矿的安全管理，加快推进煤矿井下安全避险系统建设和小煤矿机械化改造。

（十七）加大交通运输安全综合治理力度。加强道路长途客运安全管理，修订完善长途客运车辆安全技术标准，逐步淘汰安全性能差的运营车型。强化交通运输企业安全主体责任，禁止客运车辆挂靠运营，禁止非法改装车辆从事旅客运输。严格长途客运、危险品车辆驾驶人资格准入，研究建立长途客车驾驶人强制休息制度，持续严厉整治超载、超限、超速、酒后驾驶、高速公路违规停车等违法行为。加强道路运输车辆动态监管，严格按规定强制安装具有行驶记录功能的卫星定位装置并实行联网联控。提高道路建设质量，完善安全防护设施，加强桥梁、隧道、码头安全隐患排查治理。加强高速铁路和城市轨道交通建设运营安全管理。继续强化民航、农村和山区交通、水上交通的安全监管，特别要抓紧完善校车安全法规和标准，依法强化校车安全监管。

（十八）严格危险化学品安全管理。全面开展危险化学品安全管理现状普查评估，建立危险化学品安全管理信息系统。科学规划化工园区，优化化工企业布局，严格控制城镇涉及危险化学品的建设项目。各地区要积极研究制定鼓励支持政策，加快城区高风险危险化学品生产、储存企业搬迁。地方各级人民政府要组织开展地下危险化学品输送管道设施安全整治，加强和规范城镇地面开挖作业管理。继续推进化工装置自动控制系统改造。切实加强烟花爆竹和民用爆炸物品的安全监管，深入开展“三超一改”（超范围、超定员、超药量和擅自改变工房用途）和礼花弹等高危产品专项治理。

（十九）深化非煤矿山安全整治。进一步完善矿产资源开发整合常态化管理机制，制定实施非煤矿山主要矿种最小开采规模和最低服务年限标准。研究制定充填开采标准和规定。积极推行尾矿库一次性筑坝、在线监测技术，搞好尾矿综合利用。全面加强矿井安全避险系统建设，组织实施非煤矿山采空区监测监控等科技示范工程。加强陆地和海洋石油天然气勘探开采的安全管理，重点防范井喷失控、硫化氢中毒、海上溢油等事故。

（二十）加强建筑施工安全生产管理。按照“谁发证、谁审批、谁负责”的原则，进一步落实建筑工程招投标、资质审批、施工许可、现场作业等各环节安全监管责任。强化建筑工程参建各方企业安全生产主体责任。严密排查治理起重机、吊罐、脚手架等设施设备安全隐患。建立建筑工程安全生产信息系统，健全施工企业和从业人员安全信用体系，完善失信惩戒制度。建立完善铁路、公路、水利、核电等重点工程项目安全风险评估制度。严厉打击超越资质范围承揽工程、违法分包转包工程等不法行为。

（二十一）加强消防、冶金等其他行业领域的安全监管。地方各级人民政府要把消防规划纳入当地城乡规划，切实加强公共消防设施建设。大力实施社会消防安全“防火墙”工程，落实建设项目消防安全设计审核、验收和备案抽查制度，严禁使用不符合消防安全要求的装修装饰材料和建筑外保温材料。严格落实人员密集场所、大型集会活动等安全责任制，严防拥挤踩踏事故。加强冶金、有色等其他工贸行业企业安全专项治理,严格执行压力容器、电梯、游乐设施等特种设备安全管理制度,加强电力、农机和渔船安全管理。

七、大力加强安全保障能力建设

(二十二)持续加大安全生产投入。探索建立中央、地方、企业和社会共同承担的安全生产长效投入机制,加大对贫困地区和高危行业领域倾斜。完善有利于安全生产的财政、税收、信贷政策,强化政府投资对安全生产投入的引导和带动作用。企业在年度财务预算中必须确定必要的安全投入,提足用好安全生产费用。完善落实工伤保险制度,积极稳妥推行安全生产责任保险制度,发挥保险机制的预防和促进作用。

(二十三)充分发挥科技支撑作用。整合安全科技优势资源,建立完善以企业为主体、以市场为导向、产学研用相结合的安全技术创新体系。加快推进安全生产关键技术及装备的研发,在事故预防预警、防治控制、抢险处置等方面尽快推出一批具有自主知识产权的科技成果。积极推广应用安全性能可靠、先进适用的新技术、新工艺、新设备和新材料。企业必须加快国家规定的各项安全系统和装备建设,提高生产安全防护水平。加强安全生产信息化建设,建立健全信息科技支撑服务体系。

(二十四)加强产业政策引导。加大高危行业企业重组力度,进一步整合浪费资源、安全保障低的落后产能,加快淘汰不符合安全标准、职业危害严重、危及安全生产的落后技术、工艺和装备。地方各级人民政府要制定相关政策,遏制安全水平低、保障能力差的项目的建设和延续。对存在落后技术设备、构成重大安全隐患的企业,要予以公布,责令其限期整改,逾期未整改的依法予以关闭。把安全产业纳入国家重点支持的战略产业,积极发展安全装备融资租赁业务,促进企业加快提升安全装备水平。

(二十五)加强安全人才和监管监察队伍建设。加强安全科学与工程学科建设,办好安全工程类高等教育和职业教育,重点培养中高级安全工程与管理人才。鼓励高等院校、职业学校进一步落实完善校企合作办学、对口单招、订单式培养等政策,加快培养高危行业专业人才和生产一线急需技能型人才。加快建设专业化的安全监管监察队伍,建立以岗位职责为基础的能力评价体系,加强在岗人员业务培训。进一步充实基层监管力量,改善监管监察装备和条件,创新安全监管监察机制,切实做到严格、公正、廉洁、文明执法。

八、建设更加高效的应急救援体系

(二十六)加强应急救援队伍和基地建设。抓紧7个国家级、14个区域性矿山应急救援基地建设,加快推进重点行业领域的专业应急救援队伍建设。县级以上地方人民政府要结合实际,整合应急资源,依托大型企业、公安消防等救援力量,加强本地区应急救援队伍建设。建立紧急医学救援体系,提升事故医疗救治能力。建立救援队伍社会化服务补偿机制,鼓励和引导社会力量参与应急救援。

(二十七)完善应急救援机制和基础条件。健全省、市、县及中央企业安全生产应急管理体系,加快建设应急平台,完善应急救援协调联动机制。建立健全自然灾害预报预警联合处置机制,加强安监、气象、地震、海洋等部门的协调配合,严防自然灾害引发事故灾难。建立完善企业安全生产动态监控及预警预报体系。加强应急救援装备建设,强化应急物资和紧急运输能力储备,提高应急处置效率。

（二十八）加强预案管理和应急演练。建立健全安全生产应急预案体系，加强动态修订完善。落实省、市、县三级安全生产预案报备制度，加强企业预案与政府相关应急预案的衔接。定期开展应急预案演练，切实提高事故救援实战能力。企业生产现场带班人员、班组长和调度人员在遇到险情时，要按照预案规定，立即组织停产撤人。

九、积极推进安全文化建设

（二十九）加强安全知识普及和技能培训。加强安全教育基地建设，充分利用电视、互联网、报纸、广播等多种形式和手段普及安全常识，增强全社会科学发展、安全发展的思想意识。在中小学广泛普及安全基础教育，加强防灾避险演练。全面开展安全生产、应急避险和职业健康知识进企业、进学校、进乡村、进社区、进家庭活动，努力提升全民安全素质。大力开展企业全员安全培训，重点强化高危行业和中小企业一线员工安全培训。完善农民工向产业工人转化过程中的安全教育培训机制。建立完善安全技术人员继续教育制度。大型企业要建立健全职业教育和培训机构。加强地方政府安全生产分管领导干部的安全培训，提高安全管理水平。

（三十）推动安全文化发展繁荣。充分利用社会资源和市场机制，培育发展安全文化产业，打造安全文化精品，促进安全文化市场繁荣。加强安全公益宣传，大力倡导“关注安全、关爱生命”的安全文化。建设安全文化主题公园、主题街道和安全社区，创建若干安全文化示范企业和安全发展示范城市。推进安全文化理论和建设手段创新，构建自我约束、持续改进的长效机制，不断提高安全文化建设水平，切实发挥其对安全生产工作的引领和推动作用。

十、切实加强组织领导和监督

（三十一）健全完善安全生产工作格局。各地区要进一步健全完善政府统一领导、部门依法监管、企业全面负责、群众参与监督、全社会广泛支持的安全生产工作格局，形成各方面齐抓共管的合力。要切实加强安全生产工作的组织领导，充分发挥各级政府安全生产委员会及其办公室的指导协调作用，落实各成员单位工作责任。县级以上人民政府要依法健全完善安全生产、职业健康监管体系，安全生产任务较重的乡镇要加强安全监管力量建设，确保事有人做、责有人负。

（三十二）加强安全生产绩效考核。把安全生产考核控制指标纳入经济社会发展考核评价指标体系，加大各级领导干部政绩业绩考核中安全生产的权重和考核力度。把安全生产工作纳入社会主义精神文明和党风廉政建设、社会管理综合治理体系之中。制定完善安全生产奖惩制度，对成效显著的单位和个人要以适当形式予以表扬和奖励，对违法违规、失职渎职的，依法严格追究责任。

（三十三）发挥社会公众的参与监督作用。推进安全生产政务公开，健全行政许可网上申请、受理、审批制度。落实安全生产新闻发布制度和救援工作报道机制，完善隐患、事故举报奖励制度，加强社会监督、舆论监督和群众监督。支持各级工会、共青团、妇联等群众组织动员广大职工开展群众性安全生产监督和隐患排查，落实职工岗位安全责任，推进群防群治。

9. 关于加强重大工程安全质量保障措施的通知

（2009 年 12 月 14 日　国家发展和改革委员会、工业和信息化部、住房和城乡建设部、交通运输部、铁道部、水利部、国家安全生产监督管理总局　发改投资〔2009〕3183 号）

各省、自治区、直辖市及计划单列市、副省级省会城市人民政府，新疆生产建设兵团：

工程安全质量关系人民生命财产安全。近年来，各地区、各部门普遍加强了工程安全质量管理，工程安全质量水平不断提高。但在重大工程领域，仍有一些项目前期工作准备不足、深度不够，不顾客观条件盲目抢时间、赶进度，安全质量管理不严，责任制未真正落实，造成工程质量下降，安全隐患增加，包括城市地下工程、油气水电等生命线工程和水利、能源、交通运输等大型基础设施在内的重大工程安全质量形势面临严峻挑战和考验。对此，必须引起高度重视，采取有效措施切实加以解决。为深入贯彻落实科学发展观，保证重大工程安全质量，促进国民经济又好又快发展，经国务院批准，现就有关事项通知如下：

一、科学确定并严格执行合理的工程建设周期

合理的工程建设周期是保证工程安全质量的重要前提。有关方面对此要高度重视，科学确定并严格执行合理工期。

（一）科学确定合理工期。建设单位要根据实际情况对工程进行充分评估、论证，从保证工程安全和质量的角度，科学确定合理工期及每个阶段所需的合理时间。要严格基本建设程序，坚决防止边勘察、边设计、边施工。

（二）严格执行合理工期。在工程招标投标时，要将合理的工期安排作为招标文件的实质性要求和条件。要严格按照施工图招标，不能预招标或边设计边招标。与中标方签订的建设工程合同应明确勘察、设计、施工等环节的合理周期，相关单位要严格执行。

（三）严肃工期调整。建设工程合同要严格规定工期调整的前提和条件，坚决杜绝任何单位和个人任意压缩合同约定工期，严禁领导干部不顾客观规律随意干预工期调整。确需调整工期的，必须经过充分论证，并采取相应措施，通过优化施工组织等，确保工程安全质量。

二、充分做好工程开工前的准备工作

工程开工前的准备工作是保证工程安全质量的基础环节。要充分做好规划、可行性研究、初步设计、招标投标、征地拆迁等各阶段的准备工作，为有效预防安全质量事故打下坚实基础。

（一）建立工程安全评估管理制度。建设单位要对工程建设过程中可能存在的重大风险进行全面评估，并将评估结论作为确定设计和施工方案的重要依据。实行工程安全风险动态分级管理，要针对重大风险编制专项方案和应急预案。

（二）前期工作各环节都要加强风险管理。规划阶段要不断优化工程选线、选址方案，尽量避免风险较大的敏感区域。可行性研究报告要对涉及工程安全质量的重大问题进行专门分析、评价,提出应对方案。工程初步设计必须达到规定深度要求,严格执行工程建设强制性标准,提出专门的安全质量防护措施,并对施工方案提出相应要求。工程开工前要切实做好拆迁和安置工作,减少工程安全质量隐患,为项目顺利实施创造良好外部环境。

(三)工程招标投标要体现安全质量要求。建设单位应将强制性安全与质量标准等作为招标文件的实质性要求和条件。施工单位要按照《高危行业企业安全生产费用财务管理暂行办法》(财企〔2006〕478 号)的有关规定提取安全生产费用,并列入工程造价,在竞标时不得删减。招标投标确定的中标价格要体现合理造价要求,建立防范低于成本价中标的机制,杜绝造价过低带来的安全质量问题。勘察、设计、施工、物资材料和设备供应等环节的招标投标合同要对工程质量以及相应的义务和责任作出明确约定。

三、切实加强工程建设全过程安全质量管理

工程的实施是项目建设的中心环节。建设、勘察、设计、施工、监理单位等有关方面应认真贯彻执行《建设工程质量管理条例》和《建设工程安全生产管理条例》,切实提高安全质量意识,强化安全质量管理,确保工程质量安全。

(一)建设单位要全面负起管理职责。建设单位是项目实施管理总牵头单位,要根据事前确定的设计、施工方案,组织设计、施工、监理等单位加强安全质量管理,确保工程安全质量。要认真执行工程的安全设施与主体工程同时设计、同时施工、同时投入生产和使用的有关规定。要定期和不定期地对安全质量管理体系运行情况,勘察设计单位、施工单位和监理单位落实安全质量责任情况进行检查。

(二)加强设计服务,降低工程风险。设计单位要加强项目实施过程中的驻场设计服务,了解现场施工情况,对施工单位发现的设计错误、遗漏或对设计文件的疑问,要及时予以解决,同时对施工安全提出具体要求和措施。要根据项目进展情况,不断优化设计方案,降低工程风险。

(三)加强施工管理,切实保障工程安全质量。施工单位要按照设计图纸和技术标准进行施工,严格执行有关安全质量的要求,认真落实设计方案中提出的专门安全质量防护措施,对列入建设工程概算的安全生产费用,不得挪作他用;要加强对施工风险点的监测管理,根据标准规程,科学编制监控量测方案,合理布置监测点。

(四)加强工程监理,减少安全质量隐患。监理单位应认真审查施工组织设计中的安全技术措施,确保专项施工方案符合工程建设强制性标准。要发挥现场监理作用,确保施工的关键部位、关键环节、关键工序监理到位。落实安全监理巡查责任,履行对重大安全隐患和事故的督促整改和报告责任。

(五)建立施工实时监测和工程远程监控制度。建设单位应委托独立的第三方监测单位,对工程进展和周边地质变形情况等进行监测、分析,并及时采取防范措施。建立工程远程监控网络系统,接收并及时分析处理施工现场信息,强化工程安全质量的信息化管理。

(六)强化竣工验收质量管理。要严格按照国家有关规定和技术标准开展竣工验收工作,将工程质量作为工程竣工验收的重要内容。工程质量达到规定要求的,方可通过竣工验收;工程质量未达到要求的,要及时采取补救措施,直至符合工程相关质量验收标准后,方可交付使用。

四、严格落实安全质量责任

要切实提高安全质量责任意识，严格落实有关各方责任，建立各负其责、齐抓共管的工程安全质量责任约束机制，有效保障工程安全质量。

（一）严格落实工程安全质量责任制。建设单位对项目建设的安全质量负总责，勘察设计单位对勘察、设计安全质量负责，施工单位对建设工程施工安全质量负责，监理单位对施工安全质量承担监理责任。相关单位违反国家规定，降低工程安全质量标准的，依法追究责任。由此发生的费用由责任单位承担。

（二）严格注册执业人员责任。注册建筑师、勘察设计注册工程师等注册执业人员对其签字的设计文件负责。施工单位确定的工程项目经理、技术负责人和施工管理责任人按照各自职责对施工负责。总监理工程师、监理工程师按各自职责对监理工作负责。造成安全质量事故的，要依法追究有关方面责任。

（三）强化工程中介服务机构的责任。工程监测、检测、科研、施工图审查等单位，因监测数据、检测和科研结果严重失准或者施工图审查意见有重大失误，造成重大事故的，应承担赔偿责任，并追究相关单位领导的行政责任。对技术总负责人要取消技术职称，不得从事该领域工作。

（四）落实工程质量终身责任制。各参建单位工作人员，以及工程监测、检测、咨询评估及施工图审查等单位工作人员，按各自职责对其经手的工程质量负终身责任。对由于调动工作、退休等原因离开原单位的相关人员，如发现在原单位工作期间违反国家建设工程质量管理有关规定，或未切实履行相应职责，造成重大事故的，应依法追究法律责任。

（五）建立安全质量信息发布制度。建设、勘察、设计、施工、材料和设备供应、监理等单位的安全质量信息，应采取适当方式向社会公布，并纳入企业信用等级评定体系。在市场准入、招标投标、资质管理等工作中，应充分利用安全质量信息，激励守信行为，惩处失信行为。

五、建立健全快速有效的应急救援体系

进一步建立健全快速有效的应急救援体系，确保在发生重大工程安全事故时能够及时有效地开展应急救援工作，最大限度减少人员伤亡和财产损失，防止安全质量事故扩大蔓延，保障项目建设秩序尽快恢复。

（一）健全政府部门应急救援机制。各级建设、铁道、交通、水利、电力等行业主管部门，要制定重大工程安全质量事故应急救援预案，落实应急组织、程序、资源及措施。地方各级人民政府要以城市为单位建立工程抢险专业力量，强化工程突发险情和事故的应急处置。有关部门要组织做好救援物资储备工作。

（二）规范事故报告和调查处理。各级行业主管部门和安全监管部门要严格按照《生产安全事故报告和调查处理条例》等有关规定，在同级人民政府领导下，做好事故报告和调查处理工作。对国家、部省重点建设项目、跨区市实施项目和特殊复杂工程，建立事故调查协调处理机制。

（三）建立参建单位应急抢险机制。建设单位要完善应急抢险机构设置，提早制定施工应急预案，并开展应急预案的演练；施工单位要根据施工特点制定切实可行的应急救援预案，配备相应装备和人员，并按有关规定进行演练。建设、施工单位等要共同建立起与政府应急体系的联动机制,确保应急救援工作反应灵敏、行动迅速、处置得力。

六、全面提高基础保障能力

消除重大工程安全质量隐患,根本在于提高基础保障能力,要从实行标准化管理、严格工程规范、充实监管力量、推动科技进步、加强人员培训等方面,全方位提高重大工程安全质量的基础保障能力。

(一)推动工程安全质量标准化管理。各行业主管部门及行业协会要加强工程质量安全标准化工作,制定具有可操作性的工程安全质量管理标准和技术标准,明确管理的重点领域、关键部门和重点环节。建设、施工单位要结合项目情况制定作业标准和相关规定,严格落实各项工程规范。

(二)加强政府安全质量监管队伍建设。要加强安全质量监管队伍建设,充实监管人员,提供必要的工作条件。工程安全质量监督机构的经费,各级财政预算要予以保障。严格工程安全质量监督机构和人员的考核,落实责任制,建立责权明确、行为规范、执法有力的安全质量监管队伍。

(三)通过科技进步促进工程安全质量。加大安全科学技术研究的投入和扶持力度,鼓励和引导企业加大工程安全科技投入。鼓励有利于保障工程安全质量的新技术、新材料、新设备、新工艺的研发和推广应用。

(四)加强人才培养和工程安全质量教育培训。建设行政主管部门要会同有关方面,进一步打破市场分割,完善考试、培训和资格认证等制度,努力增加设计、施工、监理力量的有效供应。行业主管部门、行业协会等要定期组织工程安全质量教育培训。建设、施工单位要加强对技术人员和一线操作人员的培训和考核,尤其要做好新入场农民工等非专业人员上岗、转岗前的培训工作。要加强对监理人员的安全技术培训。

地方各级人民政府及相关部门要高度重视重大工程安全质量工作,切实加强组织领导。按照中共中央办公厅、国务院办公厅《关于开展工程建设领域突出问题专项治理工作的意见》(中办发〔2009〕27 号)有关加强工程质量与安全工作的要求,结合今年“质量和安全年”的部署,严格落实重大工程安全质量的各项保障措施,组织开展全国工程安全质量大检查,排查隐患,堵塞管理漏洞,加大安全质量事故处理力度,严肃追究有关单位和人员责任,形成重大工程安全质量保障工作的长效机制,不断提高工程质量,确保工程安全。

第二部分　部门规章及规范性文件

1. 公路水运工程安全生产监督管理办法

（2007 年 2 月 14 日　交通部令 2007 年第 1 号）

第一章　总　　则

第一条　为加强公路水运工程安全生产监督管理工作，保障人身及财产安全，根据《中华人民共和国安全生产法》、《建设工程安全生产管理条例》、《安全生产许可证条例》，制定本办法。

第二条　公路水运工程建设活动的安全生产行为及对其实施监督管理，应当遵守本办法。

第三条　本办法所称公路水运工程，是指列入国家和地方基本建设计划的公路、水运基础设施新建、改建、扩建以及拆除、加固等建设项目。

本办法所称从业单位，是指从事公路水运工程建设、勘察、设计、监理、施工、检验检测、安全评价等工作的单位。

第四条　公路水运工程安全生产监督管理应当坚持安全第一、预防为主、综合治理的方针。

第五条　公路水运工程安全生产监督管理实行统一监管、分级负责。

交通部负责全国公路水运工程安全生产的监督管理工作。

县级以上地方人民政府交通主管部门负责本行政区域内的公路水运工程安全生产监督管理工作，但长江干流航道工程安全生产监督管理工作由交通部设在长江干流的航务管理机构负责。

交通部和县级以上地方人民政府交通主管部门，可以委托其设置的安全监督机构负责具体工作，法律、行政法规规定不能委托的事项除外。

依照本条规定承担公路水运工程安全生产监督管理职能的部门或者机构，统称为公路水运工程安全生产监督管理部门。

第六条　公路水运工程安全生产监督管理部门的主要职责：

（一）宣传、贯彻、执行有关安全生产的法律、法规，按照法定权限制定公路水运工程安全生产管理规章和技术标准；

（二）依法对公路水运工程从业单位安全生产条件实施监督管理，组织施工单位的主要负责人、项目负责人、专职安全生产管理人员的考核管理工作；

（三）建立公路水运工程安全生产应急管理机制，制定重大生产安全事故应急预案；

（四）建立公路水运工程从业单位安全生产信用体系，作为交通行业信用体系建设的一部分，对从业单位和人员实施安全生产动态管理；

（五）受理公路水运工程安全生产方面的举报和投诉，依法对公路水运工程安全生产实施监督检查和相应的行政处罚；

（六）依法组织或者参与调查处理生产安全事故，按照职责权限对公路水运工程生产安全事故进行统计分析，发布公路水运工程安全生产动态信息。省级交通主管部门负责向交通部和国务院其他有关部门报送事故信息；

（七）指导下级交通主管部门开展公路水运工程安全生产监督管理工作；

（八）组织公路水运工程安全生产技术研究和先进技术推广应用；

（九）开展公路水运工程安全生产经验交流，普及安全生产知识；

（十）法律、法规规定的其他职责。

第二章　安全生产条件

第七条　从业单位从事公路水运工程建设活动，应当具备法律、行政法规规定的安全生产条件。任何单位和个人不得降低安全生产条件。

第八条　施工单位应当取得安全生产许可证，施工单位的主要负责人、项目负责人、专项安全生产管理人员（以下简称安全生产三类管理人员）必须取得考核合格证书，方可参加公路水运工程投标及施工。

施工单位主要负责人，是指对本企业日常生产经营活动和安全生产工作全面负责、有生产经营决策权的人员，包括企业法定代表人、企业安全生产工作的负责人等。

项目负责人，是指由企业法定代表人授权，负责公路水运工程项目施工管理的负责人。包括项目经理、项目副经理和项目总工。

专职安全生产管理人员，是指在企业专职从事安全生产管理工作的人员，包括企业安全生产管理机构的负责人及其工作人员和施工现场专职安全员。

第九条　交通部负责组织公路水运工程一级及以上资质施工单位安全生产三类人员的考核发证工作。

省级交通主管部门负责组织公路水运工程二级及以下资质施工单位安全生产三类人员的考核发证工作。

第十条　施工单位安全生产三类人员考核分为安全生产知识考试和安全管理能力考核两部分。考核合格的，由交通部或省级交通主管部门颁发《安全生产考核合格证书》。

第十一条　施工单位的垂直运输机械作业人员、施工船舶作业人员、爆破作业人员、安装拆卸工、起重信号工、电工、焊工等国家规定的特种作业人员，必须按照国家规定经过专门的安全作业培训，并取得特种作业操作资格证书后，方可上岗作业。

第十二条　施工单位在工程中使用施工起重机械和整体提升式脚手架、滑模爬模、架桥机等自行式架设设施前，应当组织有关单位进行验收，或者委托具有相应资质的检验检测机构进行验收，使用承租的机械设备和施工机具及配件的，由承租单位、出租单位和安装单位共同进行验收，验收合格的方可使用。验收合格后30日内，应向当地交通主管部门登记。

第十三条　从业单位应当对从业人员进行安全生产教育和培训，保证从业人员具备必要的安全生产知识，熟悉有关的安全生产规章制度和安全操作规程，掌握本岗位的安全操作技能。未经安全生产教育和培训合格的从业人员，不得上岗作业。

第三章　安全责任

第十四条　建设单位在编制工程招标文件时，应当确定公路水运工程项目安全作业环境及安全施工措施所需的安全生产费用。

安全生产费用由建设单位根据监理工程师对工程安全生产情况的签字确认进行支付。

第十五条　建设单位在公路水运工程施工招标文件中应当按照法律、法规的规定对施工单位的安全生产条件、安全生产信用情况、安全生产的保障措施等提出明确要求。

建设单位不得对咨询、勘察、设计、监理、施工、设备租赁、材料供应、检测等单位提出不符合工程安全生产法律、法规和工程建设强制性标准规定的要求。不得随意压缩合同规定的工期。

第十六条　勘察单位应当按照法律、法规和工程建设强制性标准进行勘察，重视地质环境对安全的影响，提交的勘察文件应当真实、准确，满足公路水运工程安全生产的需要。

勘察单位应当对有可能引发公路水运工程安全隐患的地质灾害提出防治建议。

勘察单位及勘察人员对勘察结论负责。

第十七条　设计单位应当按照法律、法规和工程建设强制性标准进行设计，防止因设计不合理导致安全生产隐患或者生产安全事故的发生。

采用新结构、新材料、新工艺的工程和特殊结构的工程，设计单位应当在设计文件中提出保障施工作业人员安全和预防生产安全事故的措施建议。

设计单位和设计人员应当对其设计负责。

第十八条　监理单位应当按照法律、法规和工程建设强制性标准进行监理，对工程安全生产承担监理责任。应当编制安全生产监理计划，明确监理人员的岗位职责、监理内容和方法等。对危险性较大的工程应当加强巡视检查。

监理单位应当审查施工组织设计中的安全技术措施或者专项施工方案是否符合工程建设强制性标准。监理单位在实施监理过程中，发现存在安全事故隐患的，应当要求施工单位整改，必要时，可下达施工暂停指令并向建设单位和有关部门报告。

监理单位应当填报安全监理日志和监理月报。

第十九条　为公路水运工程提供施工机械设备、设施和产品的单位，应确保配备齐全有效的保险、限位等安全装置，提供有关安全操作的说明，保证其提供的机械设备和设施等产品的质量和安全性能达到国家有关标准。所提供的机械设备、设施和产品应当具有生产(制造)许可证、产品合格证或者法定检验检测合格证明。对于尚无相关国家标准或者行业标准的设备和设施，应当保障其质量和安全性能。

第二十条　施工单位应当对施工安全生产承担责任。

施工单位主要负责人依法对本单位的安全生产工作全面负责。施工单位应当建立健全安全生产责任制度和安全生产教育培训制度及安全生产技术交底制度，制定安全生产规章制度和操作规程，保证本单位安全生产条件所需资金的投入，对所承担的公路水运工程进行定期和专项安全检查，并做好安全检查记录。

施工单位的项目负责人依法对项目的安全施工负责，落实安全生产各项制度，确保安全生产费用的有效使用,并根据工程特点组织制定安全施工措施,消除安全事故隐患,及时、如实报告生产安全事故。

本条所称安全生产技术交底制度,是指公路水运工程每项工程实施前,施工单位负责项目管理的技术人员对有关安全施工的技术要求向施工作业班组、作业人员详细说明,并由双方签字确认的制度。

第二十一条 施工单位应当设立安全生产管理机构,配备专职安全生产管理人员。施工现场应当按照每5 000 万元施工合同额配备一名的比例配备专职安全生产管理人员,不足5 000万元的至少配备一名。

专职安全生产管理人员负责对安全生产进行现场监督检查,并做好检查记录,发现生产安全事故隐患,应当及时向项目负责人和安全生产管理机构报告;对违章指挥、违章操作和违反劳动纪律的,应当立即制止。

第二十二条 施工单位在工程报价中应当包含安全生产费用,一般不得低于投标价的1%,且不得作为竞争性报价。

安全生产费用,应当用于施工安全防护用具及设施的采购和更新、安全施工措施的落实、安全生产条件的改善,不得挪作他用。

第二十三条 施工单位应当在施工组织设计中编制安全技术措施和施工现场临时用电方案,对下列危险性较大的工程应当编制专项施工方案,并附安全验算结果,经施工单位技术负责人、监理工程师审查同意签字后实施,由专职安全生产管理人员进行现场监督:

(一)不良地质条件下有潜在危险性的土方、石方开挖;

(二)滑坡和高边坡处理;

(三)桩基础、挡墙基础、深水基础及围堰工程;

(四)桥梁工程中的梁、拱、柱等构件施工等;

(五)隧道工程中的不良地质隧道、高瓦斯隧道、水底海底隧道等;

(六)水上工程中的打桩船作业、施工船作业、外海孤岛作业、边通航边施工作业等;

(七)水下工程中的水下焊接、混凝土浇注、爆破工程等;

(八)爆破工程;

(九)大型临时工程中的大型支架、模板、便桥的架设与拆除;桥梁、码头的加固与拆除;

(十)其他危险性较大的工程。

必要时,施工单位对前款所列工程的专项施工方案,还应当组织专家进行论证、审查。

第二十四条 施工单位应当在施工现场出入口或者沿线各交叉口、施工起重机械、拌和场、临时用电设施、爆破物及有害危险气体和液体存放处以及孔洞口、隧道口、基坑边沿、脚手架、码头边沿、桥梁边沿等危险部位,设置明显的安全警示标志或者必要的安全防护设施。

施工单位应当根据不同施工阶段和周围环境及季节、气候的变化,在施工现场采取相应的安全施工措施。施工现场暂时停止施工的,施工单位应当做好现场防护。因施工单位安全生产隐患原因造成工程停工的,所需费用由施工单位承担,其他原因按照合同约定执行。

第二十五条 施工单位应当将施工现场的办公、生活区与作业区分开设置,并保持安全距离;办公、生活区的选址应当符合安全性要求。职工的膳食、饮水、休息场所、医疗救助设施等应当符合卫生标准。

施工现场临时搭建的建筑物应当符合安全使用要求。施工现场使用的装配式活动房屋应当具有生产(制造)许可证、产品合格证。

第二十六条 施工单位应当在施工现场建立消防安全责任制度,确定消防安全责任人,制定用火、用电、使用易燃易爆材料等各项消防管理制度和操作规程,设置消防通道,配备相应的消防设施和灭火器材。

第二十七条 施工单位应当向作业人员提供必需的安全防护用具和安全防护服装,书面告知危险岗位的操作规程并确保其熟悉和掌握有关内容和违章操作的危害。

作业人员有权对施工现场的作业条件、作业程序和作业方式中存在的安全问题提出批评、检举和控告,有权拒绝违章指挥和强令冒险作业。

在施工中发生可能危及人身安全的紧急情况时,作业人员有权立即停止作业或者在采取必要的应急措施后撤离危险区域。

第二十八条 作业人员应当遵守安全施工的工程建设强制性标准、规章制度,正确使用安全防护用具、机械设备等。

第二十九条 施工单位采购、租赁的安全防护用具、机械设备、施工机具及配件,应当具有生产(制造)许可证、产品合格证,并在进入施工现场前由专职安全管理人员进行查验。

施工现场的安全防护用具、机械设备、施工机具及配件必须由专人管理,定期进行检查、维修和保养,建立相应的资料档案,并按照国家有关规定及时报废。

第三十条 施工单位应当对管理人员和作业人员进行每年不少于两次的安全生产教育培训,其教育培训情况记入个人工作档案。

施工单位在采用新技术、新工艺、新设备、新材料时,应当对作业人员进行相应的安全生产教育培训。

新进人员和作业人员进入新的施工现场或者转入新的岗位前,施工单位应当对其进行安全生产培训考核。

未经安全生产教育培训考核或者培训考核不合格的人员,不得上岗作业。

第三十一条 施工单位应当为施工现场的人员办理意外伤害保险,意外伤害保险费应由施工单位支付。实行施工总承包的,由总承包单位支付意外伤害保险费。

第三十二条 建设工程实行施工总承包的,由总承包单位对施工现场的安全生产负总责。总承包单位依法将建设工程分包给其他单位的,分包合同中应当明确各自的安全生产方面的权利、义务。总承包单位对分包工程的安全生产承担连带责任。

分包单位应当服从总承包单位的安全生产管理,分包单位不服从管理导致生产安全事故的,由分包单位承担主要责任。

第三十三条 建设单位、施工单位应当针对本工程项目特点制定生产安全事故应急预案,定期组织演练。发生生产安全事故,施工单位应当立即向建设单位、监理单位和事故发生地的公路水运工程安全生产监督部门以及安全监督部门报告。建设单位、施工单位应当立即启动事故应急预案,组织力量抢救,保护好事故现场。

第四章　监 督 检 查

第三十四条　公路水运工程安全生产监督管理部门在职责范围内履行安全生产监督检查职责时，有权采取下列措施：

（一）要求被检查单位提供有关安全生产的文件和资料；

（二）进入被检查单位施工现场进行检查；

（三）纠正施工中违反安全生产要求的行为，依法实施行政处罚。

第三十五条　公路水运工程安全生产监督管理部门对从业单位安全生产监督检查的内容主要有：

（一）从业单位安全生产条件的符合情况；

（二）施工单位安全生产三类人员和特种作业人员具备上岗资格情况；

（三）从业单位执行安全生产法律、法规、规章和工程建设强制性标准的情况；

（四）从业单位对安全生产管理制度、安全责任制度和各项应急预案的建立和落实情况；

（五）安全生产管理机构或者专职安全生产管理人员的设置和履行职责情况；

（六）员工的安全教育培训情况；

（七）其他应当监督检查的情况。

第三十六条　公路水运工程安全生产监督管理部门应当对公路水运工程下列施工现场的安全生产情况进行监督检查：

（一）现场驻地；

（二）施工作业点（面）；

（三）危险品存放地；

（四）预制厂、半成品加工厂；

（五）非标施工设备组装厂。

公路水运工程安全生产监督管理部门对易发生生产安全事故的危险工程及施工作业环节应当进行重点监督检查。

第三十七条　公路水运工程安全生产监督管理部门对监督检查中发现的安全问题，应当作出如下处理：

（一）从业单位存在安全管理问题需要整改的，以书面方式通知存在问题单位限期整改；

（二）从业单位存在严重安全事故隐患的，责令立即排除；

（三）重大安全事故隐患在排除前或者在排除过程中无法保证安全的，责令其从危险区域内撤出作业人员或者暂时停止施工；

（四）建设单位违反安全管理规定造成重大生产安全事故的，对全部或者部分使用国有资金的建设项目，暂停资金拨付；

（五）建设单位未列建设工程安全生产费用的，责令其限期改正并不得办理监督手续；逾期未改正的，责令该建设工程停止施工并通报批评。

被检查单位应当立即落实处理决定，并将整改结果书面报检查单位。责令停工的，应当经复查合格后，方可复工。

第三十八条 公路水运工程安全生产监督管理部门应当建立从业单位信用档案，并将监督检查情况和处理结果及时登录在安全生产信用管理系统中。

第三十九条 从业单位整改不力，多次整改仍然存在安全问题的，公路水运工程安全生产监督管理部门将其列入安全监督检查重点名单，登录在安全生产信用管理系统中，并向有关部门通报。

对存在重大安全事故隐患但拒绝整改或者整改效果不明显或者发生重特大安全事故等不再具备安全生产条件的，公路水运工程安全生产监督管理部门应当向安全生产许可证颁发部门通报，建议暂扣或者吊销安全生产许可证，同时向有关资质证书颁发部门建议降低资质等级。

第四十条 公路水运工程安全生产监督管理部门可委托具备国家规定资质条件的机构对容易发生重特大生产安全事故的工程项目和危险性较大的工程施工进行安全评价和监测。

第四十一条 公路水运工程安全生产监督管理部门应当健全内部管理制度，加强对监督管理人员的教育培训，提高执法水平。监督管理人员应当忠于职守，秉公办事，坚持原则，清正廉洁。与监督检查对象有利害关系的监督人员，应当回避。

第四十二条 公路水运工程安全生产监督管理部门应当建立举报制度，及时受理对公路水运工程生产安全事故或者事故隐患以及监督检查人员违法行为的检举、控告和投诉。

第五章 附 则

第四十三条 违反本办法规定，按照《中华人民共和国安全生产法》、《建设工程安全生产管理条例》、《安全生产许可证条例》的相关规定，给予行政处罚。

第四十四条 本办法自2007年3月1日起施行。

2. 交通运输突发事件应急管理规定

（2011 年 11 月 14 日　交通运输部令 2011 年第 9 号）

第一章　总　　则

第一条　为规范交通运输突发事件应对活动，控制、减轻和消除突发事件引起的危害，根据《中华人民共和国突发事件应对法》和有关法律、行政法规，制定本规定。

第二条　交通运输突发事件的应急准备、监测与预警、应急处置、终止与善后等活动，适用本规定。

本规定所称交通运输突发事件，是指突然发生，造成或者可能造成交通运输设施毁损，交通运输中断、阻塞，重大船舶污染及海上溢油应急处置等，需要采取应急处置措施，疏散或者救援人员，提供应急运输保障的自然灾害、事故灾难、公共卫生事件和社会安全事件。

第三条　国务院交通运输主管部门主管全国交通运输突发事件应急管理工作。

县级以上各级交通运输主管部门按照职责分工负责本辖区内交通运输突发事件应急管理工作。

第四条　交通运输突发事件应对活动应当遵循属地管理原则，在各级地方人民政府的统一领导下，建立分级负责、分类管理、协调联动的交通运输应急管理体制。

第五条　县级以上各级交通运输主管部门应当会同有关部门建立应急联动协作机制，共同加强交通运输突发事件应急管理工作。

第二章　应 急 准 备

第六条　国务院交通运输主管部门负责编制并发布国家交通运输应急保障体系建设规划，统筹规划、建设国家级交通运输突发事件应急队伍、应急装备和应急物资保障基地，储备应急运力，相关内容纳入国家应急保障体系规划。

各省、自治区、直辖市交通运输主管部门负责编制并发布地方交通运输应急保障体系建设规划，统筹规划、建设本辖区应急队伍、应急装备和应急物资保障基地，储备应急运力，相关内容纳入地方应急保障体系规划。

第七条　国务院交通运输主管部门应当根据国家突发事件总体应急预案和相关专项应急预案，制定交通运输突发事件部门应急预案。

县级以上各级交通运输主管部门应当根据本级地方人民政府和上级交通运输主管部门制定的相关突发事件应急预案，制定本部门交通运输突发事件应急预案。

交通运输企业应当按照所在地交通运输主管部门制定的交通运输突发事件应急预案，制定本单位交通运输突发事件应急预案。

第八条 应急预案应当根据有关法律、法规的规定，针对交通运输突发事件的性质、特点、社会危害程度以及可能需要提供的交通运输应急保障措施，明确应急管理的组织指挥体系与职责、监测与预警、处置程序、应急保障措施、恢复与重建、培训与演练等具体内容。

第九条 应急预案的制定、修订程序应当符合国家相关规定。应急预案涉及其他相关部门职能的，在制定过程中应当征求各相关部门的意见。

第十条 交通运输主管部门制定的应急预案应当与本级人民政府及上级交通运输主管部门制定的相关应急预案衔接一致。

第十一条 交通运输主管部门制定的应急预案应当报上级交通运输主管部门和本级人民政府备案。

公共交通工具、重点港口和场站的经营单位以及储运易燃易爆物品、危险化学品、放射性物品等危险物品的交通运输企业所制定的应急预案，应当向所属地交通运输主管部门备案。

第十二条 应急预案应当根据实际需要、情势变化和演练验证，适时修订。

第十三条 交通运输主管部门、交通运输企业应当按照有关规划和应急预案的要求，根据应急工作的实际需要，建立健全应急装备和应急物资储备、维护、管理和调拨制度，储备必需的应急物资和运力，配备必要的专用应急指挥交通工具和应急通信装备，并确保应急物资装备处于正常使用状态。

第十四条 交通运输主管部门可以根据交通运输突发事件应急处置的实际需要，统筹规划、建设交通运输专业应急队伍。

交通运输企业应当根据实际需要，建立由本单位职工组成的专职或者兼职应急队伍。

第十五条 交通运输主管部门应当加强应急队伍应急能力和人员素质建设，加强专业应急队伍与非专业应急队伍的合作、联合培训及演练，提高协同应急能力。

交通运输主管部门可以根据应急处置的需要，与其他应急力量提供单位建立必要的应急合作关系。

第十六条 交通运输主管部门应当将本辖区内应急装备、应急物资、运力储备和应急队伍的实时情况及时报上级交通运输主管部门和本级人民政府备案。

交通运输企业应当将本单位应急装备、应急物资、运力储备和应急队伍的实时情况及时报所在地交通运输主管部门备案。

第十七条 所有列入应急队伍的交通运输应急人员，其所属单位应当为其购买人身意外伤害保险，配备必要的防护装备和器材，减少应急人员的人身风险。

第十八条 交通运输主管部门可以根据应急处置实际需要鼓励志愿者参与交通运输突发事件应对活动。

第十九条 交通运输主管部门可以建立专家咨询制度，聘请专家或者专业机构，为交通运输突发事件应对活动提供相关意见和支持。

第二十条 交通运输主管部门应当建立健全交通运输突发事件应急培训制度，并结合交通运输的实际情况和需要，组织开展交通运输应急知识的宣传普及活动。

交通运输企业应当按照交通运输主管部门制定的应急预案的有关要求，制订年度应急培训计划，组织开展应急培训工作。

第二十一条 交通运输主管部门、交通运输企业应当根据本地区、本单位交通运输突发事件的类型和特点，制订应急演练计划，定期组织开展交通运输突发事件应急演练。

第二十二条 交通运输主管部门应当鼓励、扶持研究开发用于交通运输突发事件预防、监测、预警、应急处置和救援的新技术、新设备和新工具。

第二十三条 交通运输主管部门应当根据本级人民政府财政预算情况，编列应急资金年度预算，设立突发事件应急工作专项资金。

交通运输企业应当安排应急专项经费，保障交通运输突发事件应急工作的需要。

应急专项资金和经费主要用于应急预案编制及修订、应急培训演练、应急装备和队伍建设、日常应急管理、应急宣传以及应急处置措施等。

第三章 监测与预警

第二十四条 交通运输主管部门应当建立并完善交通运输突发事件信息管理制度，及时收集、统计、分析、报告交通运输突发事件信息。

交通运输主管部门应当与各有关部门建立信息共享机制，及时获取与交通运输有关的突发事件信息。

第二十五条 交通运输主管部门应当建立交通运输突发事件风险评估机制，对影响或者可能影响交通运输的相关信息及时进行汇总分析，必要时同相关部门进行会商，评估突发事件发生的可能性及可能造成的损害，研究确定应对措施，制定应对方案。对可能发生重大或者特别重大突发事件的，应当立即向本级人民政府及上一级交通运输主管部门报告相关信息。

第二十六条 交通运输主管部门负责本辖区内交通运输突发事件危险源管理工作。对危险源、危险区域进行调查、登记、风险评估，组织检查、监控，并责令有关单位采取安全防范措施。

交通运输企业应当组织开展企业内交通运输突发事件危险源辨识、评估工作，采取相应安全防范措施，加强危险源监控与管理，并按规定及时向交通运输主管部门报告。

第二十七条 交通运输主管部门应当根据自然灾害、事故灾难、公共卫生事件和社会安全事件的种类和特点，建立健全交通运输突发事件基础信息数据库，配备必要的监测设备、设施和人员，对突发事件易发区域加强监测。

第二十八条 交通运输主管部门应当建立交通运输突发事件应急指挥通信系统。

第二十九条 交通运输主管部门、交通运输企业应当建立应急值班制度，根据交通运输突发事件的种类、特点和实际需要，配备必要值班设施和人员。

第三十条 县级以上地方人民政府宣布进入预警期后，交通运输主管部门应当根据预警级别和可能发生的交通运输突发事件的特点，采取下列措施：

（一）启动相应的交通运输突发事件应急预案；

（二）根据需要启动应急协作机制，加强与相关部门的协调沟通；

（三）按照所属地方人民政府和上级交通运输主管部门的要求，指导交通运输企业采取相关预防措施；

（四）加强对突发事件发生、发展情况的跟踪监测，加强值班和信息报告；

（五）按照地方人民政府的授权，发布相关信息，宣传避免、减轻危害的常识，提出采取特定措施避免或者减轻危害的建议、劝告；

（六）组织应急救援队伍和相关人员进入待命状态，调集应急处置所需的运力和装备，检测用于疏运转移的交通运输工具和应急通信设备，确保其处于良好状态；

（七）加强对交通运输枢纽、重点通航建筑物、重点场站、重点港口、码头、重点运输线路及航道的巡查维护；

（八）法律、法规或者所属地方人民政府提出的其他应急措施。

第三十一条　交通运输主管部门应当根据事态发展以及所属地方人民政府的决定，相应调整或者停止所采取的措施。

第四章　应 急 处 置

第三十二条　交通运输突发事件的应急处置应当在各级人民政府的统一领导下进行。

第三十三条　交通运输突发事件发生后，发生地交通运输主管部门应当立即启动相应的应急预案，在本级人民政府的领导下，组织、部署交通运输突发事件的应急处置工作。

第三十四条　交通运输突发事件发生后，负责或者参与应急处置的交通运输主管部门应当根据有关规定和实际需要，采取以下措施：

（一）组织运力疏散、撤离受困人员，组织搜救突发事件中的遇险人员，组织应急物资运输；

（二）调集人员、物资、设备、工具，对受损的交通基础设施进行抢修、抢通或搭建临时性设施；

（三）对危险源和危险区域进行控制，设立警示标志；

（四）采取必要措施，防止次生、衍生灾害发生；

（五）必要时请求本级人民政府和上级交通运输主管部门协调有关部门，启动联合机制，开展联合应急行动；

（六）按照应急预案规定的程序报告突发事件信息以及应急处置的进展情况；

（七）建立新闻发言人制度，按照本级人民政府的委托或者授权及相关规定，统一、及时、准确的向社会和媒体发布应急处置信息；

（八）其他有利于控制、减轻和消除危害的必要措施。

第三十五条　交通运输突发事件超出本级交通运输主管部门处置能力或管辖范围的，交通运输主管部门可以采取以下措施：

（一）根据应急处置需要请求上级交通运输主管部门在资金、物资、设备设施、应急队伍等方面给予支持；

（二）请求上级交通运输主管部门协调突发事件发生地周边交通运输主管部门给予支持；

（三）请求上级交通运输主管部门派出现场工作组及有关专业技术人员给予指导；

（四）按照建立的应急协作机制，协调有关部门参与应急处置。

第三十六条　在需要组织开展大规模人员疏散、物资疏运的情况下，交通运输主管部门应当根据本级人民政府或者上级交通运输主管部门的指令，及时组织运力参与应急运输。

第三十七条 交通运输企业应当加强对本单位应急设备、设施、队伍的日常管理,保证应急处置工作及时、有效开展。

交通运输突发事件应急处置过程中,交通运输企业应当接受交通运输主管部门的组织、调度和指挥。

第三十八条 交通运输主管部门根据应急处置工作的需要,可以征用有关单位和个人的交通运输工具、相关设备和其他物资。有关单位和个人应当予以配合。

第五章 终止与善后

第三十九条 交通运输突发事件的威胁和危害得到控制或者消除后,负责应急处置的交通运输主管部门应当按照相关人民政府的决定停止执行应急处置措施,并按照有关要求采取必要措施,防止发生次生、衍生事件。

第四十条 交通运输突发事件应急处置结束后,负责应急处置工作的交通运输主管部门应当对应急处置工作进行评估,并向上级交通运输主管部门和本级人民政府报告。

第四十一条 交通运输突发事件应急处置结束后,交通运输主管部门应当根据国家有关扶持遭受突发事件影响行业和地区发展的政策规定以及本级人民政府的恢复重建规划,制定相应的交通运输恢复重建计划并组织实施,重建受损的交通基础设施,消除突发事件造成的破坏及影响。

第四十二条 因应急处置工作需要被征用的交通运输工具、装备和物资在使用完毕应当及时返还。交通运输工具、装备、物资被征用或者征用后毁损、灭失的,应当按照相关法律法规予以补偿。

第六章 监督检查

第四十三条 交通运输主管部门应当建立健全交通运输突发事件应急管理监督检查和考核机制。

监督检查应当包含以下内容:

(一)应急组织机构建立情况;

(二)应急预案制订及实施情况;

(三)应急物资储备情况;

(四)应急队伍建设情况;

(五)危险源监测情况;

(六)信息管理、报送、发布及宣传情况;

(七)应急培训及演练情况;

(八)应急专项资金和经费落实情况;

(九)突发事件应急处置评估情况。

第四十四条 交通运输主管部门应当加强对辖区内交通运输企业等单位应急工作的指导和监督。

第四十五条　违反本规定影响交通运输突发事件应对活动有效进行的，由其上级交通运输主管部门责令改正、通报批评；情节严重的，对直接负责的主管人员和其他直接责任人员按照有关规定给予相应处分；造成严重后果的，由有关部门依法给予处罚或追究相应责任。

第七章　附　　则

第四十六条　海事管理机构及各级地方人民政府交通运输主管部门对水上交通安全和防治船舶污染等突发事件的应对活动，依照有关法律法规执行。

一般生产安全事故的应急处置，依照国家有关法律法规执行。

第四十七条　本规定自2012年1月1日起实施。

3. 安全生产事故隐患排查治理暂行规定

（2007 年 12 月 28 日　国家安全生产监督管理总局令第 16 号）

第一章　总　则

第一条　为了建立安全生产事故隐患排查治理长效机制，强化安全生产主体责任，加强事故隐患监督管理，防止和减少事故，保障人民群众生命财产安全，根据安全生产法等法律、行政法规，制定本规定。

第二条　生产经营单位安全生产事故隐患排查治理和安全生产监督管理部门、煤矿安全监察机构（以下统称安全监管监察部门）实施监管监察，适用本规定。

有关法律、行政法规对安全生产事故隐患排查治理另有规定的，依照其规定。

第三条　本规定所称安全生产事故隐患（以下简称事故隐患），是指生产经营单位违反安全生产法律、法规、规章、标准、规程和安全生产管理制度的规定，或者因其他因素在生产经营活动中存在可能导致事故发生的物的危险状态、人的不安全行为和管理上的缺陷。

事故隐患分为一般事故隐患和重大事故隐患。一般事故隐患，是指危害和整改难度较小，发现后能够立即整改排除的隐患。重大事故隐患，是指危害和整改难度较大，应当全部或者局部停产停业，并经过一定时间整改治理方能排除的隐患，或者因外部因素影响致使生产经营单位自身难以排除的隐患。

第四条　生产经营单位应当建立健全事故隐患排查治理制度。

生产经营单位主要负责人对本单位事故隐患排查治理工作全面负责。

第五条　各级安全监管监察部门按照职责对所辖区域内生产经营单位排查治理事故隐患工作依法实施综合监督管理；各级人民政府有关部门在各自职责范围内对生产经营单位排查治理事故隐患工作依法实施监督管理。

第六条　任何单位和个人发现事故隐患，均有权向安全监管监察部门和有关部门报告。

安全监管监察部门接到事故隐患报告后，应当按照职责分工立即组织核实并予以查处；发现所报告事故隐患应当由其他有关部门处理的，应当立即移送有关部门并记录备查。

第二章　生产经营单位的职责

第七条　生产经营单位应当依照法律、法规、规章、标准和规程的要求从事生产经营活动。严禁非法从事生产经营活动。

第八条　生产经营单位是事故隐患排查、治理和防控的责任主体。

生产经营单位应当建立健全事故隐患排查治理和建档监控等制度，逐级建立并落实从主要负责人到每个从业人员的隐患排查治理和监控责任制。

第九条　生产经营单位应当保证事故隐患排查治理所需的资金,建立资金使用专项制度。

第十条　生产经营单位应当定期组织安全生产管理人员、工程技术人员和其他相关人员排查本单位的事故隐患。对排查出的事故隐患,应当按照事故隐患的等级进行登记,建立事故隐患信息档案,并按照职责分工实施监控治理。

第十一条　生产经营单位应当建立事故隐患报告和举报奖励制度,鼓励、发动职工发现和排除事故隐患,鼓励社会公众举报。对发现、排除和举报事故隐患的有功人员,应当给予物质奖励和表彰。

第十二条　生产经营单位将生产经营项目、场所、设备发包、出租的,应当与承包、承租单位签订安全生产管理协议,并在协议中明确各方对事故隐患排查、治理和防控的管理职责。生产经营单位对承包、承租单位的事故隐患排查治理负有统一协调和监督管理的职责。

第十三条　安全监管监察部门和有关部门的监督检查人员依法履行事故隐患监督检查职责时,生产经营单位应当积极配合,不得拒绝和阻挠。

第十四条　生产经营单位应当每季、每年对本单位事故隐患排查治理情况进行统计分析,并分别于下一季度15日前和下一年1月31日前向安全监管监察部门和有关部门报送书面统计分析表。统计分析表应当由生产经营单位主要负责人签字。

对于重大事故隐患,生产经营单位除依照前款规定报送外,应当及时向安全监管监察部门和有关部门报告。重大事故隐患报告内容应当包括:

(一)隐患的现状及其产生原因;

(二)隐患的危害程度和整改难易程度分析;

(三)隐患的治理方案。

第十五条　对于一般事故隐患,由生产经营单位(车间、分厂、区队等)负责人或者有关人员立即组织整改。

对于重大事故隐患,由生产经营单位主要负责人组织制定并实施事故隐患治理方案。重大事故隐患治理方案应当包括以下内容:

(一)治理的目标和任务;

(二)采取的方法和措施;

(三)经费和物资的落实;

(四)负责治理的机构和人员;

(五)治理的时限和要求;

(六)安全措施和应急预案。

第十六条　生产经营单位在事故隐患治理过程中,应当采取相应的安全防范措施,防止事故发生。事故隐患排除前或者排除过程中无法保证安全的,应当从危险区域内撤出作业人员,并疏散可能危及的其他人员,设置警戒标志,暂时停产停业或者停止使用;对暂时难以停产或者停止使用的相关生产储存装置、设施、设备,应当加强维护和保养,防止事故发生。

第十七条　生产经营单位应当加强对自然灾害的预防。对于因自然灾害可能导致事故灾难的隐患，应当按照有关法律、法规、标准和本规定的要求排查治理，采取可靠的预防措施，制定应急预案。在接到有关自然灾害预报时，应当及时向下属单位发出预警通知；发生自然灾害可能危及生产经营单位和人员安全的情况时，应当采取撤离人员、停止作业、加强监测等安全措施，并及时向当地人民政府及其有关部门报告。

第十八条 地方人民政府或者安全监管监察部门及有关部门挂牌督办并责令全部或者局部停产停业治理的重大事故隐患，治理工作结束后，有条件的生产经营单位应当组织本单位的技术人员和专家对重大事故隐患的治理情况进行评估；其他生产经营单位应当委托具备相应资质的安全评价机构对重大事故隐患的治理情况进行评估。

经治理后符合安全生产条件的，生产经营单位应当向安全监管监察部门和有关部门提出恢复生产的书面申请，经安全监管监察部门和有关部门审查同意后，方可恢复生产经营。申请报告应当包括治理方案的内容、项目和安全评价机构出具的评价报告等。

第三章 监督管理

第十九条 安全监管监察部门应当指导、监督生产经营单位按照有关法律、法规、规章、标准和规程的要求，建立健全事故隐患排查治理等各项制度。

第二十条 安全监管监察部门应当建立事故隐患排查治理监督检查制度，定期组织对生产经营单位事故隐患排查治理情况开展监督检查；应当加强对重点单位的事故隐患排查治理情况的监督检查。对检查过程中发现的重大事故隐患，应当下达整改指令书，并建立信息管理台账。必要时，报告同级人民政府并对重大事故隐患实行挂牌督办。

安全监管监察部门应当配合有关部门做好对生产经营单位事故隐患排查治理情况开展的监督检查，依法查处事故隐患排查治理的非法和违法行为及其责任者。

安全监管监察部门发现属于其他有关部门职责范围内的重大事故隐患的，应该及时将有关资料移送有管辖权的有关部门，并记录备查。

第二十一条 已经取得安全生产许可证的生产经营单位，在其被挂牌督办的重大事故隐患治理结束前，安全监管监察部门应当加强监督检查。必要时，可以提请原许可证颁发机关依法暂扣其安全生产许可证。

第二十二条 安全监管监察部门应当会同有关部门把重大事故隐患整改纳入重点行业领域的安全专项整治中加以治理，落实相应责任。

第二十三条 对挂牌督办并采取全部或者局部停产停业治理的重大事故隐患，安全监管监察部门收到生产经营单位恢复生产的申请报告后，应当在10日内进行现场审查。审查合格的，对事故隐患进行核销，同意恢复生产经营；审查不合格的，依法责令改正或者下达停产整改指令。对整改无望或者生产经营单位拒不执行整改指令的，依法实施行政处罚；不具备安全生产条件的，依法提请县级以上人民政府按照国务院规定的权限予以关闭。

第二十四条 安全监管监察部门应当每季将本行政区域重大事故隐患的排查治理情况和统计分析表逐级报至省级安全监管监察部门备案。

省级安全监管监察部门应当每半年将本行政区域重大事故隐患的排查治理情况和统计分析表报国家安全生产监督管理总局备案。

第四章　罚　　则

第二十五条　生产经营单位及其主要负责人未履行事故隐患排查治理职责,导致发生生产安全事故的,依法给予行政处罚。

第二十六条　生产经营单位违反本规定,有下列行为之一的,由安全监管监察部门给予警告,并处三万元以下的罚款:

(一)未建立安全生产事故隐患排查治理等各项制度的;

(二)未按规定上报事故隐患排查治理统计分析表的;

(三)未制定事故隐患治理方案的;

(四)重大事故隐患不报或者未及时报告的;

(五)未对事故隐患进行排查治理擅自生产经营的;

(六)整改不合格或者未经安全监管监察部门审查同意擅自恢复生产经营的。

第二十七条　承担检测检验、安全评价的中介机构,出具虚假评价证明,尚不够刑事处罚的,没收违法所得,违法所得在五千元以上的,并处违法所得二倍以上五倍以下的罚款,没有违法所得或者违法所得不足五千元的,单处或者并处五千元以上二万元以下的罚款,同时可对其直接负责的主管人员和其他直接责任人员处五千元以上五万元以下的罚款;给他人造成损害的,与生产经营单位承担连带赔偿责任。

对有前款违法行为的机构,撤销其相应的资质。

第二十八条　生产经营单位事故隐患排查治理过程中违反有关安全生产法律、法规、规章、标准和规程规定的,依法给予行政处罚。

第二十九条　安全监管监察部门的工作人员未依法履行职责的,按照有关规定处理。

第五章　附　　则

第三十条　省级安全监管监察部门可以根据本规定,制定事故隐患排查治理和监督管理实施细则。

第三十一条　事业单位、人民团体以及其他经济组织的事故隐患排查治理,参照本规定执行。

第三十二条　本规定自 2008 年 2 月 1 日起施行。

4. 安全生产行政处罚自由裁量适用规则(试行)

(2010 年 7 月 15 日　国家安全生产监督管理总局令第 31 号)

第一章　总　则

第一条　为了正确适用安全生产法律、行政法规和部门规章,规范安全生产监督管理部门合法、适当地行使行政处罚自由裁量权,根据《行政处罚法》、《安全生产法》、《职业病防治法》等法律、行政法规和部门规章的规定,制定本规则。

第二条　县级以上安全生产监督管理部门或其委托实施行政处罚的组织或者机构(以下统称安全监管执法机关)依照安全生产法律、行政法规和部门规章作出行政处罚行使自由裁量权的,适用本规则;具体实施行政处罚需要自由裁量的,参照《安全生产行政处罚自由裁量标准》(以下简称《标准》)执行。

煤矿安全监察机构对煤矿安全生产违法行为作出行政处罚行使自由裁量权的,适用《煤矿安全监察行政处罚自由裁量实施标准(试行)》。

法律、行政法规和地方性法规对行政处罚自由裁量另有规定的,适用其规定;原国家安全监管局、国家安全监管总局公布的部门规章与本规则不一致的,适用本规则。

第三条　本规则所称的行政处罚自由裁量权,是指安全监管执法机关在对安全生产违法行为实施行政处罚时,根据立法目的和行政处罚的原则,在法律、行政法规和部门规章规定的行政处罚的种类和幅度内,综合考量违法的事实、性质、手段、后果、情节和改正措施等因素,正确、适当地确定行政处罚的种类、幅度或者作出不予行政处罚决定的选择适用权限。

第四条　各级安全监管执法机关应当加强对各自管辖范围内安全生产行政处罚自由裁量行为的监督检查。

上级安全监管执法机关有权对下级安全监管执法机关违法或者不当的行政处罚予以纠正或者撤销。

第二章　行政处罚自由裁量的考量原则

第五条　行使行政处罚自由裁量权,应当遵循程序法定原则,严格遵守法律、行政法规和部门规章规定的程序。

第六条　行使行政处罚自由裁量权,应当遵循合法、公平、公正、公开的原则,过罚相当的原则和处罚与教育相结合的原则,依法维护公民、法人和其他组织的合法权益,确保行政处罚自由裁量权行使的合法性和合理性。

第七条 行使行政处罚自由裁量权，应当以事实为依据、以法律为准绳，全面分析违法行为的主体、客体、主观方面、客观方面等因素，综合裁量，合理确定应否给予行政处罚或者应当给予行政处罚的种类、幅度。给予行政处罚的种类、幅度应当与违法行为的事实、性质、情节、认知态度以及社会危害程度相当。

对同一类违法主体实施的性质相同、情节相近或者相似、危害后果基本相当的违法行为，在行使行政处罚自由裁量权时，适用的法律依据、处罚种类应当基本一致，处罚幅度应当基本相当。

第八条 同一个违法行为违反不同法律、行政法规或者部门规章规定的，在适用具体法律条文时应当遵循下列原则：

（一）优先适用法律效力高的规定；

（二）法律效力相同，属于特别规定的优先适用；

（三）法律效力相同，生效时间在后的优先适用。

第九条 法律对同一个违法行为设定了行政处罚的，按照下列原则行使自由裁量权：

（一）同一法律规定实施某个违法行为应当（可以）处以罚款的行政处罚确定的，参照《标准》对其罚款幅度予以细化；

（二）同一法律规定实施某个违法行为应当（可以）处以不同种类（包括警告、没收违法所得、暂扣或者吊销许可证等）的行政处罚的，参照《标准》给予相应种类的行政处罚；

（三）同一法律规定实施某个违法行为根据情节轻重不同处以不同种类的行政处罚的，参照《标准》确定的情节给予相应种类的行政处罚。

第十条 生产经营单位及其有关人员违反不同的法律规定，或者违反同一条款的不同违法情形，有两个以上应当给予行政处罚的违法行为的，应当适用不同的法律规定或者同一法律条款规定的不同违法情形，分别裁量，合并处罚。

第三章 行政处罚自由裁量的适用规则

第十一条 法律、行政法规或者部门规章规定应当先予责令改正或者责令限期改正的，应当先予书面责令当事人在规定期限内予以改正；当事人逾期不改正的，再依法决定行政处罚。

第十二条 法律、行政法规或者部门规章规定的多种处罚应当并处的，不得选择适用；规定可以并处的，可以选择适用。

法律、行政法规或者部门规章明确规定的处罚种类可以单处也可以并处的，可以选择适用，但应分清主罚项和次罚项。

法律、行政法规规定应当先予没收物品、没收违法所得，再作其他处罚的，不得直接选择适用其他处罚。

第十三条 法律、行政法规或者部门规章已经规定处罚种类的，实施自由裁量权时，不得改变行政处罚种类；对当事人实施罚款的，其罚款额不得高于法律、行政法规或者部门规章规定数额的上限，也不得低于其规定数额的下限。

第十四条 当事人有下列情形之一的，应当依法从轻处罚：

(一)已满14周岁不满18周岁的公民实施安全生产违法行为的;

(二)主动消除或者减轻安全生产违法行为危害后果的;

(三)受他人胁迫实施安全生产违法行为的;

(四)配合安全监管执法机关查处安全生产违法行为,有立功表现的;

(五)主动投案,向安全监管执法机关如实交代自己的违法行为的;

(六)具有法律、行政法规规定的其他从轻处罚情形的。

有从轻处罚情节的,应当在法定处罚幅度的中档以下确定行政处罚标准,但不得低于法定处罚幅度的下限。

本条第一款第(四)项所称的立功表现,是指当事人有揭发他人安全生产违法行为,并经查证属实;或者提供查处其他安全生产违法行为的重要线索,并经查证属实;或者阻止他人实施安全生产违法行为;或者协助司法机关抓捕其他违法犯罪嫌疑人的行为。

第十五条 当事人有下列情形之一的,应当依法从重处罚:

(一)危及公共安全或者其他生产经营单位及其人员安全,经责令限期改正,逾期未改正的;

(二)一年内因同一种安全生产违法行为受到两次以上行政处罚的;

(三)拒不整改或者整改不力,其违法行为处于持续状态的;

(四)拒绝、阻碍或者以暴力威胁行政执法人员的;

(五)在处置突发事件期间实施安全生产违法行为的;

(六)隐匿、销毁违法行为证据的;

(七)违法行为情节恶劣,造成人身死亡(重伤、急性工业中毒)或者严重社会影响的;

(八)故意实施违法行为的;

(九)对举报人、证人打击报复的;

(十)未依法排查治理事故隐患的;

(十一)发生生产安全事故后逃匿或者瞒报、谎报的;

(十二)具有法律、行政法规规定的其他从重处罚情形的。

有从重处罚情节的,应当在法定处罚幅度内选择较高或者最高幅度确定处罚标准,但不得高于法定处罚幅度上限。

第十六条 当事人有下列情形之一的,不予处罚:

(一)证据不足,安全生产违法事实不能成立的;

(二)安全生产违法行为轻微并及时纠正,没有造成危害后果的;

(三)不满14周岁的公民实施安全生产违法行为的;

(四)精神病人在不能辨认或者不能控制自己行为时实施安全生产违法行为的;

(五)安全生产违法行为在两年内未被发现的,法律另有规定的除外;

(六)具有法律、行政法规、部门规章规定的其他情形的。

前款第五项规定的期限,从违法行为发生之日起计算,违法行为有连续或者继续状态的,从行为终了之日起计算。

第十七条 《标准》所称的违法所得,按照下列规定计算:

(一)生产、加工产品的,以生产、加工的产品及其销售收入作为违法所得;

(二)销售商品的,以销售收入作为违法所得;

(三)提供安全生产中介、租赁等服务的,以服务收入或者报酬作为违法所得;

(四)销售收入无法计算的,按照当地同类同等规模的生产经营单位的平均销售收入计算;

(五)服务收入、报酬无法计算的,按照当地同行业同种服务的平均收入或者报酬计算。

第四章　行政处罚自由裁量的审核与监督

第十八条　除当场行政处罚外,行政处罚自由裁量结果实行审核制度。

案件调查终结后,案件承办人员应当对拟作出行政处罚的种类和幅度提出建议,并说明行使自由裁量权的事实、理由和依据;案件审核人员应当对处罚依据、额度等提出审核意见,并将审核意见报送安全监管执法机关负责人审查决定;安全监管执法机关已经成立行政处罚案件审核委员会的,审核意见报案件审核委员会审查决定。

对安全生产违法行为给予从轻或者从重处罚的自由裁量结果,应当由安全监管执法机关的负责人集体讨论决定。

第十九条　行政处罚案件实行备案审查制度。

各级安全监管执法机关负责法制工作的机构负责本机关行政处罚案件的备案审查工作,对各类安全生产行政处罚案件的实体内容、执法程序、自由裁量的合法性、适当性以及相关证据进行事后审查,并定期对行政执法案卷进行复查和监督。

第二十条　行使安全生产行政处罚自由裁量权的裁量结果应当公开,允许社会公众查阅,但涉及国家秘密、商业秘密或者个人隐私的除外。

第二十一条　行政监察机关对安全监管执法机关及其工作人员行使行政处罚自由裁量权实施监察。

安全监管执法机关及其工作人员行使行政处罚自由裁量权明显不当的,必须及时予以纠正;对有关责任人员依照《安全生产监管监察职责和行政执法责任追究的暂行规定》处理。

第五章　附　　则

第二十二条　违反《安全生产法》有关规定发生生产安全事故,应当给予生产经营单位的主要负责人、个人经营的投资人和其他责任人员罚款的,依照《安全生产法》第八十条、第八十一条的规定处罚。

违反《安全生产法》以外的有关法律、行政法规、部门规章的规定发生生产安全事故,应当给予生产经营单位的主要负责人、个人经营的投资人和其他责任人员罚款的,依照《生产安全事故报告和调查处理条例》的规定处罚。

第二十三条　行政处罚自由裁量审查和备案审查的具体办法,由地方各级安全监管执法机关根据本机关实际制定,并报上一级安全监管执法机关备案。

第二十四条　安全生产违法行为涉嫌构成刑事犯罪的,应当依据规定程序移交司法机关,不得以罚代刑。

第二十五条　本规则自 2010 年 10 月 1 日起施行。

5. 安全生产领域违法违纪行为政纪处分暂行规定

（2006 年 11 月 22 日　监察部、国家安全生产监督管理总局令第 11 号）

第一条　为了加强安全生产工作，惩处安全生产领域违法违纪行为，促进安全生产法律法规的贯彻实施，保障人民群众生命财产和公共财产安全，根据《中华人民共和国行政监察法》、《中华人民共和国安全生产法》及其他有关法律法规，制定本规定。

第二条　国家行政机关及其公务员，企业、事业单位中由国家行政机关任命的人员有安全生产领域违法违纪行为，应当给予处分的，适用本规定。

第三条　有安全生产领域违法违纪行为的国家行政机关，对其直接负责的主管人员和其他直接责任人员，以及对有安全生产领域违法违纪行为的国家行政机关公务员（以下统称有关责任人员），由监察机关或者任免机关按照管理权限，依法给予处分。

有安全生产领域违法违纪行为的企业、事业单位，对其直接负责的主管人员和其他直接责任人员，以及对有安全生产领域违法违纪行为的企业、事业单位工作人员中由国家行政机关任命的人员（以下统称有关责任人员），由监察机关或者任免机关按照管理权限，依法给予处分。

第四条　国家行政机关及其公务员有下列行为之一的，对有关责任人员，给予警告、记过或者记大过处分；情节较重的，给予降级或者撤职处分；情节严重的，给予开除处分：

（一）不执行国家安全生产方针政策和安全生产法律、法规、规章以及上级机关、主管部门有关安全生产的决定、命令、指示的；

（二）制定或者采取与国家安全生产方针政策以及安全生产法律、法规、规章相抵触的规定或者措施，造成不良后果或者经上级机关、有关部门指出仍不改正的。

第五条　国家行政机关及其公务员有下列行为之一的，对有关责任人员，给予警告、记过或者记大过处分；情节较重的，给予降级或者撤职处分；情节严重的，给予开除处分：

（一）向不符合法定安全生产条件的生产经营单位或者经营者颁发有关证照的；

（二）对不具备法定条件机构、人员的安全生产资质、资格予以批准认定的；

（三）对经责令整改仍不具备安全生产条件的生产经营单位，不撤销原行政许可、审批或者不依法查处的；

（四）违法委托单位或者个人行使有关安全生产的行政许可权或者审批权的；

（五）有其他违反规定实施安全生产行政许可或者审批行为的。

第六条　国家行政机关及其公务员有下列行为之一的，对有关责任人员，给予警告、记过或者记大过处分；情节较重的，给予降级或者撤职处分；情节严重的，给予开除处分：

（一）批准向合法的生产经营单位或者经营者超量提供剧毒品、火工品等危险物资，造成后果的；

（二）批准向非法或者不具备安全生产条件的生产经营单位或者经营者，提供剧毒品、火工品等危险物资或者其他生产经营条件的。

第七条 国家行政机关公务员利用职权或者职务上的影响,违反规定为个人和亲友牟取私利,有下列行为之一的,给予警告、记过或者记大过处分;情节较重的,给予降级或者撤职处分;情节严重的,给予开除处分:

(一)干预、插手安全生产装备、设备、设施采购或者招标投标等活动的;

(二)干预、插手安全生产行政许可、审批或者安全生产监督执法的;

(三)干预、插手安全生产中介活动的;

(四)有其他干预、插手生产经营活动危及安全生产行为的。

第八条 国家行政机关及其公务员有下列行为之一的,对有关责任人员,给予警告、记过或者记大过处分;情节较重的,给予降级或者撤职处分;情节严重的,给予开除处分:

(一)未按照有关规定对有关单位申报的新建、改建、扩建工程项目的安全设施,与主体工程同时设计、同时施工、同时投入生产和使用中组织审查验收的;

(二)发现存在重大安全隐患,未按规定采取措施,导致生产安全事故发生的;

(三)对发生的生产安全事故瞒报、谎报、拖延不报,或者组织、参与瞒报、谎报、拖延不报的;

(四)生产安全事故发生后,不及时组织抢救的;

(五)对生产安全事故的防范、报告、应急救援有其他失职、渎职行为的。

第九条 国家行政机关及其公务员有下列行为之一的,对有关责任人员,给予警告、记过或者记大过处分;情节较重的,给予降级或者撤职处分;情节严重的,给予开除处分:

(一)阻挠、干涉生产安全事故调查工作的;

(二)阻挠、干涉对事故责任人员进行责任追究的;

(三)不执行对事故责任人员的处理决定,或者擅自改变上级机关批复的对事故责任人员的处理意见的。

第十条 国家行政机关公务员有下列行为之一的,给予警告、记过或者记大过处分;情节较重的,给予降级或者撤职处分;情节严重的,给予开除处分:

(一)本人及其配偶、子女及其配偶违反规定在煤矿等企业投资入股或者在安全生产领域经商办企业的;

(二)违反规定从事安全生产中介活动或者其他营利活动的;

(三)在事故调查处理时,滥用职权、玩忽职守、徇私舞弊的;

(四)利用职务上的便利,索取他人财物,或者非法收受他人财物,在安全生产领域为他人谋取利益的。

对国家行政机关公务员本人违反规定投资入股煤矿的处分,法律、法规另有规定的,从其规定。

第十一条 国有企业及其工作人员有下列行为之一的,对有关责任人员,给予警告、记过或者记大过处分;情节较重的,给予降级、撤职或者留用察看处分;情节严重的,给予开除处分:

(一)未取得安全生产行政许可及相关证照或者不具备安全生产条件从事生产经营活动的;

(二)弄虚作假,骗取安全生产相关证照的;

(三)出借、出租、转让或者冒用安全生产相关证照的;

（四）未按照有关规定保证安全生产所必需的资金投入，导致产生重大安全隐患的；

（五）新建、改建、扩建工程项目的安全设施，不与主体工程同时设计、同时施工、同时投入生产和使用，或者未按规定审批、验收，擅自组织施工和生产的；

（六）被依法责令停产停业整顿、吊销证照、关闭的生产经营单位，继续从事生产经营活动的。

第十二条 国有企业及其工作人员有下列行为之一，导致生产安全事故发生的，对有关责任人员，给予警告、记过或者记大过处分；情节较重的，给予降级、撤职或者留用察看处分；情节严重的，给予开除处分：

（一）对存在的重大安全隐患，未采取有效措施的；

（二）违章指挥，强令工人违章冒险作业的；

（三）未按规定进行安全生产教育和培训并经考核合格，允许从业人员上岗，致使违章作业的；

（四）制造、销售、使用国家明令淘汰或者不符合国家标准的设施、设备、器材或者产品的；

（五）超能力、超强度、超定员组织生产经营，拒不执行有关部门整改指令的；

（六）拒绝执法人员进行现场检查或者在被检查时隐瞒事故隐患，不如实反映情况的；

（七）有其他不履行或者不正确履行安全生产管理职责的。

第十三条 国有企业及其工作人员有下列行为之一的，对有关责任人员，给予记过或者记大过处分；情节较重的，给予降级、撤职或者留用察看处分；情节严重的，给予开除处分：

（一）对发生的生产安全事故瞒报、谎报或者拖延不报的；

（二）组织或者参与破坏事故现场、出具伪证或者隐匿、转移、篡改、毁灭有关证据，阻挠事故调查处理的；

（三）生产安全事故发生后，不及时组织抢救或者擅离职守的。

生产安全事故发生后逃匿的，给予开除处分。

第十四条 国有企业及其工作人员不执行或者不正确执行对事故责任人员作出的处理决定，或者擅自改变上级机关批复的对事故责任人员的处理意见的，对有关责任人员，给予警告、记过或者记大过处分；情节较重的，给予降级、撤职或者留用察看处分；情节严重的，给予开除处分。

第十五条 国有企业负责人及其配偶、子女及其配偶违反规定在煤矿等企业投资入股或者在安全生产领域经商办企业的，对由国家行政机关任命的人员，给予警告、记过或者记大过处分；情节较重的，给予降级、撤职或者留用察看处分；情节严重的，给予开除处分。

第十六条 承担安全评价、培训、认证、资质验证、设计、检测、检验等工作的机构及其工作人员，出具虚假报告等与事实不符的文件、材料，造成安全生产隐患的，对有关责任人员，给予警告、记过或者记大过处分；情节较重的，给予降级、降职或者撤职处分；情节严重的，给予开除留用察看或者开除处分。

第十七条 法律、法规授权的具有管理公共事务职能的组织以及国家行政机关依法委托的组织及其工勤人员以外的工作人员有安全生产领域违法违纪行为，应当给予处分的，参照本规定执行。

企业、事业单位中除由国家行政机关任命的人员外，其他人员有安全生产领域违法违纪行为,应当给予处分的,由企业、事业单位参照本规定执行。

第十八条　有安全生产领域违法违纪行为,需要给予组织处理的,依照有关规定办理。

第十九条　有安全生产领域违法违纪行为,涉嫌犯罪的,移送司法机关依法处理。

第二十条　本规定由监察部和国家安全生产监督管理总局负责解释。

第二十一条　本规定自公布之日起施行。

6. 安全生产监管监察职责和行政执法责任追究的暂行规定

（2009 年 7 月 25 日　国家安全生产监督管理总局令第 24 号）

第一章　总　　则

第一条　为促进安全生产监督管理部门、煤矿安全监察机构及其行政执法人员依法履行职责，落实行政执法责任，保障公民、法人和其他组织合法权益，根据《公务员法》、《安全生产法》、《安全生产许可证条例》等法律法规和国务院有关规定，制定本规定。

第二条　县级以上人民政府安全生产监督管理部门、煤矿安全监察机构（以下统称安全监管监察部门）及其内设机构、行政执法人员履行安全生产监管监察职责和实施行政执法责任追究，适用本规定；法律、法规对行政执法责任追究或者党政领导干部问责另有规定的，依照其规定。

本规定所称行政执法责任追究，是指对作出违法、不当的安全监管监察行政执法行为（以下简称行政执法行为），或者未履行法定职责的安全监管监察部门及其内设机构、行政执法人员，实施行政责任追究（以下简称责任追究）。

第三条　责任追究应当遵循公正公平、有错必纠、责罚相当、惩教结合的原则，做到事实清楚、证据确凿、定性准确、处理适当、程序合法、手续完备。

第四条　责任追究实行回避制度。与违法、不当行政执法行为或者责任人有利害关系，或者有其他特殊关系，可能影响公正处理的人员，实施责任追究时应当回避。

安全监管监察部门负责人的回避由该部门负责人集体讨论决定，其他人员的回避由该部门负责人决定。

第二章　安全生产监管监察和行政执法职责

第五条　县级以上人民政府安全生产监督管理部门依法对本行政区域内安全生产工作实施综合监督管理，指导协调和监督检查本级人民政府有关部门依法履行安全生产监督管理职责；对本行政区域内没有其他行政主管部门负责安全生产监督管理的生产经营单位实施安全生产监督管理；对下级人民政府安全生产工作进行监督检查。

煤矿安全监察机构依法履行国家煤矿安全监察职责，实施煤矿安全监察行政执法，对煤矿安全进行重点监察、专项监察和定期监察，对地方人民政府依法履行煤矿安全生产监督管理职责的情况进行监督检查。

第六条　安全监管监察部门应当依照法律、法规、规章和本级人民政府、上级安全监管监察部门规定的安全监管监察职责，根据各自的监管监察权限、行政执法人员数量、监管监察的生产经营单位状况、技术装备和经费保障等实际情况，制定本部门年度安全监管或者煤矿安全监察执法工作计划。

安全监管执法工作计划应当报本级人民政府批准后实施，并报上一级安全监管部门备案；煤矿安全监察执法工作计划应当报上一级煤矿安全监察机构批准后实施。安全监管和煤矿安全监察执法工作计划因特殊情况需要作出重大调整或者变更的，应当及时报原批准单位批准，并按照批准后的计划执行。

安全监管和煤矿安全监察执法工作计划应当包括监管监察的对象、时间、次数、主要事项、方式和职责分工等内容。根据安全监管监察工作需要，安全监管监察部门可以按照安全监管和煤矿安全监察执法工作计划编制现场检查方案，对作业现场的安全生产实施监督检查。

第七条　安全监管监察部门应当按照各自权限，依照法律、法规、规章和国家标准或者行业标准规定的安全生产条件和程序，履行下列行政许可职责：

（一）矿山建设项目和用于生产、储存危险物品的建设项目安全设施的设计审查、竣工验收；

（二）矿山企业、危险化学品和烟花爆竹生产企业的安全生产许可；

（三）危险化学品经营许可；

（四）非药品类易制毒化学品生产、经营许可；

（五）烟花爆竹经营（批发、零售）许可；

（六）矿山、危险化学品、烟花爆竹生产经营单位主要负责人、安全生产管理人员的安全资格认定和特种作业人员（特种设备作业人员除外）操作资格认定；

（七）煤矿矿用产品安全标志认证机构资质的认可；

（八）矿山救护队资质认定；

（九）安全生产检测检验、安全评价机构资质的认可；

（十）安全培训机构资质的认可；

（十一）使用有毒物品作业场所职业卫生安全许可；

（十二）注册助理安全工程师资格、注册安全工程师执业资格的考试和注册；

（十三）法律、行政法规和国务院设定的其他行政许可。

行政许可申请人对其申请材料实质内容的真实性负责。安全监管监察部门对符合法定条件的申请，应当依法予以受理，并作出准予或者不予行政许可的决定。根据法定条件和程序，需要对申请材料的实质内容进行核实的，应当指派两名以上行政执法人员进行核查。

对未依法取得行政许可或者验收合格擅自从事有关活动的生产经营单位，安全监管监察部门发现或者接到举报后，属于本部门行政许可职责范围的，应当及时依法查处；属于其他部门行政许可职责范围的，应当及时移送相关部门。对已经依法取得本部门行政许可的生产经营单位，发现其不再具备安全生产条件的，安全监管监察部门应当依法暂扣或者吊销原行政许可证件。

第八条　安全监管监察部门应当按照年度安全监管和煤矿安全监察执法工作计划、现场检查方案，对生产经营单位是否具备有关法律、法规、规章和国家标准或者行业标准规定的安全生产条件进行监督检查，重点监督检查下列事项：

（一）依法取得有关安全生产行政许可的情况；

（二）作业场所职业危害防治的情况；

（三）建立和落实安全生产责任制、安全生产规章制度和操作规程、作业规程的情况；

（四）按照国家规定提取和使用安全生产费用、安全生产风险抵押金，以及其他安全生产投入的情况；

（五）依法设置安全生产管理机构和配备安全生产管理人员的情况；

（六）从业人员受到安全生产教育、培训，取得有关安全资格证书的情况；

（七）新建、改建、扩建工程项目的安全设施与主体工程同时设计、同时施工、同时投入生产和使用，以及按规定办理设计审查和竣工验收的情况；

（八）在有较大危险因素的生产经营场所和有关设施、设备上，设置安全警示标志的情况；

（九）对安全设备设施的维护、保养、定期检测的情况；

（十）重大危险源登记建档、定期检测、评估、监控和制定应急预案的情况；

（十一）教育和督促从业人员严格执行本单位的安全生产规章制度和安全操作规程，并向从业人员如实告知作业场所和工作岗位存在的危险因素、防范措施以及事故应急措施的情况；

（十二）为从业人员提供符合国家标准或者行业标准的劳动防护用品，并监督、教育从业人员按照使用规则正确佩戴和使用的情况；

（十三）在同一作业区域内进行生产经营活动，可能危及对方生产安全的，与对方签订安全生产管理协议，明确各自的安全生产管理职责和应当采取的安全措施，并指定专职安全生产管理人员进行安全检查与协调的情况；

（十四）对承包单位、承租单位的安全生产工作实行统一协调、管理的情况；

（十五）组织安全生产检查，及时排查治理生产安全事故隐患的情况；

（十六）制定、实施生产安全事故应急预案，以及有关应急预案备案的情况；

（十七）危险物品的生产、经营、储存单位以及矿山企业建立应急救援组织或者兼职救援队伍、签订应急救援协议，以及应急救援器材、设备的配备、维护、保养的情况；

（十八）按照规定报告生产安全事故的情况；

（十九）依法应当监督检查的其他情况。

第九条 安全监管监察部门在监督检查中，发现生产经营单位存在安全生产违法行为或者事故隐患的，应当依法采取下列现场处理措施：

（一）当场予以纠正；

（二）责令限期改正、责令限期达到要求；

（三）责令立即停止作业（施工）、责令立即停止使用、责令立即排除事故隐患；

（四）责令从危险区域撤出作业人员；

（五）责令暂时停产停业、停止建设、停止施工或者停止使用；

（六）依法应当采取的其他现场处理措施。

第十条 被责令限期改正、限期达到要求、暂时停产停业、停止建设、停止施工或者停止使用的生产经营单位提出复查申请或者整改、治理限期届满的，安全监管监察部门应当自收到申请或者限期届满之日起10日内进行复查，并填写复查意见书，由被复查单位和安全监管监察部门复查人员签名后存档。

煤矿安全监察机构依照有关规定将复查工作移交给县级以上地方人民政府负责煤矿安全生产监督管理的部门的，应当及时将相应的执法文书抄送该部门并备案。县级以上地方人民政府负责煤矿安全生产监督管理的部门应当自收到煤矿申请或者限期届满之日起10日内进行复查，并填写复查意见书，由被复查煤矿和复查人员签名后存档，并将复查意见书及时抄送移交复查的煤矿安全监察机构。

对逾期未整改、治理或者整改、治理不合格的生产经营单位，安全监管监察部门应当依法给予行政处罚，并依法提请县级以上地方人民政府按照规定的权限决定关闭。

第十一条　安全监管监察部门在监督检查中，发现生产经营单位存在安全生产非法、违法行为的，有权依法采取下列行政强制措施：

（一）对有根据认为不符合安全生产的国家标准或者行业标准的在用设施、设备、器材，予以查封或者扣押，并应当在作出查封、扣押决定之日起15日内依法作出处理决定；

（二）扣押相关的证据材料和违法物品，临时查封有关场所；

（三）法律、法规规定的其他行政强制措施。

实施查封、扣押的，应当当场下达查封、扣押决定书和被查封、扣押的财物清单。在交通不便地区，或者不及时查封、扣押可能影响案件查处，或者存在事故隐患可能造成生产安全事故的，可以先行实施查封、扣押，并在48小时内补办查封、扣押决定书，送达当事人。

第十二条　安全监管监察部门在监督检查中，发现生产经营单位存在的安全问题涉及有关地方人民政府或其有关部门的，应当及时向有关地方人民政府报告或其有关部门通报。

第十三条　安全监管监察部门应当严格依照法律、法规和规章规定的行政处罚的行为、种类、幅度和程序，按照各自的管辖权限，对监督检查中发现的生产经营单位及有关人员的安全生产非法、违法行为实施行政处罚。

对到期不缴纳罚款的，安全监管监察部门可以每日按罚款数额的百分之三加处罚款。

生产经营单位拒不执行安全监管监察部门行政处罚决定的，作出行政处罚决定的安全监管监察部门可以依法申请人民法院强制执行；拒不执行处罚决定可能导致生产安全事故的，应当及时向有关地方人民政府报告或其有关部门通报。

第十四条　安全监管监察部门对生产经营单位及其从业人员作出现场处理措施、行政强制措施和行政处罚决定等行政执法行为前，应当充分听取当事人的陈述、申辩，对其提出的事实、理由和证据，应当进行复核。当事人提出的事实、理由和证据成立的，应当予以采纳。

安全监管监察部门对生产经营单位及其从业人员作出现场处理措施、行政强制措施和行政处罚决定等行政执法行为时，应当依法制作有关法律文书，并按照规定送达当事人。

第十五条　安全监管监察部门应当依法履行下列生产安全事故报告和调查处理职责：

（一）建立值班制度，并向社会公布值班电话，受理事故报告和举报；

（二）按照法定的时限、内容和程序逐级上报和补报事故；

（三）接到事故报告后，按照规定派人立即赶赴事故现场，组织或者指导协调事故救援；

（四）按照规定组织或者参加事故调查处理；

（五）对事故发生单位落实事故防范和整改措施的情况进行监督检查；

（六）依法对事故责任单位和有关责任人员实施行政处罚；

（七）依法应当履行的其他职责。

第十六条 安全监管监察部门应当依法受理、调查和处理本部门法定职责范围内的举报事项,并形成书面材料。调查处理情况应当答复举报人,但举报人的姓名、名称、住址不清的除外。对不属于本部门职责范围的举报事项,应当依法予以登记,并告知举报人向有权机关提出。

第十七条 安全监管监察部门应当依法受理行政复议申请,审理行政复议案件,并作出处理或者决定。

第三章 责任追究的范围与承担责任的主体

第十八条 安全监管监察部门及其内设机构、行政执法人员履行本规定第二章规定的行政执法职责,有下列违法或者不当的情形之一,致使行政执法行为被撤销、变更、确认违法,或者被责令履行法定职责、承担行政赔偿责任的,应当实施责任追究:

(一)超越、滥用法定职权的;

(二)主要事实不清、证据不足的;

(三)适用依据错误的;

(四)行政裁量明显不当的;

(五)违反法定程序的;

(六)未按照年度安全监管或者煤矿安全监察执法工作计划、现场检查方案履行法定职责的;

(七)其他违法或者不当的情形。

前款所称的行政执法行为被撤销、变更、确认违法,或者被责令履行法定职责、承担行政赔偿责任,是指行政执法行为被人民法院生效的判决、裁定,或者行政复议机关等有权机关的决定予以撤销、变更、确认违法或者被责令履行法定职责、承担行政赔偿责任的情形。

第十九条 有下列情形之一的,安全监管监察部门及其内设机构、行政执法人员不承担责任:

(一)因生产经营单位、中介机构等行政管理相对人的行为,致使安全监管监察部门及其内设机构、行政执法人员无法作出正确行政执法行为的;

(二)因有关行政执法依据规定不一致,致使行政执法行为适用法律、法规和规章依据不当的;

(三)因不能预见、不能避免并不能克服的不可抗力致使行政执法行为违法、不当或者未履行法定职责的;

(四)违法、不当的行政执法行为情节轻微并及时纠正,没有造成不良后果或者不良后果被及时消除的;

(五)按照批准、备案的安全监管或者煤矿安全监察执法工作计划、现场检查方案和法律、法规、规章规定的方式、程序已经履行安全生产监管监察职责的;

(六)对发现的安全生产非法、违法行为和事故隐患已经依法查处,因生产经营单位及其从业人员拒不执行安全生产监管监察指令导致生产安全事故的;

(七)生产经营单位非法生产或者经责令停产停业整顿后仍不具备安全生产条件,安全监管监察部门已经依法提请县级以上地方人民政府决定取缔或者关闭的；

（八）对拒不执行行政处罚决定的生产经营单位，安全监管监察部门已经依法申请人民法院强制执行的；

（九）安全监管监察部门已经依法向县级以上地方人民政府提出加强和改善安全生产监督管理建议的；

（十）依法不承担责任的其他情形。

第二十条　承办人直接作出违法或者不当行政执法行为的，由承办人承担责任。

第二十一条　对安全监管监察部门应当经审核、批准作出的行政执法行为，分别按照下列情形区分并承担责任：

（一）承办人未经审核人、批准人审批擅自作出行政执法行为，或者不按审核、批准的内容实施，致使行政执法行为违法或者不当的，由承办人承担责任；

（二）承办人弄虚作假、徇私舞弊，或者承办人提出的意见错误，审核人、批准人没有发现或者发现后未予以纠正，致使行政执法行为违法或者不当的，由承办人承担主要责任，审核人、批准人承担次要责任；

（三）审核人改变或者不采纳承办人的正确意见，批准人批准该审核意见，致使行政执法行为违法或者不当的，由审核人承担主要责任，批准人承担次要责任；

（四）审核人未报请批准人批准而擅自作出决定，致使行政执法行为违法或者不当的，由审核人承担责任；

（五）审核人弄虚作假、徇私舞弊，致使批准人作出错误决定的，由审核人承担责任；

（六）批准人改变或者不采纳承办人、审核人的正确意见，致使行政执法行为违法或者不当的，由批准人承担责任；

（七）未经承办人拟办、审核人审核，批准人直接作出违法或者不当的行政执法行为的，由批准人承担责任。

第二十二条　因安全监管监察部门指派不具有行政执法资格的单位或者人员执法，致使行政执法行为违法或者不当的，由指派部门及其负责人承担责任。

第二十三条　因安全监管监察部门负责人集体研究决定，致使行政执法行为违法或者不当的，主要负责人应当承担主要责任，参与作出决定的其他负责人应当分别承担相应的责任。

安全监管监察部门负责人擅自改变集体决定，致使行政执法行为违法或者不当的，由该负责人承担全部责任。

第二十四条　两名以上行政执法人员共同作出违法或者不当行政执法行为的，由主办人员承担主要责任，其他人员承担次要责任；不能区分主要、次要责任人的，共同承担责任。

因安全监管监察部门内设机构单独决定，致使行政执法行为违法或者不当的，由该机构承担全部责任；因两个以上内设机构共同决定，致使行政执法行为违法或者不当的，由有关内设机构共同承担责任。

第二十五条　经安全监管监察部门内设机构会签作出的行政执法行为，分别按照下列情形区分并承担责任：

（一）主办机构提供的有关事实、证据不真实、不准确或者不完整，会签机构通过审查能够提出正确意见但没有提出，致使行政执法行为违法或者不当的，由主办机构承担主要责任，会签机构承担次要责任；

（二）主办机构没有采纳会签机构提出的正确意见，致使行政执法行为违法或者不当的，由主办机构承担责任。

第二十六条 因执行上级安全监管监察部门的指示、批复，致使行政执法行为违法或者不当的，由作出指示、批复的上级安全监管监察部门承担责任。

因请示、报告单位隐瞒事实或者未完整提供真实情况等原因，致使上级安全监管监察部门作出错误指示、批复的，由请示、报告单位承担责任。

第二十七条 下级安全监管监察部门认为上级的决定或者命令有错误的，可以向上级提出改正、撤销该决定或者命令的意见；上级不改变该决定或者命令，或者要求立即执行的，下级安全监管监察部门应当执行该决定或者命令，其不当或者违法责任由上级安全监管监察部门承担。

第二十八条 上级安全监管监察部门改变、撤销下级安全监管监察部门作出的行政执法行为，致使行政执法行为违法或者不当的，由上级安全监管监察部门及其有关内设机构、行政执法人员依照本章规定分别承担相应责任。

第二十九条 安全监管监察部门及其内设机构、行政执法人员不履行法定职责的，应当根据各自的职责分工，依照本章规定区分并承担责任。

第四章 责任追究的方式与适用

第三十条 对安全监管监察部门及其内设机构的责任追究包括下列方式：

（一）责令限期改正；

（二）通报批评；

（三）取消当年评优评先资格；

（四）法律、法规和规章规定的其他方式。

对行政执法人员的责任追究包括下列方式：

（一）批评教育；

（二）离岗培训；

（三）取消当年评优评先资格；

（四）暂扣行政执法证件；

（五）调离执法岗位；

（六）法律、法规和规章规定的其他方式。

本条第一款和第二款规定的责任追究方式，可以单独或者合并适用。

第三十一条 对安全监管监察部门及其内设机构、行政执法人员实施责任追究的时候，应当根据违法、不当行政执法行为的事实、性质、情节和对于社会的危害程度，依照本规定的有关条款决定。

第三十二条 违法或者不当行政执法行为的情节较轻、危害较小的，对安全监管监察部门责令限期改正，对行政执法人员予以批评教育或者离岗培训，并取消当年评优评先资格。

违法或者不当行政执法行为的情节较重、危害较大的，对安全监管监察部门责令限期改正，予以通报批评，并取消当年评优评先资格；对行政执法人员予以调离执法岗位或者暂扣行政执法证件，并取消当年评优评先资格。

第三十三条　安全监管监察部门及其内设机构在年度行政执法评议考核中被确定为不合格的，责令限期改正，并予以通报批评、取消当年评优评先资格。

行政执法人员在年度行政执法评议考核中被确定为不称职的，予以离岗培训、暂扣行政执法证件，并取消当年评优评先资格。

第三十四条　一年内被申请行政复议或者被提起行政诉讼的行政执法行为中，被撤销、变更、确认违法的比例占20%以上（含本数，下同）的，应当责令有关安全监管监察部门限期改正，并取消当年评优评先资格。

第三十五条　安全监管监察部门承担行政赔偿责任的，应当依照《国家赔偿法》第十四条的规定，责令有故意或者重大过失的行政执法人员承担全部或者部分行政赔偿费用。

第三十六条　对实施违法或者不当的行政执法行为，或者未履行法定职责的行政执法人员，依照《公务员法》、《行政机关公务员处分条例》等的规定应当给予行政处分或者辞退处理的，依照其规定。

第三十七条　行政执法人员的行政执法行为涉嫌犯罪的，移交司法机关处理。

第三十八条　有下列情形之一的，可以从轻或者减轻追究责任：

（一）违反本规定第十一条至第十四条所规定的职责，未造成严重后果的；

（二）主动采取措施，有效避免损失或者挽回影响的；

（三）积极配合责任追究，并且主动承担责任的；

（四）依法可以从轻的其他情形。

第三十九条　有下列情形之一的，应当从重追究责任：

（一）因违法、不当行政执法行为或者不履行法定职责，严重损害国家声誉，或者造成恶劣社会影响，或者致使公共财产、国家和人民利益遭受重大损失的；

（二）滥用职权、玩忽职守、徇私舞弊，致使行政执法行为违法、不当的；

（三）弄虚作假、隐瞒真相，干扰、阻碍责任追究的；

（四）对检举人、控告人、申诉人和实施责任追究的人员打击、报复、陷害的；

（五）一年内出现两次以上应当追究责任的情形的；

（六）依法应当从重追究责任的其他情形。

第五章　责任追究的机关与程序

第四十条　安全生产监督管理部门及其负责人的责任，按照干部管理权限，由其上级安全生产监督管理部门或者本级人民政府行政监察机关追究；所属内设机构和其他行政执法人员的责任，由所在安全生产监督管理部门追究。

煤矿安全监察机构及其负责人的责任，按照干部管理权限，由其上级煤矿安全监察机构追究；所属内设机构及其行政执法人员的责任，由所在煤矿安全监察机构追究。

第四十一条　安全监管监察部门进行责任追究，按照下列程序办理：

（一）负责法制工作的机构自行政执法行为被确认违法、不当之日起15日内，将有关当事人的情况书面通报本部门负责行政监察工作的机构；

（二）负责行政监察工作的机构自收到法制工作机构通报或者直接收到有关行政执法行为违法、不当的举报之日起60日内调查核实有关情况，提出责任追究的建议，报本部门领导班子集体讨论决定；

（三）负责人事工作的机构自责任追究决定作出之日起15日内落实决定事项。

法律、法规对责任追究的程序另有规定的，依照其规定。

第四十二条 安全监管监察部门实施责任追究应当制作《行政执法责任追究决定书》。《行政执法责任追究决定书》由负责行政监察工作的机构草拟，安全监管监察部门作出决定。

《行政执法责任追究决定书》应当写明责任追究的事实、依据、方式、批准机关、生效时间、当事人的申诉期限及受理机关等。离岗培训和暂扣行政执法证件的，还应当写明培训和暂扣的期限等。

第四十三条 安全监管监察部门作出责任追究决定前，负责行政监察工作的机构应当将追究责任的有关事实、理由和依据告知当事人，并听取其陈述和申辩。对其合理意见，应当予以采纳。

《行政执法责任追究决定书》应当送到当事人，以及当事人所在的单位和内设机构。责任追究决定作出后，作出决定的安全监管监察部门应当派人与当事人谈话，做好思想工作，督促其做好工作交接等后续工作。

当事人对责任追究决定不服的，可以依照《公务员法》等规定申请复核和提出申诉。申诉期间，不停止责任追究决定的执行。

第四十四条 对当事人的责任追究情况应当作为其考核、奖惩、任免的重要依据。安全监管监察部门负责人事工作的机构应当将责任追究的有关材料记入当事人个人档案。

第六章 附 则

第四十五条 本规定所称的安全生产非法行为，是指公民、法人或者其他组织未依法取得安全监管监察部门的行政许可，擅自从事生产经营活动的行为，或者该行政许可已经失效，继续从事生产经营活动的行为。

本规定所称的安全生产违法行为，是指公民、法人或者其他组织违反有关安全生产的法律、法规、规章、国家标准、行业标准的规定，从事生产经营活动的行为。

本规定所称的违法的行政执法行为，是指违反法律、法规、规章规定的职责、程序所作出的具体行政行为。

本规定所称的不当的行政执法行为，是指违反客观、适度、公平、公正、合理等适用法律的一般原则所作出的具体行政行为。

第四十六条 依法授权或者委托行使安全生产行政执法职责的单位及其行政执法人员的责任追究，参照本规定执行。

第四十七条 本规定自2009年10月1日起施行。省、自治区、直辖市人民代表大会及其常务委员会或者省、自治区、直辖市人民政府对地方安全生产监督管理部门及其内设机构、行政执法人员的责任追究另有规定的，依照其规定。

7. 安全生产培训管理办法

（2012 年 1 月 19 日　国家安全生产监督管理总局令第 44 号）

第一章　总　　则

第一条　为了加强安全生产培训管理，规范安全生产培训秩序，保证安全生产培训质量，促进安全生产培训工作健康发展，根据《中华人民共和国安全生产法》和有关法律、行政法规的规定，制定本办法。

第二条　安全培训机构、生产经营单位从事安全生产培训（以下简称安全培训）活动以及安全生产监督管理部门、煤矿安全监察机构、地方人民政府负责煤矿安全培训的部门对安全培训工作实施监督管理，适用本办法。

第三条　本办法所称安全培训是指以提高安全监管监察人员、生产经营单位从业人员和从事安全生产工作的相关人员的安全素质为目的的教育培训活动。

前款所称安全监管监察人员是指县级以上各级人民政府安全生产监督管理部门、各级煤矿安全监察机构从事安全监管监察、行政执法的安全生产监管人员和煤矿安全监察人员；生产经营单位从业人员是指生产经营单位主要负责人、安全生产管理人员、特种作业人员及其他从业人员；从事安全生产工作的相关人员是指从事安全教育培训工作的教师、危险化学品登记机构的登记人员和承担安全评价、咨询、检测、检验的人员及注册安全工程师、安全生产应急救援人员等。

第四条　安全培训工作实行统一规划、归口管理、分级实施、分类指导、教考分离的原则。

国家安全生产监督管理总局（以下简称国家安全监管总局）指导全国安全培训工作，依法对全国的安全培训工作实施监督管理。

国家煤矿安全监察局（以下简称国家煤矿安监局）指导全国煤矿安全培训工作，依法对全国煤矿安全培训工作实施监督管理。

国家安全生产应急救援指挥中心指导全国安全生产应急救援培训工作。

县级以上地方各级人民政府安全生产监督管理部门依法对本行政区域内的安全培训工作实施监督管理。

省、自治区、直辖市人民政府负责煤矿安全培训的部门、省级煤矿安全监察机构（以下统称省级煤矿安全培训监管机构）按照各自工作职责，依法对所辖区域煤矿安全培训工作实施监督管理。

第二章　安全培训机构

第五条　安全培训机构从事安全培训活动，必须取得相应的资质证书。资质证书分三个等级。

一级资质证书,由国家安全监管总局审批、颁发;二级、三级资质证书,由省、自治区、直辖市人民政府安全生产监督管理部门(以下简称省级安全生产监督管理部门)审批、颁发。设立煤矿安全监察机构的省、自治区、直辖市,由省级煤矿安全监察机构负责所辖区域内从事煤矿安全培训活动的培训机构二级、三级资质证书的审批、颁发。

第六条 取得一级资质证书的安全培训机构,可以承担省级以上安全生产监督管理部门、煤矿安全监察机构的安全生产监管人员、煤矿安全监察人员,中央企业的总公司、总厂或者集团公司的主要负责人和安全生产管理人员,以及安全培训机构教师的培训工作。

取得二级资质证书的安全培训机构,可以承担设区的市、县级人民政府安全生产监督管理部门(以下简称市级、县级安全生产监督管理部门)的安全生产监管人员,省属生产经营单位和中央企业的分公司、子公司及其所属单位主要负责人和安全生产管理人员,危险物品的生产、经营、储存单位和矿山企业的主要负责人,危险化学品登记机构的登记人员,承担安全评价、咨询、检测、检验工作的人员,以及注册安全工程师和三级安全培训机构教师的培训工作。

取得三级资质证书的安全培训机构,可以承担除中央企业、省属生产经营单位的主要负责人、安全生产管理人员以及危险物品的生产、经营、储存单位和矿山企业的主要负责人以外的生产经营单位从业人员的培训工作。

上一级安全培训机构可以承担下一级安全培训机构的培训工作。

安全培训机构具备本办法第十条规定条件的,可以承担相应作业类别特种作业人员的培训工作。

第七条 安全培训机构申请一级资质证书,应当具备下列条件:

(一)能够独立或者经授权承担法律责任,注册资金或者开办费500万元以上;

(二)有专职的管理人员;

(三)有健全的机构章程、管理制度、工作规则;

(四)有15名以上具有本科以上学历的专职或者兼职教师,其中至少有10名具有高级以上职称并且经国家安全监管总局考核合格的专职教师,专职教师中至少有5名取得注册安全工程师执业资格;

(五)有固定、独立和相对集中并且能够满足同期100人以上规模培训需要的教学及生活设施,其中专用教室使用面积150平方米以上;

(六)安全培训需要的其他条件。

第八条 安全培训机构申请二级资质证书,应当具备下列条件:

(一)能够独立或者经授权承担法律责任,注册资金或者开办费300万元以上;

(二)有专职的管理人员;

(三)有健全的机构章程、管理制度、工作规则;

(四)有10名以上具有本科以上学历的专职或者兼职教师,其中至少有6名具有中级以上职称并且经省级安全生产监督管理部门或者省级煤矿安全监察机构考核合格的专职教师,专职教师中至少有3名取得注册安全工程师执业资格;

(五)有固定、独立和相对集中并且能够满足同期80人以上规模培训需要的教学及生活设施,其中专用教室使用面积120平方米以上;

(六)安全培训需要的其他条件。

第九条　安全培训机构申请三级资质证书,应当具备下列条件:

(一)能够独立或者经授权承担法律责任,注册资金或者开办费100万元以上;

(二)有专职的管理人员;

(三)有健全的机构章程、管理制度、工作规则;

(四)有8名以上具有本科以上学历的专职或者兼职教师,其中至少有5名具有中级以上职称并且经省级安全生产监督管理部门或者省级煤矿安全监察机构考核合格的专职教师,专职教师中至少有2名取得注册安全工程师执业资格;

(五)有能够满足同期60人以上规模培训需要的教学及生活设施,其中专用教室使用面积100平方米以上;

(六)安全培训需要的其他条件。

第十条　安全培训机构申请承担特种作业人员安全技术培训的,除符合本办法第七、八、九条规定的条件外,还应当具备下列条件:

(一)每个作业类别不得少于2名专科以上学历、相应专业的专职教师,从事实际操作教学的教师应当有相应专业技师以上等级证书;

(二)具备相应作业类别的实际操作条件。

第十一条　申请一级资质证书,按照下列程序办理:

(一)具备资质条件的申请人将安全培训机构资质申请书、安全培训机构设置批准文件或者企事业单位法人登记证和本办法第七条规定的材料,报省级安全生产监督管理部门或者省级煤矿安全监察机构进行初审;

(二)省级安全生产监督管理部门或者省级煤矿安全监察机构自受理之日起20个工作日内完成初审工作,并将符合条件的申请材料报国家安全监管总局;

(三)国家安全监管总局自受理申请之日起20个工作日内完成审查工作。符合条件的,颁发相应的资质证书;不符合条件的,书面通知申请人并说明理由。

第十二条　申请二、三级资质证书,按照下列程序办理:

(一)具备资质条件的申请人将安全培训机构资质申请书、安全培训机构设置批准文件或者企事业单位法人登记证和本办法第八、九条规定的材料,报省级安全生产监督管理部门或者省级煤矿安全监察机构;

(二)省级安全生产监督管理部门或者省级煤矿安全监察机构应当自受理申请之日起20个工作日内完成审查工作。符合条件的,颁发相应的资质证书,并报国家安全监管总局备案;不符合条件的,书面通知申请人并说明理由。

第十三条　申请承担特种作业人员安全技术培训的,除按照本办法第十一、十二条的规定提交相关材料外,还应当提交符合第十条规定的材料。

申请人整改问题所需的时间,不计算在本办法第十一、十二条规定的时间内。

第十四条　安全培训机构的专职教师应当接受专门的培训,经考核合格后,方可上岗执教。专职教师应当每年接受不少于40学时的继续教育。

第十五条　安全培训机构资质证书不得出借、出租给其他机构或者个人。

安全培训机构资质证书的有效期为3年。安全培训机构资质证书有效期届满需要延期的,应当于安全培训机构资质证书有效期届满30日前向原颁发证书的机构办理延期手续。

第十六条 对安全培训机构的考核发证,不得收取费用。

第三章 安全培训

第十七条 安全培训应当按照规定的安全培训大纲进行。

安全监管监察人员,危险物品的生产、经营、储存单位与非煤矿山企业的主要负责人、安全生产管理人员和特种作业人员及从事安全生产工作的相关人员的安全培训大纲,由国家安全监管总局组织制定。

煤矿企业的主要负责人、安全生产管理人员和特种作业人员的培训大纲由国家煤矿安监局组织制定。

除危险物品的生产、经营、储存单位和矿山企业以外其他生产经营单位的主要负责人、安全生产管理人员及其他从业人员的安全培训大纲,由省级安全生产监督管理部门、省级煤矿安全培训监管机构组织制定。

第十八条 国家安全监管总局、省级安全生产监督管理部门定期组织优秀安全培训教材的评选。

安全培训机构应当优先使用优秀安全培训教材。

第十九条 国家安全监管总局负责省级以上安全生产监督管理部门的安全生产监管人员、各级煤矿安全监察机构的煤矿安全监察人员的培训工作;组织、指导和监督中央企业总公司、总厂或者集团公司的主要负责人和安全生产管理人员的培训工作。

省级安全生产监督管理部门负责市级、县级安全生产监督管理部门的安全生产监管人员的培训工作;组织、指导和监督省属生产经营单位、所辖区域内中央企业的分公司、子公司及其所属单位的主要负责人和安全生产管理人员的培训工作;组织、指导和监督特种作业人员的培训工作。

市级、县级安全生产监督管理部门组织、指导和监督本行政区域内除中央企业、省属生产经营单位以外的其他生产经营单位的主要负责人和安全生产管理人员的安全培训工作。

省级煤矿安全培训监管机构组织、指导和监督所辖区域内煤矿企业的主要负责人、安全生产管理人员和特种作业人员的培训工作。

危险化学品登记机构的登记人员和承担安全评价、咨询、检测、检验的人员及注册安全工程师、安全生产应急救援人员的安全培训按照有关法律、法规、规章的规定进行。

除主要负责人、安全生产管理人员、特种作业人员以外的生产经营单位的从业人员的安全培训,由生产经营单位负责。

第二十条 生产经营单位应当建立安全培训管理制度,保障从业人员安全培训所需经费,对从业人员进行与其所从事岗位相应的安全教育培训;从业人员调整工作岗位或者采用新工艺、新技术、新设备、新材料的,应当对其进行专门的安全教育和培训。未经安全教育和培训合格的从业人员,不得上岗作业。

从业人员安全培训情况,生产经营单位应当建档备查。

第二十一条 下列从业人员应当由取得相应资质的安全培训机构进行培训:

（一）依照有关法律、法规应当取得安全资格证的生产经营单位主要负责人；

（二）安全生产管理人员；

（三）特种作业人员；

（四）井工矿山企业的生产、技术、通风、机电、运输、地测、调度等职能部门的负责人。

前款规定以外的从业人员的安全培训，由生产经营单位组织培训，或者委托安全培训机构进行培训。

生产经营单位从业人员的培训内容和培训时间，应当符合《生产经营单位安全培训规定》和有关标准的规定。

第二十二条　中央企业的分公司、子公司及其所属单位和其他生产经营单位，发生造成人员死亡的生产安全事故的，其主要负责人和安全生产管理人员应当重新参加安全培训。

特种作业人员对造成人员死亡的生产安全事故负有直接责任的，应当按照《特种作业人员安全技术培训考核管理规定》重新参加安全培训。

第二十三条　国家鼓励生产经营单位实行师傅带徒弟制度。

矿山新招的井下作业人员和危险物品生产经营单位新招的危险工艺操作岗位人员，除按照规定进行安全培训外，还应当在有经验的职工带领下实习满 2 个月后，方可独立上岗作业。

第二十四条　国家鼓励生产经营单位招录职业院校毕业生。

职业院校毕业生从事与所学专业相关的作业，可以免予参加初次培训，实际操作培训除外。

第二十五条　安全培训机构应当建立安全培训工作制度和人员培训档案，落实安全培训计划。安全培训相关情况，应当记录备查。

第二十六条　安全培训机构从事安全培训工作的收费，应当符合法律、法规的规定。法律、法规没有规定的，应当按照行业自律标准或者指导性标准收费。

第二十七条　国家鼓励安全培训机构和生产经营单位利用现代信息技术开展安全培训，包括远程培训。

第四章　安全培训的考核

第二十八条　安全监管监察人员、从事安全生产工作的相关人员、依照有关法律法规应当取得安全资格证的生产经营单位主要负责人和安全生产管理人员、特种作业人员的安全培训的考核，应当坚持教考分离、统一标准、统一题库、分级负责的原则，分步推行有远程视频监视的计算机考试。

第二十九条　安全监管监察人员，危险物品的生产、经营、储存单位及非煤矿山企业主要负责人、安全生产管理人员和特种作业人员，以及从事安全生产工作的相关人员的考核标准，由国家安全监管总局统一制定。

煤矿企业的主要负责人、安全生产管理人员和特种作业人员的考核标准，由国家煤矿安监局制定。

除危险物品的生产、经营、储存单位和矿山企业以外其他生产经营单位主要负责人、安全生产管理人员及其他从业人员的考核标准，由省级安全生产监督管理部门制定。

第三十条 国家安全监管总局负责省级以上安全生产监督管理部门的安全生产监管人员、各级煤矿安全监察机构的煤矿安全监察人员的考核；负责中央企业的总公司、总厂或者集团公司的主要负责人和安全生产管理人员的考核。

省级安全生产监督管理部门负责市级、县级安全生产监督管理部门的安全生产监管人员的考核；负责省属生产经营单位和中央企业分公司、子公司及其所属单位的主要负责人和安全生产管理人员的考核；负责特种作业人员的考核。

市级安全生产监督管理部门负责本行政区域内除中央企业、省属生产经营单位以外的其他生产经营单位的主要负责人和安全生产管理人员的考核。

省级煤矿安全培训监管机构负责所辖区域内煤矿企业的主要负责人、安全生产管理人员和特种作业人员的考核。

除主要负责人、安全生产管理人员、特种作业人员以外的生产经营单位的其他从业人员的考核，由生产经营单位按照省级安全生产监督管理部门公布的考核标准，自行组织考核。

第三十一条 安全生产监督管理部门、煤矿安全培训监管机构和生产经营单位应当制定安全培训的考核制度，建立考核管理档案备查。

第五章 安全培训的发证

第三十二条 接受安全培训人员经考核合格的，由考核部门在考核结束后10个工作日内颁发相应的证书。

第三十三条 安全生产监管人员经考核合格后，颁发安全生产监管执法证；煤矿安全监察人员经考核合格后，颁发煤矿安全监察执法证；危险物品的生产、经营、储存单位和矿山企业主要负责人、安全生产管理人员经考核合格后，颁发安全资格证；特种作业人员经考核合格后，颁发《中华人民共和国特种作业操作证》（以下简称特种作业操作证）；危险化学品登记机构的登记人员经考核合格后，颁发上岗证；其他人员经培训合格后，颁发培训合格证。

第三十四条 安全生产监管执法证、煤矿安全监察执法证、安全资格证、特种作业操作证和上岗证的式样，由国家安全监管总局统一规定。培训合格证的式样，由负责培训考核的部门规定。

第三十五条 安全生产监管执法证、煤矿安全监察执法证、安全资格证的有效期为3年。有效期届满需要延期的，应当于有效期届满30日前向原发证部门申请办理延期手续。

特种作业人员的考核发证按照《特种作业人员安全技术培训考核管理规定》执行。

第三十六条 特种作业操作证和省级安全生产监督管理部门、省级煤矿安全培训监管机构颁发的主要负责人、安全生产管理人员的安全资格证，在全国范围内有效。

第三十七条 承担安全评价、咨询、检测、检验的人员和安全生产应急救援人员的考核、发证，按照有关法律、法规、规章的规定执行。

第六章 监督管理

第三十八条 安全生产监督管理部门、煤矿安全培训监管机构应当依照法律、法规和本办法的规定，加强对安全培训工作的监督管理，对生产经营单位、安全培训机构违反有关法律、法规和本办法的行为，依法作出处理。

省级安全生产监督管理部门、省级煤矿安全培训监管机构应当定期统计分析本行政区域内安全培训、考核、发证情况，并报国家安全监管总局。

第三十九条　安全生产监督管理部门、煤矿安全监察机构及其工作人员应当坚持公开、公平、公正的原则，严格按照法律、法规和本办法的规定审查、颁发安全培训机构的资质证书。对已经取得资质证书的安全培训机构，安全生产监督管理部门、煤矿安全监察机构应当每年进行一次评估检查。安全生产监督管理部门、煤矿安全监察机构应当定期向社会公布已经取得资质证书的安全培训机构名单，接受社会监督。

对安全培训机构的年度评估检查，应当征求生产经营单位和参加培训人员对培训质量的意见。

第四十条　安全生产监督管理部门和煤矿安全培训监管机构应当对安全培训机构开展安全培训活动的情况进行监督检查，检查内容包括：

（一）按照资质许可范围开展培训的情况；

（二）建立培训管理制度和专兼职教师配备的情况；

（三）执行培训大纲、建立培训档案和培训保障的情况；

（四）培训收费的情况；

（五）法律法规规定的其他内容。

第四十一条　安全生产监督管理部门、煤矿安全培训监管机构应当对生产经营单位的安全培训情况进行监督检查，检查内容包括：

（一）安全培训制度、年度培训计划、安全培训管理档案的制定和实施的情况；

（二）安全培训经费投入和使用的情况；

（三）主要负责人、安全生产管理人员和特种作业人员安全培训和持证上岗的情况；

（四）应用新工艺、新技术、新材料、新设备以及转岗前对从业人员安全培训的情况；

（五）其他从业人员安全培训的情况；

（六）法律法规规定的其他内容。

第四十二条　任何单位或者个人对生产经营单位、安全培训机构违反有关法律、法规和本办法的行为，均有权向安全生产监督管理部门、煤矿安全监察机构、煤矿安全培训监管机构报告或者举报。

接到举报的部门或者机构应当为举报人保密，并按照有关规定对举报进行核查和处理。

第四十三条　监察机关依照《中华人民共和国行政监察法》等法律、行政法规的规定，对安全生产监督管理部门、煤矿安全监察机构、煤矿安全培训监管机构及其工作人员履行安全培训工作监督管理职责情况实施监察。

第七章　法律责任

第四十四条　安全生产监督管理部门、煤矿安全监察机构、煤矿安全培训监管机构的工作人员在安全培训监督管理工作中滥用职权、玩忽职守、徇私舞弊的，依照有关规定给予处分；构成犯罪的，依法追究刑事责任。

第四十五条 安全培训机构有下列情形之一的，责令限期改正，处1万元以下的罚款；逾期未改正的，给予警告，处1万元以上3万元以下的罚款；情节严重的，撤销其资质证书，并处3万元以下的罚款：

（一）未按照资质许可的范围开展培训的；

（二）未按照统一的培训大纲组织教学培训的；

（三）专职教师未经考核，或者考核不合格而从事安全培训工作的；

（四）未建立培训档案或者培训档案管理不规范的；

（五）将安全培训资质证书出借、出租给其他机构或者个人的。

安全培训机构采取不正当竞争手段，故意贬低、诋毁其他安全培训机构的，依照前款规定处罚。

第四十六条 安全培训机构评估检查不合格继续从事安全培训活动的，责令改正，处1万元以下的罚款；逾期不改正的，处1万元以上3万元以下的罚款；情节严重的，撤销其资质证书。

安全培训机构未按照有关规定进行安全培训，生产经营单位和参加安全培训的人员对其培训质量意见较大的，给予警告，处3万元以下的罚款；情节严重的，撤销其资质证书。

第四十七条 安全培训机构隐瞒有关情况或者提供虚假材料申请安全培训机构资质的，不予受理或者不予颁发安全培训机构资质证书，并自发现之日起1年内不得再次申请安全培训机构资质。

第四十八条 安全培训机构以欺骗、贿赂等不正当手段取得安全培训机构资质证书的，除撤销安全培训机构资质证书外，处1万元以上3万元以下的罚款，并自撤销其安全培训机构资质证书之日起3年内不得再次申请安全培训机构资质。

第四十九条 生产经营单位主要负责人、安全生产管理人员、特种作业人员以欺骗、贿赂等不正当手段取得安全资格证或者特种作业操作证的，除撤销其相关资格证外，处3千元以下的罚款，并自撤销其相关资格证之日起3年内不得再次申请该资格证。

第五十条 生产经营单位有下列情形之一的，责令改正，处3万元以下的罚款：

（一）相关人员未按照本办法第二十一条第一款规定由相应资质安全培训机构培训的；

（二）从业人员安全培训的时间少于《生产经营单位安全培训规定》或者有关标准规定的；

（三）矿山新招的井下作业人员和危险物品生产经营单位新招的危险工艺操作岗位人员，未经实习期满独立上岗作业的；

（四）相关人员未按照本办法第二十二条规定重新参加安全培训的。

第五十一条 生产经营单位存在违反有关法律、法规中安全生产教育培训的其他行为的，依照相关法律、法规的规定予以处罚。

第八章 附 则

第五十二条 本办法自2012年3月1日起施行。2004年12月28日公布的《安全生产培训管理办法》（原国家安全生产监督管理局〈国家煤矿安全监察局〉令第20号）同时废止。

8. 企业安全生产费用提取和使用管理办法

（2012 年 2 月 14 日　财政部、国家安全生产监督管理总局　财企〔2012〕16 号）

第一章　总　　则

第一条　为了建立企业安全生产投入长效机制，加强安全生产费用管理，保障企业安全生产资金投入，维护企业、职工以及社会公共利益，依据《中华人民共和国安全生产法》等有关法律法规和《国务院关于加强安全生产工作的决定》（国发〔2004〕2 号）和《国务院关于进一步加强企业安全生产工作的通知》（国发〔2010〕23 号），制定本办法。

第二条　在中华人民共和国境内直接从事煤炭生产、非煤矿山开采、建设工程施工、危险品生产与储存、交通运输、烟花爆竹生产、冶金、机械制造、武器装备研制生产与试验（含民用航空及核燃料）的企业以及其他经济组织（以下简称企业）适用本办法。

第三条　本办法所称安全生产费用（以下简称安全费用）是指企业按照规定标准提取在成本中列支，专门用于完善和改进企业或者项目安全生产条件的资金。

安全费用按照“企业提取、政府监管、确保需要、规范使用”的原则进行管理。

第四条　本办法下列用语的含义是：

煤炭生产是指煤炭资源开采作业有关活动。

非煤矿山开采是指石油和天然气、煤层气（地面开采）、金属矿、非金属矿及其他矿产资源的勘探作业和生产、选矿、闭坑及尾矿库运行、闭库等有关活动。

建设工程是指土木工程、建筑工程、井巷工程、线路管道和设备安装及装修工程的新建、扩建、改建以及矿山建设。

危险品是指列入国家标准《危险货物品名表》（GB 12268）和《危险化学品目录》的物品。

烟花爆竹是指烟花爆竹制品和用于生产烟花爆竹的民用黑火药、烟火药、引火线等物品。

交通运输包括道路运输、水路运输、铁路运输、管道运输。道路运输是指以机动车为交通工具的旅客和货物运输；水路运输是指以运输船舶为工具的旅客和货物运输及港口装卸、堆存；铁路运输是指以火车为工具的旅客和货物运输（包括高铁和城际铁路）；管道运输是指以管道为工具的液体和气体物资运输。

冶金是指金属矿物的冶炼以及压延加工有关活动，包括：黑色金属、有色金属、黄金等的冶炼生产和加工处理活动，以及炭素、耐火材料等与主工艺流程配套的辅助工艺环节的生产。

机械制造是指各种动力机械、冶金矿山机械、运输机械、农业机械、工具、仪器、仪表、特种设备、大中型船舶、石油炼化装备及其他机械设备的制造活动。

武器装备研制生产与试验，包括武器装备和弹药的科研、生产、试验、储运、销毁、维修保障等。

第二章　安全费用的提取标准

第五条　煤炭生产企业依据开采的原煤产量按月提取。各类煤矿原煤单位产量安全费用提取标准如下：

（一）煤（岩）与瓦斯（二氧化碳）突出矿井、高瓦斯矿井吨煤30元；

（二）其他井工矿吨煤15元；

（三）露天矿吨煤5元。

矿井瓦斯等级划分按现行《煤矿安全规程》和《矿井瓦斯等级鉴定规范》的规定执行。

第六条　非煤矿山开采企业依据开采的原矿产量按月提取。各类矿山原矿单位产量安全费用提取标准如下：

（一）石油，每吨原油17元；

（二）天然气、煤层气（地面开采），每千立方米原气5元；

（三）金属矿山，其中露天矿山每吨5元，地下矿山每吨10元；

（四）核工业矿山，每吨25元；

（五）非金属矿山，其中露天矿山每吨2元，地下矿山每吨4元；

（六）小型露天采石场，即年采剥总量50万吨以下，且最大开采高度不超过50米，产品用于建筑、铺路的山坡型露天采石场，每吨1元；

（七）尾矿库按入库尾矿量计算，三等及三等以上尾矿库每吨1元，四等及五等尾矿库每吨1.5元。

本办法下发之日以前已经实施闭库的尾矿库，按照已堆存尾砂的有效库容大小提取，库容100万立方米以下的，每年提取5万元；超过100万立方米的，每增加100万立方米增加3万元，但每年提取额最高不超过30万元。

原矿产量不含金属、非金属矿山尾矿库和废石场中用于综合利用的尾砂和低品位矿石。

地质勘探单位安全费用按地质勘查项目或者工程总费用的2%提取。

第七条　建设工程施工企业以建筑安装工程造价为计提依据。各建设工程类别安全费用提取标准如下：

（一）矿山工程为2.5%；

（二）房屋建筑工程、水利水电工程、电力工程、铁路工程、城市轨道交通工程为2.0%；

（三）市政公用工程、冶炼工程、机电安装工程、化工石油工程、港口与航道工程、公路工程、通信工程为1.5%。

建设工程施工企业提取的安全费用列入工程造价，在竞标时，不得删减，列入标外管理。国家对基本建设投资概算另有规定的，从其规定。

总包单位应当将安全费用按比例直接支付分包单位并监督使用，分包单位不再重复提取。

第八条　危险品生产与储存企业以上年度实际营业收入为计提依据，采取超额累退方式按照以下标准平均逐月提取：

（一）营业收入不超过1 000万元的，按照4%提取；

（二）营业收入超过1 000万元至1亿元的部分，按照2%提取；

（三）营业收入超过1亿元至10亿元的部分，按照0.5%提取；

（四）营业收入超过10亿元的部分，按照0.2%提取。

第九条　交通运输企业以上年度实际营业收入为计提依据，按照以下标准平均逐月提取：

（一）普通货运业务按照1%提取；

（二）客运业务、管道运输、危险品等特殊货运业务按照1.5%提取。

第十条　冶金企业以上年度实际营业收入为计提依据，采取超额累退方式按照以下标准平均逐月提取：

（一）营业收入不超过1 000万元的，按照3%提取；

（二）营业收入超过1 000万元至1亿元的部分，按照1.5%提取；

（三）营业收入超过1亿元至10亿元的部分，按照0.5%提取；

（四）营业收入超过10亿元至50亿元的部分，按照0.2%提取；

（五）营业收入超过50亿元至100亿元的部分，按照0.1%提取；

（六）营业收入超过100亿元的部分，按照0.05%提取。

第十一条　机械制造企业以上年度实际营业收入为计提依据，采取超额累退方式按照以下标准平均逐月提取：

（一）营业收入不超过1 000万元的，按照2%提取；

（二）营业收入超过1 000万元至1亿元的部分，按照1%提取；

（三）营业收入超过1亿元至10亿元的部分，按照0.2%提取；

（四）营业收入超过10亿元至50亿元的部分，按照0.1%提取；

（五）营业收入超过50亿元的部分，按照0.05%提取。

第十二条　烟花爆竹生产企业以上年度实际营业收入为计提依据，采取超额累退方式按照以下标准平均逐月提取：

（一）营业收入不超过200万元的，按照3.5%提取；

（二）营业收入超过200万元至500万元的部分，按照3%提取；

（三）营业收入超过500万元至1 000万元的部分，按照2.5%提取；

（四）营业收入超过1 000万元的部分，按照2%提取。

第十三条　武器装备研制生产与试验企业以上年度军品实际营业收入为计提依据，采取超额累退方式按照以下标准平均逐月提取：

（一）火炸药及其制品研制、生产与试验企业（包括：含能材料，炸药、火药、推进剂，发动机，弹箭，引信、火工品等）：

1. 营业收入不超过1 000万元的，按照5%提取；

2. 营业收入超过1 000万元至1亿元的部分，按照3%提取；

3. 营业收入超过1亿元至10亿元的部分，按照1%提取；

4. 营业收入超过10亿元的部分，按照0.5%提取。

（二）核装备及核燃料研制、生产与试验企业：

1. 营业收入不超过1 000万元的，按照3%提取；

2. 营业收入超过1 000万元至1亿元的部分，按照2%提取；

3. 营业收入超过1亿元至10亿元的部分，按照0.5%提取；

4. 营业收入超过 10 亿元的部分，按照 0.2% 提取。

5. 核工程按照 3% 提取(以工程造价为计提依据，在竞标时，列为标外管理)。

(三)军用舰船(含修理)研制、生产与试验企业：

1. 营业收入不超过 1 000 万元的，按照 2.5% 提取；

2. 营业收入超过 1 000 万元至 1 亿元的部分，按照 1.75% 提取；

3. 营业收入超过 1 亿元至 10 亿元的部分，按照 0.8% 提取；

4. 营业收入超过 10 亿元的部分，按照 0.4% 提取。

(四)飞船、卫星、军用飞机、坦克车辆、火炮、轻武器、大型天线等产品的总体、部分和元器件研制、生产与试验企业：

1. 营业收入不超过 1 000 万元的，按照 2% 提取；

2. 营业收入超过 1 000 万元至 1 亿元的部分，按照 1.5% 提取；

3. 营业收入超过 1 亿元至 10 亿元的部分，按照 0.5% 提取；

4. 营业收入超过 10 亿元至 100 亿元的部分，按照 0.2% 提取；

5. 营业收入超过 100 亿元的部分，按照 0.1% 提取。

(五)其他军用危险品研制、生产与试验企业：

1. 营业收入不超过 1 000 万元的，按照 4% 提取；

2. 营业收入超过 1 000 万元至 1 亿元的部分，按照 2% 提取；

3. 营业收入超过 1 亿元至 10 亿元的部分，按照 0.5% 提取；

4. 营业收入超过 10 亿元的部分，按照 0.2% 提取。

第十四条 中小微型企业和大型企业上年末安全费用结余分别达到本企业上年度营业收入的 5% 和 1.5% 时，经当地县级以上安全生产监督管理部门、煤矿安全监察机构商财政部门同意，企业本年度可以缓提或者少提安全费用。

企业规模划分标准按照工业和信息化部、国家统计局、国家发展和改革委员会、财政部《关于印发中小企业划型标准规定的通知》(工信部联企业〔2011〕300 号)规定执行。

第十五条 企业在上述标准的基础上，根据安全生产实际需要，可适当提高安全费用提取标准。

本办法公布前，各省级政府已制定下发企业安全费用提取使用办法的，其提取标准如果低于本办法规定的标准，应当按照本办法进行调整；如果高于本办法规定的标准，按照原标准执行。

第十六条 新建企业和投产不足一年的企业以当年实际营业收入为提取依据，按月计提安全费用。

混业经营企业，如能按业务类别分别核算的，则以各业务营业收入为计提依据，按上述标准分别提取安全费用；如不能分别核算的，则以全部业务收入为计提依据，按主营业务计提标准提取安全费用。

第三章 安全费用的使用

第十七条 煤炭生产企业安全费用应当按照以下范围使用：

（一）煤与瓦斯突出及高瓦斯矿井落实“两个四位一体”综合防突措施支出，包括瓦斯区域预抽、保护层开采区域防突措施、开展突出区域和局部预测、实施局部补充防突措施、更新改造防突设备和设施、建立突出防治实验室等支出；

（二）煤矿安全生产改造和重大隐患治理支出，包括“一通三防”（通风，防瓦斯、防煤尘、防灭火）、防治水、供电、运输等系统设备改造和灾害治理工程，实施煤矿机械化改造，实施矿压（冲击地压）、热害、露天矿边坡治理、采空区治理等支出；

（三）完善煤矿井下监测监控、人员定位、紧急避险、压风自救、供水施救和通信联络安全避险“六大系统”支出，应急救援技术装备、设施配置和维护保养支出，事故逃生和紧急避难设施设备的配置和应急演练支出；

（四）开展重大危险源和事故隐患评估、监控和整改支出；

（五）安全生产检查、评价（不包括新建、改建、扩建项目安全评价）、咨询、标准化建设支出；

（六）配备和更新现场作业人员安全防护用品支出；

（七）安全生产宣传、教育、培训支出；

（八）安全生产适用新技术、新标准、新工艺、新装备的推广应用支出；

（九）安全设施及特种设备检测检验支出；

（十）其他与安全生产直接相关的支出。

第十八条　非煤矿山开采企业安全费用应当按照以下范围使用：

（一）完善、改造和维护安全防护设施设备（不含“三同时”要求初期投入的安全设施）和重大安全隐患治理支出，包括矿山综合防尘、防灭火、防治水、危险气体监测、通风系统、支护及防治边帮滑坡设备、机电设备、供配电系统、运输（提升）系统和尾矿库等完善、改造和维护支出以及实施地压监测监控、露天矿边坡治理、采空区治理等支出；

（二）完善非煤矿山监测监控、人员定位、紧急避险、压风自救、供水施救和通信联络等安全避险“六大系统”支出，完善尾矿库全过程在线监控系统和海上石油开采出海人员动态跟踪系统支出，应急救援技术装备、设施配置及维护保养支出，事故逃生和紧急避难设施设备的配置和应急演练支出；

（三）开展重大危险源和事故隐患评估、监控和整改支出；

（四）安全生产检查、评价（不包括新建、改建、扩建项目安全评价）、咨询、标准化建设支出；

（五）配备和更新现场作业人员安全防护用品支出；

（六）安全生产宣传、教育、培训支出；

（七）安全生产适用的新技术、新标准、新工艺、新装备的推广应用支出；

（八）安全设施及特种设备检测检验支出；

（九）尾矿库闭库及闭库后维护费用支出；

（十）地质勘探单位野外应急食品、应急器械、应急药品支出；

（十一）其他与安全生产直接相关的支出。

第十九条　建设工程施工企业安全费用应当按照以下范围使用：

（一）完善、改造和维护安全防护设施设备支出（不含“三同时”要求初期投入的安全设施），包括施工现场临时用电系统、洞口、临边、机械设备、高处作业防护、交叉作业防护、防火、防爆、防尘、防毒、防雷、防台风、防地质灾害、地下工程有害气体监测、通风、临时安全防护等设施设备支出；

（二）配备、维护、保养应急救援器材、设备支出和应急演练支出；

（三）开展重大危险源和事故隐患评估、监控和整改支出；

（四）安全生产检查、评价（不包括新建、改建、扩建项目安全评价）、咨询和标准化建设支出；

（五）配备和更新现场作业人员安全防护用品支出；

（六）安全生产宣传、教育、培训支出；

（七）安全生产适用的新技术、新标准、新工艺、新装备的推广应用支出；

（八）安全设施及特种设备检测检验支出；

（九）其他与安全生产直接相关的支出。

第二十条 危险品生产与储存企业安全费用应当按照以下范围使用：

（一）完善、改造和维护安全防护设施设备支出（不含“三同时”要求初期投入的安全设施），包括车间、库房、罐区等作业场所的监控、监测、通风、防晒、调温、防火、灭火、防爆、泄压、防毒、消毒、中和、防潮、防雷、防静电、防腐、防渗漏、防护围堤或者隔离操作等设施设备支出；

（二）配备、维护、保养应急救援器材、设备支出和应急演练支出；

（三）开展重大危险源和事故隐患评估、监控和整改支出；

（四）安全生产检查、评价（不包括新建、改建、扩建项目安全评价）、咨询和标准化建设支出；

（五）配备和更新现场作业人员安全防护用品支出；

（六）安全生产宣传、教育、培训支出；

（七）安全生产适用的新技术、新标准、新工艺、新装备的推广应用支出；

（八）安全设施及特种设备检测检验支出；

（九）其他与安全生产直接相关的支出。

第二十一条 交通运输企业安全费用应当按照以下范围使用：

（一）完善、改造和维护安全防护设施设备支出（不含“三同时”要求初期投入的安全设施），包括道路、水路、铁路、管道运输设施设备和装卸工具安全状况检测及维护系统、运输设施设备和装卸工具附属安全设备等支出；

（二）购置、安装和使用具有行驶记录功能的车辆卫星定位装置、船舶通信导航定位和自动识别系统、电子海图等支出；

（三）配备、维护、保养应急救援器材、设备支出和应急演练支出；

（四）开展重大危险源和事故隐患评估、监控和整改支出；

（五）安全生产检查、评价（不包括新建、改建、扩建项目安全评价）、咨询和标准化建设支出；

（六）配备和更新现场作业人员安全防护用品支出；

（七）安全生产宣传、教育、培训支出；

（八）安全生产适用的新技术、新标准、新工艺、新装备的推广应用支出；

（九）安全设施及特种设备检测检验支出；

（十）其他与安全生产直接相关的支出。

第二十二条 冶金企业安全费用应当按照以下范围使用：

（一）完善、改造和维护安全防护设施设备支出（不含“三同时”要求初期投入的安全设施），包括车间、站、库房等作业场所的监控、监测、防火、防爆、防坠落、防尘、防毒、防噪声与振动、防辐射和隔离操作等设施设备支出；

（二）配备、维护、保养应急救援器材、设备支出和应急演练支出；

（三）开展重大危险源和事故隐患评估、监控和整改支出；

（四）安全生产检查、评价（不包括新建、改建、扩建项目安全评价）和咨询及标准化建设支出；

（五）安全生产宣传、教育、培训支出；

（六）配备和更新现场作业人员安全防护用品支出；

（七）安全生产适用的新技术、新标准、新工艺、新装备的推广应用支出；

（八）安全设施及特种设备检测检验支出；

（九）其他与安全生产直接相关的支出。

第二十三条 机械制造企业安全费用应当按照以下范围使用：

（一）完善、改造和维护安全防护设施设备支出（不含“三同时”要求初期投入的安全设施），包括生产作业场所的防火、防爆、防坠落、防毒、防静电、防腐、防尘、防噪声与振动、防辐射或者隔离操作等设施设备支出，大型起重机械安装安全监控管理系统支出；

（二）配备、维护、保养应急救援器材、设备支出和应急演练支出；

（三）开展重大危险源和事故隐患评估、监控和整改支出；

（四）安全生产检查、评价（不包括新建、改建、扩建项目安全评价）、咨询和标准化建设支出；

（五）安全生产宣传、教育、培训支出；

（六）配备和更新现场作业人员安全防护用品支出；

（七）安全生产适用的新技术、新标准、新工艺、新装备的推广应用；

（八）安全设施及特种设备检测检验支出；

（九）其他与安全生产直接相关的支出。

第二十四条 烟花爆竹生产企业安全费用应当按照以下范围使用：

（一）完善、改造和维护安全设备设施支出（不含“三同时”要求初期投入的安全设施）；

（二）配备、维护、保养防爆机械电器设备支出；

（三）配备、维护、保养应急救援器材、设备支出和应急演练支出；

（四）开展重大危险源和事故隐患评估、监控和整改支出；

（五）安全生产检查、评价（不包括新建、改建、扩建项目安全评价）、咨询和标准化建设支出；

（六）安全生产宣传、教育、培训支出；

（七）配备和更新现场作业人员安全防护用品支出；

（八）安全生产适用新技术、新标准、新工艺、新装备的推广应用支出；

（九）安全设施及特种设备检测检验支出；

（十）其他与安全生产直接相关的支出。

第二十五条 武器装备研制生产与试验企业安全费用应当按照以下范围使用：

（一）完善、改造和维护安全防护设施设备支出（不含“三同时”要求初期投入的安全设施），包括研究室、车间、库房、储罐区、外场试验区等作业场所的监控、监测、防触电、防坠落、防爆、泄压、防火、灭火、通风、防晒、调温、防毒、防雷、防静电、防腐、防尘、防噪声与振动、防辐射、防护围堤或者隔离操作等设施设备支出；

（二）配备、维护、保养应急救援、应急处置、特种个人防护器材、设备、设施支出和应急演练支出；

（三）开展重大危险源和事故隐患评估、监控和整改支出；

（四）高新技术和特种专用设备安全鉴定评估、安全性能检验检测及操作人员上岗培训支出；

（五）安全生产检查、评价（不包括新建、改建、扩建项目安全评价）、咨询和标准化建设支出；

（六）安全生产宣传、教育、培训支出；

（七）军工核设施（含核废物）防泄漏、防辐射的设施设备支出；

（八）军工危险化学品、放射性物品及武器装备科研、试验、生产、储运、销毁、维修保障过程中的安全技术措施改造费和安全防护（不包括工作服）费用支出；

（九）大型复杂武器装备制造、安装、调试的特殊工种和特种作业人员培训支出；

（十）武器装备大型试验安全专项论证与安全防护费用支出；

（十一）特殊军工电子元器件制造过程中有毒有害物质监测及特种防护支出；

（十二）安全生产适用新技术、新标准、新工艺、新装备的推广应用支出；

（十三）其他与武器装备安全生产事项直接相关的支出。

第二十六条 在本办法规定的使用范围内，企业应当将安全费用优先用于满足安全生产监督管理部门、煤矿安全监察机构以及行业主管部门对企业安全生产提出的整改措施或者达到安全生产标准所需的支出。

第二十七条 企业提取的安全费用应当专户核算，按规定范围安排使用，不得挤占、挪用。年度结余资金结转下年度使用，当年计提安全费用不足的，超出部分按正常成本费用渠道列支。

主要承担安全管理责任的集团公司经过履行内部决策程序，可以对所属企业提取的安全费用按照一定比例集中管理，统筹使用。

第二十八条 煤炭生产企业和非煤矿山企业已提取维持简单再生产费用的，应当继续提取维持简单再生产费用，但其使用范围不再包含安全生产方面的用途。

第二十九条 矿山企业转产、停产、停业或者解散的，应当将安全费用结余转入矿山闭坑安全保障基金，用于矿山闭坑、尾矿库闭库后可能的危害治理和损失赔偿。

危险品生产与储存企业转产、停产、停业或者解散的，应当将安全费用结余用于处理转产、停产、停业或者解散前的危险品生产或者储存设备、库存产品及生产原料支出。

企业由于产权转让、公司制改建等变更股权结构或者组织形式的，其结余的安全费用应当继续按照本办法管理使用。

企业调整业务、终止经营或者依法清算，其结余的安全费用应当结转本期收益或者清算收益。

第三十条　本办法第二条规定范围以外的企业为达到应当具备的安全生产条件所需的资金投入，按原渠道列支。

第四章　监督管理

第三十一条　企业应当建立健全内部安全费用管理制度，明确安全费用提取和使用的程序、职责及权限，按规定提取和使用安全费用。

第三十二条　企业应当加强安全费用管理，编制年度安全费用提取和使用计划，纳入企业财务预算。企业年度安全费用使用计划和上一年安全费用的提取、使用情况按照管理权限报同级财政部门、安全生产监督管理部门、煤矿安全监察机构和行业主管部门备案。

第三十三条　企业安全费用的会计处理，应当符合国家统一的会计制度的规定。

第三十四条　企业提取的安全费用属于企业自提自用资金，其他单位和部门不得采取收取、代管等形式对其进行集中管理和使用，国家法律、法规另有规定的除外。

第三十五条　各级财政部门、安全生产监督管理部门、煤矿安全监察机构和有关行业主管部门依法对企业安全费用提取、使用和管理进行监督检查。

第三十六条　企业未按本办法提取和使用安全费用的，安全生产监督管理部门、煤矿安全监察机构和行业主管部门会同财政部门责令其限期改正，并依照相关法律法规进行处理、处罚。

建设工程施工总承包单位未向分包单位支付必要的安全费用以及承包单位挪用安全费用的，由建设、交通运输、铁路、水利、安全生产监督管理、煤矿安全监察等主管部门依照相关法规、规章进行处理、处罚。

第三十七条　各省级财政部门、安全生产监督管理部门、煤矿安全监察机构可以结合本地区实际情况，制定具体实施办法，并报财政部、国家安全生产监督管理总局备案。

第五章　附　则

第三十八条　本办法由财政部、国家安全生产监督管理总局负责解释。

第三十九条　实行企业化管理的事业单位参照本办法执行。

第四十条　本办法自公布之日起施行。《关于调整煤炭生产安全费用提取标准加强煤炭生产安全费用使用管理与监督的通知》（财建〔2005〕168号）、《关于印发〈烟花爆竹生产企业安全费用提取与使用管理办法〉的通知》（财建〔2006〕180号）和《关于印发〈高危行业企业安全生产费用财务管理暂行办法〉的通知》（财企〔2006〕478号）同时废止。《关于印发〈煤炭生产安全费用提取和使用管理办法〉和〈关于规范煤矿维简费管理问题的若干规定〉的通知》（财建〔2004〕119号）等其他有关规定与本办法不一致的，以本办法为准。

9. 中华人民共和国水上水下活动通航安全管理规定

（2011 年 1 月 27 日　交通运输部令 2011 年第 5 号）

第一条　为了维护水上交通秩序，保障船舶航行、停泊和作业安全，保护水域环境，依据《中华人民共和国海上交通安全法》、《中华人民共和国内河交通安全管理条例》等法律法规，制定本规定。

第二条　公民、法人或者其他组织在中华人民共和国内河通航水域或者岸线上和国家管辖海域从事下列可能影响通航安全的水上水下活动，适用本规定：

（一）勘探、采掘、爆破；

（二）构筑、设置、维修、拆除水上水下构筑物或者设施；

（三）架设桥梁、索道；

（四）铺设、检修、拆除水上水下电缆或者管道；

（五）设置系船浮筒、浮趸、缆桩等设施；

（六）航道建设，航道、码头前沿水域疏浚；

（七）举行大型群众性活动、体育比赛；

（八）打捞沉船、沉物；

（九）在国家管辖海域内进行调查、测量、过驳、大型设施和移动式平台拖带、捕捞、养殖、科学试验等水上水下施工活动以及在港区、锚地、航道、通航密集区进行的其他有碍航行安全的活动；

（十）在内河通航水域进行的气象观测、测量、地质调查，航道日常养护、大面积清除水面垃圾和可能影响内河通航水域交通安全的其他行为。

第三条　水上水下活动通航安全管理应当遵循安全第一、预防为主、方便群众、依法管理的原则。

第四条　国务院交通运输主管部门主管全国水上水下活动通航安全管理工作。

国家海事管理机构在国务院交通运输主管部门的领导下，负责全国水上水下活动通航安全监督管理工作。

各级海事管理机构依照各自的职责权限，负责本辖区水上水下活动通航安全监督管理工作。

第五条　从事本规定第二条第（一）项至第（九）项的水上水下活动的建设单位、主办单位或者对工程总负责的施工作业者，应当按照《中华人民共和国海事行政许可条件规定》明确的相应条件向活动地的海事管理机构提出申请并报送相应的材料。在取得海事管理机构颁发的《中华人民共和国水上水下活动许可证》（以下简称许可证）后，方可进行相应的水上水下活动。

第六条　水上水下活动水域涉及两个以上海事管理机构的,许可证的申请应当向其共同的上一级海事管理机构或者共同的上一级海事管理机构指定的海事管理机构提出。

第七条　从事水上水下活动需要设置安全作业区的,应当经海事管理机构核准公告。

建设单位或者主办单位申请设置安全作业区,可以在向海事管理机构申请许可证时一并提出。

第八条　遇有紧急情况,需要对航道进行修复或者对航道、码头前沿水域进行疏浚的,作业单位可以边申请边施工。

第九条　许可证应当注明允许从事水上水下活动的单位名称、船名、时间、水域、活动内容、有效期等事项。

第十条　许可证的有效期由海事管理机构根据活动的期限及水域环境的特点确定,最长不得超过三年。许可证有效期届满不能结束施工作业的,申请人应当于许可证有效期届满 20 日前到海事管理机构办理延期手续,由海事管理机构在原证上签注延期期限后方能继续从事相应活动。

第十一条　许可证上注明的船舶在水上水下活动期间发生变更的,建设单位或者主办单位应当及时到作出许可决定的海事管理机构办理变更手续。在变更手续未办妥前,变更的船舶不得从事相应的水上水下活动。

许可证上注明的实施施工作业的单位、活动内容、水域发生变更的,建设单位或者主办单位应当重新申请许可证。

第十二条　有下列情形之一的,许可证的申请者应当及时向原发证的海事管理机构报告,并办理许可证注销手续:

(一)涉水工程及其设施中止的;

(二)三个月以上不开工的;

(三)提前完工的;

(四)因许可事项变更而重新办理了新的许可证的;

(五)因不可抗力导致批准的水上水下活动无法实施的;

(六)法律、行政法规规定的应当注销行政许可的其他情形。

第十三条　从事本规定第二条第(十)项列明的活动的,应当在活动前将作业或者活动方案报海事管理机构备案。

第十四条　从事按规定需要发布航行警告、航行通告的水上水下活动,应当在活动开始前办妥相关手续。

第十五条　按照国家规定需要立项的对通航安全可能产生影响的涉水工程,在工程立项前交通运输主管部门应当按照职责组织通航安全影响论证审查,论证审查意见作为工程立项审批的条件。

水上水下活动在建设期间或者活动期间对通航安全、防治船舶污染可能构成重大影响的,建设单位或者主办单位应当在申请海事管理机构水上水下活动许可之前进行通航安全评估。

第十六条　涉水工程建设单位、施工单位、业主单位和经营管理单位应当按照《中华人民共和国安全生产法》的要求,建立健全涉水工程水上交通安全制度和管理体系,严格履行涉水工程建设期和使用期水上交通安全有关职责。

第十七条 涉水工程建设单位应当在工程招投标前对参与施工作业的船舶、浮动设施明确应具备的安全标准和条件，在工程招投标后督促施工单位落实施工过程中各项安全保障措施，将施工作业船舶、浮动设施及人员和为施工作业或者活动服务的所有船舶纳入水上交通安全管理体系，并与其签订安全协议。

第十八条 涉水工程建设单位、业主单位应当加强安全生产管理，落实安全生产主体责任。根据国家有关法律、法规及规章要求，明确本单位和施工单位、经营管理单位安全责任人。督促施工单位落实水上交通安全和防治船舶污染的各项要求，并落实通航安全评估以及活动方案中提出的各项安全和防污染的措施。

第十九条 涉水工程建设单位、业主单位应当确保水上交通安全设施与主体工程同时设计、同时施工、同时投入生产和使用。

第二十条 涉水工程勘察设计单位、施工单位应当具备法律、法规规定的资质。

第二十一条 涉水工程施工单位应当落实国家安全作业和防火、防爆、防污染等有关法律法规，制定施工安全保障方案，完善安全生产条件，采取有效安全防范措施，制定水上应急预案，保障涉水工程的水域通航安全。

第二十二条 涉水工程业主单位、经营管理单位，应当采取有效安全措施，保证涉水工程试运行期、竣工后的水上交通安全。

第二十三条 在水上水下活动进行过程中，施工单位和作业人员应当遵守以下规定：

（一）按照海事管理机构批准的作业内容、核定的水域范围和使用核准的船舶进行作业，不得妨碍其他船舶的正常航行；

（二）及时向海事管理机构通报施工进度及计划，并保持工程水域良好的通航环境；

（三）使船舶、浮动设施保持在适于安全航行、停泊或者从事有关活动的状态；

（四）实施施工作业或者活动的船舶、设施应当按照有关规定在明显处昼夜显示规定的号灯号型。在现场作业船舶或者警戒船上配备有效的通信设备，施工作业或者活动期间指派专人警戒，并在指定的频道上守听；

（五）制定、落实有效的防范措施，禁止随意倾倒废弃物，禁止违章向水体投弃施工建筑垃圾、船舶垃圾、排放船舶污染物、生活污水和其他有害物质；

（六）遵守有关水上交通安全和防治污染的相关规定，不得有超载等违法行为。

第二十四条 水上水下活动经海事管理机构核准公告设置安全作业区的，建设单位或者主办单位应当设置相关的安全警示标志和配备必要的安全设施或者警戒船，切实落实通航安全评估中提出的各项安全防范措施和对策，并做好施工与通航及其他有关水上交通安全的协调工作。

第二十五条 与批准的水上水下活动无关的船舶、设施不得进入安全作业区。

建设单位、主办单位或者施工单位不得擅自改变施工作业安全作业区的范围。需要改变的，应当报经海事管理机构重新核准公告。

第二十六条 对水上水下活动产生的可能影响航行安全的障碍物，建设单位或者主办单位应当将形状、尺寸、位置和深度准确地报告海事管理机构，按照海事管理机构的要求设置标志，并按照通航要求及有关规定的要求及时清除遗留物。

第二十七条 水上水下活动完成后,建设单位或者主办单位不得遗留任何妨碍航行的物体,并应当向海事管理机构提交通航安全报告。

海事管理机构收到通航安全报告后,应当及时予以核查。核查中发现存在有碍航行和作业的安全隐患的,海事管理机构有权暂停或者限制涉水工程投入使用。

第二十八条 海事管理机构应当建立涉水工程施工作业或活动现场监督检查制度,依法检查有关建设单位和施工作业单位所属船舶、设施、人员水上通航安全作业条件和采取的通航保障措施落实情况。有关单位和人员应当予以配合。

第二十九条 有下列情形之一的,海事管理机构应当责令建设单位、施工单位立即停止施工作业,并采取安全防范措施。

(一)因恶劣自然条件严重影响安全的;

(二)施工作业水域内发生水上交通事故,危及周围人命、财产安全的;

(三)其他严重影响施工作业安全或通航安全的情形。

第三十条 有下列情形之一的,海事管理机构应当责令改正,拒不改正的,海事管理机构应当责令其停止作业:

(一)建设单位或者业主单位未履行安全管理主体责任的;

(二)未落实通航安全评估提出的安全防范措施的;

(三)未经批准擅自更换或者增加施工作业船舶的;

(四)未按规定采取安全和防污染措施进行水上水下活动的;

(五)雇佣不符合安全标准的船舶和设施进行水上水下活动的;

(六)其他不满足安全生产的情形。

第三十一条 海事管理机构应当建立涉水工程施工单位水上交通安全诚信制度和奖惩机制。在监督检查过程中对发生的下列情形予以通告:

(一)施工过程中发生水上交通事故和船舶污染事故,造成人员伤亡和重大水域污染的;

(二)以不正当手段取得许可证并违法施工的;

(三)不服从管理、未按规定落实水上交通安全保障措施或者存在重大通航安全隐患,拒不改正而强行施工的。

第三十二条 违反本规定,隐瞒有关情况或者提供虚假材料,以欺骗或其他不正当手段取得许可证的,由海事管理机构撤销其水上水下施工作业许可,注销其许可证,并处5 000元以上3万元以下的罚款。

第三十三条 有下列行为或者情形之一的,海事管理机构应当责令施工作业单位、施工作业的船舶和设施立即停止施工作业,责令限期改正,并处5 000元以上3万元以下的罚款。属于内河通航水域水上水下活动的,处5 000元以上5万元以下的罚款:

(一)应申请许可证而未取得,擅自进行水上水下活动的;

(二)许可证失效后仍进行水上水下活动的;

(三)使用涂改或者非法受让的许可证进行水上水下活动的;

(四)未按本规定报备水上水下活动的。

第三十四条 有下列行为或者情形之一的,海事管理机构应当责令改正,并可以处以2 000元以下的罚款;拒不改正的,海事管理机构应当责令施工作业单位、施工作业的船舶和设施停止作业。

（一）未按有关规定申请发布航行警告、航行通告即行实施水上水下活动的；

（二）水上水下活动与航行警告、航行通告中公告的内容不符的。

第三十五条 未按本规定取得许可证，擅自构筑、设置水上水下建筑物或设施的，禁止任何船舶进行靠泊作业。影响通航环境的，应当责令构筑、设置者限期搬迁或拆除，搬迁或拆除的有关费用由构筑、设置者自行承担。

第三十六条 违反本规定，未妥善处理有碍航行和作业安全隐患并按照海事管理机构的要求采取清除、设置标志、显示信号等措施的，由海事管理机构责令改正，并处 5 000 元以上 3 万元以下的罚款。

第三十七条 海事管理机构工作人员不按法定的条件进行海事行政许可或者不依法履行职责进行监督检查，有滥用职权、徇私舞弊、玩忽职守等行为的，由其所在机构或上级机构依法给予行政处分；构成犯罪的，由司法机关依法追究刑事责任。

第三十八条 在军港、渔港内从事相关水上水下活动，按照国家有关规定执行。

第三十九条 本规定自 2011 年 3 月 1 日起施行。1999 年 10 月 8 日原交通部发布的《中华人民共和国水上水下施工作业通航安全管理规定》（交通部令 1999 年第 4 号）同时废止。

10. 国务院安委会关于进一步加强安全培训工作的决定

(2012 年 11 月 21 日　国务院安委会　安委〔2012〕10 号)

各省、自治区、直辖市人民政府,新疆生产建设兵团,国务院安委会各成员单位,各中央企业:

为提高企业从业人员安全素质和安全监管监察效能,防止和减少违章指挥、违规作业和违反劳动纪律(以下简称"三违")行为,促进全国安全生产形势持续稳定好转,现就进一步加强安全培训工作作出如下决定:

一、加强安全培训工作的重要意义和总体要求

(一)重要意义。党中央、国务院高度重视安全培训工作,安全培训力度不断加大,企业职工安全素质和安全监管监察人员执法能力明显提高。但一些地区和单位安全培训工作仍然存在着思想认识不到位、责任落实不到位、实效性不强、投入不足、基础工作薄弱、执法偏轻偏软等问题,给安全生产带来较大压力。实践表明,进一步加强安全培训工作,是落实党的十八大精神,深入贯彻科学发展观,实施安全发展战略的内在要求;是强化企业安全生产基础建设,提高企业安全管理水平和从业人员安全素质,提升安全监管监察效能的重要途径;是防止"三违"行为,不断降低事故总量,遏制重特大事故发生的源头性、根本性举措。

(二)总体思路。深入贯彻落实科学发展观,认真落实党中央、国务院关于加强安全生产工作的决策部署,牢固树立"培训不到位是重大安全隐患"的意识,坚持依法培训、按需施教的工作理念,以落实持证上岗和先培训后上岗制度为核心,以落实企业安全培训主体责任、提高企业安全培训质量为着力点,全面加强安全培训基础建设,严格安全培训监察执法和责任追究,扎实推进安全培训内容规范化、方式多样化、管理信息化、方法现代化和监督日常化,努力实施全覆盖、多手段、高质量的安全培训,切实减少"三违"行为,促进全国安全生产形势持续稳定好转。

(三)工作目标。到"十二五"时期末,矿山、建筑施工单位和危险物品生产、经营、储存等高危行业企业(以下简称高危企业)主要负责人、安全管理人员和生产经营单位特种作业人员(以下简称"三项岗位"人员)100% 持证上岗,以班组长、新工人、农民工为重点的企业从业人员 100% 培训合格后上岗,各级安全监管监察人员 100% 持行政执法证上岗,承担安全培训的教师 100% 参加知识更新培训,安全培训基础保障能力和安全培训质量得到明显提高。

二、全面落实安全培训工作责任

(四)认真落实企业安全培训主体责任。企业是从业人员安全培训的责任主体,要把安全培训纳入企业发展规划,健全落实以"一把手"负总责、领导班子成员"一岗双责"为主要内容的安全培训责任体系,建立健全机构并配备充足人员,保障经费需求,严格落实"三项岗位"人员持证上岗和从业人员先培训后上岗制度，健全安全培训档案。劳务派遣单位要加强劳务派遣工基本安全知识培训，劳务使用单位要确保劳务派遣工与本企业职工接受同等安全培训。境内投资主体要指导督促境外中资企业依法加强安全培训工作。安全生产技术研发、装备制造单位要与使用单位共同承担新工艺、新技术、新设备、新材料培训责任。

（五）切实履行政府及有关部门安全培训监管和安全监管监察人员培训职责。地方各级政府要统筹指导相关部门加强本地区安全培训工作。有关主管部门要根据有关法律法规，组织实施职责范围内的安全培训工作，完善安全培训法规制度，统一培训大纲、考试标准，加强教材建设，严格管理培训机构，做好证件发放和复审工作，避免多头管理、重复发证；要强化安全培训监督检查，依法严惩不培训就上岗和乱办班、乱收费、乱发证行为；要组织培训安全监管监察人员。要将安全生产知识作为领导干部培训、义务教育、职业教育、职业技能培训等的重要内容。要减少对培训班的直接参与，由办培训向管培训、管考试、监督培训转变。

（六）强化承担安全培训和考试的机构培训质量保障责任。承担安全培训的机构是安全培训施教主体，担负保证安全培训质量的主要责任，要健全落实安全培训质量控制制度，严格按培训大纲培训，严格学员、培训档案和培训收费管理，加强师资队伍建设和资金投入，持续改善培训条件。承担安全培训考试的机构要严格教考分离制度，健全考务管理体系，建立考试档案，切实做到考试不合格不发证。

三、全面落实持证上岗和先培训后上岗制度

（七）实施高危企业从业人员准入制度。有关主管部门要结合实际，制定本行业领域从业人员准入制度。矿山和危险物品生产企业专职安全管理人员要至少具备相关专业中专以上学历或者中级以上专业技术职称、高级工以上技能等级，或者具备注册安全工程师资格。各类特种作业人员要具有初中及以上文化程度，危险化学品特种作业人员要具有高中或者相当于高中及以上文化程度。矿山井下、危险化学品生产单位从业人员要具有初中及以上文化程度。安全生产专业服务机构为企业提供安全技术服务时，要对企业安全培训情况进行审核。高危企业安全生产许可证发放、延期和安全生产标准化考评时，有关主管部门要审核企业安全培训情况。

（八）严格落实“三项岗位”人员持证上岗制度。企业新任用或者招录“三项岗位”人员，要组织其参加安全培训，经考试合格持证后上岗。取得注册安全工程师资格证并经注册的，可以直接申领矿山、危险物品行业主要负责人和安全管理人员安全资格证。对发生人员死亡事故负有责任的企业主要负责人、实际控制人和安全管理人员，要重新参加安全培训考试。要严格证书延期继续教育制度。有关主管部门要按照职责分工，定期开展本行业领域“三项岗位”人员持证上岗情况登记普查，建立信息库。要建立特种作业人员范围修订机制。

（九）严格落实企业职工先培训后上岗制度。矿山、危险物品等高危企业要对新职工进行至少 72 学时的安全培训，建筑企业要对新职工进行至少 32 学时的安全培训，每年进行至少 20 学时的再培训；非高危企业新职工上岗前要经过至少 24 学时的安全培训，每年进行至少 8 学时的再培训。企业调整职工岗位或者采用新工艺、新技术、新设备、新材料的，要进行专门的安全培训。矿山和危险物品生产企业逐步实现从职业院校和技工院校相关专业毕业生中录用新职工。政府有关部门要实施“中小企业安全培训援助”工程，推动大型企业和培训机构与中小企业签订培训服务协议；组织讲师团，开展培训下基层进企业活动。

（十）完善和落实师傅带徒弟制度。高危企业新职工安全培训合格后，要在经验丰富的工人师傅带领下，实习至少 2 个月后方可独立上岗。工人师傅一般应当具备中级工以上技能等级，3 年以上相应工作经历，成绩突出，善于“传、帮、带”，没有发生过“三违”行为等条件。要组织签订师徒协议，建立师傅带徒弟激励约束机制。

（十一）严格落实安全监管监察人员持证上岗和继续教育制度。市（地）及以下政府分管安全生产工作的领导同志要在明确分工后半年内参加专题安全培训。各级安全监管监察人员要经执法资格培训考试合格，持有效行政执法证上岗；新上岗人员要在上岗一年内参加执法资格培训考试；执法证有效期满的，要参加延期换证继续教育和考试。鼓励安全监管监察人员报考注册安全工程师等职业资格，在职攻读安全生产相关专业学历和学位。

四、全面加强安全培训基础保障能力建设

（十二）完善安全培训大纲和教材。有关主管部门要定期制定、修订各类人员安全培训大纲和考核标准，根据安全生产工作发展需要和企业安全生产实际，不断规范安全培训内容。鼓励行业组织、企业及培训机构编写针对性、实效性强的实用教材。要分行业组织编写企业职工安全生产应知应会读本、建立生产安全事故案例库和制作警示教育片。

（十三）加强安全培训师资队伍建设。承担安全培训的机构要建立健全安全培训专职教师考核合格后上岗制度，保证专职教师定期参加继续教育，积极组织教师参加国际学术交流。有关主管部门要加强承担安全培训的教师培训，定期开展教师讲课大赛，建立安全培训师资库。企业要建立领导干部上讲台制度，选聘一线安全管理、技术人员担任兼职教师。

（十四）加强安全培训机构建设。要根据实际需要，科学规划安全培训机构建设，控制数量，合理布局。支持大中型企业和欠发达地区建立安全培训机构，重点建设一批具有仿真、体感、实操特色的示范培训机构。要加强安全培训机构管理，定期公布安全培训机构名单和培训范围，接受社会监督。支持高等学校、职业院校、技工院校、工会培训机构等开展安全培训。

（十五）加强远程安全培训。开发国家安全培训网和有关行业网络学习平台，实现优质资源共享。建立安全培训视频课程征集、遴选、审核制度，建设课程“超市”，推行自主选学。实行网络培训学时学分制，将学时和学分结果与继续教育、再培训挂钩，与安全监管监察人员年度考核、提拔使用、评先评优挂钩。利用视频、电视、手机等拓展远程培训形式。

（十六）加强安全培训管理信息化建设。编制安全培训信息管理数据标准。开发安全培训信息管理系统。健全“三项岗位”人员、安全监管监察人员培训持证情况和考试题库、培训机构、考试机构、培训教师等数据库，实现全国安全培训数据共享。

五、全面提高安全培训质量

（十七）强化实际操作培训。制定特种作业人员实训大纲和考试标准。建立安全监管监察人员实训制度。推动科研和装备制造企业在安全培训场所展示新装备新技术。提高 3D、4D、虚拟现实等技术在安全培训中的应用，组织开发特种作业各工种仿真实训系统。

（十八）强化现场安全培训。高危企业要严格班前安全培训制度，有针对性地讲述岗位安全生产与应急救援知识、安全隐患和注意事项等，使班前安全培训成为安全生产第一道防线。要大力推广“手指口述”等安全确认法，帮助员工通过心想、眼看、手指、口述，确保按规程作业。要加强班组长培训，提高班组长现场安全管理水平和现场安全风险管控能力。

（十九）建立安全培训示范视频课程体系。分行业建立"三项岗位"人员安全培训示范视频课程体系，上网发布，逐步实现优质培训资源社会共享。将示范课程作为教师培训的重要内容。建立示范课程跟踪评价制度，定期评选优质课程，给予荣誉称号或者适当资助。

（二十）加强安全培训过程管理和质量评估。建立安全培训需求调研、培训策划、培训计划备案、教学管理、培训效果评估等制度，加强安全培训全过程管理。制定安全培训质量评估指标体系，定期向全社会公布评估结果，并将评估结果作为安全培训机构考评的重要依据。

（二十一）完善安全培训考试体系。有关主管部门要按照职责分工，建立健全本行业领域安全培训考试制度，加强考试机构建设，严格教考分离制度。要建立健全安全资格考试题库，完善国家与地方相结合的题库应用机制。建立网络考试平台，加快计算机考试点建设，开发实际操作模拟考试系统。加强考试监督，严格考试纪律，依法严肃处理考试违纪行为。有关主管部门要统一本行业领域一般从业人员安全培训合格证书式样，规范考试发证管理。

六、加强安全培训监督检查

（二十二）加大安全培训执法力度。有关主管部门要把安全培训纳入年度执法计划，作为日常执法的必查内容，定期开展安全培训专项执法。要规范安全培训执法程序和方法，将抽查持证情况、抽考职工安全生产应知应会知识作为日常执法的重要方式。要加强对承担安全培训的机构管理，深入开展专项治理，促进安全培训机构健康发展。企业要建立安全培训自查自考制度，加大"三违"行为处罚力度。

（二十三）严肃追究安全培训责任。对应持证未持证或者未经培训就上岗的人员，一律先离岗、培训持证后再上岗，并依法对企业按规定上限处罚，直至停产整顿和关闭。对存在不按大纲教学、不按题库考试、教考不分、乱办班等行为的安全培训和考试机构，一律依法严肃处罚。对各类生产安全责任事故，一律倒查培训、考试、发证不到位的责任。对因未培训、假培训或者未持证上岗人员的直接责任引发重特大事故的，所在企业主要负责人依法终身不得担任本行业企业矿长（厂长、经理），实际控制人依法承担相应责任。

（二十四）建立安全培训绩效考核制度。制定安全培训工作绩效考核指标体系，做到定性与定量、内部考核与外部评议相结合。安全培训绩效考核结果要纳入安全生产综合考核内容。每年通报安全培训绩效考核结果。

七、切实加强对安全培训工作的组织领导

（二十五）把安全培训摆上更加突出位置。各级政府及有关主管部门、各企业要把安全培训工作纳入实施安全发展战略的总体布局。各级安委会要定期研究解决安全培训突出问题，有关主管部门主要负责同志要亲自抓、负总责，各级安委会办公室要牵头抓总，当好参谋，创新实践，整合资源，示范引领。要经常深入基层、企业开展安全培训调查研究。要支持工会、共青团、妇联、科协以及新闻媒体等参与、监督安全培训工作。

（二十六）保证安全培训投入。建立以企业投入为主、社会资金积极资助的安全培训投入机制。要将政府应当承担的安全培训经费纳入财政保障范围。企业要在职工培训经费和安全费用中足额列支安全培训经费，实施技术改造和项目引进时要专门安排安全培训资金。研究探索由开展安全生产责任险、建筑意外伤害险的保险机构安排一定资金，用于事故预防与安全培训工作。

（二十七）充分运用典型和媒体推动安全培训工作。要总结推广政府有关主管部门加大安全培训监管力度、企业落实安全培训主体责任、培训机构提高安全培训质量的典型经验，以点带面推动工作。要定期公布安全培训问题企业和问题培训机构名单。要广泛宣传安全培训工作的重要地位和作用，宣传安全生产知识和技能，不断提高人民群众安全素质，努力形成全社会更加支持安全生产工作的氛围。

各省级安委会和国务院有关主管部门及各有关中央企业要根据本决定制定实施意见，并及时将实施意见和落实情况报告国务院安委会办公室。

11. 国务院安委会办公室关于加强生产安全事故信息公开工作的意见

（2012 年 7 月 3 日　国务院安委会办公室　安委办〔2012〕27 号）

各省、自治区、直辖市及新疆生产建设兵团安全生产委员会，国务院安委会有关成员单位：

为认真贯彻落实《国务院办公厅关于印发 2012 年政府信息公开重点工作安排的通知》（国办发〔2012〕26 号）和全国政府信息公开工作电视电话会议精神，加大生产安全事故应对、处置、调查、处理信息的公开力度，维护安全生产领域社会公平正义，现就加强生产安全事故信息公开工作提出如下意见：

一、充分认识加强生产安全事故信息公开工作的重要性

安全生产工作事关人民生命财产安全，安全生产信息公开工作事关社会公众的知情权、参与权和监督权。国办发〔2012〕26 号文件把生产安全事故信息公开作为 2012 年政府信息公开工作的八个重点方面之一，充分体现国务院对安全生产工作的高度重视，体现了科学发展、安全发展的理念和以人为本、执政为民的宗旨。各地区、各有关部门要把生产安全事故信息公开作为实施政务公开，加强群众监督，回应社会关切，促进责任落实，维护安全生产领域社会公平正义的重要手段之一，切实加以推进，切实维护人民群众合法权益。

二、推进风险预警信息公开，切实提高防范和应对生产安全事故的能力

各地区、各有关部门要高度重视生产安全事故的防范和风险预警工作，建立和完善协调联动机制，确保快捷高效发布可能引发事故灾难的风险信息尤其是极端天气和可能引发事故的自然灾害预警信息，并及时、准确地传达到各有关部门、单位和社会公众，切实提高企业防范和应对生产安全事故的能力，提高社会公众自救互救能力。

三、推进生产安全事故应对处置信息公开，及时回应社会关切

各地区、各有关部门要按照"积极主动公开"的要求，把生产安全事故应对处置信息更全面、更及时、更细致地告知社会公众。一是要及时准确发布生产安全事故尤其是社会影响较大、关注度高的事故信息，杜绝不实传言和猜疑传播的空间。二是要及时准确发布政府采取的事故处置举措和抢险救援进展信息，实时掌握社会舆情动向，主动回应社会关切，消除公众疑虑。

四、推进生产安全事故查处和责任追究信息公开，主动接受社会监督

各地区、各有关部门要依据《安全生产法》、《生产安全事故报告和调查处理条例》（国务院令第 493 号）等法律法规的规定，除依法应当保密的内容外，积极主动向社会公开生产安全事故调查处理信息，通报事故原因，公布事故调查报告和责任追究处理结果。

一是事故调查组成立后，事故调查组组长单位应当主动公布事故调查组成员名单。二是事故调查组或事故调查组组长单位要根据调查进展，及时向社会通报事故情况。三是事故调查报告经有关人民政府或部门批复后，事故调查组组长单位应当在规定时限内向社会公布事故调查报告。对依法应当保密但可以作区分处理的事故调查报告，要向社会公布经区分处理后的非涉密内容。四是有关部门要及时公布生产安全事故责任追究和整改措施的落实情况。五是要加强安全生产舆情引导和对生产安全事故信息公开后社会反响的预判工作，做好应对预案，并密切跟踪公开后的舆情，及时发布正面信息，正确引导舆论。

五、推进生产安全事故挂牌督办信息公开，促进安全生产责任落实

各地区、各有关部门要严格执行《重大事故查处挂牌督办办法》（安委〔2010〕6 号）和《非法违法较大生产安全事故查处跟踪督办暂行办法》（安委办〔2011〕12 号），不断完善、规范挂牌事项的办理和信息公开程序，促进安全生产责任落实。一是对国务院安委会挂牌督办的重大生产安全事故和国务院安委会办公室跟踪督办的非法违法、瞒报谎报较大生产安全事故，应当在督办通知书下发之日起 10 个工作日内，在国家安全监管总局政府网站上向社会公开；各地区、各有关部门决定实行挂牌督办的生产安全事故，应当在本地区、本部门政府网站上设专栏予以公布。二是挂牌督办的生产安全事故结案后，各地区、各有关部门应当及时在政府网站专栏中向社会公开事故调查报告和责任追究落实情况；其中，对于由国务院安委会挂牌督办和国务院安委会办公室跟踪督办的事故，还应当将公开相关信息的链接地址上报国务院安委会办公室，在国家安全监管总局政府网站上建立链接。

各地区、各有关部门要高度重视生产安全事故信息公开工作，充分发挥政府网站信息发布主平台和报刊、广播、电视等主流媒体的作用，坚持并不断完善安全生产新闻发布制度和重特大事故快速报道机制，正确处理安全生产信息公开与保守国家秘密的关系，重视舆情预判和引导，不断推进安全生产信息公开工作。

12. 国务院安委会办公室关于大力推进安全生产文化建设的指导意见

(2012 年 7 月 30 日　国务院安委会办公室　安委办〔2012〕34 号)

各省、自治区、直辖市及新疆生产建设兵团安全生产委员会，国务院安委会各成员单位，有关中央企业：

为深入贯彻落实《中共中央关于深化文化体制改革推动社会主义文化大发展大繁荣若干重大问题的决定》(以下简称《决定》)精神，进一步加强安全生产文化(以下简称安全文化)建设，强化安全生产思想基础和文化支撑，大力推进实施安全发展战略，根据《国务院关于坚持科学发展安全发展促进安全生产形势持续稳定好转的意见》(国发〔2011〕40 号，以下简称国务院《意见》)和《安全文化建设"十二五"规划》(安监总政法〔2011〕172 号)，现提出以下指导意见：

一、充分认识推进安全文化建设的重要意义

(一)推进安全文化建设是社会主义文化大发展大繁荣的必然要求。坚持以人为本，更加关注和维护经济社会发展中人的生命安全和健康，是安全文化建设的主旨目标，体现了社会主义文化核心价值的基本要求。党的十七届六中全会《决定》，为我们加强安全文化建设提供了坚强有力的指导方针、工作纲领和努力方向。各地区、各有关部门和单位要自觉地把安全文化建设纳入社会主义文化建设总体布局，准确把握经济社会发展对安全生产工作的新要求，准确把握推动安全文化事业繁荣发展的新任务，准确把握广大人民群众对安全文化需要的新期待，紧密结合安全生产工作实际，抓住机遇，乘势而上，不断把安全文化建设推向深入。

(二)推进安全文化建设是实施安全发展战略的必然要求。从"安全生产"到"安全发展"、从"安全发展理念"到"安全发展战略"，充分表明了党中央、国务院对保障人民群众生命财产安全的坚强决心，反映了经济社会发展的客观规律和内在要求。各地区、各有关部门和单位要围绕安全发展战略的本质要求、原则目标、工程体系和保障措施，加强培训教育和宣传推动，既要强化安全发展的思想基础和文化环境，更要强化必须付诸实践的精神动力和战略行动，切实做到在谋划发展思路、制定发展目标、推进发展进程时以安全为前提、基础和保障，实现安全与速度、质量、效益相统一，确保人民群众平安幸福享有改革发展和社会进步的成果。

(三)推进安全文化建设是汇集参与和支持安全生产工作力量的必然要求。目前，我国正处于生产安全事故易发多发的特殊阶段，安全基础依然比较薄弱，重特大事故尚未得到有效遏制，职业病多发，非法违法、违规违章行为屡禁不止等问题在一些地方和企业还比较突出。进一步加强安全生产工作，需要着力推进安全文化建设，创新方式方法，积极培育先进的安全文化理念，大力开展丰富多彩的安全文化建设活动，注重用文化的力量凝聚共识、集中智慧，齐心协力、持之以恒，推动社会各界重视、参与和支持安全生产工作，不断促进安全生产形势持续稳定好转。

二、安全文化建设的指导思想和总体目标

（四）指导思想。以邓小平理论和“三个代表”重要思想为指导，深入贯彻落实科学发展观，坚持社会主义先进文化前进方向，牢固树立科学发展、安全发展理念，紧紧围绕贯彻党的十七届六中全会《决定》和国务院《意见》精神，全面落实《安全文化建设“十二五”规划》，以“以人为本、关爱生命、安全发展”为核心，以促进企业落实安全生产主体责任、提高全民安全意识为重点，以改革创新为动力，坚持“安全第一、预防为主、综合治理”的方针，围绕中心、服务大局，不断提升安全文化建设水平，切实发挥安全文化对安全生产工作的引领和推动作用，为促进全国安全生产形势持续稳定好转，提供坚强的思想保证、强大的精神动力和有力的舆论支持。

（五）总体目标。大力开展安全文化建设，坚持科学发展、安全发展，全面实施安全发展战略的主动性明显提高；安全生产法制意识不断强化，依法依规从事生产经营建设行为的自觉性明显增强；安全生产知识得到广泛普及，全民安全素质和防灾避险能力明显提升；安全发展理念深入人心，有利于安全生产工作的舆论氛围更加浓厚；安全生产管理和监督的职业道德精神切实践行，科学、公正、严格、清廉的工作作风更加强化；反映安全生产的精品力作不断涌现，安全文化产业发展更加充满活力；高素质的安全文化人才队伍发展壮大，自我约束和持续改进的安全文化建设机制进一步完善，安全生产工作的保障基础更加坚实。

三、切实强化科学发展、安全发展理念

（六）加强安全生产宣传工作。广泛深入宣传科学发展、安全发展理念，积极组织各方力量，通过多种形式和有效途径，大力宣传、全面落实党中央、国务院关于加强安全生产工作的方针政策和决策部署。积极营造关爱生命、关注安全的社会舆论氛围，宣传推动将科学发展、安全发展作为衡量各地区、各行业领域、各生产经营单位安全生产工作的基本标准，实现安全生产与经济社会发展有机统一。

（七）深入开展群众性安全文化活动。坚持贴近实际、贴近生活、贴近群众，认真组织开展好全国“安全生产月”、“安全生产万里行”、“安康杯”、“青年示范岗”等主题实践活动，增强活动实效。广泛组织安全发展公益宣传活动，充分利用演讲、展览、征文、书画、歌咏、文艺汇演、移动媒体等群众喜闻乐见的形式，加强安全生产理念和知识、技能的宣传，提高城市、社区、村镇、企业、校园安全文化建设水平，不断强化安全意识。

（八）着力提高全民安全素质。加强安全教育培训法规标准、基地、教材和信息化建设，加强地方政府分管安全生产工作的负责人、安全监管监察人员及企业“三项岗位”人员、班组长和农民工安全教育培训。积极开展全民公共安全教育、警示教育和应急避险教育。探索在中小学开设安全知识和应急防范课程，在高等院校开设选修课程。

（九）加强安全文化理论研究。充分发挥安全生产科研院所和高等院校的作用，加强安全学科建设，以安全发展为核心，组织研究、推出一批有价值和广泛社会影响力的安全文化理论成果。鼓励各地区和企业单位结合自身特点，探索安全文化建设的新方法、新途径，加大安全文化理论成果转化力度，更好地服务安全生产工作。

四、大力推动安全生产职业道德建设

（十）强化安全生产法制观念。结合中宣部、司法部和全国普法办联合开展的“法律六进”主题活动，深入开展安全生产相关法律法规、规章标准的宣传，坚持以案说法，加强安全生产法制教育，切实增强各类生产经营单位和广大从业人员的安全生产法律意识，推进“依法治安”。进一步加强安全生产综合监管、安全监察、行业主管等部门领导干部的法制教育，推进依法行政。

（十一）弘扬高尚的安全监管监察职业精神。以忠于职守、公正廉明、执法为民、甘于奉献为核心内容，深入宣传全国安全监管监察系统先进单位和先进个人的典型事迹，进一步激发各级党员干部立足岗位、牢记宗旨、爱党奉献的工作热情，坚定做好安全生产工作、维护人民群众生命财产安全的信心和决心，建设一支政治坚定、业务精通、作风过硬、执法公正的安全监管监察队伍，争做安全发展忠诚卫士。

（十二）增强全民安全自觉性。以“不伤害自己、不伤害他人、不被别人伤害、不使他人受到伤害”为主要内容，将安全生产价值观、道德观教育纳入思想政治工作和精神文明建设内容，注重加强日常性的安全教育，强化安全自律意识，使尊重生命价值、维护职业安全与健康成为广大职工群众生产生活中的精神追求和基本行为准则。

（十三）继续开展企业安全诚信建设。把安全诚信建设纳入社会诚信建设重要内容，形成安全生产守信光荣、失信可耻的氛围，促进企业自觉主动地践行安全生产法律法规和规章制度，强化企业安全生产主体责任落实。健全完善安全生产失信惩戒制度，及时公布生产安全事故责任企业“黑名单”，督促各行业领域企业全面履行安全生产法定义务和社会责任，不断完善自我约束、持续改进的安全生产长效机制。

五、深入开展安全文化创建活动

（十四）大力推进企业安全文化建设。坚持与企业安全生产标准化建设、职业病危害治理工作相结合，完善安全文化创建评价标准和相关管理办法，严格规范申报程序。“全国安全文化建设示范企业”申报工作统一由省级安全监管监察机构负责，凡未取得省级安全文化建设示范企业称号、未达到安全生产标准化一级企业的，不得申报。积极开展企业安全文化建设培训，加强基层班组安全文化建设，提高一线职工自觉抵制“三违”行为和应急处置的能力。

（十五）扎实推进安全社区建设。积极倡导“安全、健康、和谐”的理念，健全安全社区创建工作机制，逐步由经济发达地区向中西部地区推进，进一步扩大建设成果。大力推动工业园区和经济技术开发区等安全社区建设，继续推进企业主导型社区以及国家级和省级经济开发区、工业园区安全社区建设。

（十六）积极推进城市安全文化建设。充分发挥政府的主导推动作用，将安全生产与城市规划、建设和管理密切结合，研究制定安全发展示范城市创建标准、评价机制和工作方案，积极推进创建工作。创新城市安全管理模式，加强社会公众安全教育，完善应急防范机制，有效化解人民群众生命健康和财产安全风险，提高城市整体安全水平。

六、加快推进安全文化产业发展

（十七）深化相关事业单位改革。以突出公益、强化服务、增强活力为重点，大力发展公益性安全文化事业，探索建立事业单位法人治理结构。按有关规定要求，加快推进安全监管监察系统的文艺院团、非时政类报刊社、新闻网站等转企改制，拓展有关出版、发行、影视企业改革成果，鼓励经营性文化单位建立现代企业制度，形成面向市场、体现安全文化价值的经营机制。支持有实力的安全文化单位进行重组改制，引导社会资本进入，着力发展主业突出、核心竞争力强的骨干安全文化企业。

（十八）鼓励创作安全文化精品。坚持以宣传安全发展、强化安全意识为中心的创作导向，面向社会推出一批优秀安全生产宣传产品，满足人民群众对安全生产多方面、多层次、多样化的精神文化需求。调动文艺创作的积极性和创造性，鼓励社会各界参与创作更多反映安全生产工作、倡导科学发展安全发展理念的优秀剧目、图书、影视片、宣传画、音乐作品及公益广告等，丰富群众性安全文化，增强安全文化产品的影响力和渗透力。

（十九）支持安全文化产业发展。协调社会安全文化资源，参与安全文化开发建设，提高新闻媒体、行业协会、科研院所、文艺团体、中介机构、文化公司等参与安全文化产业的积极性，加快发展出版发行、影视制作、印刷、广告、演艺、会展、动漫等安全文化产业。充分发挥文化与科技相互促进的作用，利用数字、移动媒体、微博客等新兴渠道，加快安全文化产品推广。

七、切实提高安全生产舆论引导能力

（二十）把握正确的舆论导向。坚持马克思主义新闻观，贯彻团结稳定鼓劲、正面宣传为主的方针，广泛宣传有关安全生产重大政策措施、重大理论成果、典型经验和显著成效。准确把握新形势下安全宣传工作规律，完善政府部门、企业与新闻单位的沟通机制，有力引导正确的社会舆论。进一步加强安全生产信息化建设，推进舆情分析研判，提高网络舆论引导能力。

（二十一）规范信息发布制度。严格执行安全生产信息公开制度，不断拓宽渠道，公开透明、实事求是、及时主动地做好事故应急处置和调查处理情况、打击非法违法生产经营建设行为、隐患排查治理、安全生产标准化建设以及安全生产重点工作进展等情况的公告发布，对典型非法违法、违规违章行为进行公开曝光。完善安全生产新闻发言人制度，健全突发生产安全事故新闻报道应急工作机制，增强安全生产信息发布的权威性和公信力。

（二十二）加强社会舆论和群众监督。健全安全生产社会监督网络，扩大全国统一的“12350”安全生产举报电话覆盖面，通过设立电子信箱和网络微博客等方式，拓宽监督举报途径。健全新闻媒体和社会公众广泛参与的安全生产监督机制，落实安全生产举报奖励制度，保障公众的知情权和监督权。建立监督举报事项登记制度，及时回复查处整改情况，切实增强安全生产社会监督、舆论监督和群众监督效果。

八、全面加强安全文化宣传阵地建设

（二十三）加强新闻媒体阵地建设。以安全监管监察系统专业新闻媒体为主体，加强与主流媒体深度合作，形成中央、地方和安全监管监察系统内媒体，以及传统媒体与新兴媒体、平面媒体与立体媒体的宣传互动，构建功能互补、影响广泛、富有效率的安全文化传播平台，提高安全文化传播能力。

（二十四）加强互联网安全文化阵地建设。按照“积极利用、科学发展、依法管理、确保安全”的方针，开展具有网络特点的安全文化建设。结合安全生产的新形势、新任务，大力发展数字出版、手机报纸、手机网络、移动多媒体等新兴传播载体，拓展传播平台，扩大安全文化影响覆盖面。

（二十五）加强安全监管监察系统宣传阵地建设。加快建立健全国家、省、市、县四级安全生产宣传教育工作体系，推动安全文化工作日常化、制度化建设，着力提高安全宣传教育能力。加强安全监管监察机构与相关部门间的沟通协作，充分利用思想文化资源，协调各方面力量，形成统一领导、组织协调、社会力量广泛参与的安全文化建设工作格局。

（二十六）加强安全文化教育基地建设。推进国家和地方安全教育（警示）基地，以及安全文化主题公园、主题街道建设。积极应用现代科技手段，融知识性、直观性、趣味性为一体，鼓励推动各地区、各行业领域及企业建设特色鲜明、形象逼真、触动心灵、效果突出的安全生产宣传教育展馆，提高社会公众对安全知识的感性认识，增强安全防范意识和技能。

九、强化安全文化建设保障措施

（二十七）加强组织领导。各地区、各有关部门和单位领导干部要从贯彻落实党的十七届六中全会《决定》精神的政治高度、从提高安全生产水平的实际需要出发，研究制定安全文化建设规划和政策措施，明确职能部门，完善支撑体系。扩大社会资源进入安全文化建设的有效途径，动员全社会力量参与安全文化建设。

（二十八）加大安全文化建设投入。加强与相关部门的沟通协调，完善有利于安全文化的财政政策，将公益性安全文化活动纳入公共财政经常性支出预算；认真执行新修订的安全生产费用提取使用管理办法，加强安全宣传教育培训投入；推动落实从安全生产责任险、工伤保险基金中支出适当费用，支持安全文化研究、教育培训、传播推广等活动的开展。

（二十九）加强安全文化人才队伍建设。加大安全生产宣传教育人员的培训力度，提升安全文化建设的业务水平。加强安全文化建设人才培养，提高组织协调、宣传教育和活动策划的能力，造就高层次、高素质的安全文化建设领军人才。建立安全文化建设专家库，加强基层安全文化队伍建设。

（三十）加大安全文化建设成果交流推广。深入开展地区间、行业领域及企业间的安全文化建设成果推广，提高安全文化对安全生产的促进作用，激励全社会积极参与安全文化建设。积极开展多渠道多层次的安全文化建设对外交流，加强安全文化建设成果的对外宣传，鼓励相关单位与国际组织、外国政府和民间机构等进行项目合作，学习借鉴和运用国际先进的安全文化推动安全生产工作。

13. 交通运输部安全监管总局关于组织公路水运建设项目平安工程冠名工作的通知

（2012年11月19日　交通运输部、安全监管总局　交质监发〔2012〕639号）

各省、自治区、直辖市、新疆生产建设兵团交通运输厅（局、委）、安全生产监督管理局，上海市、天津市交通运输和港口管理局，天津市市政公路管理局，长江航务管理局，长江口航道管理局，中国交通建设集团有限公司：

为严格项目安全生产责任制的目标考核，引导和激励企业加强安全生产，不断提升公路水运工程建设安全管理水平，深入推进平安工地长效机制建设，经研究，交通运输部与安全监管总局决定对安全工作成效显著、未发生生产安全责任事故且已交工验收的“平安工地”示范创建项目，冠名为“平安工程”。现将有关事项通知如下：

一、冠名范围及资格条件

冠名项目应是交通运输部提名的“平安工地”示范创建项目，且应符合以下条件：

（一）列入部级示范创建项目提名名单，并通过了交工验收，工程质量等级评定为合格；

（二）施工期内“平安工地”考核评价结果均为“示范”等级，安全管理有突出经验，“平安工地”示范引导作用明显；

（三）项目建设规模大、施工工艺复杂、作业安全风险高；

（四）积极推广、采用或消化吸收国内外先进技术、工艺，保障施工安全；

（五）施工工期合理，工程质量符合合同约定的质量标准和目标。

存在下列情况之一的工程项目，不予以受理冠名申请：

（一）违反国家有关法律、法规和规章的规定，工程项目建设存在未批先建、违反招投标规定等违反国家基本建设程序规定的；

（二）工程项目发生生产安全责任事故的；

（三）采用国家及有关行业主管部门明令禁止使用的施工机具、材料和施工工艺的；

（四）施工期间存在重大质量安全隐患，被省级及以上交通运输主管部门、安全生产监督管理部门等通报批评、行政处罚或挂牌督办的；

（五）未按规定实施桥梁、隧道工程等施工安全风险评估制度的；

（六）施工中使用的特种设备未按规定办理相关验收手续的；特种作业人员未按规定取得特种作业人员操作资格证书的；

（七）未按规定落实公路水运工程项目安全作业环境及安全施工措施所需的安全生产费用，或执行不严、落实不到位的；

（八）施工企业项目负责人、专职安全管理人员未按规定取得相应的安全生产管理考核合格证书的。

二、冠名组织工作

交通运输部与安全监管总局联合组织“平安工程”冠名工作。具体工作由交通运输部工程质量监督局与安全监管总局监管二司负责实施。

三、冠名申报程序

符合申报资格条件的独立的示范创建项目，由建设单位或工程总承包单位统一组织申报。申报单位应向工程所在地省级交通运输主管部门的质量安全监管机构提出书面申请，并填报《公路水运建设项目“平安工程”申报表》(见附件)。

省级交通运输主管部门会同省级安全生产监督管理部门对申报项目进行审查，对符合申报条件的项目签署推荐意见后，报送交通运输部工程质量监督局，同时抄送安全监管总局监管二司。

中央企业投资建设的项目或施工总承包的项目，可由中央企业总部受理申报，并出具推荐意见，但须征求项目施工所在地省级交通运输主管部门与省级安全生产监督管理部门的意见。

四、冠名申报资料

(一)《公路水运建设项目“平安工程”申报表》;

(二)项目立项批文、施工许可证等复印件，已经完成交工验收的应附验收报告(证书)复印件;

(三)施工企业法人营业执照、资质证书、安全生产许可证、项目经理执业资格证书、专职安全管理人员(包括项目经理、副经理、总工和专职安全员)安全生产考核合格证书、总监理工程师执业资格证书及总监理工程师和安全监理工程师的施工安全监理培训考试合格证书等复印件;特种设备使用台账、特种作业人员台账及相关资格证书等复印件;

(四)反映工程项目开展平安工地建设活动的基本情况，包括项目特点、主要业绩、具体做法、突出经验、考核评价结果以及相关证明文件材料(字数2000字以内，含电子文档);材料还应包括桥隧工程施工安全风险评估制度执行的相关证明材料，施工安全生产活动状况的彩色照片册，以及附解说词的项目安全生产介绍光盘(时间不超过10分钟)。

申报单位应对申报资料的真实性负责。

五、冠名审核依据

(一)《建设工程安全生产管理条例》;

(二)《公路水运工程安全生产监督管理办法》;

(三)《公路水运工程平安工地考核评价标准(试行)》;

(四)国家、交通运输部有关施工安全生产法律法规以及强制性标准。

六、冠名审核方式

冠名前应采取专家会审与现场复核相结合的方式进行审核，并通过联合审定后确定冠名项目名单。

(一)专家会审。会审专家组从交通运输部施工安全管理专家库和安全监管总局专家库中选取专家组成。可能影响评审工作公正性的专家应当回避。

会审专家组按照冠名审核依据，对申报资料进行审查与评价，提出“平安工程”候选项目建议，需要现场进一步复核的应提出复核项目名单。

（二）现场复核。根据专家会审意见，需要现场复核的项目由交通运输部工程质量监督局组织现场抽查，提出现场复核抽查意见。

（三）联合审定。交通运输部工程质量监督局与安全监管总局监管二司对评审专家组的评审意见进行联合审定，经审定通过的项目，可作为“平安工程”候选项目向社会公示，公示期一周。

七、冠名方式

公示无异议的候选项目，交通运输部与安全监管总局联合发文冠名，对主要的参建单位授予“平安工程”证书。

企业获得公路水运建设项目“平安工程”冠名，可作为企业安全生产信用良好证明。

八、冠名工作要求

“平安工程”冠名是对建设项目安全生产过程管理状况良好的综合评价，原则上每年组织一次，每年 9 月 30 日为向部申报的截止时间。

申报单位要坚持实事求是，不得弄虚作假，对违反者，视情节轻重给予批评，直至撤销其申报参评资格。以不正当手段骗取冠名的，一经查实立即撤销冠名，追回证书，并作为不良信用予以记录。

评审专家及工作人员要秉公办事，廉洁自律，保守秘密，不得自行对外透露评审结果。对违反纪律者，视情节轻重给予批评直至撤销其参加评审工作资格，清退出专家库。

附件：公路水运建设项目“平安工程”申报表（略）

14. 交通运输部关于开展公路水运工程平安工地考核评价工作的通知

（2012 年 12 月 5 日　交通运输部　交质监发〔2012〕679 号）

各省、自治区、直辖市、新疆生产建设兵团交通运输厅（局、委），上海市、天津市交通运输和港口管理局，天津市市政公路管理局，长江航务管理局，长江口航道管理局，中国交通建设集团有限公司：

2010 年 3 月部决定开展公路水运工程“平安工地”建设活动以来，各地不断创新安全监管工作方法，总结安全监管工作经验，陆续组织创建“平安工地”达标验收工作，成效明显。按照《国务院关于进一步加强企业安全生产工作的通知》（国发〔2010〕23 号）和《国务院关于坚持科学发展安全发展促进安全生产形势持续稳定好转的意见》（国发〔2011〕40 号）的要求，为强化安全管理，规范从业行为，落实安全责任，深入推进“平安工地”建设，建立行业安全监管长效机制，有效预防生产安全事故发生，经研究，部决定开展公路水运工程“平安工地”考核评价工作。现将有关事项通知如下：

一、考核评价标准及范围

（一）开展“平安工地”考核评价是行业安全监管工作的重要抓手。部在总结各地经验和做法基础上，制定了《公路水运工程“平安工地”考核评价标准（试行）》（以下简称《标准》，见附件），各级交通运输主管部门应遵照执行。各省可根据本地区工程特点和监管重点，在《标准》的基础上细化考核内容。

（二）高速公路和大型水运工程项目应开展“平安工地”考核评价工作，其它公路水运工程可参照执行。

二、考核评价程序

（一）考核评价遵循“分级管理、属地负责”的原则，交通运输部负责对全国公路水运工程“平安工地”考核评价工作的指导，对高速公路和大型水运工程项目考核评价结果进行汇总、分析、公示和抽查。各地交通运输主管部门依据《标准》，负责对直接监管的工程项目组织开展“平安工地”考核评价工作，对不达标的工程项目挂牌督办，督促落实整改。考核评价分为示范、达标、不达标三个等级。

（二）工程项目开工前，建设单位应按照《标准》规定内容，认真组织开展项目安全生产条件核查，提出核查意见，并向负责监管的交通运输主管部门备案。严禁安全生产条件不满足要求的工程项目开工建设。

（三）工程项目施工期间，交通运输主管部门应按照《标准》，结合日常安全检查，开展“平安工地”考核评价工作。公路水运工程“平安工地”考核评价原则上每年组织一次。

（四）工程项目交工验收前，交通运输主管部门应按照《标准》，组织开展工程项目“平安工地”考核评价，提出工程项目安全生产管理状况的考核评价意见，将从业单位的考核评价结果纳入企业安全生产信用记录。

（五）各省级交通运输主管部门应建立完善“平安工地”考核评价工作制度，落实专人负责档案、资料收集整理。每年 12 月 1 日前，应将高速公路及大型水运工程“平安工地”考核评价结果报交通运输部，部将适时抽查，对达到示范等级的工程项目予以公布。

三、创建“平安工地”的要求

（一）建设单位应落实安全生产责任，加强组织领导，改善安全生产条件，保证安全生产费用，对“平安工地”创建达标负总责。建设单位应建立完善考核评价和奖惩制度，加强过程监督检查和隐患排查治理，及时督促整改安全隐患，对创建工作和隐患整改不力的单位应予以处罚。按照《标准》规定内容，每半年对所有施工和监理合同段组织一次“平安工地”考核评价，建立考核评价台账，发现问题应限期整改。建设单位应建立和完善“平安工地”档案管理制度，对施工和监理单位的考核评价记录及结果应存档，并将评价结果向负责监管的交通运输主管部门备案。

（二）施工单位应以创建“平安工地”为安全管理目标，强化科学管理，对本合同段创建“平安工地”及考核评价结果负主体责任。施工单位应建立健全安全生产保证体系，保证安全生产条件，落实安全生产责任，编制专项施工方案，开展风险预控。按照《标准》，经常性地开展安全生产自查和安全隐患排查，每月应至少组织一次全面自查，重点检查“平安工地”建设情况、安全管理及工程现场安全生产情况，及时消除安全管理中的薄弱环节。自查考核评价结果应存档，并向监理和建设单位报备。

（三）监理单位应将创建“平安工地”作为安全监理的主要内容，严格执行安全检查、巡查和督促整改，强化专项施工方案的审查审批，定期开展安全隐患排查，发现问题及时督促整改，确保“平安工地”建设要求落到实处。按照《标准》规定内容，每季度对监理范围内各施工合同段独立开展考核评价，复核施工单位自查考核评价结果。同时，对本监理合同段进行自查考核评价。监理单位的考核评价结果应存档，并向建设单位报备。

四、考核评价结果应用及要求

（一）各地交通运输主管部门应结合本地实际情况，制定“平安工地”考核评价奖惩措施，建立考核评价结果与招投标管理联动机制。

（二）在各地交通运输主管部门考核评价基础上，部将选择确定部级“平安工地”提名示范项目。

（三）交通运输主管部门应约谈考核评价不达标建设单位的负责人，督促其限期整改，直至达标。

（四）考核评价不达标的施工合同段，必须立即整改，存在重大安全隐患的施工作业面，必须停工整改，整改完成后重新组织考核评价。复查仍不达标的施工合同段应全部停工整改，交通运输主管部门应对复查不达标的施工合同段挂牌督办、约谈施工企业总部负责人，或责成建设单位对复查不达标的施工合同段更换项目经理，并将相关单位考核评价结果纳入企业安全生产信用记录。

（五）考核评价不达标的监理合同段，必须立即整改，整改完成后要重新组织考核评价。复查仍不达标的监理合同段，交通运输主管部门应督促建设单位挂牌督办，责成建设单位对复查不达标的监理合同段更换监理负责人，并将相关单位考核评价结果纳入企业安全生产信用记录。

（六）工程项目实施期间，考核期内发生1起一般生产安全责任事故，负有事故责任的施工合同段不能评为示范等级；发生2起一般或1起较大及以上生产安全责任事故，负有事故责任的施工合同段直接评为不达标等级。

（七）公路水运工程“平安工地”考核评价工作及《标准》自本通知发布之日起施行。

各地交通运输主管部门要高度重视“平安工地”考核评价工作，切实加强领导，结合本地区工程实际，认真组织实施，对考核评价过程中发现的问题及时报部。

附件：《公路水运工程“平安工地”考核评价标准》（试行）（略）

15. 公路水运工程生产安全事故应急预案

(2011 年 1 月 11 日　交通运输部　交质监发〔2011〕6 号)

1　总则

1.1　编制目的

为切实加强公路水运工程生产安全事故的应急管理工作,建立完善应急管理体制和机制,提高事故预防与应对的能力,最大限度减少人员伤亡和财产损失;并指导地方交通运输主管部门和公路水运工程参建单位建立应急管理体系和编制应急预案,满足有效应对生产安全事故的需要,保障公路水运工程建设顺利实施,制定本预案。

1.2　编制依据

1.2.1　法律法规及规章制度

(1)《中华人民共和国突发事件应对法》(2007 年 11 月 1 日施行);

(2)《中华人民共和国安全生产法》(2002 年 11 月 1 日施行);

(3)《中华人民共和国公路法》(2004 年 8 月 28 日施行);

(4)《中华人民共和国港口法》(2004 年 1 月 1 日施行);

(5)《中华人民共和国航道管理条例》(1987 年 10 月 1 日施行,2008 年 12 月 27 日修订);

(6)《建设工程安全生产管理条例》(2004 年 2 月 1 日施行);

(7)《生产安全事故报告和调查处理条例》(2007 年 6 月 1 日施行);

(8)交通运输部《公路水运工程安全生产监督管理办法》(交通部令 2007 年第 1 号,2007 年 3 月 1 日施行);

(9)国家安全生产监督管理总局《生产安全事故应急预案管理办法》(2009 年国家安全生产监督管理总局第 17 号令,2009 年 5 月 1 日施行)。

1.2.2　相关应急预案

(1)《国家突发公共事件总体应急预案》(2006 年 1 月 8 日发布);

(2)《国家安全生产事故灾难应急预案》(2006 年 1 月 22 日发布);

(3)《国家海上搜救应急预案》(2009 年 3 月 9 日发布);

(4)交通运输部《公路交通突发事件应急预案》(2009 年 5 月 12 日发布);

(5)交通运输部《水路交通突发事件应急预案》(2009 年 1 月 5 日发布);

(6)交通运输部《交通运输行业突发公共事件新闻宣传应急预案》(2009 年 2 月 17 日发布)。

1.3　事故分级

公路水运工程生产安全事故,是指在列入国家或地方基本建设计划的公路水运基础设施新建、改建、扩建、拆除和加固活动中发生的生产安全事故。事故按照人员伤亡、涉险人数、经济损失等因素，一般分为四级：特别重大（Ⅰ级）事故、重大（Ⅱ级）事故、较大（Ⅲ级）事故和一般（Ⅳ级）事故。事故等级确定标准见表1。

公路水运工程生产安全事故等级标准 表1

事故级别	死亡失踪人数	涉险人数	重伤（或急性中毒）人数	经济损失（万元）
特别重大（Ⅰ级）	30及以上	30及以上	100及以上	10 000及以上
重大（Ⅱ级）	10～29	10～29	50～99	5 000～10 000之间
较大（Ⅲ级）	3～9	3～9	10～49	1 000～5 000之间
一般（Ⅳ级）	1～2	1～2	1～9	1 000以下

1.4 适用范围

本预案适用于我国境内或管辖水域发生的（除香港、澳门特别行政区外），涉及跨省级行政区域或超出事发地省级交通运输主管部门处置能力的公路水运工程生产安全事故，或由国务院责成的、需要由交通运输部处置的特别重大（Ⅰ级）事故。

本预案指导地方交通运输主管部门和公路水运工程项目参建单位建立应急管理体系和编制应急预案。

1.5 工作原则

（1）以人为本、安全第一，居安思危、预防为主。应急管理工作要保障工程人员和其他群众的生命财产安全，以最大限度地减少人员伤亡为首要任务。应急管理工作坚持预防与应急相结合，以预防为主，积极实施施工安全风险评估，加强应急培训和演练，做好应对事故的各项准备工作。

（2）条块结合，属地为主，政府领导、各司其职。在交通运输部统一领导和组织指导下，各省交通运输主管部门负责本辖区内的公路水运工程生产安全事故应急管理工作。现场救援工作在各级人民政府的统一领导下，由各级交通运输主管部门具体负责，充分发挥行业的技术优势和协调作用，依法指挥事故救援，组织、参与调查处理和对外新闻发布工作。公路水运工程项目建设、施工、监理等参建单位应服从现场指挥，配合事故救援、调查处理工作。

（3）整合资源、协同配合，科学应对、快速高效。加强公路水运工程应急救援技术的研究开发，建立应急咨询专家库，提高应急决策水平和指挥协调能力。加强与当地有关部门和专业应急救援队伍密切协作，建立应急处置的联动协调机制。加强建设、施工、监理等参建单位兼职应急救援队伍建设，提高自救、互救和应对各类生产安全事故的能力，形成快速高效的应急反应机制。

1.6 预案体系

（1）总体预案：交通运输部公路交通突发事件应急预案与水路交通突发事件应急预案。本层级的两预案作为我国公路和水路交通运输领域突发事件的部门总体预案，由交通运输部制定并公布实施，并报国务院备案。

（2）专项预案：交通运输部公路水运工程生产安全事故应急预案。本预案是在《公路交通突发事件应急预案》和《水路交通突发事件应急预案》框架下的专项应急预案，是我国公路水运工程生产安全应急预案体系的总纲及行业指导预案，是交通运输部应急处置全国公路水运工程生产安全事故的基本程序和组织原则，是交通运输部应对特别重大（Ⅰ级）事故的规范性文件，由交通运输部制定并公布实施。

（3）地方预案：地方交通运输主管部门公路水运工程生产安全事故应急预案。本层级预案分别由省、市、县级交通运输主管部门按照相关法律法规以及交通运输部制定的公路水运工程生产安全事故应急预案的要求，为及时应对辖区内发生的公路水运工程生产安全事故而制订的应急预案，由地方交通运输部门制订并公布实施，报上级交通运输主管部门备案。

（4）项目预案：公路水运工程建设项目生产安全事故应急预案。本层级预案包括项目总体应急预案、合同段应急预案（包括现场处置方案）、危险性较大工程的专项应急预案。在项目开工前，按照交通运输部及地方公路水运工程生产安全事故应急预案的要求，建设单位根据自然环境、工程规模和自身条件，制定本项目总体应急预案；施工单位根据建设单位的总体预案，结合工程特点、施工工艺、地质、水文和气候等实际情况，编制合同段应急预案，以及危险性较大工程的专项应急预案，经监理单位审查后报建设单位备案。

2 组织体系及职责

2.1 应急组织体系构成

公路水运工程生产安全事故应急组织体系由国家部门级（交通运输部）、地方部门级（省、市、县三级交通运输主管部门）、项目级（各公路水运工程项目参建单位）三级应急组织机构构成。

2.2 国家部门级应急组织机构

2.2.1 机构构成

国家部门级应急组织机构由应急领导小组及办公室、应急工作组、技术专家组等构成。日常状态下的应急管理工作由应急工作领导小组办公室具体负责。应急状态下，视情况可设立现场督导组，前往事故现场依法组织、参与事故应急处置工作。

国家部门级应急组织机构负责指导和协调各级交通运输主管部门开展公路水运工程生产安全应急管理工作。应急组织体系如图1所示。

2.2.2 应急领导小组

应急领导小组由交通运输部部长任组长，主管副部长、安全总监任副组长，安监司、办公厅、政法司、科技司、公路局、水运局、搜救中心、质监总站、海事局、救捞局等相关业务司局主要领导为成员。领导小组应急状态下的主要职责包括：

（1）决定启动或终止特别重大（Ⅰ级）事故应急响应，并向省级交通运输主管部门宣布进入或解除应急状态；

（2）负责统一领导特别重大（Ⅰ级）事故的应急处置工作，发布指挥调度命令，并督促检查执行情况；

（3）负责协调省际之间工程应急资源和应急人员的调度指挥；

（4）根据国务院要求或应急处置需要，指定成立现场督导组，并派往事故现场指导、协调应急处置工作；

（5）当事故应急工作由国务院统一指挥时，应急领导小组按照国务院的指令，执行相应的

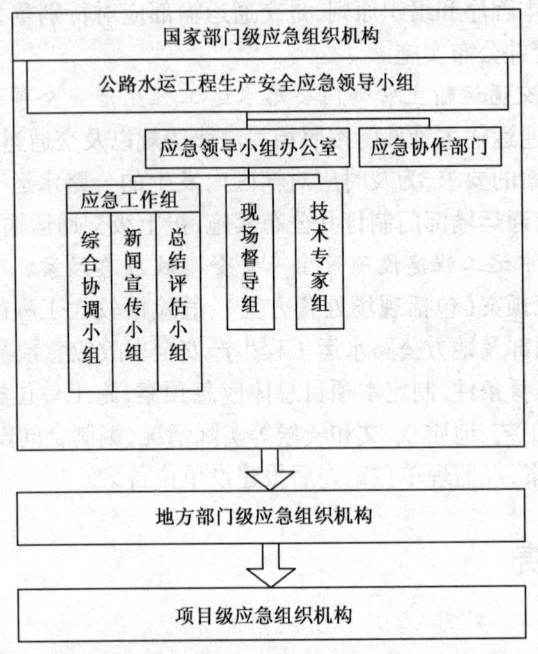

图1　公路水运工程生产安全事故应急组织体系图

应急行动；

（6）其他相关重大事项。

2.2.3　应急领导小组办公室

应急领导小组办公室作为日常状态下的施工安全应急管理常设机构，具体职责由质监总站和相关部门承担。质监总站主管副站长任办公室主任，质监总站工程安全处以及相关司局业务处室领导任办公室成员。

日常状态下，应急领导小组办公室负责拟定公路水运工程安全生产的管理规定；指导公路水运工程施工安全生产和应急管理，发布公路水运工程安全生产应急预案；承担公路水运工程建设领域生产安全事故信息收集处理，以及建设安全生产统计分析工作；组织公路水运工程安全生产应急培训和演练；参与对重大工程质量和生产安全事故的调查处理；承办应急领导小组交办的其他工作。

应急状态下，应急领导小组办公室直接对部应急领导小组负责，具体承办事故预警、应急响应、现场处置等信息的接收与分析，并提出相关建议，传达并执行应急领导小组决定。协助其他应急工作小组完成有关工作。

2.2.4　应急工作组

应急工作组在应急领导小组决定启动I级事故应急响应时自动成立。由交通运输部内相关司局共同组建，在应急领导小组统一领导下承担应急处置工作。应急工作组由三个小组组成。

综合协调小组：由办公厅主任任组长，质监总站、安全监督司分管领导任副组长，由办公厅、安全监督司、科技司、公路局、水运局、质监总站、搜救中心、海事局、救捞局、通信中心等相关处室人员组成。负责保持与各应急工作小组的信息沟通与工作协调，负责与各应急协作部门的沟通联系；负责应急响应和应急处置过程中的网络、视频、通信等保障工作；搜集、分析、汇总应急工作情况,起草重要报告、综合类文件,并统一上报党中央、国务院和其他相关部门;承办应急领导小组交办的其他工作。

新闻宣传小组:由政策法规司司长任组长,政策法规司分管副司长任副组长,由政策法规司相关处室人员及新闻办联络员组成。按照交通运输部《交通运输行业突发公共事件新闻宣传应急预案》要求,负责收集、处理相关新闻报道;按照应急领导小组要求,及时准确发布权威信息,向社会通报事故情况及应急处置工作进展情况,正确引导社会舆论;组织有关新闻媒体宣传报道应急处置工作中涌现出的先进事迹与典型;指导地方应急管理机构新闻发布工作;承办应急领导小组交办的其他工作。

总结评估小组:由质监总站站长任组长,由其他应急工作小组、技术专家组、部直属科研单位有关人员组成。负责跟踪应急处置,对应急处置方案、措施及效果等进行评估,提出改进建议;对应急工作的经验与教训进行总结,并向应急领导小组提交事故应急评估报告;应急工作结束后,对预案体系、组织体系、运行机制及危机公关等进行系统性评估,提出完善应急工作的意见和建议;承办应急领导小组交办的其他工作。

综合协调小组在应急领导小组决定终止Ⅰ级事故应急响应时自动解散;总结评估小组、新闻宣传小组在相关工作完成后,由应急领导小组宣布解散。

2.2.5　现场督导组

现场督导组是由应急领导小组按照国务院安委办要求,或发布公路水运工程Ⅰ级事故响应时,或根据地方交通运输主管部门请求,负责组织成立,派往事发地的临时机构。

现场督导组职责:由应急领导小组指定成立,应急领导小组办公室负责联络。按照国务院的统一部署,参与地方人民政府组织的事故应急处置工作,并及时向应急领导小组报告现场有关情况;组织技术专家开展现场督导,提供工程建设方面的技术支持,防止事态扩大或发生衍生事故;从行业角度分析事故原因,总结经验教训,为事故调查提供技术分析报告;必要时向应急领导小组请求调用国家专业应急救援队伍;承办应急领导小组交办的其他工作。

当国务院统一组建现场工作机构时,交通运输部应派出部级领导参加;当国务院其他部门统一组建现场工作机构时,交通运输部应派出司局级领导参加。

党中央、国务院或交通运输部领导同志批示的生产安全事故,交通运输部应按批示要求,由部级或司局级领导组成或参加现场督导组,赶赴现场开展督导工作。当地方交通运输主管部门请求,或事故有扩大趋势,或现场救援有困难时,由司局级领导组成或参加现场督导组,赶赴现场开展督导工作。

2.2.6　技术专家组

应急领导小组办公室负责组建技术专家组。技术专家组是由公路水运工程领域科研、勘察、设计、施工、监理、检测、监督、法律、安全等方面专家组成的临时咨询机构,其主要职责如下:

(1)开展公路水运工程安全生产事故应急咨询服务工作,为应急领导小组决策提供咨询和建议,参与拟定公路水运工程应急管理制度与预案;

(2)提供公路水运工程生产安全事故应急处置工作的技术支持;

(3)在现场督导组的统一指挥下,预测事态发展趋势,研究事故救援和处置办法,分析事故原因,评估事故损失和提出恢复重建方案等相关建议;

(4)在总结评估组的统一协调下,负责对事故应急总结评估提供专家咨询意见。

2.2.7　应急协作部门

公路水运工程生产安全事故预警和应急处置，需要有关部门积极配合和共同实施。在特别重大（Ⅰ级）事故应急响应中，应急领导小组根据事故特征，在国务院应急管理机构统一领导下，协调安监、公安、卫生、消防、水利、气象、国土、环保、地震等相关部门参加应急协作，各部门的应急任务分工据其职责而定。

武警交通部队作为国家公路水运工程生产安全事故专业应急队伍，其参与事故应急救援工作按照国家有关规定执行。

2.3　地方部门级应急组织机构

地方部门级应急组织机构按照“分类管理、分级负责、属地管理”的国家应急管理体制及本预案的要求，由省、市、县三级交通运输主管部门分别组成本级交通应急组织机构和组织体系，明确相关职责，落实责任人员，并在本级人民政府的领导下，会同本级相关职能部门，建立应急管理预警机制和救援协作机制。

地方部门级应急组织机构，应根据建设安全监管职责及本级应急预案要求，依法组织或参与公路水运工程生产安全事故现场抢险救援和事故调查处理等工作，指导下一级应急组织机构开展公路水运工程生产安全事故应急管理工作。

2.4　项目级应急组织机构

项目级应急组织机构由项目建设单位牵头，施工、监理等单位参加，负责事故现场的先期应急处置，配合本地应急组织机构进行现场救援、事故调查，开展应急总结评估及组织恢复重建等工作。

2.4.1　项目建设单位

项目建设单位应建立本项目应急组织机构，制定本项目生产安全事故总体应急预案，并组织本项目应急演练；组织开展事故应急知识培训和应急宣传工作；负责联络气象、水利、地质等相关部门，协助项目施工单位提供预测预警信息；对施工、监理单位的应急工作进行督促检查；发生生产安全事故后，及时组织、协调、落实各参建单位用于应急抢险救援的物资、设备和人员，听从交通运输主管部门指挥，配合安监、公安、消防、卫生等部门开展现场救援，控制事故的蔓延和扩大，并保护事故现场；按规定向有关交通、安监等部门报送事故情况，配合事故调查、分析和处理等工作，开展应急总结及组织恢复重建工作。

2.4.2　项目施工单位

项目施工单位应结合项目总体应急预案，制定有针对性和衔接性的本合同段应急预案（包括现场处置方案），建立本合同段应急组织机构，组建兼职应急救援队伍；配备必要的应急救援物资及装备；每年至少组织本合同段员工开展一次及以上应急演练和应急知识培训；发生生产安全事故后，按规定向有关部门报送事故情况，立即组织开展自救并保护事故现场；需紧急救援时，应及时向当地交通、公安、消防、卫生等相关部门报告请求；配合事故调查、分析和处理工作，组织开展应急总结及恢复重建工作。

危险性较大工程的桥梁、隧道和大型水上结构工程，以及存在潜在危险的作业区（易发生山体崩塌、滑坡、泥石流，存在有害气体突出的施工环境），项目施工单位应按规定编制专项安全施工方案，开展施工安全风险评估，制订相应的专项应急预案，并向操作人员进行专项方案的宣贯和交底工作。施工单位对准备进入上述作业区的操作人员进行风险告知。

当项目发生生产安全事故后,相邻合同段施工单位应在建设单位的统一指挥下,积极参与现场互救,并采取措施加强本合同段安全防范。

2.4.3　项目监理单位

项目监理单位根据项目总体应急预案,建立本单位的应急组织机构,参与项目的应急演练,对现场监理人员开展应急知识培训,配备必要的安全防护用品。

项目监理单位应审查各施工单位的合同段应急预案(包括现场处置方案);监督专项安全施工方案的实施;开展日常施工现场安全检查,对危险性较大的工程应进行重点巡查,对发现的安全事故隐患及时责令改正;发现事故时,及时向有关部门报告事故情况,配合事故调查、分析和处理工作;审核项目安全生产专项费用使用情况,检查施工单位应急救援物资、设备的到位以及应急知识培训情况,参与建设单位和施工单位组织的应急演练。

2.5　协同工作机制

2.5.1　工作联络

交通运输部建立施工安全应急联络员制度,加强信息沟通,相互配合,形成协同工作机制。

省级交通运输主管部门应确定本地区施工安全应急联络员,由负责施工安全应急管理的处室领导担任,同时确定一名具体工作人员作为联系人,协助联络员开展工作。工作联系表见附件1。交通运输部内各相关司局应明确一名联络员,方便日常状态下的信息流转工作,工作联系表见附件2。

2.5.2　预案联动

各级交通运输主管部门与项目参建单位之间的应急预案应相互衔接,在组织体系设置、运行机制、预案管理和危机公关等方面应协调一致,当上一级应急预案启动响应时,下级预案应加强协调配合,形成行业联动。项目应急预案的基本结构和要点见附件3。

3　运行机制

3.1　预警预防机制

预警预防是通过预测气象灾害(台风、风暴潮、冰雹、暴雨、洪水、暴雪、沙尘暴、海啸等恶劣气象)、地质灾害(地震、山体崩塌、滑坡、泥石流等灾害),以及评估项目设计施工安全风险等方式,收集相关信息并进行分析判断,发布自然灾害类或安全事故类预警信息,提前采取预防措施。

安全事故类预警信息由应急领导小组办公室负责收集、整理,并定期通报。自然灾害类预警信息由中国海上搜救中心、公路路网中心或水路交通应急指挥中心对外预警和公布。

3.1.1　信息来源

预警信息来源主要包括:

(1)公共信息部门:依托信息发布媒体,收集公共信息部门(包括气象、国土、环保、水利、地震等)提供的有关自然灾害、地质灾害类专业实测和预报信息;

(2)国务院及其他政府部门:依托政府办公信息网络及信息通报制度,收集来自国务院应

急办及其他政府部门(安全生产监管总局)通报的重大生产安全事故的相关信息;

(3)中国海上搜救中心、公路路网中心与水路交通应急指挥中心:依托三个中心建立的预警支持系统,收集区域性重大自然灾害类交通运输预警信息;

(4)地方交通运输主管部门:依托交通运输部施工安全生产信息管理系统,收集地方交通运输主管部门上报的公路水运工程施工安全事故类预警信息。

(5)项目建设单位:依托备案的项目总体应急预案,收集项目重大风险源分布情况,根据项目局地天气、地质情况,结合施工安全风险评估及动态监测情况,进行分析判断后形成工程预警信息。

3.1.2 预警支持系统

公路水运工程事故预警支持系统由项目安全督查分析系统、重大风险源信息及评估系统、生产安全事故信息报送及统计分析系统等组成,由应急领导小组办公室负责组织本系统的建设、维护、更新与共享工作。

自然灾害类交通运输预警信息,可从中国海上搜救中心、公路路网中心、水路交通应急指挥中心分别建立的预警支持系统中获取,最大限度地实现信息共享。

3.1.3 预警级别

可预警的自然灾害类交通运输预警级别由高到低划分为Ⅰ级预警(特别严重)、Ⅱ级预警(严重)、Ⅲ级预警(较重)和Ⅳ级预警(一般),分别用红色、橙色、黄色和蓝色来表示。交通运输部负责Ⅰ级预警的启动和发布,地方交通运输主管部门根据各自的职责,负责Ⅱ级及以下预警的启动和发布。划分标准分别执行《公路交通突发事件应急预案》或《水路交通突发事件应急预案》确定的预警分级标准。

安全事故类预警不设定级别。根据已发生的或潜在的生产安全事故特点,预测对其他公路水运工程施工安全可能造成的危害程度、紧急程度和发展态势,交通运输部定向发布预警信息。

3.1.4 预警方式

自然灾害类交通运输预警,按照中国海上搜救中心、公路路网中心、水路交通应急指挥中心的统一部署要求执行。当交通运输部启动公路、水运工程突发事件Ⅰ级预警时,本预案自动启动,不另行发布预警信息。当地交通运输主管部门接收到Ⅰ级预警时,对可能涉及的公路水运工程项目施工现场,应督促项目参建单位立即开展预警。

安全事故类预警,实行向行业定期通报施工安全形势,以及向个别地区与企业定点预警的两种方式。根据全国公路水运工程建设情况,结合项目的督查评价数据以及事故统计分析规律进行定期通报,分析施工安全形势,预测事故高发类型;对事故频发的地区与企业,有针对性进行重点预警和重点跟踪。

3.1.5 预防工作

3.1.5.1 各级交通运输主管部门预防工作

各级交通运输主管部门应建立与气象、国土、水利、地震、环保等部门的联系渠道,定期开展预警信息接收、转发和预防工作,提前防范由自然灾害引发的生产安全事故。

各级交通运输主管部门应做好与本级安全监督管理部门的信息通报工作,及时把相关信息传达到本地区的项目建设单位。在预警预防过程中,如发现事态扩大,超过本级交通运输主管部门处置能力,应及时上报本级人民政府和上一级交通运输主管部门,提出相关请求,建议提高预警级别。

各级交通运输主管部门应了解本辖区内的重大建设项目安全风险评估情况，审核其项目总体应急预案，掌握本辖区内的主要安全风险分布情况，并督促项目参建单位落实施工过程监控职责。

3.1.5.2　项目参建单位预防工作

项目建设单位应主动跟踪、接收自然灾害预警信息，并督促施工单位对预警信息进行认真分析，判定可能的事故等级，及时督促施工单位调整现场处置方案。超过本项目处置能力时，应提前做好人员撤离和财产转移工作，并上报有关部门提出相关请求。

施工单位应根据预警信息及时调整施工计划，提前进行必要的人员培训和预案演练，增设必要的安全防护设施，做好各项预防工作，监理单位应就预防措施落实情况进行指导和监督。

在日常施工管理中，施工单位应对危险性较大工程的桥梁、隧道和大型水上结构工程以及存在潜在危险的作业区（易发生山体崩塌、滑坡、泥石流，存在有害气体突出的施工环境）开展安全风险评估，加强监控量测，采取合理的防范措施。

3.2　应急响应

3.2.1　事故信息报送

生产安全事故发生后，事发地施工单位应立即向建设单位、项目主管交通运输主管部门和当地安全监督管理部门报告，并上报至地方人民政府及有关部门，必要时可以越级上报。事发地省级交通运输主管部门应按照《交通运输行业建设工程生产安全事故统计报表制度》要求，向部质监总站报告。同时，对于造成或可能造成10人（含）以上死亡或失踪，或5 000万元以上直接经济损失的事故应按照《交通运输突发事件信息报告和处理办法》有关规定，报部应急值守机构即中国海上搜救中心总值班室，由其处理后报部领导和相关司局。

有关涉水险情发生后，事发地施工单位立即向当地水（海）上搜救机构、海事部门报告。当发生重大（Ⅱ级）以上水（海）上险情时，向当地水（海）上搜救中心、海事部门报告的同时向中国海上搜救中心报告。事故报送流程见图2。

3.2.2　应急响应

3.2.2.1　分级响应

公路水运工程生产安全事故应急响应分为Ⅰ、Ⅱ、Ⅲ、Ⅳ四级，具体等级划分情况见表2。

交通运输部负责Ⅰ级应急响应的启动和实施，事发地省级交通运输主管部门及事发项目参建单位予以配合。

地方交通运输主管部门按照相关要求，分级负责Ⅱ、Ⅲ、Ⅳ级应急响应，具体的响应程序由地方交通运输主管部门参照Ⅰ级应急响应程序，结合本地区实际自行确定。各级交通运输主管部门应急管理机构在启动和实施本级应急响应的同时，应将应急响应情况报送上一级交通运输主管部门。应急领导小组办公室应密切关注事态发展，做好应急准备；并根据事态进展，如需要，按有关规定报告国务院。

超出其应急处置能力时，报请上一级交通运输主管部门，启动上一级应急预案实施救援。

3.2.2.2　应急响应程序

Ⅰ级应急响应按下列程序和内容启动，具体响应及处置流程见图3。

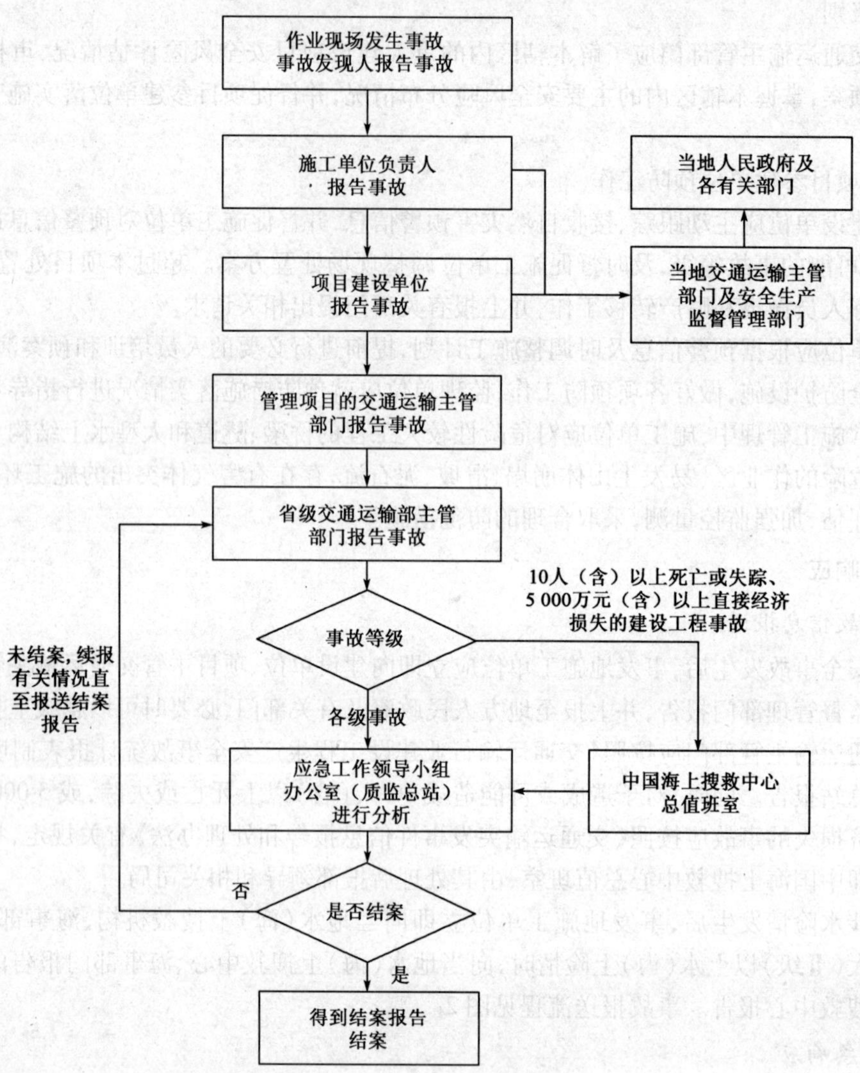

图2　公路水运工程安全生产事故信息报送流程图

公路水运工程安全生产事故应急响应等级划分　　　　表2

响应级别	对应的自然灾害类预警级别	事故发生后可能后果
Ⅰ级	Ⅰ级	死亡(失踪)30 人及以上； 涉险 30 人及以上； 可能造成 100 人及以上重伤(或急性中毒)； 经济损失达 10 000 万元及以上
Ⅱ级	Ⅱ级	死亡(失踪)10～29 人； 涉险 10～29 人； 可能造成 50～99 人重伤(或急性中毒)； 经济损失达 5 000 万元～10 000 万元之间

续上表

响应级别	对应的自然灾害类预警级别	事故发生后可能后果
Ⅲ级	Ⅲ级	死亡(失踪)3~9人； 涉险3~9人； 可能造成10~49人重伤(或急性中毒)； 经济损失达1 000万元~5 000万元之间
Ⅳ级	Ⅳ级	死亡(失踪)1~2人； 涉险1~2人； 可能造成1~9人重伤(或急性中毒)； 经济损失达1 000万元以下

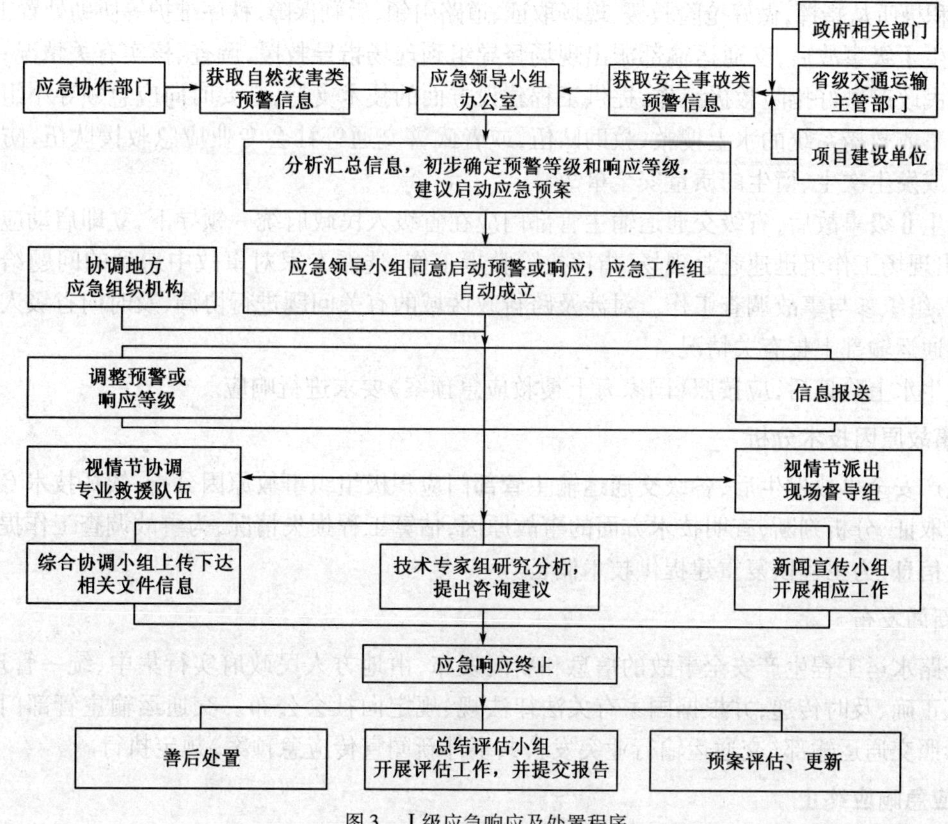

图3　Ⅰ级应急响应及处置程序

(1)应急领导小组办公室对事故信息进行分析，满足Ⅰ级应急响应的，或者接到国务院责成处理的公路水运工程生产安全事故，应立即向应急领导小组报告，提出启动Ⅰ级应急响应的建议；

(2)应急领导小组在2小时内决定是否启动Ⅰ级应急响应，如同意启动，签发启动指令并宣布启动Ⅰ级应急响应，由新闻宣传小组向社会公布Ⅰ级应急响应文件；

(3)Ⅰ级应急响应启动后，应急领导小组通知事发地省级应急领导机构。并根据事故情况派出现场督导组，赴现场指导应急救援工作；各应急工作小组自动成立；

(4)Ⅰ级应急响应启动后，各应急工作小组立即启动24小时值班制，由事发地省级应急工作机构直接向应急领导小组办公室及时续报事故信息，并按照“零报告”制度，形成每日情况简报，情况紧急时应随时上报；

(5)各应急工作小组按照本预案要求，开展应急工作；

(6)协调落实其他有关事项。

3.3 应急处置

事故发生后，事发地项目施工单位应按规定上报事故，并立即启动本合同段应急预案。在公安、消防、卫生等专业抢险力量到达现场前，项目建设单位应立即启动本项目总体应急预案，立即组织有关应急救援队伍和工作人员营救遇险人员，疏散、撤离、安置受到威胁的人员，控制危险源，标明危险区域，封锁危险场所，并采取其他防止危害扩大的必要措施，妥善保管有关物证，并按照规定及时报告。当上级政府、部门负责现场指挥救援工作时，项目建设、施工、监理等单位应积极听从指挥，做好抢险救援、现场取证、道路引领、后勤保障、秩序维护等协助处置工作。

发生Ⅰ级事故后，交通运输部派出现场督导组到现场指导救援，调查、核实有关情况；协助地方人民政府做好抢险救援工作，提供工程建设方面的技术支持，必要时向应急领导小组请求调用海事或救捞系统的水上搜救、救助队伍，或者武警交通等社会专业应急救援队伍，防止事态扩大或发生次生、衍生的质量安全事故。

发生Ⅱ级事故后，省级交通运输主管部门应在省级人民政府统一领导下，立即启动应急预案，派出现场工作组迅速赶赴现场，指挥抢险救援工作，选派专家对事故中遇到的问题给予技术支援，组织参与事故调查工作。对涉及跨行政区域的有关问题进行协调，及时向省级人民政府和交通运输部上报有关情况。

发生水上险情后，应按照《国家海上搜救应急预案》要求进行响应。

3.4 事故原因技术分析

生产安全事故发生后，各级交通运输主管部门应积极组织事故原因分析，依托技术专家进行调查取证、分析判断，查明技术方面的事故原因，估算工程损失情况，为事故调查工作提供相关专业信息，为工程恢复重建提供技术储备。

3.5 新闻发布

公路水运工程生产安全事故的信息和新闻发布，由地方人民政府实行集中、统一管理，确保信息正确、及时传递，并根据国家有关法律法规、规定向社会公布。交通运输主管部门相关职责参照交通运输部《交通运输行业突发公共事件新闻宣传应急预案》规定执行。

3.6 应急响应终止

3.6.1 应急响应终止条件

符合下列条件之一的，即满足应急终止条件：

(1)险情排除；

(2)现场抢救活动(包括人员搜救、处置等)已经结束；

(3)被困人员安全离开危险区域并得到良好安置。

3.6.2 应急响应终止程序

Ⅰ级应急响应满足终止条件时，由应急领导小组办公室向应急领导小组提出Ⅰ级应急响应终止建议；应急领导小组决定是否终止Ⅰ级应急响应状态，如确定终止响应，签署终止指令，并宣布解散有关应急工作小组。应急领导小组办公室通知有关单位。

Ⅱ、Ⅲ、Ⅳ级应急响应终止程序由地方交通运输主管部门参照Ⅰ级应急响应终止程序,结合本地区实际,自行确定。

3.7 善后处置

3.7.1 社会救助

(1)事发地各级交通运输主管部门配合当地人民政府,对因参加事故应急处理而致病、致残、死亡的人员,及时进行医疗救助;

(2)依据相关规定,对因事故造成生活困难、需要社会救助的人员,配合当地人民政府做好相关救助工作。

3.7.2 安抚家属

对在事故中伤亡的人员及家属,由当地人民政府按照国家有关规定进行安抚、抚恤及善后处理,各级交通运输主管部门以配合为主,做好相关人员的思想稳定工作,消除各种不利因素,确保社会稳定。

3.7.3 物资征用补偿

(1)公路水运工程生产安全事故物资征用由事发地人民政府负责,并按照国家有关规定进行补偿;

(2)对紧急调集、征用的有关单位及个人的物资在使用完毕或者应急工作结束后,应当及时返还。在调集、征用后被毁损、灭失的,应当按照规定给予补偿或补助。

3.8 总结评估

3.8.1 评估总体要求

Ⅰ级应急响应结束后,有关单位应分级编写应急工作总结和事故应急评估报告:

(1)省级交通运输主管部门、项目建设单位、监理单位、施工单位必须编写本单位应急工作总结,总结经验教训,并将应急过程的影像资料与文字资料经省级交通运输主管部门汇总后,于应急结束后的45个工作日内上报部质监总站;

(2)总结评估小组对事故应急救援工作进行评估,负责编写事故应急评估报告,评估应急工作开展情况,总结应急经验教训,提出应急工作改进建议,在应急终止后的60个工作日内提出事故应急工作评估报告,送应急领导小组审核。

Ⅱ、Ⅲ、Ⅳ级应急响应结束时,由参与应急工作的相关单位组织编写应急工作总结;Ⅱ、Ⅲ级应急响应结束后,相关应急管理机构还应编写应急工作评估报告,对应急经验教训加以总结,提出改进建议。

所有事故应急工作评估报告作为公路水运工程生产安全事故应急管理的重要资料存档备案。

3.8.2 评估目的和方法

通过评估,判断处理应急工作的质量和效率,发现存在的问题,总结经验教训,寻找有效的解决手段,为以后事故处置提供有效的借鉴信息;修订完善事故应急预案,进一步健全应急管理体系和运行机制。评估工作应坚持定性评估与定量评估相结合,以定性评估为主。

3.8.3 评估内容和程序

评估内容:

(1)事故起因、性质、影响、后果、责任;

(2)事故预警的及时和准确性、预防措施的有效性、应急决策的科学性、指挥和行动协调能力、应急保障能力、现场处置能力、危机公关能力、恢复重建能力;

(3)总结事故处置中的正面经验和负面教训。

评估程序:

(1)总结评估小组搜集评估信息;

(2)事故响应终止后,总结评估小组组织技术专家组召开评估会议,对评估信息汇总分析;

(3)技术专家组负责编写评估报告,并向总结评估小组提交评估报告。

4 应急保障

4.1 人力保障

公路水运工程应急救援队伍采取"专兼结合、联动反应"的机制开展应急保障工作。建设单位应发挥施工单位的自我救助能力,充分了解本项目可调配的应急救援人力和物力,建立兼职的抢险救援队伍和救援设备力量。武警交通部队和公安、消防、矿山、应急抢险、医疗急救等队伍是社会专业抢险救援队伍,是项目救援的重要后备力量,应按照有关规定调动使用。

各级交通运输主管部门要组织好公路水运工程生产安全事故技术专家和应急管理力量。

(1)技术专家力量:主要由从事科研、勘察、设计、施工、监理、检测、监督、法律、安全等专业的技术专家组成,工作职责参照部技术专家组的职责要求,自行确定。

(2)应急管理力量:主要由各级交通运输主管部门的有关人员组成,接受并执行同级人民政府和上级交通运输主管部门的应急命令、指示,组织各有关单位对生产安全事故进行应急处置,与有关单位进行协调及信息交换和新闻发布。

项目建设单位需要组织好公路水运生产安全事故抢险救援力量和应急管理力量。

(1)抢险救援力量:主要由施工单位、当地医疗机构组织的人员组成,负责事发现场第一时间的抢险、人员救护,防止事故扩大。

(2)应急管理力量:主要由项目建设单位的管理人员组成,接受并执行各级人民政府和交通运输主管部门的应急命令、指示,组织各项目参建单位对生产安全事故进行应急处置,与有关单位进行协调及信息交换。

4.2 财力保障

(1)按照《财政应急保障预案》有关规定,应急专项资金保障按照分级承担的原则,纳入本级人民政府财政预算,合理承担应急专项资金。各级交通运输主管部门应按规定使用和管理好应急专项资金和费用,编制应急资金年度预算,定期向同级政府或相关财政部门汇报经费的使用情况,接受政府部门的审计与监督。

(2)项目建设、施工单位应建立应急资金保障制度,制定年度应急保障计划,设立应急管理台账,按照国家有关规定设立和提取安全生产专项费用,并按照建设工程安全费用使用的要求配备必要的应急救援器材、设备。监理单位应加强对施工单位应急资金管理进行审核;事故发生后项目建设、施工、监理单位等应及时研究提出相应的资金补偿或救助措施。

(3)项目建设单位应按有关规定投保建筑工程险及其附加险,以保证事故发生后的赔付。项目施工、监理单位应为本单位员工及劳务合作人员承担相应的社会保险,并含在投标报价中。

5 监督管理

5.1 宣传教育和培训

各级交通运输主管部门及项目建设、施工单位应当按照当地政府的统一部署,有计划、有针对性地开展事故预防及应急知识的宣传,对应急预案进行宣传、讲解,提高应急反应能力。

项目建设和施工单位应有计划地对应急救援技术、管理人员进行培训,提高其专业技能,监理单位应监督施工单位定期组织安全培训,并审查其安全培训记录。

5.2 预案演练

各级交通运输主管部门应督促本地工程项目制定应急演练计划。项目参建单位根据事故预防重点,定期开展应急演练工作。

演练可通过桌面推演、实战演习等多种形式开展,解决操作性、针对性、协同配合等问题,提高快速反应能力、应急救援能力和协同作战能力。

应急演练结束后应当对演练进行总结和评价。

5.3 责任与奖惩

公路水运工程生产安全事故应急管理工作实行领导负责制和责任追究制。

各级交通运输主管部门应定期对在应急工作中做出突出贡献的集体和个人给予宣传、表彰和奖励。

对未依照规定履行事故报告职责,迟报、漏报、瞒报、谎报或授意他人不按规定履行报告职责的,或者在应急管理工作中有失职、渎职行为的,干扰应急救援工作的,由所在单位或上级部门按有关规定进行行政处罚;构成犯罪的,由司法部门依法追究刑事责任。

5.4 预案管理与更新

5.4.1 预案备案

各级交通运输主管部门所制定的公路水运工程生产安全事故应急预案实施后,应及时向上级交通运输主管部门备案。

纳入国高网、国道主干线、重要深水港口范围的工程项目总体应急预案,应报项目所在地的省级交通运输主管部门备案。施工单位制定的各合同段应急预案(包括现场处置方案)经项目监理单位审核后,应向建设单位备案。

5.4.2 预案评审

各级交通运输主管部门应当组织有关专家对本部门编制的公路水运工程生产安全应急预案进行审定。

危险性较大工程的专项应急预案,建设单位应组织专家进行评审,评审应当形成书面纪要并附有专家名单。与所评审预案有利害关系的专家,应当回避。

预案评审时应考虑应急预案的实用性、基本要素的完整性、预防措施的针对性、组织体系的科学性、响应程序的可操作性、应急保障措施的可行性、预案间的衔接性等内容。

5.4.3 预案更新

本预案由交通运输部负责更新,原则上每两年对本预案进行一次评估,根据评估情况对预案进行修订。有下列情况的,本预案应及时进行更新。

(1)本预案所依据的法律法规做出调整或修改,或国家出台新的应急管理相关法律法规;

(2)根据日常应急演练和实际事故应急处置后取得的经验和教训,需对预案做出修订;

(3)因法定职责发生变动需要对应急管理机构进行调整;

(4)其他认为必需修订的事项。

5.5 预案发布与实施

本预案由交通运输部制定,由部质监总站负责解释,自发布之日起实施。

部质监总站联络电话(事故统计报送):010-65292952,65292788(工程安全处),传真电话:010-65292971;非工作时间(含节假日和夜间)发生重大事故报部应急办,联络电话:010-65292218,传真电话:010-65292245,同时抄送部值班室,联络电话:010-65292528,传真电话:010-65292534。

6 附件

附件1

省级应急组织机构联络人及联系方式汇总表

序 号	单 位 名 称	联络人及联系方式						备 注
		姓名	职务	办公电话	手机号码	传真号码	电子邮箱	

注:每省确定两名联络员,应急管理部门负责人、具体工作人员各1名。

附件2

交通运输部应急组织机构联络人及联系方式汇总表

序 号	单 位 名 称	联络人及联系方式						备 注
		姓名	职务	办公电话	手机号码	传真号码	电子邮箱	
	交通运输部办公厅							
	交通运输部安全监督司							
	交通运输部政策法规司							
	交通运输部科技司							
	交通运输部公路局							

续上表

序号	单位名称	联络人及联系方式						备注
		姓名	职务	办公电话	手机号码	传真号码	电子邮箱	
	交通运输部水运局							
	交通运输部搜救中心							
	交通运输部质监总站							
	交通运输部海事局							
	交通运输部救助打捞局							
	中国交通通信中心							

附件3　建设、施工单位生产安全事故应急预案的基本结构和要点

1. 编制目的

2. 风险辨识

2.1　工程概况

2.2　风险辨识

针对危险性较大的分部分项工程，应组织风险评估，并列出不能接受的风险清单。

3. 应急组织机构及职责

应明确兼职应急救援队伍的人数。原则上合同价不大于5 000万元的，人数不少于15人；合同价在5 000万元以上的每增加3 000万元人数增加5人。

4. 预警预防

4.1　预警

应明确自然灾害类预警信息就收方式、程序和责任人；通过风险辨识发现的重大风险，以及经风险评估确定的不能接受的风险，应明确相应的预防措施和责任人，开展有针对性的安全技术交底，明确交底的内容、形式和人数。

4.2　预防

5. 应急响应

5.1　事故报告

5.2　应急处置

6. 应急物资、设备

应明确应急物资及装备的种类和数量。如：

救护人员的装备：头盔、防护服、防护靴、防护手套、安全带、呼吸保护器具等；

消防救护器材：救生网、救生梯、救生袋、救生垫、救生滑竿、缓降器等；

土石方工程设备：挖掘机、铲车、吊机等；

海上（水上）结构物施工：起重船、救生船、救生艇等各类船只、设备等；

急救医疗器材：担架、纱布、急救药箱等。

7. 预案管理

8. 预案更新与完善

16. 关于开展公路桥梁和隧道工程施工安全风险评估试行工作的通知

（2011 年 5 月 5 日　交通运输部　交质监发〔2011〕217 号）

各省、自治区、直辖市、新疆生产建设兵团交通运输厅（局、委），天津市市政公路管理局，天津市、上海市交通运输和港口管理局：

为加强公路桥梁和隧道工程施工安全管理，优化施工组织方案，提高施工现场安全预控有效性，经研究，决定在施工阶段实行公路桥梁和隧道工程安全风险评估制度。现将有关事项通知如下：

一、目的与适用范围

（一）公路桥梁和隧道工程施工环境条件复杂，施工组织实施困难，作业安全风险居高不下，一直以来是行业安全监管的重点环节。在施工阶段建立安全风险评估制度符合国际通行做法。在工程实施前，开展定性或定量的施工安全风险估测，能够增强安全风险意识，改进施工措施，规范预案预警预控管理，有效降低施工风险，严防重特大事故发生。这项工作也是公路桥梁和隧道工程设计风险评估结果在施工阶段的落实和深化。

（二）列入国家和地方基本建设计划的新建、改建、扩建以及拆除、加固等高等级公路桥梁和隧道工程项目，在施工阶段，应按本通知要求，进行施工安全风险评估。其他公路工程项目，可参照执行。

二、评估范围

公路桥梁和隧道工程施工安全风险评估范围，可由各地根据工程建设条件、技术复杂程度和施工管理模式，以及当地工程建设经验，并参考以下标准确定。

（一）桥梁工程。

1. 多跨或跨径大于 40m 的石拱桥，跨径大于或等于 150m 的钢筋混凝土拱桥，跨径大于或等于 350m 的钢箱拱桥，钢桁架、钢管混凝土拱桥；

2. 跨径大于或等于 140m 的梁式桥，跨径大于 400m 的斜拉桥，跨径大于 1 000m 的悬索桥；

3. 墩高或净空大于 100m 的桥梁工程；

4. 采用新材料、新结构、新工艺、新技术的特大桥、大桥工程；

5. 特殊桥型或特殊结构桥梁的拆除或加固工程；

6. 施工环境复杂、施工工艺复杂的其他桥梁工程。

（二）隧道工程。

1. 穿越高地应力区、岩溶发育区、区域地质构造、煤系地层、采空区等工程地质或水文地质条件复杂的隧道，黄土地区、水下或海底隧道工程；

2. 浅埋、偏压、大跨度、变化断面等结构受力复杂的隧道工程；

3. 长度 3 000m 及以上的隧道工程，Ⅵ、Ⅴ级围岩连续长度超过 50m 或合计长度占隧道全长的 30% 及以上的隧道工程；

4. 连拱隧道和小净距隧道工程；

5. 采用新技术、新材料、新设备、新工艺的隧道工程；

6. 隧道改扩建工程；

7. 施工环境复杂、施工工艺复杂的其他隧道工程。

三、评估方法

（一）公路桥梁和隧道工程施工安全风险评估分为总体风险评估和专项风险评估。

1. 总体风险评估。桥梁或隧道工程开工前，根据桥梁或隧道工程的地质环境条件、建设规模、结构特点等孕险环境与致险因子，估测桥梁或隧道工程施工期间的整体安全风险大小，确定其静态条件下的安全风险等级。

2. 专项风险评估。当桥梁或隧道工程总体风险评估等级达到Ⅲ级（高度风险）及以上时，将其中高风险的施工作业活动（或施工区段）作为评估对象，根据其作业风险特点以及类似工程事故情况，进行风险源普查，并针对其中的重大风险源进行量化估测，提出相应的风险控制措施。

（二）评估方法应根据被评估项目的工程特点，选择相应的定性或定量的风险评估方法。具体评估方法的选择，可参照《公路桥梁和隧道工程施工安全风险评估指南（试行）》（见附件）。

四、评估步骤

公路桥梁和隧道工程施工安全风险评估工作包括制定评估计划、选择评估方法、开展风险分析、进行风险估测、确定风险等级、提出措施建议、编制评估报告等方面。评估步骤一般为：

（一）开展总体风险评估。根据设计阶段风险评估结果（若有），以及类似结构工程安全事故情况，用定性与定量相结合的方法初步分析本项目孕险环境与致险因子，估测施工中发生重大事故的可能性，确定项目总体风险等级。

（二）确定专项风险评估范围。总体风险评估等级达到Ⅲ级（高度风险）及以上桥梁或隧道工程，应进行专项风险评估。其他风险等级的桥梁或隧道工程可视情况开展专项风险评估。

（三）开展专项风险评估。通过对施工作业活动（施工区段）中的风险源普查，在分析物的不安全状态、人的不安全行为的基础上，确定重大风险源和一般风险源。宜采用指标体系法等定量评估方法，对重大风险源发生事故的概率及损失进行分析，评估其发生重大事故的可能性与严重程度，对照相关风险等级标准，确定专项风险等级。

（四）确定风险控制措施。根据风险接受准则的相关规定，对专项风险等级在Ⅲ级（高度风险）及以上的施工作业活动（施工区段），应明确重大风险源的监测、控制、预警措施以及应急预案。其他风险等级的桥梁、隧道工程可根据工程实际情况，按照成本效益原则确定相应的风险控制措施。

五、评估组织与评估报告

（一）公路桥梁和隧道工程施工安全风险评估工作原则上由项目施工单位具体负责。当被评估项目含多个合同段时,总体风险评估应由建设单位牵头组织,专项风险评估工作仍由合同施工单位具体实施。

当施工单位的施工经验或能力不足时,可委托行业内安全评估机构承担相关风险评估工作。

(二)评估工作负责人应当具有 5 年以上的工程管理经验,并有参与类似工程施工的经历。

(三)风险评估工作应形成评估报告。评估报告应反映风险评估过程的主要工作。报告内容应包括评估依据、工程概况、评估方法、评估步骤、评估内容、评估结论及对策建议等。评估结论应当明确风险等级、可能发生事故的关键部位、区域或节点、事故可能性等级、规避或者降低风险的建议措施等内容。

六、实施要求

(一)施工单位应根据风险评估结论,完善施工组织设计和危险性较大工程专项施工方案,制定相应的专项应急预案,对项目施工过程实施预警预控。专项风险等级在Ⅲ级(高度风险)及以上的施工作业活动(施工区段)的风险控制,还应符合下列规定:

1. 重大风险源的监控与防治措施、应急预案经施工企业技术负责人和项目总监理工程师审批后,由建设单位组织论证或复评估。

2. 施工单位应建立重大风险源的监测及验收、日常巡查、定期报告等工作制度,并组织实施。

3. 施工项目经理或技术负责人在工程施工前应对施工人员进行安全技术教育与交底;施工现场应设立相应的危险告知牌。

4. 适时组织对典型重大风险源的应急救援演练。

5. 当专项风险等级为Ⅳ级(极高风险)且无法降低时,必须提高现场防护标准,落实应急处置措施,视情况开展第三方施工监测;未采取有效措施的,不得施工。

(二)监理单位在审查工程施工组织设计文件、危险性较大工程专项施工方案、应急预案时,应同时审查施工安全风险评估报告;无风险评估报告,不得签发开工令。

工程开工后,监理单位应督查施工单位安全风险控制措施的落实情况,并予以记录。对施工中存在的重大隐患应及时指出并督促整改,对施工单位拒不整改的,应及时向建设单位及公路工程安全生产监督管理部门报告。

(三)风险评估报告经监理单位审核后应向建设单位报备。建设单位应对极高风险(Ⅳ级)的施工作业,组织专家或安全评估机构进行论证或复评估,提出降低风险的措施建议;当风险无法降低时,应及时调整设计、施工方案,并向公路工程安全生产监督管理部门备案。

(四)各级交通运输主管部门在履行施工安全监督检查职责时,应将施工安全风险评估实施情况纳入检查范围。对极高风险(Ⅳ级)的施工作业应切实加强重点督查。

(五)公路桥梁和隧道工程施工安全风险评估应遵循动态管理的原则,当工程设计方案、施工方案、工程地质、水文地质、施工队伍等发生重大变化时,应重新进行风险评估。

(六)施工安全风险评估工作费用应在项目安全生产费用中列支。

(七)鉴于此项工作是施工安全预控管理的一项新措施,各地均无成熟经验和做法,部将专门组织对施工、监理、建设、咨询、质监等单位的人员开展培训工作,请各地组织有关人员参加。培训工作将另行通知。

（八）施工阶段公路桥梁和隧道工程安全风险评估制度及《公路桥梁和隧道工程施工安全风险评估指南（试行）》，自 2011 年 8 月 1 日起施行。

各省级交通运输主管部门要高度重视，加强领导，结合本地区和工程建设实际，认真组织开展公路桥梁和隧道工程施工安全风险评估，并将评估工作中发现的问题和建议及时函告部质监总站，以便对《指南》进行修订和完善。

附件：公路桥梁和隧道工程施工安全风险评估指南（试行）（略）

17. 交通运输行业建设工程生产安全事故统计报表制度

（2012年12月7日　交通运输部　厅质监字〔2012〕289号）

本报表制度根据《中华人民共和国统计法》等有关规定制定

《中华人民共和国统计法》第七条规定：国家机关、企业事业单位和其他组织以及个体工商户和个人等统计调查对象，必须依照本法和国家有关规定，真实、准确、完整、及时地提供统计调查所需的资料，不得提供不真实或者不完整的统计资料，不得迟报、拒报统计资料。

《中华人民共和国统计法》第九条规定：统计机构和统计人员对在统计工作中知悉的国家秘密、商业秘密和个人信息，应当予以保密。

《中华人民共和国统计法》第二十五条规定：统计调查中获得的能够识别或者推断单个统计调查对象身份的资料，任何单位和个人不得对外提供、泄露，不得用于统计以外的目的。

《中华人民共和国安全生产法》第七十一条规定：负有安全生产监督管理职责的部门接到事故报告后，应当立即按照国家有关规定上报事故情况。负有安全生产监督管理职责的部门和有关地方人民政府对事故情况不得隐瞒不报、谎报或者拖延不报。

《中华人民共和国安全生产法》第九十一条规定：生产经营单位主要负责人在本单位发生重大生产安全事故时，不立即组织抢救或者在事故调查处理期间擅离职守或者逃匿的，给予降职、撤职的处分，对逃匿的处十五日以下拘留；构成犯罪的，依照刑法有关规定追究刑事责任。生产经营单位主要负责人对生产安全事故隐瞒不报、谎报或者拖延不报的，依照前款规定处罚。

《中华人民共和国刑法》第一百三十九条规定：在安全事故发生后，负有报告职责的人员不报或者谎报事故情况，贻误事故抢救，情节严重的，处3年以下有期徒刑或者拘役；情节特别严重的，处3年以上7年以下有期徒刑。

《生产安全事故报告和调查处理条例》第九条规定：事故发生后，事故现场有关人员应当立即向本单位负责人报告；单位负责人接到报告后，应当于1小时内向事故发生地县级以上人民政府安全生产监督管理部门和负有安全生产监督管理职责的有关部门报告。

情况紧急时，事故现场有关人员可以直接向事故发生地县级以上人民政府安全生产监督管理部门和负有安全生产监督管理职责的有关部门报告。

《生产安全事故报告和调查处理条例》第十一条规定：安全生产监督管理部门和负有安全生产监督管理职责的有关部门逐级上报事故情况，每级上报的时间不得超过2小时。

《生产安全事故报告和调查处理条例》第三十九条规定：有关地方人民政府、安全生产监督管理部门和负有安全生产监督管理职责的有关部门有下列行为之一的，对直接负责的主管人员和其他直接责任人员依法给予处分；构成犯罪的，依法追究刑事责任：

（一）不立即组织事故抢救的；

（二）迟报、漏报、谎报或者瞒报事故的；

（三）阻碍、干涉事故调查工作的；

（四）在事故调查中作伪证或者指使他人作伪证的。

《公路水运工程安全生产监督管理办法》（交通部令 2007 年 1 号）第六条第六款规定：依法组织或者参与调查处理生产安全事故，按照职责权限对公路水运工程生产安全事故进行统计分析，发布公路水运工程安全生产动态信息。省级交通主管部门负责向交通部和国务院其他有关部门报送事故信息。

目　录

一、总　说　明

（一）为加强交通运输行业建设工程安全生产监督管理，做好建设工程生产安全事故统计分析工作，根据《中华人民共和国统计法》、《中华人民共和国安全生产法》、《建设工程安全生产管理条例》、《生产安全事故报告和调查处理条例》、《公路水运工程安全生产监督管理办法》，特制定本统计报表制度。

（二）本统计报表制度的统计范围为列入国家和地方基本建设计划的新建、改建、扩建、拆除及加固等公路和水运工程项目（以下简称为“全国公路水运工程项目”）。

本统计报表制度的统计内容包括因安全生产问题发生的生产安全事故和因自然灾害引发的次生生产安全事故。

（三）各省、自治区、直辖市交通运输厅（局、委）及有关单位应按照本统计报表制度规定的统计范围、统计内容、报表样式、填报要求和报送程序，认真组织实施，按时报送。

各省、自治区、直辖市交通运输厅（局、委）等主管部门负责本行政区域内交通运输行业建设工程生产安全事故统计报送工作。

交通运输部设在长江干流的航务管理机构负责长江干流航道工程的生产安全事故统计报送工作。

（四）发生的生产安全事故经核实清楚后，事故单位应向建设单位、项目的安全监管机构、当地人民政府安全监督管理部门报告。

发生 1 人以上（含 1 人）死亡的生产安全事故，事故单位应在 1 小时内按照《交通运输行业建设工程生产安全事故快报表》的要求向建设单位、项目的安全监管机构报告。项目的安全监管机构应逐级上报至省交通运输主管部门，每级不超过 2 小时。

省交通运输主管部门应在接到报告后 2 小时内，按照《交通运输行业建设工程生产安全事故快报表》的要求上报交通运输部，并及时续报事故救援进展、事故调查处理及结案情况。

（五）省交通运输主管部门每月 28 日前必须将统计期内本辖区发生的伤亡事故（包括人员死亡、重伤以及经济损失等事故）汇总后，按《交通运输行业建设工程生产安全事故统计月报表》要求上报交通运输部。已上报《交通运输行业建设工程生产安全事故快报表》的事故应将最新情况继续填报，没有发生生产安全事故省份的月报表要报送零事故。

（六）快报表报送超过规定时限，视为迟报。月报表报送超过 28 日零时，应说明情况，无故超过 24 小时后，视为迟报。快报表和月报表因过失未填写报送有关重要项目的，视为漏报；故意不属实上报有关重要内容的，经查证属实的，视为谎报；故意隐瞒已发生的事故，经有关部门查证属实的，视为瞒报；存在以上行为的，视情节在行业内给予通报，构成犯罪的，依法追究刑事责任。

（七）上报过程出现错报的情况，发现后应及时报送更正后的报表。如超过 48 小时，一经发现，视为谎报。

（八）上报统计资料须标明单位负责人、统计负责人、填表人、联系电话、报出日期，并加盖单位公章。

（九）快报表和月报表均以传真及电子邮件（或网上填报）先期报送，正式文件可以随后寄送，但应确保数据一致性。

（十）本报表制度中的月报统计期为上月 26 日至当月 25 日。本制度由交通运输部工程质量监督局负责解释。

二、报 表 目 录

三、调 查 表 式

(一)交通运输建设工程生产安全事故快报表

表　　号:交质监 31 表
制定机关:交通运输部
批准机关:国家统计局
批准文号:国统制〔2012〕131 号
有效期至:2014 年 11 月

填报单位(签章):

一、事故基本情况			
事故发生日期与时间	年　月　日　时　分	天气气候	□□
工程分类及等级、建设类型	□□ □□ □□	工程名称及所在地	
事故发生部位及作业环节	□□ □□	事故类别	□□
工程概况			
事故简要经过和抢险救援情况			
事故原因初步分析			
预估直接经济损失(万元)			
二、从业单位基本信息			
建设单位		设计单位	
施工单位		监理单位	

三、事故人员伤亡情况							
	计量单位	合计	管理人员	技术人员	企业聘用工人	非本企业劳务人员	其他人员
甲	乙	1	2	3	4	5	6
死亡人数	人						
其中:现场死亡人数	人						
失踪人数	人						
受伤人数	人						
其中:重伤人数	人						

单位负责人:　　　填表人:　　　联系电话:　　　填报时间:201　年　月　日　时　分

交质监31表指标解释及填报说明

一、本表填报范围为全国公路水运工程项目。

二、填报说明:

1. 事故发生时间:具体填写为年、月、日、时、分,采用24小时制。

2. 工程名称及所在地:工程名称填写发生事故的具体项目名称(包括路线或港区名称,标段号及桩号,为结构物或场所时需填写具体名称);所在地为发生事故地点所在行政区域,填写至县级(区、市、旗)。

3. 工程分类及等级、建设类型:

(1)工程分类:公路工程:01 路基及边坡、02 基层或路面、03 桥梁、04 隧道、05 交通安全设施、06 三大系统工程、07 绿化工程、08 服务区及收费亭工程、09 附属临时工程(办公生活区、拌合场、预制场、材料加工场、便道(包含便桥和临时码头)、10 其它公路工程;水运工程:11 港口工程、12 独立船闸工程、13 航道疏浚整治工程(不含船闸工程)、14 修造船水工工程、15 防波堤和导流堤等水工工程、16 航电枢纽工程、17 吹填造陆及软基处理工程、18 附属临时工程(办公生活区、拌合场、预制场、材料加工场、便道(包含便桥和临时码头))、19 其它水运工程。

(2)工程等级:公路按照《公路工程技术标准》(JTG B01—2003)划分为01 高速公路、02一级、03 二级、04 三级、05 四级;水运工程按照《内河通航标准》(GB 50139—2004)和《海港总平面设计标准》(JTJ 211—99)等标准划分为01 深水码头、02 非深水码头、03 高等级航道、04非高等级航道、05 其它。

(3)建设类型:01 新建、02 改建、03 扩建、04 拆除、05 加固。

4. 天气气候:填写事故发生当天的天气情况:01 晴、02 阴、03 雨、04 雪、05 雾、06 风。

5. 事故发生部位:公路工程:01 路基、02 边坡、03 基层或路面、04 桥梁基坑、05 桥梁桩基、06 桥墩(柱、塔)、07 桥梁台帽、08 梁板边沿、09 隧道洞口、10 隧道成洞(完成二衬施工)、11 隧道半成洞(未完成二衬施工)、12 掌子面、13 其它(须注明);水运工程:14 沉箱、15 码头桩基、16 水底、17 水工基坑、18 码头上部、19 防波堤或导流堤、20 护岸、21 港口陆域(吹填造陆和软基处理形成)、22 航道、23 船坞、24 通航建筑物;25 其它(须注明)。通用部位:26 临时办公生活区、27 拌和场、28 预制场(除起重机具等)、29 材料加工场、30 建筑物拆除现场、31 建筑物加固现场、32 桁架结构物、33 房屋建筑物、34 便道便桥、35 临时码头、36 其它(须注明)。

6. 事故发生作业环节:01 模板、02 脚手架、03 支架、04 施工机具、05 施工车辆、06 塔吊、07龙门吊、08 架桥机、09 自行式起重设备、10 施工电梯、11 临时用电箱(线)、12 外电线路、13 危险品、14 施工材料、15 张拉作业、16 拌合作业、17 船上作业、18 水下作业(爆破、焊接、检查等)、19 水上作业、20 水上预制构件吊装、21 水上抛石、22 沉排铺排及充沙袋、23 其它(须注明)。

7. 事故类别:按国标 GB 6441—86《企业职工伤亡事故分类标准》分为:01 物体打击、02 车辆伤害、03 机械伤害、04 起重伤害、05 触电、06 淹溺、07 灼烫、08 火灾、09 高处坠落、10 坍塌、11 冒顶片帮、12 透水、13 放炮、14 火药爆炸、15 瓦斯爆炸、16 锅炉爆炸、17 容器爆炸、18 其他爆炸、19 中毒和窒息、20 其他伤害(须注明)。

8. 工程概况:工程建设情况(包括开工完工时间、建设规模、投资方式、管理方式;如为公路工程需填写建设里程、桥隧比例等基础数据以及完成情况;如为水运工程需填写港口建设等级等基础数据以及完成情况);对于不能完整填写的,必须在月报表中续报。

9. 事故简要经过和抢险救援情况:要求能够叙述清楚事故发生过程、应急管理、现场处置情况。

10. 原因初步分析:初步分析事故发生主要原因。

11. 预估直接经济损失:根据《企业职工伤亡事故经济损失统计标准》(GB 6721—86)预估经济损失。

12. 死亡、失踪、重伤分类:死亡和失踪:在事故发生后 30 天内死亡的(因医疗事故死亡的除外,但必须得到医疗事故鉴定部门的确认),均按死亡事故报告统计。如果来不及在当月统计的,应在下月补报。超过 30 天死亡的,不再进行补报和统计。失踪 30 天后,按死亡进行统计。

重伤:永久性丧失劳动能力及损失工作日等于或超过 105 日的暂时性全部丧失劳动能力伤害。在 30 天内转为重伤的(因医疗事故而转为重伤的除外,但必须得到医疗事故鉴定部门的确认),均按重伤事故报告统计。如果来不及在当月统计,应在下月补报。超过 30 天的,不再补报和统计。

13. 死亡、失踪、重伤人员类型:01 管理人员、02 技术人员、03 企业聘用工人、04 非本企业劳务人员、05 其他人员(如与工程项目施工无关人员)。

14. 从业单位基本信息:应填报相关从业资质名称、证号和发证机构。施工单位还应注明安全生产许可证号及发证机关,项目经理和专职安全员的姓名及安全考核证书编号。

（二）交通运输建设工程生产安全事故统计月报表

表　　号：交质监 32 表
制表机关：交通运输部
批准机关：国家统计局
批准文号：国统函〔2012〕131 号
有效期至：2014 年 11 月

填报单位：　　　　　　　　201　年　月

事故发生时间	工程名称	工程分类及等级、建设类型	事故发生部位及作业环节	事故类别	事故简要经过	初步事故原因	事故直接经济损失（万元）	死亡人数（人）	死亡人员类型	失踪人数（人）	失踪人员类型	受伤人数（人）	受伤人员类型	事故单位名称	事故性质
01	02	03	04	05	06	07	08	09	10	11	12	13	14	15	16
		□□ □□ □□	□□ □□	□□		□□			□□		□□		□□		
		□□ □□ □□	□□ □□	□□		□□			□□		□□		□□		
		□□ □□ □□	□□ □□	□□		□□			□□		□□		□□		

单位负责人：　　　　　　填表人：　　　　　　联系电话：　　　　　　报出日期：201　年　月　日

交质监32表指标解释及填报说明

一、本表填报范围为全国公路水运工程项目。

二、填报说明：

1. 事故简要经过：主要填写事故发生经过、原因分析、事故教训、防范措施、救援情况、结案处理情况及其它要说明的情况。

2. 初步事故原因：按国标《企业职工伤亡事故分类标准》（GB 6441—86）分为：01 技术和设计有缺陷、02 设备设施工具附件有缺陷、03 安全设施缺少或有缺陷、04 生产场所环境不良、05 个人防护用品缺少或有缺陷、06 没有安全操作规程或不健全、07 违反操作规程或劳动纪律、08 劳动组织不合理、09 对现场工作缺乏检查或指挥错误、10 教育培训不够缺乏安全操作知识、11 施救不当、12 其它（须注明）。

3. 事故直接经济损失（含人员伤亡、工程损失和机械损失）：人员伤亡损失按《企业职工伤亡事故经济损失统计标准》（GB 6721—86）进行计算。

4. 事故单位名称：填报相关从业资质名称、证号和发证机构。施工单位还应注明安全生产许可证号及发证机关，项目经理和专职安全员的姓名及安全考核证书编号。

5. 事故性质：应填写责任事故，非责任事故，自然灾害事故。

6. 事故发生时间、工程名称、工程分类及等级、建设类型、事故发生部位及环节、事故类别、死亡、失踪、受伤（指重伤人员）人员类型参照交质监31表填写说明填写。

18. 公路水运工程施工企业项目负责人施工现场带班生产制度(暂行)

(2012 年 11 月 2 日 交通运输部 交质监发〔2012〕576 号)

为进一步加强公路水运工程施工现场安全生产管理，落实企业安全生产责任，根据《国务院关于进一步加强企业安全生产工作的通知》(国发〔2010〕23 号)、国家发展改革委等七部委《关于加强重大工程安全质量保障措施的通知》(发改投资〔2009〕3183 号)以及有关法规规定，制定本制度。

一、公路水运工程施工企业项目负责人在公路水运工程施工作业活动场所(下简称“施工现场”)带班生产以及对其实施的监督检查、考核评价等，应当遵守本制度。

本制度所称的公路水运工程施工企业项目负责人，是指公路水运工程施工合同段的项目经理、项目副经理、项目总工。施工企业设立安全总监岗位的，同时包括安全总监。

对于有专业(或劳务)分包的合同段，同时包括分包项目的施工管理负责人、技术负责人和安全负责人。对于施工总承包的项目，同时包括项目分段(分部或工区)的施工管理负责人、技术负责人和安全负责人。

项目负责人施工现场带班生产，是指项目负责人在施工现场，组织协调和指导公路水运工程项目的安全生产活动，第一时间负责组织现场突发事件应急处置。

二、公路水运工程施工期间，项目负责人必须在施工现场轮流带班生产。项目负责人原则上不得同时承担 2 个及以上施工合同段安全生产管理工作，确需兼任的，应当征得项目建设单位的书面同意。

项目经理是公路水运工程施工合同段安全生产管理的第一责任人，对落实带班生产制度负全面领导责任。

三、公路水运工程施工合同段项目经理部，应根据项目施工特点，建立项目负责人施工现场轮流带班生产制度，明确工作内容、职责权限、人员安排和考核奖惩等要求，制定月度带班生产计划，并严格实施。

对于有专业(或劳务)分包的合同段，分包单位应制定月度带班生产计划，并报承包单位项目经理部备案。

对于施工总承包的项目，项目分段(分部或工区)实施单位应制定月度带班生产计划，并报施工总承包项目经理部备案。

四、施工企业项目负责人施工现场带班生产制度和月度带班生产计划应报项目监理单位审查确认并报建设单位备案。

项目负责人因其他事务不能带班生产时，项目经理应指定其他项目负责人承担其带班工作，并提前向项目监理单位报备。

五、公路水运工程施工期间，每日带班生产的项目负责人姓名及其联系方式、监督电话等，应当在项目经理部驻地立牌公告。

六、项目负责人带班生产方式主要有：

（一）现场巡视检查：对当日本合同段内施工作业区进行巡视检查，了解掌握施工现场安全生产状况，重点检查危险性较大的分部分项工程、事故多发易发的施工环节或部位。

（二）蹲点带班生产：巡视检查后，项目负责人根据施工现场安全生产状况，选择当日事故多发易发的施工环节或部位，或危险性较大的分部分项工程，或本合同段首件工程等作业区蹲点带班生产。

本制度所称“危险性较大的工程”为《公路水运工程安全生产监督管理办法》第二十三条规定的应当编制专项施工方案的以下工程：

1. 不良地质条件下有潜在危险性的土方、石方开挖；

2. 滑坡和高边坡处理；

3. 桩基础、挡墙基础、深水基础及围堰工程；

4. 桥梁工程中的梁、拱、柱等构件施工等；

5. 隧道工程中的不良地质隧道、高瓦斯隧道、水底海底隧道等；

6. 水上工程中的打桩船作业、施工船作业、外海孤岛作业、边通航边施工作业等；

7. 水下工程中的水下焊接、混凝土浇注、爆破工程等；

8. 爆破工程；

9. 大型临时工程中的大型支架、模板、便桥的架设与拆除；桥梁、码头的加固与拆除；

10. 其他危险性较大的工程。

本制度所称“事故多发易发的施工环节或部位”，由施工单位根据本合同段的工程特点、施工环境、施工工艺及作业人员操作水平等自行确定，并应在本合同段施工现场轮流带班生产制度和月度带班生产计划中予以明确。

七、项目负责人带班生产时，应履行以下职责：

（一）检查本合同段安全生产条件落实情况：

1. 专职安全员施工现场履责情况；作业人员个人防护和施工现场临边防护的规范性；

2. 特种作业人员持证上岗情况；起重机械和整体提升式脚手架、滑模爬模、架桥机等设备检验验收与安全运行情况；

3. 承重支架或满堂脚手架、施工挂篮运行情况；

4. 安全技术交底与班前会落实情况。

（二）检查施工组织设计或专项施工方案中安全措施的落实情况；

（三）加强对重点部位、关键环节的施工指导，及时制止“三违”行为；

（四）及时发现、报告并组织消除事故隐患和险情；

（五）填写带班生产工作日志并签字归档备查。

八、公路水运工程施工企业应建立本企业项目负责人施工现场带班生产的责任考核制度，每半年至少组织1次对所承揽工程项目经理部的定期检查考核，检查考核结果应报备项目监理和建设单位。

九、项目负责人现场轮流带班生产制度执行情况纳入对施工企业的信用评价范围。

项目监理单位应定期或不定期地对施工企业项目负责人施工现场带班生产制度和月度带班生产计划的落实情况进行专项检查，每季度对各施工合同段项目负责人施工现场带班生产工作进行考核评价，并将评价结果报建设单位。

项目建设单位应建立施工合同段项目负责人施工现场带班生产工作的考核奖惩制度，纳入合同履约管理，每半年至少组织一次全面的考核。

十、各级交通运输主管部门及其安全监督机构应加强对施工企业项目负责人施工现场带班生产制度落实情况的督查。

对未执行带班生产制度的项目负责人，作为个人不良信用予以记录，不予办理其安全生产考核合格证书的延期考核。

对未执行带班生产制度或执行不力的施工企业，应责令纠正，并通报批评，同时作为企业不良信用予以记录；发生质量安全事故的，依法从重进行行政处罚，追究相关责任人的法律责任。

十一、对公路水运工程施工企业项目负责人未实施施工现场带班生产或者存在弄虚作假行为的，任何单位和个人均有权向项目建设单位、县级以上地方人民政府交通运输主管部门及其安全监督机构举报。

19. 公路水运工程生产安全重大事故隐患挂牌督办制度(暂行)

(2012 年 11 月 2 日　交通运输部　交质监发〔2012〕577 号)

为倡导“隐患就是事故”的预防理念,建立公路水运工程事故隐患排查治理的长效机制,消除重大事故隐患,防止或减少生产安全事故的发生,根据国务院《建设工程安全生产管理条例》、交通运输部《公路水运工程安全生产监督管理办法》以及国家安全生产监管总局《安全生产事故隐患排查治理暂行规定》等,制定本制度。

一、列入国家和地方基本建设计划的公路、水运基础设施在新建、改建、扩建以及拆除、加固等活动中的生产安全重大事故隐患排查治理、挂牌督办等,应当遵守本制度。

公路水运工程安全生产重大事故隐患(以下简称“重大隐患”)是指在公路水运工程施工过程中存在的危害程度较高、整改难度较大,可能导致群死群伤的安全事故隐患或造成重大经济损失和恶劣社会影响的安全事故隐患。

二、各级交通运输主管部门应当对以下重大隐患实行挂牌督办:

(一)交通运输主管部门(或项目管辖部门)督查、巡视发现的重大隐患;

(二)企业或个人报告或举报并经查实的重大隐患;

(三)同级安全监管部门移交的重大隐患;

(四)其他需要挂牌督办的重大安全生产问题。

三、公路水运工程重大隐患挂牌督办按照属地管理的原则进行。国务院交通运输主管部门负责监督指导各地区重大隐患挂牌督办工作;省级交通运输主管部门负责挂牌督办下一级交通运输主管部门上报的重大隐患,或认为应当直接督办的重大隐患;设区的市级交通运输主管部门按职责负责督办本地区存在的重大隐患。

涉及跨地区、跨部门的工程项目存在重大隐患的,由项目管辖部门进行挂牌督办;对于问题特别严重、可能导致重特大事故或重大不良社会影响的重大隐患,可视情况上报省、自治区、直辖市交通运输主管部门或同级政府安全生产委员会挂牌督办。

重大隐患应由其他部门处理的,移送其他部门并登记备查。

四、公路水运建设项目重大隐患排查治理实行“业主组织、监理核实、施工治理”的工作机制。参与各方应确保隐患排查登记、公示公告、治理销号等过程闭合,档案完整。

五、项目施工单位是重大隐患排查治理的责任主体,应建立相应的工作机制,并层层落实责任人。项目施工单位的主要负责人对重大隐患排查治理工作全面负责。

施工企业总部质量安全管理部门应对企业所承揽的全部公路水运建设项目重大隐患排查治理情况,开展经常性的巡视检查。

六、项目施工单位应定期组织开展安全生产隐患排查。公路水运工程中的深基坑、高支模、长大隧道或地质不良隧道、水(海)上作业、大型起重吊装作业以及爆破作业等技术难度大、风险高、参与人员多的施工环节应实施动态排查。对确认存在重大隐患的,在施工现场应设立风险告知牌,并对一线作业人员进行风险告知。重大隐患经项目监理单位确认后应向项目建设单位备案。项目监理、建设单位应及时主动向具有项目管辖权的交通运输主管部门报告。

七、各级交通运输主管部门(或项目管辖部门)应对接报或了解到的重大隐患予以确认。重大隐患一经确认,则由负责督办的交通运输主管部门(或项目管辖部门)下发挂牌督办通知书给项目建设单位;工程项目实施总承包或代建制的,挂牌督办通知书则下发给项目总承包单位或项目代建单位。对因外部因素影响致使企业靠自身力量难以治理的重大隐患,各级交通运输主管部门应明确具体牵头单位组织隐患治理。

挂牌督办通知书同时抄送施工企业总部质量安全管理部门。

八、挂牌督办通知书应包括以下内容:

(一)负责挂牌督办的交通运输主管部门(或项目管辖部门)名称。下发给下级部门的,要有下级交通运输主管部门的名称;

(二)存在重大隐患的工程项目及标段的名称,该项目的建设单位、施工单位、监理单位名称;

(三)重大隐患的内容简述,包括隐患的类型、部位、违反的法律法规或标准规范的条款等;

(四)督办要求,包括要求整改的内容、范围、整改期限以及为保障安全需要停工的作业区域等;

(五)挂牌督办解除的方式、程序。

九、项目建设单位应及时将挂牌督办通知书转达给项目施工单位并告知项目监理单位。项目施工单位应结合施工特点制定重大隐患治理整改方案,明确治理责任、措施、资金、期限、应急预案、过程监控等要求。项目建设单位应积极协调勘察、设计、监理、监测等其他从业单位共同参与重大隐患治理整改,项目监理单位应加强对隐患治理过程的检查核实与整改督促。对整改不及时或不到位的施工单位,应及时反馈项目建设单位。

十、项目施工单位项目经理组织编制重大隐患治理方案,经施工企业总部质量安全管理部门确认,报项目监理单位审核、项目建设单位批准后实施。重大隐患治理方案包括以下内容:

(一)治理的目标和任务;

(二)采取的方法和措施;

(三)经费和物资的落实;

(四)负责治理的机构和人员;

(五)治理时限;

(六)安全措施和应急预案。

十一、项目施工单位在重大隐患治理过程中,应当采取相应的安全防范措施。重大隐患排除前或者排除过程中无法保证安全的,应当从危险区域内撤出作业人员,并疏散可能危及的其他人员,设置警戒标志,暂时局部或全部停工;对暂时难以停工或者停止使用的设施、设备,应当加强监测与维护,防止意外事故发生。

十二、重大隐患治理整改结束后，项目施工单位应及时将整改情况向项目监理、建设单位以及本企业总部质量安全管理部门进行书面报告。报告重点载明以下内容：

(一)重大隐患的现状及其产生原因；

(二)采取的治理措施和实施过程；

(三)治理效果以及可能存在的遗留问题；

(四)预防措施；

(五)其他意见建议。

十三、整改报告经项目监理单位确认，由项目建设单位统一向督办单位提出摘牌销号的书面申请。实行项目总承包或代建制的，由项目总承包单位或项目代建单位提出。

十四、按照“谁督办，谁验收”的原则，负责挂牌督办的交通运输主管部门自接到销号申请书起 10 个工作日内对整改报告进行审查并组织现场复查，必要时可委托专家组或评价机构进行现场复查，确认隐患消除后，方可解除督办。复查不合格的，继续实施挂牌督办。

重大隐患治理工作结束后，项目建设单位应组织专家或委托安全评价机构对重大隐患治理情况进行评估，评估报告作为销号申请的依据之一。

十五、各级交通运输主管部门应建立事故隐患治理的监管制度，公布举报电话或邮箱，加强社会监督。对于存在重大隐患的企业或项目，负责督办的交通运输主管部门应加强督促检查，并在本部门政务网站上公布重大隐患挂牌督办的实时信息。

十六、各级交通运输主管部门应建立重大隐患排查治理数据库，逐步实施施工现场重大危险源远程监控。同时将重大隐患挂牌督办情况纳入安全生产工作考核的重要内容，对重大隐患治理工作开展好的地区和企业给予奖励。对重大隐患挂牌督办工作开展不力的地区和企业，视情况予以通报批评、法人约谈和行政处罚等，导致严重后果的，依法依纪从重追究责任。

20. 交通运输部关于进一步加强安全生产工作的意见

(2013 年 1 月 5 日　交通运输部　交安监发[2013]1 号)

各省、自治区、直辖市、新疆生产建设兵团及计划单列市交通运输厅(局、委),上海市、天津市交通运输和港口管理局,有关港口管理局,部属各单位、部内各单位:

为认真贯彻党的十八大精神,深入落实国务院关于安全发展的要求,切实加强交通运输安全生产工作,为经济社会持续健康发展、人民群众安全便捷出行创造良好环境,提出以下意见:

一、全面把握安全发展的总体要求

(一)深刻认识交通运输安全工作的长期性、艰巨性和复杂性。随着我国工业化、信息化、城镇化、农业现代化快速发展,对交通运输安全生产提出了更高的要求。交通运输安全生产基层基础工作还比较薄弱,仍处于事故多发高发期,重特大事故频发易发的势头尚未得到根本遏制。交通运输企业受金融危机冲击,生产成本上升,经济效益下降,影响安全生产的问题有所增加。交通运输行业暴露出安全管理理念不适应、法规制度不健全、责任落实不到位、从业人员业务素质有待提高、安全文化建设亟待加强等诸多深层次问题。各种传统和非传统、自然和社会的不确定因素与风险交织并存,推进交通运输安全发展的任务更加繁重、更为紧迫。

(二)切实把交通运输安全生产工作摆在更加突出的位置。牢固树立以人为本、安全发展的理念,坚持"安全第一、预防为主、综合治理"的方针,始终把保障经济社会持续健康发展、维护人民群众生命财产安全放在首位,以"平安交通"创建活动为载体,以事故预防为重点,以责任落实为保障,以科技创新和教育培训为支撑,以能力建设为基础,牢牢把握安全工作主动权,不断提升交通运输安全发展水平,严密防范和坚决遏制重特大事故,为全面建成小康社会提供坚实的交通运输安全服务保障。

二、深化"平安交通"创建活动

(三)深入开展"平安交通"创建活动。各级交通运输管理部门和企业要把"平安交通"创建活动作为抓好当前和今后一个时期安全生产工作的载体,以创建平安公路、平安车船、平安港站、平安渡口、平安工地等为重点,结合实际,因地制宜,深入推进,务求实效。通过创建活动,使安全生产体制机制法制进一步健全,各类应急处置预案进一步完善,安全生产保障能力进一步增强,安全生产文化进一步提升,安全生产队伍素质进一步提高,确保交通运输安全生产形势持续稳定好转。

(四)加强"平安交通"创建活动的组织实施。各级交通运输管理部门和企业要切实加强组织领导,制定实施方案,动员各方力量广泛参与,形成创建活动合力。全面深入开展"平安交通"创建宣传活动,积极营造良好社会氛围。"平安交通"创建活动与安全生产各专项活动相互衔接,不断总结经验,表彰先进,推动创建活动扎实有序有效开展。

三、坚决遏制安全生产重特大事故

（五）严格安全生产准入条件。研究提高并严格执行交通运输企业、车船、从业人员安全准入标准，严把车辆、船舶、设施设备关，严禁非法改装车辆和“三无”船舶进入市场。严格工程建设项目管理，达不到安全生产条件的企业不得进入交通运输工程建设市场。严格执行从业人员资格证制度，从事客运、危险化学品运输、特种设备操作等重点岗位的人员必须持证上岗。

（六）开展隐患排查和专项整治。进一步完善安全隐患排查治理长效机制，加强重大安全隐患动态跟踪管理。督促交通运输企业定期进行安全隐患排查，确保隐患整改落实到位。针对道路水路运输、城市客运、工程建设等重点领域存在的薄弱环节和突出问题，深入开展专项整治行动，对安全生产状况不断恶化的交通运输企业，及时采取措施予以清理整顿，有效遏制重特大事故。

（七）强化道路运输安全管理。加强对道路运输企业和营运车辆的安全管理，严格执行“三不进站、六不出站”安全管理规定。推进“安全带－生命带”工程。积极推行长途客运车辆凌晨2时至5时停止运行或实行接驳运输，达不到安全通行条件的三级以下山区公路严禁营运客车夜间通行。会同相关部门严厉打击客车超员、超速和货车超载、超限营运等违章行为，加强旅游包车和异地营运车辆的安全管理和整治。加强城市公交安全管理。

（八）强化水路运输安全监管。加大对重点水域和重点船舶的日常监管力度，深入开展琼州海峡、渤海湾、三峡库区等区域客滚运输安全专项整治。加强对船舶通航密集区、水上施工区和交通管制区以及台湾海峡客运航线的监管，严防船舶碰撞和泄漏等事故。严厉打击船舶非法营运和超载行为。进一步督促县乡人民政府落实监管主体责任，加大渡口渡船安全监管力度。强化对航运企业安全管理体系审核和跟踪管理。开展船舶救生、消防设备配备等专项检查，确保船舶适航。严格船员培训考试发证，确保船员适任。

（九）强化危险化学品运输安全管理。进一步规范危险化学品运输和安全管理行为，加强对港口码头危险货物罐区的安全管理。加大滚装运输、集装箱夹带危险化学品检查力度，严厉打击非法违法从事危险化学品运输和夹带危险品运输的行为。切实加强内河、封闭水域危险化学品运输的监管，禁止通过内河封闭水域运输剧毒化学品和国家规定禁止通过内河运输的其他危险化学品，强化长江沿线危险化学品运输安全治理，研究建立长江沿线危险化学品运输安全监管长效机制。

（十）强化工程建设施工安全管理。严格执行工程施工安全各项制度、规程，严禁违章指挥、违章操作、违反劳动纪律。全面推行桥梁隧道施工安全风险评估，继续开展防坍塌和防高空坠落专项行动。加强大型桥梁隧道、港口码头等重大工程建设的现场安全管理，切实做好工程施工现场地质灾害预防和应对工作。

四、加强安全生产科技创新和教育培训

（十一）加强安全生产科研和应用。加快交通运输安全生产风险管理体系研究和应用，提高安全风险分析评估和综合防治的技术水平。加强危险化学品运输、海上溢油清除、重点领域监控监管等关键技术和装备设施研究。积极推广应用性能可靠、先进适用的安全生产新技术、新工艺、新设备和新材料。

（十二）加快安全生产管理信息化建设。加快交通运输安全畅通和应急信息系统建设，推进危险化学品和烟花爆竹水路运输动态管理信息系统建设，完善路网监测与应急管理信息系统、重点营运车辆联网联控系统。加强电子海图、电子航道图、地理信息系统（GIS）在交通运输领域推广应用。

（十三）加强从业人员安全教育培训。有计划、分步骤地开展从业人员岗位培训和继续教育。对新录用和转岗人员应开展岗前培训和安全教育，企业负责人、安全管理人员和从事旅客、危险化学品运输等一线从业人员应定期接受在岗培训和继续教育。加强安全应急知识培训和应急演练，提升从业人员安全应急实际操作能力。

五、推进安全生产法规制度和标准化建设

（十四）推进安全生产法规规范和标准建设。加快推进《航道法》、《城市公共交通条例》等法律法规的制定或修订。建立健全交通运输安全生产激励与责任追究、重大隐患挂牌督办、安全生产“黑名单”等制度。加快制定完善道路水路运输、城市公交、工程施工等安全和应急的技术标准规范。推进城市轨道交通、海上溢油等应急预案编制工作。

（十五）加快推进企业安全生产标准化。在交通运输行业普遍开展岗位达标、专业达标和企业达标建设。组织开展考评员培训、考试和考评机构资质认定，加强考评员、考评机构监督管理，积极推进企业达标考评，客运和危险化学品运输企业应在 2013 年底前达标，其他交通运输企业在 2015 年底前达标。

（十六）强化安全生产标准化达标等级应用。将企业安全生产标准化与企业营运资质许可、运力调整等相结合，重点支持高等级达标企业，整体提升交通运输企业安全管理水平。对在规定期限内未达标的企业，依据有关规定责令停业整顿；对整改逾期仍未达标的，依法予以取消营运资质。

六、完善和严格落实安全生产责任体系

（十七）严格落实企业安全生产主体责任。督促企业依法依规加强安全生产，严格遵守和执行安全生产相关方针政策、法律法规、标准规范，及时制修订各项安全生产规章制度和操作规程。完善和落实安全生产责任制，企业主要负责人、实际控制人应切实承担安全生产第一责任人责任，逐级签订安全生产责任书，完善层级责任制。强化对车船、设施设备和一线操作员工的安全管理，督促客运、危险品运输驾驶人员、特种作业人员等关键岗位签订安全责任承诺书，确保责任落实。

（十八）严格落实安全生产监管责任。各级交通运输管理部门应建立健全行政首长负总责，领导班子成员“一岗双责”制度。加强安全生产调研，及时了解掌握基层安全生产情况，组织解决安全生产存在的重点难点问题。加大安全生产监管和督促检查工作力度，加强现场和动态执法，秉公执法文明执法，确保监管到位。

（十九）完善安全生产管理体制机制。各级交通运输管理部门和交通运输企业应按有关规定，设置安全管理机构和配置安全管理人员，建立健全安全生产委员会制度。加强交通运输部门与相关部门的沟通协作，强化交通运输综合安全监管部门和业务管理部门的协调配合，进一步完善交通运输安全管理信息报告、督促检查、应急救援等机制，形成齐抓共管的合力。发挥社会组织、行业协会等中介组织在安全生产中的作用。

七、强化安全和应急保障能力

(二十)加大安全生产投入。交通运输企业应按规定足额提取并用好安全生产费用,完善费用管理制度,严禁虚列或挪用。加快淘汰和更新老旧车辆、船舶及设施设备,全面推进内河船型标准化建设,加强工程建设工地防风、防雷、防地质灾害等安全设施的配备。新建、改建、扩建工程项目的安全设施必须与主体工程做到"三同时"(同时设计、同时施工、同时投产和使用)。各级交通运输管理部门应将安全生产的科研开发、宣传教育、督查检查、事故调查处置、绩效奖励等费用纳入预算,提供经费保障。

(二十一)加强安全生产基础设施建设。重点加强农村公路安保、城市轨道交通运营安保、危桥改造、渡改桥等安全生产基础设施建设。全面推进老旧码头结构加固改造,加快重点航道疏浚、整治和锚地的规划建设,加强航运枢纽、通航建筑物等水运工程的助航和安保设施设备建设。完善航标配布,按规定设置通航桥梁防撞设施。加强重点陆岛、岛岛运输配套安全设施建设。

(二十二)提高安全监管装备水平。研究制定安全监管装备器材配备标准,加强公路与水路安全监管装备器材的配置和基地建设,为安全监管部门和人员配齐配强装备和防护器材。进一步完善整合船舶交通管理系统(VTS)、船舶自动识别系统(AIS)、闭路电视监控系统(CCTV)等功能,研究建立大型交通运输基础设施建设和管养安全监测系统,提升动态监管能力。

(二十三)加强应急救援装备设施建设。推进国家和省级公路交通应急保障中心及基地建设。加快应急救助船艇、飞行器、指挥车辆等装备建设。加快船舶溢油应急基地建设,加强水路危险品运输应急物资储备,加快航标、测量船舶及装备建设。依托大型交通运输企业,建立各级道路和水路运输应急保障运力储备。

八、加强安全生产考核和监督

(二十四)推进安全生产绩效考核。建立完善安全生产考核机制,加大领导干部和部门负责人政绩业绩考核中安全生产的权重和考核力度,将安全责任的落实作为单位和人员绩效考核的重要内容,与评优、评先、晋升相结合。建立并完善安全生产激励机制,对成效显著的单位和个人要以适当形式予以表扬和奖励。

(二十五)加大安全生产责任追究力度。严格事故调查处理和责任追究,按照"四不放过"的原则,严格实行安全生产一票否决、引咎辞职等问责制度,严肃查处每一起安全生产事故,依法严肃追究责任单位和相关责任人责任。认真落实事故查处挂牌督办、警示通报、诫勉约谈等制度。畅通安全生产举报渠道,强化社会监督、舆论监督和群众监督,共同推进群防群治和责任落实。

21. 交通运输系统“平安交通”创建活动实施方案

（2013 年 2 月 7 日　交通运输部　交安监发〔2013〕116 号）

一、指导思想、基本原则和总体目标

（一）指导思想

深入贯彻落实科学发展观，按照《交通运输部关于进一步加强安全生产工作的意见》（交安监发〔2013〕1 号）要求，坚持“安全第一、预防为主、综合治理”方针，牢固树立以人为本、安全发展的理念，全面组织实施“平安交通”创建活动，动员全员参与、形成创建合力、营造创建氛围、取得创建实效，促进交通运输安全生产形势持续稳定好转，推进现代交通运输业科学发展安全发展。

（二）基本原则

统筹兼顾，整体推进。统筹好创建活动与现代交通运输业的发展、与安全生产各项活动和专项整治行动的关系，做到相互衔接、相互融合、相互促进。

创新形式，丰富内容。结合实际，因地制宜，采取多种形式、多角度、多渠道，创新活动内容，丰富活动内涵，做到有声有色、有形有实、有质有效。

突出重点，注重实效。突出安全生产领域存在的薄弱环节和突出问题，以有效防范和坚决遏制重特大安全事故发生为重点，做到标本兼治、综合治理。

广泛参与、形成合力。加强与政府相关部门协调合作，动员引导社会力量广泛参与，形成管理部门、交通运输企业和全社会参与共同创建的良好格局。

（三）总体目标

安全生产体制机制法制进一步健全，安全生产应急预案进一步完善，安全生产保障能力进一步增强，安全生产文化进一步提升，安全生产队伍素质进一步提高，构建完善的交通运输安全生产长效机制。更加提升保障现代交通运输业全面可持续发展的硬实力，更加适应经济社会发展和人民群众安全便捷出行的新需求，更加满足全面建成小康社会的总要求。“平安交通”创建活动期间，实现事故总起数和死亡人数以及重特大事故的起数和死亡人数下降。

二、活动主题和活动内容

活动主题：平安交通，人人有责。

活动内容：

（一）大力开展“平安公路”创建活动。

以 G108 和 G205 国道改造示范工程为重点，深入开展“养护管理示范公路”创建活动。不断完善安保工程实施内容，进一步加强公路安保工程建设，对于临水临崖、长大下坡、急弯陡坡等事故易发路段严格按照标准设置安全设施。组织对重点路段进行灾害风险评估，合理确定灾害风险处置方案，切实提高抗灾能力。加大危桥监控、改造力度，确保桥梁使用安全。进一步强化多部门协调联动,加大公路治超力度。加强路网保畅和路域综治管理,强化预防预警,提供出行信息服务,让人民群众走平安路、过平安桥。

(二)大力开展"平安车船"创建活动。

以"两客一危"车辆和"四客一危"船舶为重点,严把准入关和技术关,强化车船检验检查和维护保养,严格执行车船行驶安全管理规定和安全告知制度,保持良好的车容船貌,规范驾驶员安全文明驾驶行为,严格消防、应急设施装备的配置使用,严禁超员超载超速和疲劳驾驶,做好突发事件应急抢险救援,让人民群众坐平安车、乘平安船。

(三)大力开展"平安港站"创建活动。

以客运、危险货物港口码头和车辆站场为重点,严格执行各项安全管理制度和安全操作规程,强化旅客进港进站安全检查,严禁违禁物品进入港站、上车上船,严禁超载超员车船出港出站。加强港口码头和车辆站场现场安全管理,做好人员密集场所社会治安综合管理,保持消防应急设施完好,加强航道养护,维护良好通航秩序。强化安全隐患排查治理,提供安全优质服务,确保车船进出港站平安。

(四)大力开展"平安渡口"创建活动。

以内河、陆岛和岛岛客(汽)渡口为重点,加强与地方政府及相关部门沟通配合,督促落实乡镇渡口安全监管职责和乡管员制度,严格执行渡口渡船安全管理规定,积极推进渡口建设改造和渡船标准化建设,完善渡船安全应急设施,按规定配置消防救生设备并确保有效,强化从业人员安全培训教育,提升安全意识和安全应急操作技能,严禁违章操作,建立健全渡口安全管理长效机制,让人民群众过平安渡。

(五)大力开展"平安工地"创建活动。

以特大(长)桥隧和大型水运工程建设为重点,继续推行桥梁隧道施工安全风险评估制度,全面实施工程风险预警预控预案管理。继续开展以"防坍塌、反三违"为重点的专项治理行动,全面推行"平安工地"考核评价制度,定期公布评价结果,并与企业信用记录挂钩。加大高速公路施工标准化建设力度,逐步做到施工现场安全防护标准化、场容场貌规范化、安全管理程序化,建平安工程。

各地、各单位可根据实际需要,开展其他有针对性、有特色的平安交通创建活动。

三、实施步骤

"平安交通"创建活动从2013年起到2017年止,分三个阶段。

(一)宣传发动组织实施阶段(2013年)

拟定创建活动实施方案,建立组织领导机构,周密部署、层层动员,广泛开展宣传教育活动,营造良好氛围,在全行业启动并实施"平安交通"创建活动。

(二)重点突破全面推进阶段(2014~2016年)

有计划、分步骤、有重点推进平安公路、平安车船、平安港站、平安渡口、平安工地等创建活动,着力取得活动实效。组织开展相互交流学习、检查和评比、竞赛等活动,发挥典型示范作用,推广好的做法,有效推动创建活动的开展,全面实现创建活动目标任务。

(三)总结经验巩固提升阶段(2017年)

对"平安交通"创建活动进行认真梳理,总结经验、查找不足,提出改进和完善安全生产工作的措施,巩固提升创建活动实效,为交通运输科学发展安全发展奠定坚实基础。同时,对

“平安交通”创建活动提出具体意见和建议。

四、工作要求

(一)加强组织领导。

交通运输部安委会负责交通运输系统“平安交通”创建活动的部署、指导和组织实施,部安委办负责“平安交通”创建活动的综合协调、跟踪督导和日常工作。交通运输系统各管理部门和企业要成立“平安交通”创建活动领导机构。

(二)制定实施方案。

各部门、各单位要结合实际,制定“平安交通”创建活动的具体实施方案,明确目标,细化措施,落实责任。创建活动要有特色、有针对性和可操作性,活动措施要落实到基层、落实到岗位。

(三)加强支持保障。

各部门、各单位要将“平安交通”创建活动作为重点工作进行安排部署,加大人力、科研投入,提供必要的资金支持,为开展创建活动创造良好的条件。

(四)强化跟踪落实。

各部门、各单位每年要组织创建活动督导检查,及时发现并解决存在的问题,确保不走形式、不走过场。要进行年度创建工作总结,将创建活动绩效作为年度工作目标考核的重要内容。要加强与政府相关部门沟通合作,加强内部各部门之间的协调联动,确保创建活动取得实效。

各部门、各单位要将创建活动具体实施方案于 2013 年 3 月 1 日前、年度总结于次年 1 月 15 日前报部安委办。

22. 关于建立公路水运工程建设安全监管长效机制的若干意见

(2009年3月3日　交通运输部　交质监发〔2009〕78号)

各省、自治区、直辖市、新疆生产建设兵团交通厅(局、委),天津市市政公路管理局,长江航务管理局:

根据《中华人民共和国安全生产法》、《建设工程安全生产管理条例》和《公路水运工程安全生产监督管理办法》有关规定,为加强公路水运工程建设安全监管,逐步建立长效机制,现提出以下意见。

一、指导思想和原则

坚持以邓小平理论和"三个代表"重要思想为指导,深入贯彻落实科学发展观,按照"安全第一,预防为主,综合治理"的方针,遵循"标本兼治、重在治本"的原则,树立重特大安全责任事故"零容忍"理念,以实现公路水运建设安全发展为总要求,以建立健全"预案、预控、预报、预警"安全监管长效机制为总目标,以落实安全生产责任制为重点,加强监管,履行职责,建立公路水运工程建设安全监管长效机制,促进交通运输快速发展、科学发展、安全发展、协调发展。

二、加强组织领导,建立健全建设安全监管体系

交通建设安全事关人民群众生命财产安全和社会稳定大局。各级交通运输主管部门要把安全工作列入重要议事日程,按照"管建设、管安全"的原则,明确分管领导、监管机构、建设项目归口管理部门和项目法人单位的安全职责,形成健全的安全监管体系和协调配合机制。督促并支持监管机构加强管理,落实人员和经费,建立责权明确、行为规范、执法有力的安全生产监管队伍。

三、夯实监管基础,建立完善安全法规标准体系

各级交通运输主管部门应当根据《公路水运工程安全生产监督管理办法》,研究制定本地区的安全生产准入条件、安全生产费用、事故报告、应急救援、隐患监控预警、安全风险评估、安全监理、安全培训和安全技术进步等方面的管理办法。在国家和行业标准框架下,制定地方安全技术标准规范,形成比较系统的安全法规和技术标准体系,夯实安全监管工作基础,为安全监管执法创造条件。

四、严格安全生产条件审查,促进各参建单位落实安全责任

各级交通运输主管部门应当根据《建设工程安全生产管理条例》,进一步明确建设、勘察、设计、施工、监理等参建单位的安全生产职责。应在资质许可、设计审批、招投标监管、施工许可及项目督查等工作中加强对参建单位履行安全职责情况的监督检查。建设单位在招标文件中应明确安全生产条件，在施工、监理合同中应规定安全生产责任和相关费用，并负责建设过程中的检查和督促落实。对达不到安全生产条件的施工合同段，特别是安全生产费用投入不足、安全生产管理人员配备不齐、重大专项方案不审查、特种设备未检验合格的，坚决不准予开工。对未严格执行上述要求的建设项目，一经发现，按照“谁主管谁负责”的原则，坚决予以纠正，造成事故的，依法依纪追究相关责任。

五、落实安全一票否决制度，实施严格的安全惩戒

各级交通运输主管部门应当结合行业实际，建立安全惩戒制度，实行安全一票否决。对安全督查中受到部、省交通运输主管部门通报批评的施工、监理等单位，应在从业企业信用体系中予以记录。建设期发生过一次重大以上责任事故或两次以上较大责任事故的，应将施工、监理等有关责任单位列入重点督查名单。情节严重、影响恶劣的，应依法暂停其投标资格。对代建制项目法人，应依法暂停其代建新项目。发生过重大以上责任事故的建设项目不得评优，相关建设、施工、监理等责任单位的安全管理行为，也应在信用等级评定中反映。

六、依法开展事故调查，逐步形成协调配合机制

各级交通运输主管部门要认真落实国务院《事故报告和调查处理条例》的有关规定，研究分析公路水运工程建设管理特点和事故规律，在各级人民政府的统一领导下，配合做好事故调查处理工作。在事故技术调查和原因认定等方面，发挥行业主管部门作用，同时积极参与事故责任认定和处理等工作。对国家、部省重点建设项目、跨区市实施项目和特殊复杂工程，要建立事故调查协商处理机制，必要时，可与综合监管部门联合出台事故调查办法，确保事故调查工作的科学性、准确性和公正性。

七、加强事故预警机制研究，开展工程安全风险评估

安全风险评估是一项行之有效的安全预防措施，各级交通运输主管部门应当高度重视，加强安全事故预警、预测、预报和预防工作。对风险较大的重点桥隧工程和大型水上结构工程，应按规定开展安全风险评估及安全监测工作。对安全风险高，安全措施不到位的工程，应责令停工整改，坚决制止强令赶工和冒险作业行为。

八、总结专项治理经验，促进隐患排查治理工作制度化

各级交通运输主管部门要认真总结专项治理行动的成熟经验，将行之有效的措施制度化，长期坚持。继续落实和完善专项行动中建立起来的施工现场危险告知、专项施工方案审查、重大隐患挂牌督办和登记销号等“五项制度”。严格执行严禁在泥石流区、滑坡体、洪水位下设置施工驻地，严禁长大隧道无超前预报和监控量测措施施工等“四项严禁”措施。促进隐患排出治理工作制度化、常态化。

九、积极推行工地安全标准化，促进安全生产精细化管理

各级交通运输主管部门要按照国家法律法规有关规定，根据本地区经济社会发展状况，尽快制定本地区施工现场安全防护和施工人员基本生产生活条件标准，并进行达标验收。要督促建设单位和施工单位抓住施工现场安全管理的重要环节和细节，制定切实可行的施工方案和安全生产管理措施，促进安全生产精细化管理水平提高。

十、完善应急救援体系，提高应对突发事件能力

各级交通运输主管部门要按照地方人民政府要求，制定本地区交通建设重大生产安全事故应急救援预案,落实应急组织、程序、资源及措施,满足事故应急救援工作需要。要按照国家安全生产应急预案管理的有关规定,加强对从业企业应急预案的监督检查,增强建设单位和施工单位应急预案的针对性和有效性,提升行业应对突发事件能力。

十一、加强安全教育培训,营造行业安全文化氛围

各级交通运输主管部门要充分发挥行业指导作用,认真开展施工企业安全生产管理人员考核发证和安全监理人员培训教育工作。督查各参建单位安全教育开展情况,督促施工企业做好农民工上岗、转岗前的安全技能培训。采用多种方式和手段,加强安全文化知识宣传,积极推动安全文化进项目、进标段、进班组。提高从业人员安全意识和避险能力,营造安全文化氛围,促进交通建设行业安全监管水平再上新台阶。

23. 公路水运工程施工企业安全生产管理人员考核管理办法

（2009 年 12 月 9 日　交通运输部　交质监发〔2009〕757 号）

第一章　总　　则

第一条　为规范公路水运工程施工企业主要负责人、项目负责人和专职安全生产管理人员（以下简称安全生产三类人员）的考核管理，促进公路水运工程安全生产，根据《安全生产法》、《建设工程安全生产管理条例》、《公路水运工程安全生产监督管理办法》，制定本办法。

第二条　本办法所称安全生产三类人员定义如下：

企业主要负责人，对本企业日常生产经营活动和安全生产工作全面负责、有生产经营决策权的人员，包括企业生产经营工作的负责人、企业安全生产工作的负责人等；

项目负责人，由企业法定代表人授权，负责公路水运工程项目施工管理的负责人，包括项目经理、项目副经理和项目总工等；

专职安全生产管理人员，在企业专职从事安全生产管理工作的人员，包括企业安全生产管理机构专职安全员和施工现场专职安全员（以下分别简称为企业专职安全员和施工现场专职安全员）。

第三条　安全生产三类人员的考核、发证与管理，应当遵守本办法。

第四条　安全生产三类人员考核实施分级管理。

交通运输部负责考核工作的统一管理。负责公路水运工程施工总承包一级、专业承包一级及以上资质施工企业及未分资质等级的专项资质施工企业（以下简称“一级企业”）安全生产三类人员考核管理工作。

省级交通运输主管部门负责工商注册地在本行政区域内的公路水运工程施工总承包二级、专业承包二级及以下资质企业（以下简称“二级企业”）安全生产三类人员考核管理工作。

交通运输部长江航务管理部门负责长江干流航道二级企业的安全生产三类人员考核管理工作。

第五条　安全生产三类人员必须通过考核，取得《安全生产考核合格证书》（以下简称“考核证书”），方可参加公路水运工程投标及施工活动。

安全生产三类人员中企业主要负责人、项目负责人不得兼任专职安全生产管理人员。

第六条　交通运输部建立全国公路水运工程安全生产三类人员信息管理系统（以下简称“管理系统”），用于安全生产三类人员申请受理、公示公告、岗位登记和信息查询等。

第二章　考核申请

第七条　安全生产三类人员考核申请由施工企业统一组织申报，不接受个人申请。

中央管理的施工企业总部（集团）及其所属一级企业（以下简称“中央企业”）直接向交通运输部提出考核申请。其他一级企业应向工商注册地的省级交通运输主管部门提出考核申请，经省级交通运输主管部门初步审核合格后报交通运输部。

第八条　施工企业提出考核申请时应登录管理系统，在线填报相关信息，并按规定向相应的交通运输主管部门提交下列书面材料：

（一）企业出具的申请函；

（二）企业施工资质证书、安全生产许可证等复印件，对未取得安全生产许可证的企业，需提供说明材料；

（三）个人考核申请表及考核申请汇总表（见附件1、2）；

（四）企业聘用劳动合同复印件；

（五）申请人的有效身份证件及学历证书或职称证书等复印件，并附申请人白色背景1寸免冠彩色正面照片1张。

施工企业对申请材料的真实性负责。

第九条　安全生产三类人员考核分为安全管理能力考核（以下简称能力考核）和安全生产知识考试（以下简称知识考试）两部分。

能力考核是对申请人申请资格的审核。

知识考试是对申请人具备法律法规、安全生产管理、安全生产技术知识情况的测试。知识考试管理办法另行制定。

能力考核与知识考试均合格后，方可取得考核证书。

第十条　申请人应当具备下列条件：

（一）具有完全民事行为能力；

（二）与申报企业有正式劳动关系；

（三）申请项目负责人考核的，年龄不超过65周岁；申请专职安全生产管理人员考核的，年龄不超过60周岁。

第十一条　一级企业申请人的能力考核应具备下列条件：

（一）具有以下学历、职称和工作经历：

1.企业主要负责人，应具有大专及以上学历或中级及以上技术职称，且具有3年及以上的土木工程建设经历；

2.项目负责人，应具有大专及以上学历或中级及以上技术职称，且具有3年及以上的土木工程建设经历；

3.施工现场专职安全员，应具有中专或同等学力且具有5年及以上的土木工程建设经历，或大专及以上学历且具有1年及以上的土木工程建设经历；

4.企业专职安全员，应具有大专及以上学历或初级及以上技术职称，且具有1年及以上的土木工程建设或安全管理经历。

（二）在申请考核之日前1年内，申请人未有在较大及以上等级安全责任事故中负有责任的情形。

（三）符合有关国家法律法规规定的要求。

二级企业申请人的能力考核条件由省级交通运输主管部门参照制定。

第十二条　申请材料不齐或者不符合申报要求的，交通运输主管部门应当告知申报企业予以补充。未补充或补充后仍不符合要求的，将不予受理。

第十三条　能力考核通过后，方可参加知识考试。知识考试由相应的交通运输主管部门或其委托的有关机构具体组织。

第十四条　申请人知识考试合格，经公示后，由交通运输部或省级交通主管部门（以下简称“发证机关”），按照考核管理权限颁发考核证书。考核证书有效期为3年。

发证机关应将考核通过的安全生产三类人员信息在管理系统中进行登记注册。

第十五条　考核证书采用统一的编号规则。

交通运输部颁发的考核证书编号规则为：“交安”+管理类别代号+证书颁发年份后2位+行业代码+证书颁发当年4位流水顺序号。

省级交通运输主管部门颁发的考核证书编号规则为：省（自治区、直辖市）简称+“交安”+管理类别代号+证书颁发年份后2位+行业代码+证书颁发当年4位流水顺序号。

其中，管理类别代号分为A（企业主要负责人）、B（项目负责人）、C1（企业专职安全员）、C2（施工现场专职安全员）。行业代码分为G（公路工程）、S（水运工程）。

第三章　证书延期与变更

第十六条　安全生产三类人员的考核证书有效期满前，应于有效期截止日前3个月内，提出延期申请。有效期满而未申请延期的考核证书自动失效。

第十七条　延期申请按考核申请程序执行。施工企业除登录管理系统在线办理申请外，还应按规定向相应的交通运输主管部门提交如下申请材料：

（一）企业出具的延期申请函；

（二）个人延期申请表及延期申请汇总表（见附件3、4）；

（三）考核证书有效期内，施工企业发生过生产安全责任事故，本企业人员负有责任的，或因违反安全法律法规，本企业人员受到部或省级交通运输主管部门处罚或者通报批评的，需如实提供有关部门出具的事故认定报告或者处罚、通报文件等；

（四）原考核证书。

第十八条　在考核证书有效期内，安全生产三类人员应当至少参加一次由省级交通运输主管部门组织的、不低于8个学时的安全生产继续教育。中央企业安全生产三类人员可参加部组织的安全生产继续教育。

发证机关应将安全生产继续教育信息在管理系统中及时予以录入、更新。

第十九条　除中央企业外的一级企业延期申请材料经省级交通运输主管部门书面审核后报部。延期申请符合以下条件的，审核通过，准予延期：

（一）按期提出延期申请；

（二）按规定接受企业年度安全生产教育培训，参加部或省级交通运输主管部门组织的安全生产继续教育；

（三）在管理系统中申请人无不良从业记录；

（四）无本办法第二十条所列行为。

经审核准予延期的，由原发证机关在考核证书上加盖专用章，在管理系统中更新考核证书有效期。考核证书有效期每次延期期限为3年，项目负责人延期期限最长不超过65周岁，企业专职安全员和施工现场专职安全员延期期限最长不超过60周岁。

第二十条 在考核证书有效期内，安全生产三类人员有下列行为之一的，不予延期，必须重新考核：

（一）企业主要负责人和企业专职安全员所在企业发生1起及以上重大、特大等级生产安全责任事故或2起及以上较大生产安全责任事故，且本人负有责任的；项目负责人和施工现场专职安全员承建的工程项目发生过1起及以上一般及以上等级生产安全责任事故，且本人负有责任的；

（二）本人受到部或者省级交通运输主管部门及安全监管机构行政处罚或通报批评的；

（三）未参加本企业组织的年度安全教育和交通运输主管部门组织的继续教育的；

（四）本人或为他人伪造证书或出据虚假证明的。

第二十一条 安全生产三类人员因所在企业名称或者个人信息改变等原因需要变更证书的，应由所在企业向原发证机关提出考核证书变更申请，并按照以下要求提交申请材料：

（一）施工企业名称变更。

1. 企业出具的变更申请函和变更申请表（见附件5）；

2. 企业上级主管部门关于企业名称变更的批复文件或者工商行政管理部门出具的变更核准通知书等相关证明材料复印件；

3. 企业新的施工资质证书和安全生产许可证等复印件；

4. 原考核证书。

（二）申请人工作单位调动。

1. 新受聘企业出具的变更申请函和调动变更申请表（见附件6）；

2. 新受聘企业的施工资质证书、安全生产许可证等复印件；

3. 原企业解聘证明文件、新企业聘用或者任用证明文件等复印件；

4. 原考核证书。

（三）其他个人信息变更。

1. 企业出具的变更申请函和变更申请表（见附件5）；

2. 变更信息的有效证明文件复印件；

3. 原考核证书。

申请证书类别变更的，还应当提交证明申请人符合相应能力考核条件的证明材料，经审核及知识考试后，方可变更。

（四）考核证书遗失补办。

1. 企业出具的遗失补办申请函和变更申请表（见附件5）；

2. 申请人所在企业在省级以上报纸或中国交通报、中国水运报登载遗失作废声明的复印件。

因信息变更换发的考核证书,有效期不变,证书编号不变,原证书收回。因遗失补发的考核证书编号更新,其他信息不变。

第二十二条　因申请人工作单位跨省(自治区、直辖市)或在一、二级企业间调动的,变更申请应当先向原发证机关申请注销,原发证机关在调动变更申请表(见附件6)上签署意见,收回原证书;再按照考核申请程序,由新受聘企业向新发证机关提出换发申请,新发证机关应及时给予办理并变更三类人员管理系统信息。

第四章　证书使用及管理

第二十三条　考核证书在全国公路水运工程建设领域通用。

建设单位或其委托的工程招标代理机构在编制有关招标文件时,应当明确要求投标施工企业提供本企业拟担任该项目安全生产三类人员的考核证书。在项目实施过程中应当将安全生产三类人员具备考核证书纳入合同履约内容。

第二十四条　施工企业应当加强项目负责人及施工现场专职安全员的上岗登记和离岗核销管理。工程开工前,应当在管理系统中将参与工程的上述两类人员进行上岗登记。工程结束后或上述两类人员离岗时,应在管理系统中进行评价并核销。从业记录将作为考核证书延期审查的依据。

各地交通运输主管部门及其安全监管机构应当对建设项目安全生产三类人员的岗位登记情况进行监督检查。

第二十五条　交通运输主管部门应当加强对安全生产三类人员履行安全管理职责的监督检查,并将安全生产三类人员的违法违规行为或者受到其他处罚的信息在管理系统中予以记录。

任何单位或个人均有权向交通运输主管部门举报安全生产三类人员违法违规行为。

第五章　附　　则

第二十六条　本办法自发布之日起施行。省级交通运输主管部门可根据本地实际,制定细则。《关于开展公路水运工程施工企业安全生产管理人员考核工作的通知》(交质监发〔2004〕594号)及《关于做好公路水运工程施工企业安全生产管理人员2004年证书延期工作的通知》(厅质监字〔2007〕225号)同时废止。

附件1~附件6(略)。

24. 公路水运工程质量安全督查办法

（2008 年 4 月 28 日　交通运输部　交质监发〔2008〕52 号）

第一章　总　　则

第一条　为规范公路水运工程质量与安全监督抽查工作，提高督查的科学性，促进质量与安全管理水平的提升，根据《建设工程质量管理条例》、《建设工程安全生产管理条例》、《公路工程质量监督规定》、《水运工程质量监督规定》、《公路水运工程安全生产监督管理办法》，制定本办法。

第二条　本办法适用于交通运输部组织的公路水运工程质量与安全督查活动。

第三条　公路水运工程质量与安全督查，应了解质量与安全监管情况，掌握质量与安全动态，促进工程质量与安全综合水平的提高。

第四条　督查依据：

（一）国家和行业有关公路水运工程质量与安全生产法律法规、部门规章和规范性文件；

（二）有关技术标准及强制性条文；

（三）项目设计文件及有关合同文件。

第五条　质量与安全督查实行督查组负责制，督查组由部质监总站组织有关人员组成。督查组成员对督查记录及结论署名并负责，督查组负责人对督查的综合结论署名并负责。

第六条　督查工作应坚持严肃、科学、客观、公正的原则。督查组成员应自觉遵守各项廉政规定。

第二章　督查方式和内容

第七条　质量与安全督查分为综合督查和专项督查，可采取听取汇报、查阅资料、查看现场、询问核查、随机抽检等方式进行。

第八条　综合督查是对公路水运工程质量与安全监管情况及在建项目质量与安全状况的抽查。

质量与安全监管情况抽查，主要是抽查省级交通运输主管部门对有关工程质量和建设安全法规的贯彻落实情况，对违法违规行为的查处情况，对质量与安全问题举报的调查处理情况。

在建项目质量状况抽查包括管理行为、施工工艺、工程实体质量的情况，公路工程督查内容及评分表详见附表 1 ~ 附表 3，水运工程督查内容及评分表详见附表 4 ~ 附表 9。在建项目安全状况抽查包括安全管理行为、施工现场安全生产情况，安全生产督查内容及评分表详见附表 10 ~ 附表 11。在建项目的质量安全督查计分方法详见附件 1。

第九条　专项督查是对公路水运工程的关键环节、重要部位的质量、安全状况采取的有针对性的抽查，具体工作方式和程序可根据工作需要确定。

第三章　综合督查要求

第十条　部根据公路水运工程建设总体情况，制订年度综合督查计划。综合督查每年应抽查不少于全国 1/3 的省份。

第十一条　公路工程具体督查项目由督查组赴现场前随机确定，一般选 1 至 2 个国家高速公路网或交通运输部确定的其他重点公路在建项目，每个项目抽查合同段数量不少于 3 个，且不少于项目总里程的 30%。

水运工程具体督查项目根据建设规模、投资主体和水运工程类别确定。

第十二条　综合督查应按下列程序进行：

（一）省级交通运输主管部门汇报本地区工程质量与安全监管工作情况；

（二）质监机构汇报督查项目的质量监督情况，安全监管部门汇报督查项目的安全监管情况；

（三）项目法人（建设单位）汇报项目质量和安全生产的管理情况；

（四）确定抽查合同段；

（五）分组查阅资料、查看工地现场、抽检工程实体质量；

（六）督查组评议，并对项目进行质量、安全评价；

（七）督查组反馈意见。

第十三条　项目确定后，项目法人（建设单位）应向督查组提交下列资料：

（一）项目基本情况；

（二）项目平面图（标注主体工程施工与监理合同段划分里程桩号及主要结构物、施工与监理驻地、拌和场、试验室位置）；

（三）交通运输主管部门组织的监督抽查中，发现的主要质量、安全问题及整改落实情况。

第四章　综合督查结果处理

第十四条　督查组应对督查发现的问题，及时反馈意见，提出整改要求和建议。发现影响主要结构安全的隐患或隐蔽工程重大质量缺陷时，应责令相关单位立即停止该工序或作业区的施工，由省级交通运输主管部门督促项目法人（建设单位）组织整改，整改合格后方可复工。

督查组发现实体质量抽检指标不合格时，应责成项目法人（建设单位）对相应工程部位进行检测，对确定不合格工程，项目法人（建设单位）负责组织论证，实施修复或报废，省级交通运输主管部门负责监督。

第十五条 部质量与安全督查意见书于督查组完成督查工作后15个工作日内发出，省级交通运输主管部门负责组织相关单位按督查意见书提出的要求，整改落实。

第十六条 当被抽查施工单位质量管理行为有3项（含3项）以上评分不足6分时，省级交通运输主管部门应将该单位列为年度重点督查对象，对相应的施工工艺和工程实体质量进行深入督查。

当被抽查合同段施工工艺评分不足6分时，由项目法人（建设单位）对相应的工程实体质量进行深入检查。

当被抽查合同段工程实体质量关键指标有2项（含2项）以上抽查合格率低于90%时，省级交通运输主管部门应对相应的质量管理行为和施工工艺进行深入督查。

第十七条 当督查项目所有被抽查合同段累计1/3的施工和监理单位质量管理行为评分不足6分时，质监机构应在该项目验收时的工程质量监督工作报告中予以记录。

第十八条 在项目建设期内，同一被抽查单位质量管理行为两次督查评分不足6分的，质监机构应在该项目验收时参建单位工作综合评价中予以反映。

第十九条 对质量管理行为和施工工艺评分不足6分的被抽查单位，我部予以通报。

第二十条 对质量管理行为存在违规、工程质量存在严重缺陷或重大隐患的责任单位，省级交通运输主管部门应将其违规行为在建设市场信用信息管理系统中予以记录。

第二十一条 当被抽查合同段安全生产现场督查评价2项（含2项）以上评分为0分时，责令该合同段停工，由项目法人（建设单位）负责监督整改，并对相应的管理行为进行深入督查，合格后方可复工。

当督查项目中3个（含3个）以上合同段被责令停工，该项目暂时停工，由省级交通运输主管部门负责监督复查，整改合格后方可复工，并予以通报。

被抽查施工单位的安全生产管理行为评价4项（含4项）以上为0分，被抽查监理单位或项目法人（建设单位）其管理行为评价2项（含2项）以上为0分时，省级交通运输主管部门应将该单位列为年度重点督查对象，并将其违规行为在建设市场信用信息管理系统中予以记录。

第二十二条 质量与安全督查资料应由专人整理、归档，可授权有关单位查阅。

督查资料包括督查计划、督查记录、督查意见、检测数据和必要的声像资料等。

第五章　附　　则

第二十三条 各省级交通运输主管部门可参照本办法制定本地区质量与安全督查实施细则。

第二十四条 本办法由交通运输部负责解释。

第二十五条 本办法自发布之日起施行。

附表 1

公路工程质量管理行为督查内容及评分表

督查内容	抽查指标项		标准或要求	评分
建设	质量监督手续		及时、完善	
	施工许可手续		及时、完善	
	质量管理目标、制度和措施		目标明确具体,制度和措施健全,有针对性和可操作性,且落实到位	
	分包及劳务管理		管理制度健全,落实到位	
	施工工期控制		规范、合理	
	施工、监理重要人员调整批复		规范,手续齐全	
	变更管理		规范	
	支付管理		及时,规范	
	质量问题、质量事故及重大隐患处理		有制度,且处理及时到位	
	对有关检查整改落实情况		及时,到位	
	扣分	无针对性措施压缩工期	扣 2 分	
施工	项目经理、总工、质检负责人、试验室主任到位及持证情况		均符合合同或招标文件要求	
	质量管理制度和措施		完善,有针对性和可操作性,且落实到位	
	分包及劳务管理		管理制度健全,落实到位	
	施工组织设计		有针对性、操作性、合理性,及时报批	
	施工技术交底		及时、全面	
	质量检查及整改落实情况		按要求检查,及时整改落实	
	试验室管理		符合合同要求,人员到位、设备齐全,管理规范	
	质量文件、档案管理		完整、规范、落实到位	
	文明施工		现场整洁,规范,环保	
	扣分	资料虚假	扣 2 分	
		人员资格虚假	扣 2 分	
监理	监理实施细则、监理计划		完善、有针对性	
	监理工程师资格、到位		符合合同要求,及时岗位登记	
	试验室管理		符合合同要求,人员到位、设备齐全,管理规范	
	标准试验、配合比设计验证审批		及时规范、资料齐全	
	中间交工验收及质量评定		及时,规范	
	抽检		及时,规范	
	旁站、巡视		到位、记录齐全准确	
	日志记录		记录真实、人手一册、每日连续	
	质量监理指令		指令闭合	
	扣分	资料虚假	扣 3 分	
		人员资格虚假	扣 3 分	
设计	设计交底		及时、全面	
	设计人员驻场服务		到位	
	设计变更		合理、及时、手续齐全	

注:1. 评分分五个档次,分别为好(9、10 分)、较好(7、8 分)、一般(6 分)、较差(3、4、5 分)、很差(0、1、2 分)。

2. 各单位质量管理行为督查评分为各项抽查指标项评分的平均值减去应扣除分数。

附表 2

公路工程施工工艺督查内容及评分表

单位工程	分部工程	抽查指标项	标准或要求	评分
路基工程	土石方	含水率	适宜,碾压无明显轮迹、无“弹簧”	
		临时排水	符合规范或施工组织设计要求。造成路基严重冲刷或冲毁农田的,本项计 0 分	
		分层厚度	满足要求,与压实功效匹配	
		取弃土	符合设计或施工组织设计要求,否则本项计 0 分	
	砌体	砌筑和勾缝	砌筑、勾缝密实牢固	
	软基处理	处理范围及深度	符合设计要求	
		沉降观测	按要求进行设置、布点和观测	
路面工程	沥青面层	材料规格及存放	场地硬化,无混堆;集料针片状符合要求	
		摊铺和碾压温度、速度	现场控制有效,满足要求	
		均匀性	沥青用量稳定,无明显离析或明显超粒径	
		层间处理	无污染,黏层油适量,交通管制到位	
	混凝土面层	材料规格及存放	场地硬化,无混堆;水泥存放符合防雨、防潮要求;集料针片状符合要求	
		均匀性	水灰比稳定,无明显离析或明显超粒径	
		接缝、传(拉)力杆设置	接缝平顺,填料饱满,传(拉)力杆位置准确、牢固	
		养生	保湿,保证养生期	
	基层底基层	材料规格及存放	场地硬化,无混堆;水泥存放符合防雨、防潮要求;材料规格符合要求	
		均匀性	无明显离析或明显超粒径	
		含水率	适宜,碾压无明显轮迹	
		养生	保湿,保证养生期;交通管制到位;表面无松散、剥落	
桥梁工程	混凝土工程	材料规格及存放	场地硬化,无混堆;水泥存放符合防雨、防潮要求;集料针片状符合要求	
		均匀性	水灰比稳定,无明显离析或超粒径	
		湿接缝	施工规范,混凝土密实	
		梁板顶部浇注	平整,无浮浆	
		梁板存放	规范	
		预拱度	符合设计要求	
		支座安装	符合设计要求	
		支架、模板强度与刚度	坚固稳定,无变形	
		养生	保湿,保证养生期	
		外观	平整密实,色泽均匀,无蜂窝麻面。露筋、修补,本项计 0 分	

续上表

单位工程	分部工程	抽查指标项	标准或要求	评分
桥梁工程	钢筋	连接(焊接或机械连接)	连接(长度、角度)规范,无焊伤	
		存放	防雨、防潮、防(除)锈,无防护措施计0分	
	预应力	预应力筋	不绞丝、绞束,无滑(断)丝,切割规范	
		封锚	规范、密实	
	桩基施工	水下混凝土浇筑	连续,记录真实	
		钻孔施工	连续,钻孔记录完整,及时检测,清孔	
隧道工程	开挖	通风、照明、防尘	措施完善,运行正常	
		周边收敛量测	埋点、量测频率规范,数据处理及时	
		爆破后清理和支撑	及时到位	
	初期支护	锚杆及垫板安装	符合设计	
		支护时间和方式	及时、规范	
		钢拱架与隔栅定位	符合设计要求	
		防水板	焊接紧密、大面平顺、张弛适度	
		渗水	无渗水现象	
		外观	平整密实,色泽均匀,无蜂窝麻面。有露筋、修补,本项计0分	

注:1. 评分分五个档次,分别为好(9、10)、较好(7、8)、一般(6)、较差(3、4、5)、很差(0、1、2)。

2. 各施工单位施工工艺督查评分以抽查指标项中实际检查项目评分的平均值计。

3. 督查人员可根据工程进度和特点增加抽查指标项。

附表3

公路工程实体质量督查内容及评分表

<table>
<tr><th>单位工程</th><th>分部工程</th><th>抽查指标项</th><th>标准和评价方法</th><th>评分</th></tr>
<tr><td rowspan="2">路基工程</td><td rowspan="2">土石方</td><td>压实度*</td><td>按检评标准规定值计算合格率</td><td></td></tr>
<tr><td>弯沉*</td><td>连续检测时：弯沉代表值大于设计值时为不合格，本项目评分为0分；弯沉代表值小于设计值时，按照单点大于$L+2S$为不合格，计算总合格率。
随机检测时：按照单点大于$L+2S$为不合格，计算总合格率</td><td></td></tr>
<tr><td rowspan="4">路面工程</td><td rowspan="2">面层</td><td>沥青层压实度*</td><td>按单点值大(等)于试验室标准密度的95%(SMA为96%)为合格，计算合格率</td><td></td></tr>
<tr><td>厚度*</td><td>按单点总厚度大(等)于设计值的95%，上面层厚度大(等)于设计值的90%时为合格，计算合格率</td><td></td></tr>
<tr><td rowspan="2">基层底基层</td><td>厚度*</td><td>按照单点厚度大(等)于设计值-15mm时为合格，计算合格率</td><td></td></tr>
<tr><td>整体性</td><td>钻取芯样，芯样完整为合格，计算合格率</td><td></td></tr>
<tr><td rowspan="5">桥梁工程</td><td rowspan="5">上、下部结构</td><td>混凝土强度*</td><td>采用回弹法，强度推定值大于设计强度且小于设计强度的1.5倍时为合格，计算合格率。也可利用标养试件统计评价</td><td></td></tr>
<tr><td>钢筋保护层厚度*</td><td>采用电磁方法检测，按统计方法评定，特征值与设计值的比值应为0.9~1.3，不超出为合格，计算合格率</td><td></td></tr>
<tr><td>钢筋位置</td><td>按检评标准的允许偏差计算合格率</td><td></td></tr>
<tr><td>构件几何尺寸</td><td>按检评标准的允许偏差计算合格率</td><td></td></tr>
<tr><td>裂缝宽度</td><td>按《工程建设标准强制性条文》(公路工程部分)有关标准评价，如有超出，本项目计0分</td><td></td></tr>
<tr><td rowspan="6">隧道工程</td><td>开挖</td><td>超欠挖</td><td>按检评标准的允许偏差评价，计算合格率</td><td></td></tr>
<tr><td rowspan="5">衬砌支护</td><td>混凝土强度*</td><td>同桥梁工程的“混凝土强度”</td><td></td></tr>
<tr><td>厚度*</td><td>按单点值不小于设计值为合格，计算合格率</td><td></td></tr>
<tr><td>锚杆间距*</td><td>按实测值不大于设计值为合格，计算合格率</td><td></td></tr>
<tr><td>锚杆抗拔力</td><td>按检评标准的规定值评价，计算合格率</td><td></td></tr>
<tr><td>空洞(二次衬砌时检测)*</td><td>发现1处空洞，本项计0分；无空洞，计100分</td><td></td></tr>
<tr><td colspan="2" rowspan="3">原材料</td><td colspan="2">钢材(力学性能)</td><td></td></tr>
<tr><td colspan="2">水泥(凝结时间、安定性、胶砂强度)</td><td></td></tr>
<tr><td colspan="2">沥青(针入度、延度、软化点)</td><td></td></tr>
</table>

注：1. 各抽查指标项以其实测合格率乘以100为该项评分。标有*的实测项目，按表中评价方法评价。

2. 工程实体质量督查评分以实测项目评分的平均值计。

3. 督查人员可根据工程进度和特点增加抽查指标项。

附表 4

水运工程质量管理行为督查内容及评分表

<table>
<tr><th>督查内容</th><th colspan="2">抽查指标项</th><th>标准或要求</th><th>评分</th></tr>
<tr><td rowspan="9">建设</td><td colspan="2">质量监督手续</td><td>及时、完善</td><td></td></tr>
<tr><td colspan="2">开工备案</td><td>及时、完善</td><td></td></tr>
<tr><td colspan="2">质量管理目标、制度和措施</td><td>目标明确具体，制度健全，措施有针对性和可操作性，落实到位</td><td></td></tr>
<tr><td colspan="2">工程分包、劳务分包</td><td>管理制度健全、监管到位</td><td></td></tr>
<tr><td colspan="2">施工工期控制</td><td>科学合理</td><td></td></tr>
<tr><td colspan="2">合同管理</td><td>规范、严格、手续齐全</td><td></td></tr>
<tr><td colspan="2">变更管理</td><td>规范</td><td></td></tr>
<tr><td colspan="2">质量事故及重大质量隐患</td><td>按有关制度及时处理</td><td></td></tr>
<tr><td>扣分</td><td>无针对性措施压缩工期</td><td>扣 2 分</td><td></td></tr>
<tr><td rowspan="11">施工</td><td colspan="2">项目经理、技术负责人、试验室负责人</td><td>符合合同及相关资格要求</td><td></td></tr>
<tr><td colspan="2">施工组织设计编制与报批</td><td>规范、及时</td><td></td></tr>
<tr><td colspan="2">质量管理措施</td><td>完善，有针对性和可操作性，落实到位</td><td></td></tr>
<tr><td colspan="2">工程分包、劳务分包</td><td>分包合同规范、管理制度健全</td><td></td></tr>
<tr><td colspan="2">质量文件、档案管理</td><td>健全、落实到位</td><td></td></tr>
<tr><td colspan="2">施工技术交底</td><td>及时、全面</td><td></td></tr>
<tr><td colspan="2">质量问题整改</td><td>质量自检体系健全，按要求及时落实</td><td></td></tr>
<tr><td colspan="2">工地试验室管理</td><td>符合规定和工程需要，管理规范</td><td></td></tr>
<tr><td colspan="2">文明施工</td><td>现场整洁、规范、环保</td><td></td></tr>
<tr><td rowspan="2">扣分</td><td>资料虚假</td><td>扣 2 分</td><td></td></tr>
<tr><td>人员资格虚假</td><td>扣 2 分</td><td></td></tr>
<tr><td rowspan="9">监理</td><td colspan="2">监理规划、监理实施细则</td><td>完善、有针对性</td><td></td></tr>
<tr><td colspan="2">总监、监理工程师</td><td>符合合同要求，及时进行岗位登记</td><td></td></tr>
<tr><td colspan="2">工地试验室管理</td><td>符合规定和工程需要，管理规范</td><td></td></tr>
<tr><td colspan="2">平行抽检</td><td>及时、规范，频率符合要求，资料齐全，独立复测记录完整</td><td></td></tr>
<tr><td colspan="2">旁站、巡视</td><td>到位，记录清楚、齐全</td><td></td></tr>
<tr><td colspan="2">监理日志</td><td>记录连续、真实</td><td></td></tr>
<tr><td colspan="2">监理指令</td><td>指令明确、闭合</td><td></td></tr>
<tr><td rowspan="2">扣分</td><td>资料虚假</td><td>扣 3 分</td><td></td></tr>
<tr><td>人员资格虚假</td><td>扣 3 分</td><td></td></tr>
<tr><td rowspan="3">设计</td><td colspan="2">设计交底</td><td>及时、全面</td><td></td></tr>
<tr><td colspan="2">设计服务</td><td>符合合同要求</td><td></td></tr>
<tr><td colspan="2">设计变更</td><td>合理、及时，手续齐全</td><td></td></tr>
</table>

注：1. 评分分为五个档次，分别为好（9～10 分），较好（7～8.9 分），一般（6～6.9 分），较差（3～5.9 分），很差（0～2.9 分）。

2. 各单位质量管理行为督查评分为各项抽查指标项评分的平均值减去应扣除分数（保留小数点后一位）。

附表 5

水运工程港口和船闸施工工艺督查内容及评分表

督查内容	序号	抽查指标项	标准或要求	评分
混凝土	1	材料质量	原材料品种、规格和质量符合设计和规范要求,质量证明资料齐全,进场复检、检验批次及频率符合规范规定	
	2	材料存放	场地硬化,分类堆存,标识清晰;有防雨、防潮、防锈措施	
	3	配合比设计	配合比设计应由具备资质的试验室进行,按混凝土配合比设计规程进行试配,原材料试验、计算书、试配记录和配合比通知单内容齐全、规范	
	4	混凝土拌和及浇筑	原材料计量符合规范规定;混凝土无离析,无漏振、过振	
	5	施工缝处理	凿毛处理符合要求,浮浆、浮渣清理干净	
	6	养护	养护方法、时间符合要求	
模板钢筋	7	模板制作和安装	模板和支架具有足够的强度、刚度和稳定性,无明显变形;拼缝平顺、严密;脱模剂涂刷均匀,不污染钢筋和混凝土接茬;底模拆除时间符合要求	
	8	拉杆处理	符合规范规定	
	9	维护及存放	模板及时清理,表面清洁;存放方法得当,有防止污染、生锈和变形措施	
	10	钢筋连接	焊接接头力学和工艺性能、焊缝长度、弯折角度符合规范规定,无表面烧伤、凹陷、焊瘤、咬边、气孔、夹渣等缺陷,焊口无裂纹;机械连接所用连接件的材质和连接质量符合规范规定	
	11	钢筋绑扎	钢筋绑扎牢固,搭接长度及接头所占比例符合规范规定;绑扎铅丝头不得伸入钢筋保护层内;钢筋保护层垫块的间距、支垫方法规范;垫块密实,强度不低于构件本体混凝土强度;钢筋锈蚀处理及时,满足要求	
	12	预应力筋	张拉机具按规定进行维护、校验和标定;预应力筋质量符合设计和规范要求;预应力筋张拉、放松、锚固、灌浆、封锚应符合规范规定	
混凝土构件安装	13	构件吊运	起吊强度满足设计要求;吊装、运输设备能力及吊运方法满足要求,有吊运方案;采用浮运方式,应进行吃水、压载、浮游稳定验算;吊装、运输中避免碰损,无事故发生	
	14	安装加固	沉箱等大型构件安装前,基床面无回淤沉积物;安装后及时进行稳定回填;梁、板等构件安装铺垫砂浆饱满,加固连接及时	
	15	沉井下沉	下沉时,混凝土强度满足设计要求;下沉均匀,井体无裂缝;封底接缝无渗水	
桩基	16	沉桩	质量证明资料齐全,外观完好;沉桩贯入度、桩尖标高满足设计要求和规范规定;拼接桩接头处理满足设计要求;及时夹桩,无拉桩纠偏;异常桩记录清楚,按要求处理,调查、清除沉桩障碍物	
	17	灌注桩	成孔尺度、沉渣厚度符合设计和规范要求;水下混凝土浇筑连续,埋管深度控制及混凝土充盈系数符合规定;钢筋笼定位措施有效控制偏位及上浮;桩顶浮浆和松散混凝土凿除干净	
堆场	18	管网施工	管沟开挖、回填、压实符合有关规定;管线布设、坡向、接头、防护符合有关规定	

续上表

督查内容	序号	抽查指标项	标准或要求	评分
基槽和岸坡开挖	19	水下基槽	基底土质符合设计要求；开挖的断面尺寸不小于设计规定；超深、超宽偏差符合规范规定	
	20	陆上基槽	基底土质和边坡坡度须符合设计要求；位置及标高偏差符合规范规定，槽底超挖视补填情况；基槽底层若受水浸泡或受冻应进行处理	
	21	基坑	严格执行经批准的施工方案；支护结构未破坏，土体稳定，变形符合规范规定，能够确保周边建(构)筑物及坑内设施安全	
	22	岸坡开挖	开挖范围、标高及坡度符合设计要求；开挖断面的平均轮廓线不小于设计断面，水下挖泥分层的台阶高度符合设计和规范规定	
抛石基床	23	水下基床抛石	抛石前应对基槽尺寸、标高及回淤沉积物进行检查；块石规格、质量符合设计要求	
	24	水下抛石基床夯实	夯实方法、遍数应符合设计和规范规定，无漏夯；基床夯实验收复打一夯次的平均沉降量符合规范规定	
软土地基加固	25	塑料排水板	规格、质量符合设计要求和规范规定；施工中应控制偏位、回带长度、板底标高、外露长度	
	26	砂井	砂的质量符合要求，施工中应控制砂井灌砂率、底标高，顶部处理符合规范规定	
	27	真空预压	最终稳定真空度及卸载条件符合设计要求；压力表按规定检定；按规定进行巡查、记录	
	28	堆载预压	分期、分级加载和卸载应符合设计和规范规定	
	29	振冲	留振时间、振冲点位置符合设计要求	
	30	强夯	夯能、夯击次数、遍数及间歇时间符合设计要求	
钢结构	31	焊接	焊接所用焊条、焊剂等材料符合要求；按规定进行焊接工艺试验；焊缝质量符合要求；焊缝无损探伤符合有关规定	
	32	螺栓连接	高强螺栓的形式、规格和技术条件符合设计要求和有关标准规定；初拧、终拧符合要求；螺栓穿入方向应一致，外露丝扣不少于2扣	
	33	涂装	除锈彻底，油漆涂刷遍数和干漆膜厚度符合要求，涂刷均匀，漆膜完整	
试验检测	34	报告	数据真实，报告规范，试样具有代表性	
	35	批次	符合规范规定	
沉降位移观测	36	观测	观测方案科学合理，布点及时，观测记录连续、真实、完整，根据上述检查情况，确定得分，未开展，计0分	

注：1. 评分分为五个档次，分别为好(9～10分)，较好(7～8.9分)，一般(6～6.9分)，较差(3～5.9分)，很差(0～2.9分)。

2. 施工工艺督查总得分为抽查指标项中实际抽查指标项评分的平均值(保留小数点后一位)。

附表 6

水运工程港口实体质量督查内容及评分表

督查内容	序号	抽查指标项	标准和评价方法	评分
混凝土预制构件制作	1	混凝土抗压强度▲	采用超声回弹法或取芯法检验,强度低于设计值为不合格,计算测点合格率	
	2	混凝土表面缺陷及修补	视露筋、空洞、缝隙夹渣等严重缺陷和蜂窝、麻面、砂斑、砂线等一般缺陷超标状况,确定得分	
	3	尺寸偏差	按验评标准规定的允许偏差和检验方法抽测,计算合格率	
混凝土预制构件安装	4	安装偏差	按验评标准规定的允许偏差和检验方法抽测,计算合格率	
	5	构件碰损及修补	检查构件成品保护情况,针对碰损数量及修补状况,确定得分	
桩基	6	承载力	按设计及规范要求进行承载力检测,未检测,得0分;承载力检测未达设计要求,未处理,得0分	
	7	完整性	按设计及规范要求进行检测,按Ⅰ类和Ⅱ类桩占总桩数的比例计算合格率;Ⅱ类桩比例超过桩总数的10%,扣2分,超过30%得0分,中间内插记分。有Ⅲ类桩不得分	
	8	正位率	按验评标准规定允许偏差值和检验方法,现场抽测或查阅测量资料,计算合格率。发现有因过大偏位而调整上部结构的,酌情扣分	
	9	不合格桩处理	未处理得0分;处理不及时,扣30%;未按设计方案处理,扣40%;签认手续不齐全,扣30%	
	10	桩头凿除及桩顶破损、修补	现场查看,确定得分	
码头上部结构	11	现浇混凝土抗压强度▲	同1	
	12	混凝土表面缺陷	同2	
	13	截面尺寸	按验评标准规定允许偏差值和检验方法抽测,计算合格率	
	14	接茬及接缝	检查现浇混凝土与构件接茬以及分层浇注施工缝连接、错牙情况,确定得分	
	15	钢筋绑扎与装设	按验评标准规定允许偏差值和检验方法抽测,计算合格率	
	16	钢筋保护层厚度▲	现场抽测,超出标准允许值为不合格,计算合格率,低于70%,计0分	
	17	面层平整度	按验评标准规定允许偏差值和检验方法抽测,计算合格率	
沉降缝、伸缩缝	18	缝宽及顺直	按验评标准规定允许偏差值和检验方法抽测,计算合格率	
	19	填缝及两侧混凝土缺陷	现场抽查,确定得分	
裂缝	20	结构裂缝▲	查阅资料,现场检查;发现超出规范规定的结构裂缝,视主要构件裂缝程度确定得分	
	21	表层裂缝及龟裂	现场检查裂缝及龟裂程度,确定得分;情况较严重,得0分	

续上表

督查内容	序号	抽查指标项	标准和评价方法	评分
预埋件	22	位置	检查平面位置、与混凝土面高差，是否有漏埋、补埋，预埋件外观处理，确定得分	
	23	防腐	现场抽查，确定得分；发现有一类预埋件未防腐，得0分	
港区道路、堆场	24	基层压实度▲	按验评标准规定允许偏差值和检验方法抽测，计算合格率	
	25	混凝土面层强度或连锁块强度▲	现场随机取样检测，强度低于设计值为不合格，计算合格率	
	26	面层厚度	现场随机取样检测，计算合格率	
	27	面层平整度、坡度	现场随机取样检测，按验评标准规定的允许偏差，计算合格率	
	28	给排水管线	现场实测管线额定压力或查阅试压记录，确定得分	
	29	连锁块铺砌	按验评标准规定的允许偏差，抽测平整度、缝宽，计算合格率	

注：1. 表中所列项带“▲”的均为必查项。

2. 各抽查指标项以其实测合格率达到90%以上乘以100为该项评分，合格率低于60%为0分，合格率在60%和90%之间内插记分。

3. 工程实体质量督查得分以检测指标项评分及检查评分的平均值计。

附表 7

水运工程船闸实体质量督查内容及评分表

督查内容	序号	抽查指标项	标准和评价方法	评分
钢筋混凝土	1	混凝土抗压强度▲	采用超声回弹法或取芯法检验,低于设计值为不合格,计算测点合格率	
	2	混凝土表面缺陷及修补	视露筋、空洞、缝隙夹渣等严重缺陷和蜂窝、麻面、砂斑、砂线等一般缺陷超标状况,确定得分	
	3	表面平整度	按验评标准规定允许偏差值和检验方法,抽测边墩、闸墙、闸底板的迎水面、顶面等处,计算合格率	
	4	裂缝及龟裂	现场检查裂缝及龟裂程度,确定得分;情况较严重,得 0 分	
	5	钢筋保护层厚度▲	现场抽测,超出标准允许值为不合格,计算合格率,低于 70%,得 0 分	
	6	钢筋绑扎与装设	按验评标准规定允许偏差值和检验方法抽测,计算合格率	
	7	接茬及接缝	检查现浇混凝土与构件接茬以及分层浇筑施工缝连接、错牙情况,确定得分	
沉降缝、伸缩缝及止水	8	缝宽及顺直	按验评标准规定允许偏差值和检验方法抽测,计算合格率	
	9	填缝及两侧混凝土缺陷	现场抽查,确定得分	
	10	沉降缝、伸缩缝止水▲	抽测止水安装位置偏差,与混凝土接合是否严密,确定得分。在缝内、缝宽两侧 50mm 及钢筋净保护层范围内打眼、割口或用钉子固定止水带,得 0 分	
预埋件	11	位置	检查平面位置、与混凝土面高差,是否有漏埋、补埋,预埋件外观处理,确定得分	
墙后回填	12	压实度▲	现场抽测,计算合格率。当合格率小于 90% 时,计 0 分	
护岸	13	厚度▲	按验评标准规定允许偏差值和检验方法抽查,计算合格率	
	14	表面平整度	按验评标准规定允许偏差值和检验方法抽测,计算合格率	
闸门	15	焊缝质量	检查焊缝探伤报告和表面缺陷,确定得分	
	16	制作安装	抽查门轴柱中心线位置、门缝止水、闸门平整度,计算合格率	

注:1. 表中所列项带"▲"的均为必查项。

2. 各抽查指标项以其实测合格率达到 90% 以上乘以 100 为该项评分,合格率低于 60% 为 0 分,合格率在 60% 和 90% 之间内插记分。

3. 工程实体质量督查得分以检测指标项目评分和检查评分的平均值计。

附表 8

水运工程航道施工工艺督查内容及评分表

督查内容	序号	抽查指标项	标准或要求	评分
基础	1	陆上基础临时排水	因排水问题造成边坡不稳计 0 分,影响施工或产生其他问题的,酌情扣分	
	2	回填分层厚度	满足设计和规范要求	
	3	弃土	满足设计和规范、标准要求。违规弃土造成环境和安全事故,计 0 分	
	4	砌筑和勾缝	组砌形式符合设计要求,砂浆饱满、勾缝密实牢固	
护底	5	搭接及护底范围	软体排护底铺设方法、控制设备数量及精度满足设计要求和施工需要;软体排严禁违反设计要求,铺设在松散或淤泥质土质基层上	
护脚	6	抛筑	抛筑均匀,局部高差不得过大;因漏抛造成岸坡不稳,计 0 分	
护坡	7	岸坡开挖	开挖范围和坡度满足设计要求,边坡应稳定、平整、无贴坡,开挖弃土不得违规弃于坡脚	
	8	垫层及倒滤层	分层、级配和铺设范围满足设计要求	
	9	面层、明沟	砌块铺砌平整、均匀,基层不得外露;砌筑紧密,组砌形式符合设计及规范要求;明沟满足工程截、集水需要,排水畅通	
护滩	10	软体排铺设	软体排不得违反设计要求,铺设在松散或淤泥质土质基层上,搭接宽度满足设计要求和验评标准规定	
筑坝	11	坝体抛筑	抛填料级配满足设计要求;定位准确,抛填均匀	
	12	坝面构件安装	块体完整,摆放均匀,不得局部隆起,数量不得少于设计要求	
	13	坝面混凝土及铺砌	坝面混凝土浇筑密实,无离析、无漏振,养护措施符合要求;砌块铺砌平整、紧密、均匀、充填密实,基层不得外露,勾缝饱满牢固,组砌形式满足设计要求	
	14	预制场地及设备	预制场地及设备满足构件预制质量要求	
混凝土构件制作	15	材料规格及存放	场地硬化,无混堆;水泥存放满足防雨、防潮要求;材料规格满足设计要求,粗集料规格满足预制工艺需要	
	16	配合比设计	配合比设计应由具备资质的试验室进行,按混凝土配合比设计规程进行试配,原材料试验、计算书、试配记录和配合比通知单内容齐全、规范	
	17	混凝土拌和及浇筑	原材料计量符合规范规定;混凝土无离析,无漏振、过振	
	18	脱模及养护	模板数量、刚度及平整度满足预制需要;模板应及时清洗、涂抹脱模剂;脱模及养护时间符合规范	
土工织物	19	拼接	土工织物的拼幅、搭接及缝接满足设计要求和规范规定,缝接方式必须先试验后实施	
	20	防老化	土工织物在储存和施工过程中必须满足规范中有关防老化的规定	

续上表

督查内容	序号	抽查指标项	标准或要求	评分
岸壁	21	倒滤层	分层、级配和铺设范围满足设计要求	
	22	砌体挡墙	分段合理,接缝平顺,沉降缝及排水处理良好;砌筑紧密,填缝饱满,组砌形式满足设计要求	
	23	现浇混凝土挡墙	分段合理,接缝平顺,沉降缝及排水处理良好;模板支护牢固,混凝土密实,不得出现冷缝,养护时间符合规范规定	
爆破	24	爆破开挖	炸礁的各项爆破参数应满足施工组织设计要求,并应符合规范规定,不得有松动和不稳定石	
沉降位移观测	25	观测	观测方案科学合理,布点及时,观测记录连续、真实、完整,根据上述检查情况,确定得分,未开展,计0分	

注:1. 评分分为五个档次,分别为好(9~10分),较好(7~8.9分),一般(6~6.9分),较差(3~5.9分),很差(0~2.9分)。

2. 施工工艺督查总得分为抽查指标项中实际抽查指标项评分的平均值(保留小数点后一位)。

附表 9

水运工程航道实体质量督查内容及评分表

督查内容	序号	抽查指标项	标准和评价方法	评分
材料	1	石料强度▲	施工现场抽测石料强度,低于设计要求值为不合格,计算合格率	
	2	石料规格及风化程度	查看石料风化状况及石料大小规格,确定得分	
	3	土工织物	现场随机抽样检测,计算合格率	
	4	砂料	抽测砂料粒径、含泥量等,计算合格率	
块石抛筑	5	范围、高程、坡度	按验评标准规定的允许偏差和检验方法抽测,计算合格率	
块石(混凝土)护面	6	厚度▲	根据不同面层形式,按验评标准规定的相应允许偏差和检验方法抽测,计算合格率	
	7	平整度	根据不同面层形式,按验评标准规定的相应允许偏差和检验方法抽测,计算合格率	
	8	混凝土强度	采用取芯法抽测,低于设计值为不合格,计算测点合格率	
软体排	9	软体排缝制偏差	按验评标准规定的允许偏差和检验方法,抽测排体幅长、宽,加筋带间距,系结条间距等,计算合格率	
	10	搭接宽度	按验评标准规定的允许偏差和检验方法抽测,计算合格率。水下护底排体采用探摸或多波束仪扫测,排体搭接应符合设计要求,按缺陷个数或缺陷面积确定得分	
	11	压载物厚度或数量▲	按验评标准规定的允许偏差和检验方法,抽测散抛石压载厚度、系结压载物脱落个数,计算合格率	
混凝土预制构件	12	尺寸及重量▲	现场抽查预制构件的外形尺寸,抽查压载块重量,计算合格率	
	13	混凝土抗压强度▲	采用取芯法或超声回弹法检验,低于设计值为不合格,计算合格率	
	14	混凝土表面缺陷及修补	视露筋、空洞、缝隙夹渣等严重缺陷和蜂窝、麻面、砂斑、砂线等一般缺陷超标状况,确定得分	
砌石及现浇混凝土建筑物	15	尺寸及高程	按验评标准规定的允许偏差和检验方法抽测,计算合格率	
	16	平整度	按验评标准规定的允许偏差和检验方法抽测,计算合格率	
	17	混凝土抗压强度	采用取芯法或超声回弹法检验,低于设计值为不合格,计算合格率	

注:1. 表中所列项目带“▲”的均为必查项。

2. 各抽查指标项以其实测合格率达到 90% 以上乘以 100 为该项评分,合格率低于 60% 为 0 分,合格率在 60% 和 90% 之间内插记分。

3. 工程实体质量督查得分以检测指标项评分和检查评分的平均值计。

附表 10

安全生产管理行为督查内容及评分表

督查内容	抽查指标项	扣分标准	满分	评分
建设	合同工期	违规压缩合同工期,扣20分	20	
	安全生产费用	概算中未确定安全生产费用,扣20分;确定的安全生产费用未达标,扣4~6分;安全生产费用支付不及时,扣4分	20	
	安全生产制度	安全生产责任制、检查、事故报告等制度,缺一项扣10分;有一项制度无针对性或未落实,扣4分	30	
	应急预案与保障措施	1. 无应急预案或预案不全,扣5~10分;预案无针对性或不可操作,扣2~4分;未组织演练,扣2~4分; 2. 未按规定向有关主管部门提交安全保障措施材料,扣7~10分	20	
	资质条件	中标施工单位无安全生产许可证,扣10分;未对"三类人员"考核证书审查,扣4~10分	10	
监理	安全监理责任制	无安全监理责任制,扣10分;无针对性或未落实,扣4~6分	10	
	安全监理计划	无安全监理计划,扣10分;无针对性或未落实,扣4~6分	10	
	施工组织设计及专项施工方案审查	1. 未审查施工组织设计中安全技术措施,扣10分;不及时审查或未签字,扣3~7分; 2. 未审查危险性较大工程的专项施工方案,扣10分;审查不全、不及时审查或未签字,扣3~7分	10	
	督促隐患整改	1. 发现重大安全事故隐患未发停工指令,扣10分; 2. 发现较大或一般安全事故隐患未要求施工单位及时整改,扣7~9分; 3. 施工单位对重大安全事故隐患拒不整改,未报主管部门,扣10分	10	
	安全监理台账和日志	无安全监理台账,扣10分;台账不全或无具体内容,未经总监或驻地监理工程师定期检查,扣4~6分;无安全监理日志,扣2分	10	
施工	安全生产费用	1. 无安全生产费用使用台账或台账不清,扣5分;安全生产费用被挪用,扣5~10分; 2. 未对施工人员投保意外伤害保险,扣5分	10	
	安全生产制度	1. 安全生产责任制、检查、培训、事故报告等制度缺一项扣10分;有一项制度无针对性或不落实,扣4分; 2. 未明确分包工程安全职责或不落实,扣10~20分	40	
	三类人员证书	"三类人员"一人无证书扣5分;证书未复审,未参加年度继续教育,发现一人次扣2分;发现证书伪造,扣10分	10	
	风险管理	1. 未对本工程进行危险源识别评价,扣10分;危险源识别无针对性,扣4~10分;未对重大危险源实施管理,扣7~10分; 2. 未落实风险告知制度,扣10分;未书面告知作业人员,扣4~6分; 3. 无应急预案或预案不全,扣7~10分;预案无针对性或不可操作,未及时更新,未组织演练,扣4~6分	10	

续上表

督查内容	抽查指标项	扣分标准	满分	评分
施工	施工组织设计、专项方案和临时用电方案	1. 施工组织设计中无安全技术措施，扣10分；措施不全、无针对性或不可操作，扣4～8分； 2. 无危险性较大工程专项施工方案，扣10分；方案未报批，扣3～6分；方案不全，安全措施针对性不强或不可操作，扣4～6分； 3. 未按规定制定临时用电方案，扣10分；无电工巡视维修保养记录或记录不连续的，扣1～3分	20	
	特种作业人员持证	1. 未建立特种作业人员花名册，扣8分；无到岗、离岗记录，扣1～3分； 2. 特种作业人员无有效资格证书，发现一人扣3分	10	
	施工设备	1. 特种设备未经检验或验收，扣10分； 2. 无特种设备施工检查、维修、保养、使用台账，扣4～6分； 3. 起重设备吊装无试吊记录，扣4～6分	10	
	消防和危险品管理	1. 无消防安全责任制度，扣10分；无针对性或不可操作，扣4～6分；未确定消防安全责任人，扣1～3分； 2. 无消防器材和危险品管理使用台账，扣7～10分	10	
	施工驻地	1. 办公生活区选址存在风险，扣5～10分； 2. 未按规定将作业区和办公生活区分开，扣4～6分； 3. 装配式房屋无合格证书，扣3分	10	

注：1. 表中"三类人员"是指施工企业主要负责人、项目负责人和专职安全生产管理人员。

2. 每项最多扣减至0分。

附表 11

安全生产现场督查内容及评分表

督 查 内 容	扣 分 标 准	满分	评分
工程通用			
现场布置和防护	1. 临边、临水、洞口、陡壁等危险作业区域无防护或防护不符合规定，每发现一处扣2～5分；未设置必要的警示标志，每发现一处扣1分； 2. 未按规定配置消防灭火器材，未按规定设置消防通道，扣2～6分； 3. 施工现场未进行交通渠化，扣2～4分； 4. 危险品存放、使用、管理等不符合规定，扣5～10分； 5. 个人安全防护不符合规定，每发现一人扣1分	10	
临时用电	1. 外电防护小于安全距离，线路过道无保护，扣5～7分； 2. 临时用电未采用TN-S接地接零保护系统，不符合"三级配电、两级保护"要求，保护零线与工作零线混接，每发现一处扣2分； 3. 配电箱开关箱违反"一机、一闸、一漏、一箱"，电闸箱无门、无锁、无防雨措施，电线老化、破皮未包扎，扣2～6分； 4. 潮湿作业现场照明未使用36V及以下安全电压，每发现一处扣2分	10	
模板、支架及脚手架	1. 大型模板、支架和脚手架安装与拆除违反施工程序或施工方案，扣5～10分； 2. 大型模板存放无防倾倒措施，扣3～5分； 3. 支架未经预压而投入使用，扣7～10分； 4. 脚手架未按规定设立剪刀撑，扣4～6分； 5. 脚手架10m以上未设置缆风绳，每发现一处扣4分	10	
施工机具	1. 设备用电未按"一机一闸一保护"安装，未做接零（接地）保护和漏电保护器，1类手持电动工具无保护接零，设备工作完毕时未拉闸断电，每发现一处扣2分； 2. 预应力张拉作业未按规定采取安全防护措施，千斤顶的对面及后面站人，扣4～6分； 3. 外露传动部位无安全防护罩，露天设备无防雨设施，扣1～3分； 4. 乙炔瓶、氧气瓶之间安全距离小于规定，扣2分，乙炔瓶、氧气瓶与明火之间安全距离小于规定，扣4分； 5. 钢筋机械冷拉作业及对焊作业区无防护措施的，扣4～6分； 6. 拌和机等设备作业和检修不符合安全要求的，扣3分	10	
垂直升降设备	1. 垂直升降设备无验收合格证书，扣10分； 2. 架体附着装置不稳定牢固，扣8分； 3. 设备承载超过额定承载重量，扣5分； 4. 吊笼出入口未设置防护设施，扣5分； 5. 司机无证上岗，扣5分；无联络工具或联络不畅通，每发现一处扣3分	10	
起重作业	1. 塔吊基础不符合要求，扣7分； 2. 起重设施未取得准用证，扣5分； 3. 轨道式起重机无有效限位或保险装置，未作业时不使用夹轨钳，扣2分； 4. 使用起重设备运送人员，扣5分；起重臂下站人，扣2分； 5. 大型构件空中停留操作人员离开，每发现一处扣5分； 6. 司机无证上岗，扣5分；无信号传递，每发现一处扣3分	10	

续上表

督查内容	扣分标准	满分	评分
高处作业	1. 作业平台脚手板不铺满或存在翘头板，无专设通道或爬梯，脚手架外侧未设置密目式安全网，扣4～6分； 2. 高处作业人员安全带无牢靠悬挂点，每发现一处扣2分	10	
基坑作业	1. 基坑边坡不符合安全要求，基坑边沿堆物小于安全距离，每发现一处扣2～5分； 2. 基坑未按规定采取排降水措施，扣3～6分；基坑支护未按规定观测或支护设施产生变形，每发现一处扣5分； 3. 基坑未按规定设置上下通道或通道设置不符合要求，扣3分； 4. 有人员进入挖土机作业半径，扣3分	10	
水上、水下作业	1. 无水上水下作业许可，扣10分； 2. 风力超过船舶核定抗风等级仍继续作业，扣7分； 3. 施工船的牵牛缆、摆动缆活动范围内未设置安全标志或无人值守或有人逗留，水上各类作业平台或人行通道不符合搭设要求，扣1～6分； 4. 水下安装、电焊、切割、爆破时，未执行安全操作规程，扣7～10分； 5. 潜水员无证上岗，潜水员未按规程下潜，值班人员脱岗，每发现一人扣2分	10	
公路工程专用			
高边坡	1. 高边坡作业中存在立体交叉，扣4～6分； 2. 高陡边坡作业时未按规定进行有效防护的，每发现一处扣3分	10	
桥梁	人工挖孔桩孔壁未进行防护，未设置高出地面围栏，桩孔边沿堆物，人工挖孔未按规定采用机械通风，发现一项扣2分	10	
桥梁	1. 索塔、立柱施工过程中未按规定设置施工电梯，扣7～10分； 2. 悬索桥施工中临时工作索、牵引索、防护围栏设置不符合规定，扣7～10分； 3. 跨公路、铁路桥梁施工时未设岗哨管理，或未设置防护措施，扣7～10分	10	
隧道	1. 隧道洞口无登记记录或无交接班记录，扣4～8分； 2. 隧道内作业环境条件不符合作业标准，扣4～8分	10	
隧道	1. 有不良地质情况时，未采取有效预防措施，扣6～10分； 2. 有瓦斯的隧道，未设专职瓦斯检查员，扣6～10分； 3. 有瓦斯的隧道，机具、器材未采用防爆型，扣6～10分	10	
水运工程专用			
打桩、挖泥	1. 未经海事部门审批并发布《航行通告》，水上水下作业许可，扣7～10分； 2. 打桩船绑、吊桩钢丝绳扣不符合规定，吊桩时吊点不符合要求，扣1～3分； 3. 挖泥船主吊钢丝绳磨损、断丝超过标准，扣1～3分； 4. 船舶作业未显示水上作业号型、号灯、信号旗，夜间作业照明的照度值不足，每发现一项扣2分	10	
沉箱出运与安装	1. 沉箱顶升时，牵引绳两侧站人，发现一人扣2分； 2. 沉箱吃水、压载、浮游稳定和拖力，未按照相关规范进行验算，扣7～10分； 3. 气囊的额定工作压力，未进行充气试验，扣1～3分； 4. 沉箱出放前，未按规定对牵引设施进行安全检查，扣4～6分； 5. 沉箱移运通道、地面发现有尖锐物及障碍物，地面变形明显，扣4～6分； 6. 沉箱出运作业区未按规定设置安全警戒线，沉箱溜放时无明确指挥信号及联系方式，扣1～3分； 7. 沉箱浮运拖带前，未经不少于24h的漂浮试验，扣2分； 8. 沉箱拖带时，沉箱顶部未设置明显的航行标志，扣1～3分	10	

注：每项最多扣减至0分。

附件 1

一、公路工程督查项目质量计分方法

1. 项目质量管理行为评分 M：

$$M=0.3\times A+0.4\times(B_1+B_2+\cdots+B_n)/n+0.2\times(C_1+C_2+\cdots+C_n)/n+0.1\times(D_1+D_2+\cdots+D_n)/n$$

其中：A、B、C、D 分别为建设单位、施工单位、监理单位、设计单位的质量管理行为评分，均以各抽查指标项评分的平均值减去应扣除分数计。n 为督查的相应合同段数量（下同）。

2. 项目施工工艺评分 N：

采用各被抽查合同段施工工艺评分的加权平均值计。即：

$$N=\sum(N_n\times f_n)/\sum f_n$$

其中：N_n 为合同段施工工艺评分，按附表 2 督查内容中实际抽查的各指标项评分的平均值计；f_n 为合同段的合同额（下同）。

3. 项目工程实体质量评分 L：

采用被抽查合同段工程实体质量评分的加权平均值计。即：

$$L=\sum(L_n\times f_n)/\sum f_n$$

其中：L_n 为合同段工程实体质量评分，按附表 3 实体质量督查内容中各抽查指标项评分的平均值计算。

4. 项目质量督查综合评分 K（满分 100 分）：

$$K=(10\times M+10\times N+L)/3$$

二、水运工程督查项目质量计分方法

1. 项目质量管理行为评分 M：

$$M=0.25\times A+0.4\times(B_1+B_2+\cdots+B_n)/n+0.25\times(C_1+C_2+\cdots+C_n)/n+0.1\times(D_1+D_2+\cdots+D_n)/n$$

其中：A、B、C、D 分别为建设单位、施工单位、监理单位、设计单位的质量管理行为评分，均以各项督查内容评分的平均值减去扣分计。n 为督查项目相应的施工、监理、设计单位数。

2. 项目施工工艺评分 N：

按项目进行综合评分，得分以附表 5、附表 8 督查内容中实际检查的各指标项评分的平均值计。

3. 项目工程实体质量评分 L：

按项目进行综合评分，得分以附表 6、附表 7、附表 9 实体质量督查内容中各实测项目评分的平均值计。

4. 项目质量督查综合评分 K（满分 100 分）：

$$K=(10\times M+10\times N+L)/3$$

三、公路水运工程督查项目安全计分方法

1. 项目安全生产管理行为评分 S：

$$S = 0.2 \times A + 0.2 \times (B_1 + B_2 + \cdots + B_n)/n + 0.5 \times (C_1 + C_2 + \cdots + C_n)/n$$

其中：A、B、C 分别为建设单位、监理单位、施工单位的安全生产管理行为评分，n 为督查的相应合同段数量。

2. 项目安全生产现场督查评分 T：

$$T = (\sum D_n / \sum E_n) \times 100$$

其中：D 为合同段现场督查所查内容实得分；E 为合同段现场督查所查内容应得分。

3. 项目安全督查评分 U（满分 100 分）：

$$U = (S + T)/2$$

25. 交通运输部关于解决当前政府投资公路水运工程建设中带有普遍性问题的意见

（2010 年 11 月 25 日　交通运输部　交监察发〔2010〕648 号）

为深入贯彻落实国务院办公厅转发发展改革委、监察部、交通运输部等部门《关于解决当前政府投资工程建设中带有普遍性问题的意见》，解决公路水运工程建设领域存在的一些普遍性问题，进一步规范对政府投资公路水运工程的管理，防止类似问题再度发生，推动全系统加快建立政府投资项目监管长效机制，经认真研究，现提出如下意见。

一、严格履行工程建设决策和审批程序，重点解决未批先建等问题

（一）严格遵守政府投资项目决策规则和程序。健全重大项目决策制度，进一步提高决策的科学化和民主化水平。要按照有关规定，认真开展咨询评估，对特别重大的项目应当实行专家评议制度。严禁以会议纪要等形式代替审批程序，严禁越权审批项目。建立和完善项目储备制度，切实做好论证分析、勘察、设计等前期工作，确保投资计划和项目预算下达后即可完成开工准备，及时开工建设。

（二）切实履行职责，严格执行建设审批程序。严格履行审批、核准、备案职责，确保项目符合国家产业政策、发展建设规划、市场准入标准等相关规定以及有关手续。加强对项目立项、初步设计、开工许可（或开工备案）、重大设计变更、竣工验收等环节的审批和备案管理，严格禁止未批先建等行为。对严重违反基本建设程序，造成严重后果的，依法暂停项目执行，停止资金拨付，同时调减当年年度项目资金预算。

（三）加强对重大项目审批工作的沟通协调。各级交通运输主管部门要加强与发展改革、国土资源、环境保护、水利等相关部门的沟通协调，密切配合，建立投资项目管理联动机制。继续清理和规范工程建设领域行政审批事项，优化审批程序。

二、严格规范招投标活动，重点解决规避招标、围标串标等问题

（四）完善招标事项核准制，规范招标行为。明确核准招标的政策界限和有关程序，落实责任要求。对邀请招标、自行招标和不招标的项目要严格按照规定的条件核准。强化核准后的跟踪监督，确保项目建设单位按照核准的范围、组织形式、招标方式开展招标活动。鼓励开展建设项目工程可行性研究招标和工程总承包招标。

（五）推进招标文件标准化，规范资格预审文件和招标文件编制。制定《公路工程标准勘察设计招标资格预审文件》、《公路工程标准勘察设计招标文件》、《经营性公路建设项目投资人招标资格预审文件范本》、《经营性公路建设项目投资人招标文件范本》、《水运工程标准监理招标文件》，形成完整的公路水运工程招标标准文件体系。加强对招标标准文件贯彻实施的指导和监督，规范评标办法和废标条款，防止随意废标。

（六）加大招标信息公开力度，建立健全诚信体系。坚持招标信息公开，规范招标公告发布行为，确保招标公告发布效果好和影响大。加大招标投标违法失信行为披露力度，选取典型案件进行公告。将招标投标违法行为记录作为招标代理机构选择、投标人资格审查、中标人推荐和确定、评标委员会成员确定和评标专家考核的重要依据。逐步推广电子招投标，提高招标效率，增强招标活动的公开性和透明度。

（七）规范评标主体行为，保证评标公正公平。加强评标专家管理，规范专家抽取，一般项目都要严格按照规定从相应级别的专家库中随机抽取，并做好评标专家名单保密工作，严禁直接指定或选取专家。除招标人代表外，严禁项目行政主管部门人员作为评标委员会成员参加评标，严禁采取任何方式授意专家评标。加强对清标人员的培训和监管，保证清标全面、客观、准确、公正。保证合理的评标时间，严格按照招标文件规定的评标标准和方法进行评审。

（八）探索改革资格预审办法和评标办法，遏制和打击围标串标行为。积极探索随机分配投标人标段、合理设定资质等级条件、扩大通过资格预审投标人数量以及实行资格后审方式等有效措施，遏制围标串标行为。明确界定围标串标、恶意低价中标、挂靠借用资质等违法违规行为，切实加大打击力度。对围标串标、弄虚作假骗取中标的，按照信用管理有关规定严肃处理。

（九）强化对招标投标活动的行政监督，严肃查处违法违规行为。招标投标行政监督部门加强对招标投标活动的全过程监督，采取开展招标投标专项督察等手段，严格规范招标人、投标人、评标专家、招标代理机构等市场主体的行为。严肃查处应公开未公开招标、虚假招标、规避招标等行为，严肃查处领导干部利用职权违规干预招投标谋取私利行为，严肃查处专家评标不公行为。

三、强化制度约束，健全管理机制，规范工程建设资金安排使用

（十）严格按照预算管理程序的规定审核下达项目资金预算，不得超国家规定的投资规模、方向和范围下达预算，不得擅自提高建设标准和变更建设内容，不得截留、挤占和挪用交通基本建设资金，不得拖欠工程款。采取有效措施，监督施工单位及时结清分包工程款，严禁拖欠农民工工资。进一步规范政府投资项目概算管理，严格防止建设项目超概算问题。

（十一）加强对项目建设资金的监管。认真贯彻执行部《交通基本建设资金监督管理办法》等规定，对交通基本建设资金的筹集、管理和使用进行全过程、全方位的监管，建立健全资金使用的内部控制制度，确保建设资金安全、合理、有效使用。加强基本建设财务管理，督促项目单位做到项目分账核算，资金专款专用，成本规范归集，按照规定及时编制竣工财务决算，妥善处理项目结余资金。加强对建设资金预算管理，定期考核资金预算的编制和执行情况，及时发现纠正扩大支出范围的行为。严格项目合同管理，规范价款结算，督促建设项目法人建立完善工程款支付控制制度和程序，严格按照工程进度和合同条款实行计量支付，做到依据充分，票据真实，账目清楚。加强对工程变更计量支付的控制，严格审核变更的工程量、单价或费用标准。

（十二）加强建设项目的审计和监督检查工作。严格执行《交通建设项目审计实施办法》和《交通建设项目委托审计管理办法》等规定，建立健全审计、财务、监察沟通协作机制。加大对政府重大投资项目的跟踪审计力度，及时发现和整改资金使用和管理中存在的问题，加大对挤占、挪用、截留项目资金、拖欠工程款等违规问题的处理处罚力度。项目竣工决算必须按照规定进行决算审计，没有经过审计的建设项目，不得付清工程尾款，不得办理竣工验收手续，不得报批竣工决算。

（十三）各级交通运输主管部门要积极协调落实政府投资主体责任，规范融资活动，依法多渠道筹措建设资金，确保项目资本金达到国家规定的比例，确保配套资金落实到位，防止出现“半拉子”工程。

四、加强建设项目管理和质量安全工作，提升工程质量，保证施工安全

（十四）加强设计管理工作，提高勘察设计质量。认真落实部《加强重点公路建设项目设计管理工作若干意见》，推行全寿命周期成本的设计理念，保证合理的设计周期和设计深度。加强初步设计文件预审，严格施工图设计文件审批，提高审查工作质量和效率。

（十五）严格落实建设项目管理制度。严格实行项目法人制、招标投标制、合同管理制和工程监理制。强化项目法人作用，加快推行现代工程管理，推进发展理念人本化、项目管理专业化、工程施工标准化、管理手段信息化、日常管理精细化。加强分包管理，规范工程分包行为。加强工程监理管理，推行总监负责制，进一步落实监理职责，规范监理行为，提高监理现场控制能力。规范变更设计管理，加强概算调整管理，坚持“先批准、后变更”的原则，严格控制重大设计变更，完善变更报批手续，加强概算调整管理。严格执行投资管理程序，禁止违反规律盲目压缩工期。

（十六）严格落实工程质量安全政府监管制度。按照“谁审批、谁负责”和“谁主管、谁负责”的原则，落实工程质量安全监管责任。按照属地和行业归口管理的原则，采取开展建设市场稽查和质量安全综合督查等手段，加强工程质量安全监管，严格执行工程建设强制标准，提高工程质量安全基础保障能力。加大混凝土质量通病治理力度，提高工程结构的耐久性和安全性。

（十七）强化建设各方的质量安全责任，落实工程质量终身责任制。工程建设、施工、监理、勘察、设计、租赁以及大宗材料和产品供应等相关单位要落实工程质量和安全生产主体责任，特别是要强化建设单位的责任，认真执行工程安全设施与主体工程同时设计、同时施工、同时投入生产和使用的有关规定。建设单位要按照《建设工程安全生产管理条例》的要求，将安全费用列入工程概算和招标预算。列入工程概算的安全生产费用，不得挪作它用。认真落实发展改革委等部门《关于加强重大工程安全质量保障措施的通知》（发改投资〔2009〕3183号）要求，所有参建单位工作人员，以及工程监测、检测、咨询评估及施工图审查等单位工作人员，按各自职责对其经手的工程质量负终身责任。

（十八）加大对违法违规行为查处力度。充分利用信息网络技术手段，及时记录和曝光工程建设领域的不良行为信息，按照信用评价有关规定，强化对市场主体的动态监管。对严重违法违规的企业要严肃查处，直至清出交通建设市场。要依法加强工程质量和生产安全事故的调查处理工作，严肃事故责任追究。

（十九）扎实开展“平安工地”建设活动，加强对生产安全事故易发频发重点部位和环节的监管。坚持抓基础、抓示范、抓关键的原则，切实做到关口前移，重心下移，切实将安全生产法律法规、技术标准落实到基层，将安全生产重点放在施工工地，努力做到施工现场安全防护标准化，场容场貌规范化，安全管理程序化，安全教育经常化。严格执行《高危行业企业安全生产费用财务管理暂行办法》，确保足额提取并有效使用项目安全生产专项费用。开展事故隐患排查治理工作，严厉打击违法建设行为，认真查处施工现场违章指挥、违章作业和违反劳动纪律的行为，强化施工现场安全管理。

五、加快形成工程建设领域法规制度体系，建立健全长效机制

（二十）健全公路水运工程建设领域关键环节法规制度。抓紧制定《公路水运工程建设项目信息公开暂行规定》、《公路工程重点建设项目管理办法》、《关于加强公路项目建设单位管理的若干意见》、《公路工程施工分包管理办法》、《公路勘察设计企业信用评价规则》、《交通支持系统建设管理规定》等规定制度。各级交通运输主管部门和项目单位要加快形成工程建设领域规章制度体系，建立健全长效机制。要按照《国务院办公厅关于做好规章清理工作有关问题的通知》（国办发〔2010〕28 号）要求，认真清理工程建设领域有关规章，切实解决规章质量不高、可操作性不强，甚至相互冲突的问题。

（二十一）深入推进建设项目信息公开和诚信体系建设工作，加强建设市场监管。进一步完善建设项目信息公开和信用信息指导目录，依托政府网站相对集中做好信息公开工作，加强信用信息的公开共享。加快推进信用体系建设，省级交通运输主管部门要按照部信用信息管理办法和评价规则，完善配套制度，尽快出台地方性管理办法和实施细则，尽快建立省级信用管理平台，促进系统互联互通，形成市场信息全覆盖。

六、加强人才队伍建设，提升建设管理水平

（二十二）加快建设管理人才培养，建立一支业务精湛、作风优良、清正廉洁、求真务实并保持相对稳定的建设管理队伍，满足交通运输建设快速发展的需要。加强项目法人管理，严格项目法人市场准入，建立完善项目法人监督考评工作机制，切实提高项目法人的专业化、规范化管理能力和水平。加大对项目建设单位，特别是农村和基层项目单位执行投资管理程序和开展项目管理的教育培训力度，帮助其掌握政府投资项目的各项规定，提高项目管理水平。

26. 关于转发《浙江省公路水运建设工程安全生产费用管理暂行规定》的函

（2009 年 11 月 24 日　交通运输部　厅质监〔2009〕1 号）

各省、自治区、直辖市、新疆生产建设兵团交通厅(局、委),天津市市政公路管理局,上海市交通运输和港口管理局,长江航务管理局,长江口航道管理局:

为进一步贯彻落实《公路水运工程安全生产监督管理办法》(2007 年 1 号部长令)、财政部和国家安全生产监督管理总局《高危行业企业安全生产费用财务管理暂行办法》等有关规定,加强全国公路水运工程安全管理,现将《浙江省公路水运建设工程安全生产费用管理暂行规定》转发给你们,以供参考使用。

二〇〇九年十一月二十四日

浙江省公路水运建设工程安全生产费用管理暂行规定

（浙交〔2009〕228 号）

第一章　总　　则

第一条　为加强公路水运建设工程安全生产费用管理,建立安全生产投入长效机制,改善施工作业条件,减少施工伤亡事故,切实保障施工人员人身安全,根据《中华人民共和国安全生产法》、国务院《建设工程安全生产管理条例》、交通运输部《公路水运工程安全生产监督管理办法》、财政部和国家安全生产监督管理总局《高危行业企业安全生产费用财务管理暂行办法》、《浙江省公路水运建设工程安全生产监督管理实施办法(试行)》等有关规定,制定本规定。

第二条　在本省境内从事公路水运工程的新建、改建、扩建等有关活动应当遵守本规定。

第三条　本规定所称公路水运建设工程安全生产费用(以下简称“安全生产费用”)是指公路水运施工单位按照有关规定和施工安全标准,用于施工安全防护用具及设施的采购和更新、安全施工措施的落实、安全生产条件的改善、加强安全生产管理等所需的费用。

第四条　安全生产费用管理坚持“项目计取、确保需要、规范使用”的原则。

第二章　安全生产费用的计取

第五条　编制工程概(预)算时,应当依据公路、水运工程基本建设项目概算预算编制办法规定费率,计列安全及文明施工措施费。

第六条　建设单位在编制工程招标文件时，应当确定项目所需的安全生产费用，单列安全生产费用项目清单。建设单位对工程项目的安全防护、安全施工有特殊要求需增加安全生产费用的，应当在招标文件中予以明确，并在安全生产费用项目清单中增列相应项目及费用。

第七条　施工单位应当按照招标文件计列的安全生产费用项目清单报价，安全生产费用总额一般不得低于投标价的1.0%，且不得作为竞争性报价。

第三章　安全生产费用的支付

第八条　建设单位与施工单位应当在施工合同中明确安全生产费用的数额、项目清单、支付计划、使用要求、调整方式等条款。

第九条　施工单位应当根据招投标文件的要求，编报当月投入使用的安全生产费用使用报表（按项目清单编制，附相关凭证）及下个月的安全生产费用使用计划，经项目负责人签字盖章后与当月工程款计量支付表同时报送监理工程师审核。

第十条　监理工程师收到安全生产费用使用报表后，应当在7日内对施工单位的安全生产费用使用报表进行审核，核实无误后予以签字确认。

第十一条　建设单位对经监理工程师签字确认的安全生产费用使用报表进行审核确认后，与当月工程款同时计量支付给施工单位。

第十二条　施工单位安全生产费用实际投入使用超出合同规定的安全生产费用总额的，经监理工程师审核签字确认后，报送建设单位进行审核确认，超出部分的安全生产费用在合同总额的工程费用中给予计量支付；安全生产费用实际投入使用少于合同中规定的安全生产费用总额的，建设单位不得支付余额部分的安全生产费用。

第十三条　实行工程总承包的，总承包单位依法将工程分包给其他单位的，总承包单位应当与分包单位在分包合同中明确由分包单位实施的安全措施、分包工程安全生产费用及支付等条款。

第四章　安全生产费用的使用

第十四条　安全生产费用应当按照有关规定，在以下范围内使用：

（一）完善、改造和维护安全防护、检测、探测设备、设施支出。

1.“四口”（通道口、预留洞口、电梯井口、楼梯口）、“五临边”（未安装栏杆的平台临边、无外架防护的层面临边、升降口临边、基坑临边、上下斜道临边）等防护、防滑设施的费用；

2. 防止物体、人员坠落设置的安全网、棚等费用；

3. 安全警示、警告标志、标牌及安全宣传栏等购买、制作、安装及维护的费用；

4. 特种设备、压力容器、避雷设施、大型施工机械、支架等检测检验费，设备维修养护费用；

5. 其他安全防护、检测设施、设备的费用。

（二）配备必要的应急救援器材、设备和现场作业人员安全防护物品支出。

1. 各种消防设备及器材，救生衣、圈，急救药箱及器材费用；

2. 安全帽、保险带、手套、雨鞋、口罩等现场作业人员安全防护用品费用；

3. 其他专门为应急救援所需而准备的物资、专用设备、工具的费用。

(三)安全生产检查与评价支出。

1. 日常安全生产检查、评估费用;

2. 聘请专家参与安全检查和评价费用。

(四)重大危险源、重大事故隐患的评估、整改、监控支出。

1. 对重大危险源、重大事故隐患进行辨识、评估、监控、监管费用;

2. 爆破物、放射性物品的储存、使用、防护费用;

3. 对有重大危险因素的分部、分项工程安全专项施工方案进行论证、咨询的费用。

(五)安全技能培训及进行应急救援演练支出。

1. "三类人员"和特种作业人员的安全教育培训、复训费用;

2. 内部组织的安全技术、知识培训教育费用;

3. 组织应急预案演练费用。

(六)其他与安全生产直接相关的支出。

1. 召开安全生产专题会议等相关活动费用;

2. 举办安全生产为主题的知识竞赛、技能比赛活动费用;

3. 安全经验交流、现场观摩费用;

4. 购置、编印安全生产书籍、刊物、影像资料费用;

5. 配备给专职安全人员使用的相机、电脑等物品费用;

6. 安全生产奖励费用:发给专职安全员工资总额以外的安全目标考核奖励,安全生产工作先进个人、集体的奖励;

7. 建设单位和监理单位共同认定的其他安全生产费用。

第十五条 施工单位在以下范围内发生与安全生产相关的费用,均不列入安全生产费用,按正常工程费用渠道列支。

(一)施工单位应当为施工人员办理团体人身意外伤害险或个人意外伤害险费用;

(二)施工单位为职工提供的职业病防治、工伤保险、医疗保险费用;

(三)工地临时办公、宿舍、食堂等现场办公生活设施为达到安全要求所需费用;

(四)施工现场与外界的隔离、围挡设施费用;

(五)为保证施工期间交通安全而设置的临时安全设施和标志、标牌费用;

(六)爆破作业及穿越村镇、公路、河流、地线管线的施工现场进行防护、隔离等设施费用;

(七)按正常施工作业所设置的基坑围护、防失稳支撑、支架、安全用电等设备费用。

第十六条 安全生产费用实行专款专用。施工单位应当建立健全工程项目安全生产费用管理、计取和使用制度,明确安全生产费用管理、计取和使用的程序、职责及权限。施工单位应当在规定范围安排使用安全生产费用,不得挪用或挤占。

第十七条 监理单位应当对施工单位在施工现场安全生产费用使用情况进行监理。

监理单位发现施工单位在施工现场存在安全隐患或未落实安全生产费用的,应当提出要求其改正,施工单位拒不改正的,监理单位可暂时停止工程款的计量支付,并及时向建设单位报告。

第十八条 建设单位应当至少每半年对施工单位的安全生产费用使用情况进行监督检查。

第五章　安全生产费用的监督管理

第十九条　各级交通主管部门对公路水运建设工程安全生产费用计取、支付、使用实施监督管理。

跟踪审计机构应当根据《浙江省交通厅、浙江省审计厅关于进一步加强和完善高速公路等省重点交通建设项目全过程跟踪审计监管的意见》(浙交〔2009〕23 号),加强对公路水运建设工程安全生产费用资金使用管理的审计监督,确保资金"专款专用"。

第二十条　各级交通主管部门在工程项目招标投标阶段,应当认真审查招标文件中安全生产费用项目清单单列情况、投标报价按本规定确定安全生产费用情况。

第二十一条　各级交通主管部门应当及时受理对公路水运建设工程安全生产费用不按规定计取、支付以及挪用挤占安全生产费用的检举、控告和投诉。

第六章　附　　则

第二十二条　本规定由浙江省交通运输厅负责解释。

第二十三条　本规定自发布之日起施行。

附件:安全生产费用使用清单

附件

安全生产费用使用清单

序号	费用大类	使用细目	费用(元)
1	完善、改造和维护安全防护、检测、探测设备、设施支出	①“四口”“五临边”等防护、防滑设施	
		②防止物体、人员坠落设置的安全网、棚等	
		③安全警示、警告标示、标牌及安全宣传栏等购买、制作、安装及维修、维护	
		④特种设备、压力容器、避雷设施、大型施工机械、支架等检测检验,设备维修养护	
		⑤其他安全防护设施、检测设施、设备	
2	配备必要的应急救援器材、设备和现场作业人员安全防护物品支出	①各种应急救援设备及器材,救生衣、圈,急救药箱及器材	
		②安全帽、保险带、手套、雨鞋、口罩等现场作业人员安全防护用品	
		③其他专门为应急救援所需而准备的物资、专用设备、工具	
3	安全生产检查与评价支出	①日常安全生产检查、评估	
		②聘请专家参与安全检查和评价	
4	重大危险源、重大事故隐患的评估、整改、监控支出	①对重大危险源、重大事故隐患进行辨别、评估、整改、监控、监管	
		②爆破物、放射性物品储存、使用、防护	
		③对有重大危险因素的分部、分项工程安全专项施工方案进行论证、咨询	
5	安全技能培训及进行应急救援演练支出	①“三类人员”和特种作业人员的安全教育培训、复训	
		②内部组织的安全技术、知识培训教育	
		③组织应急救援演练	
6	其他与安全生产直接相关的支出	①召开安全生产专题会议等相关活动	
		②举办安全生产为主题的知识竞赛、技能比赛等活动	
		③安全经验交流、现场观摩	
		④购置、编印安全生产书籍、刊物、影像资料	
		⑤配备给专职安全员使用的相机、电脑等物品	
		⑥安全生产奖励费用:发给专职安全员工资以外的安全目标考核奖励,安全生产工作先进个人、集体的奖励	
安全生产费用总额			
合同投标价			
比例			

27. 关于在公路水运工程建设监理中增加施工安全监理和施工环保监理内容的通知

（2007 年 4 月 9 日　交通运输部　交质监发〔2007〕158 号）

各省、自治区、直辖市、新疆生产建设兵团交通厅（局、委），上海市港口管理局，长江航务管理局：

为加强建设工程施工安全和环境保护管理，2004 年 2 月 1 日施行的《建设工程安全生产管理条例》规定了监理在施工安全方面的内容和责任；2002 年 10 月，国家环境保护总局、交通部、国家电力公司等六部委（公司）联合下发了《关于在重点建设项目中开展环境监理试点的通知》（环发〔2002〕141 号），要求进行环境监理试点。近年来，各级交通主管部门按照法规、政策要求，在公路、水运工程建设项目中逐步推行施工安全和施工环保监理，取得了一定经验和良好的社会效益，且安全、环保内容已纳入了相应监理规范。为在公路、水运工程监理工作中切实履行好新增的安全、环保监理职责，促进公路、水运工程建设又好又快发展，现将有关事项通知如下：

一、在公路、水运工程施工监理工作中增加安全、环保监理职责，是坚持以人为本理念，贯彻落实科学发展观的重要举措，各级交通主管部门要给予高度重视。要进一步完善相关制度和措施，明确施工安全、环保监理职责，使施工安全监管和环保工作得以加强，建设期相关规定和标准得以落实。

二、在现有公路、水运工程监理组织体系框架下，将施工安全、环保融入监理职责当中，不改变现有的监理管理体制。监理人员要按照法律法规规定，依据有关规范，信守监理合同，切实履行好施工安全和环保监理职责。

三、各级交通主管部门和质量安全监督机构，应以国家有关法律法规、相关教材为主，加强施工安全和施工环保监理知识培训考核。监理单位要及时组织本单位监理人员进行施工安全、环境保护监理培训，并择优选聘一些具备相应资格的监理人员，以满足公路、水运工程施工安全和环保监理职责的需要。

四、公路、水运工程施工安全和环境保护监理尚处于起步阶段，各地区要适时进行经验总结和交流，不断提高监理效果。对于工作中遇到的问题，请及时向部质监总站反馈。

第三部分　地方行政法规及规范性文件

1. 关于进一步规范本市建筑市场加强建设工程质量安全管理的若干意见

（2011 年 1 月 11 日　上海市人民政府　沪府发〔2011〕1 号）

为深刻吸取“11·15”特别重大火灾事故的教训，切实解决工程建设中存在的安全生产责任制不落实、施工管理混乱和监管缺失等问题，加强各类建设工程的监督管理，保证工程质量安全，现就进一步规范本市建筑市场，加强建设工程质量安全管理提出如下若干意见：

一、全面整顿和规范建筑市场

（一）集中整治工程建设中的违法违规行为。各区县政府、各有关部门和单位要本着对人民群众生命和财产安全高度负责的精神，充分认识建设工程质量安全工作的重要性，按照全市整顿规范建筑市场的统一部署，精心组织，落实责任，针对工程建设中存在的各类违法违规问题，用一年左右时间集中开展建筑市场的整治和建设工程质量安全大检查，认真排查事故隐患，堵住质量安全管理漏洞，完善管理措施，进一步形成以建设工程质量安全为核心的建筑市场管理长效机制，推进上海建筑行业健康有序发展。

（二）严格执行工程建设审批程序。本市新建、改建、扩建建设工程（包括房屋修缮项目中的改扩建工程和城市基础设施大修工程）必须按照建设程序规定，严格履行项目立项、项目报建、环境影响评价、规划许可、征地拆迁、设计文件审查、施工许可和竣工验收等审批和备案程序。各级建设交通、发展改革、规划国土资源、公安（消防）、环保、安全监管、住房保障房屋管理等部门要根据项目的规模和性质，按照各自职责进一步完善建设管理流程，不得越权审批、不得擅自改变和减少审批环节。对严重违反建设程序的建设项目，要依法停止项目施工，对使用财政资金的政府投资项目停止资金拨付，并严肃查处违反建设程序的有关部门责任人和企业法人代表。

（三）全面排查建筑企业质量安全隐患。建筑企业要落实安全生产责任制，要对企业内部安全生产规章制度和教育培训制度等情况，以及所承担的建设工程开展全面自查，对自查中发现的违法违规行为和质量安全隐患要及时改正，防止质量安全事故的发生。建设管理部门和相关管理部门要加强对建筑企业的动态监管，对取得资质证书后降低安全生产条件的企业，要责令停业整顿、限期改正，经整改仍未达到与其资质等级相适应的安全生产条件的，依法降低其资质等级直至吊销资质证书。对有出借企业资质证书、违反建设工程安全生产规定等违法行为的企业，要依法从严查处，追究单位法人代表、直接负责主管人员和其他直接责任人员的责任。

二、强化建设工程质量安全风险源头控制

（四）建立工程质量安全风险评估管理制度。建设单位对涉及建设工程质量安全的重大问题，要在工程可行性研究报告中进行专门分析，并提出方案，预留费用。工程初步设计必须达到规定深度要求,细化提出质量安全防护措施和费用。建设单位要组织有关单位对工程建设过程中可能存在的质量安全重大风险进行全面评估,并将评估结论作为确定设计和施工方案的重要依据。

(五)科学确定并严格执行合理的工程建设周期。建设单位应当根据实际情况对工程充分评估、论证,科学确定合理的施工工期。在工程招标投标时,要将合理的施工工期安排作为招标文件的实质性要求和条件,任何单位和个人不得任意压缩合理的施工工期;确需作出调整的,必须经过充分论证,并采取相应措施,增加技术措施费用,确保工程质量安全。

(六)保证建设工程安全生产专项经费。建设单位在建设项目预算中应当按照国家和本市的规定,单独列支安全防护和文明施工措施费、监理费、检测费等保证工程建设质量和安全的专项经费,专款专用,并在招标文件或者合同中予以明确。建设单位应当按照合同约定及时足额支付保证工程建设质量和安全的专项经费,施工单位不得挪作他用。

三、严格建设工程承发包管理

(七)严格规范建设工程招投标活动。各类建设工程的承发包活动必须依法进行。除依法可以不公开招标的建设工程外,其他建设工程一律公开招标,项目审批部门应当加强监督,招投标管理部门要从严审核,严格规范招标人、投标人、评标专家、招标代理机构的行为。招投标中如有虚假招标、串通投标和挂靠借用资质投标等违法行为的,中标一律无效。同时,对责任单位和责任人按规定依法从严处罚,并依据情节轻重,取消相关单位一年至三年参加投标的资格,取消评标专家担任评标委员会委员资格,并予以公告。要进一步完善招标评标办法,安全防护和文明施工措施费、监理费不作为评标条件;将施工招标中必须由注册建造师担任关键岗位列为评标条件;质量员、安全员的数量和人选作为合同约定内容。

(八)坚决查处转包和违法分包。严禁转包和违法分包中标工程,分包单位将其承包的专业工程中非劳务作业的部分再分包的,劳务单位将其承包的劳务作业再分包的,分包无效;有违法所得的予以没收,责令停业整顿,依法进行处罚;情节严重的,依法吊销资质证书和营业执照;造成重大责任事故的,依法追究企业法人代表和直接责任人员责任。建设工程的发包单位和承包单位必须依法订立书面合同,明确双方的权利义务,分包单位对分包工程的质量和安全生产负责,总承包单位对分包工程承担连带责任。建立本市总承包单位、专业分包单位和劳务单位数据库,推行分包合同备案制度,总承包单位和分包单位应当将相关合同报政府有关部门备案。各级质量安全监督机构应当开展定期检查,发现实际分包单位和合同备案信息不符合的,责成施工单位停工整顿,并按规定重新办理备案手续。分包单位在申请资质升级、增项时,需提交经备案的工程业绩;未经备案的分包工程,不得作为资质审批的条件。对总承包单位和分包单位的违法行为,管理部门在依法处罚的同时,要将处罚信息记入诚信手册,并在本市建筑建材业管理信息平台上予以公示。

四、切实加强施工现场质量安全管理

(九)加强施工单位的现场管理。施工总承包单位对施工现场的质量和安全负总责,分包单位(含专业分包单位)应当服从总承包单位的安全生产管理,不服从管理造成安全生产事故的,由分包单位承担主要责任。总承包单位应当编制与承包工程的规模、技术复杂程度相适应的施工方案,并在施工现场设立项目管理机构指导现场施工,根据投标方案和合同确立的人员名单派驻技术、经济管理人员，其中的项目负责人、技术负责人、项目核算负责人、质量管理人员、安全管理人员必须是与本单位有劳动合同关系的人员，合同备案时应包括项目管理机构和人员，总承包单位不得擅自变更技术和经济管理人员。工程施工时，项目经理和质量安全管理人员应当实施现场管理和监督。施工现场各施工单位对所承揽工程的质量安全负责，必须按照设计图纸、技术标准、施工规范、施工方案明确的顺序进行施工，严格执行安全生产要求，认真落实设计方案中提出的专项质量安全防护措施。对工程的关键部位、关键环节、关键工序和危险性较大的分部、分项工程，必须制定专项施工方案，落实安全防护措施，确保施工安全。

（十）加强勘察设计现场服务。勘察、设计单位应当严格按照法律、法规和工程建设强制性标准进行勘察和设计，防止因勘察、设计不合理导致质量安全事故的发生。设计应当考虑施工安全操作和防护的需要，对涉及施工安全的重点部位和环节，以及使用建筑材料的性能等要依规定在设计文件中注明，并对防范质量安全事故提出建议。勘察、设计单位要加强工程建设过程中的现场服务，在建设工程施工前，向施工单位和监理单位说明建设工程勘察、设计意图，解释建设工程勘察、设计文件，指导施工单位按照设计要求和相关技术标准进行施工，对施工不符合设计的可以要求施工单位予以纠正。勘察、设计单位未按照工程建设强制性标准进行勘察、设计，造成工程质量安全事故，造成损失的，依法承担赔偿责任；后果严重的，责令停业整顿，并依法降低资质等级或者吊销资质。

（十一）严格建筑材料质量管理。建设单位、施工总承包单位对工程中使用的建筑材料质量负责，保证建筑材料符合相关标准和设计要求，严禁使用未经检测或者经检测质量不合格的建筑材料。加强建筑材料检测管理，健全和完善建设工程检测信息化管理系统，检测单位的检测数据应当自动录入信息系统，检测完成后，通过信息系统出具检测报告，确保工程检测数据的客观性和准确性。建筑材料供应商承担建筑材料施工的，应当具备相应资质。对生产和提供不合格以及假冒伪劣建筑材料的，建设管理部门应当将其列入不良名单，禁止其产品在本市建设工程中使用，并联合质量技监、工商等部门依法严肃处理。

（十二）落实建设工程中介服务机构责任。工程检测和施工图审查等中介服务机构应当依法依规开展服务，对所承担业务对应的工程质量安全负责，对编制虚假检测报告、施工图审查意见重大失误和弄虚作假的中介服务机构，暂停其承接新的业务，并依法进行处理；情节严重的，依法降低或者吊销资质（对审图机构取消认定或者不予再次认定）。

五、切实落实监理责任

（十三）完善工程监理招投标制度。依法必须进行监理招标的建设工程，建设单位应当通过招标方式选择监理单位。工程监理招标以监理大纲、人员、设施配备、单位业绩、社会信誉、企业诚信和服务承诺等作为评标的主要内容，投标文件应当明确项目总监理工程师等监理人员。工程监理费按国家收费规定，以工程概算中建安工程费等为计费基数，按基准费率上浮20%计费。政府投资项目监理费实行国库直拨。招投标监管部门在办理备案手续时，应当核验监理取费标准。工程监理单位与被监理工程的承包单位以及建筑材料、建筑构配件和设备供应单位不得有隶属关系或者其他利害关系。

（十四）提高工程监理现场控制能力。监理单位应当切实落实施工现场的监理责任，选派具备相应资格和能力的总监理工程师和监理工程师进驻施工现场，实行总监理工程师现场负责制，监理日志和监理提出的整改通知书，必须有总监理工程师或者其委托的监理人员签字。

工程监理应当加强施工现场巡查，现场有施工时，必须有符合规定的监理人员到现场实施监理。监理应当对分包企业资质和人员到岗情况实施检查，对施工现场中的各类违法违规行为要及时发现、及时制止，对质量安全隐患，监理应当要求施工单位停工整顿并书面报告建设单位。制止无效时，应当及时报告质量安全监督机构。监理未履行对重大安全隐患督促整改和报告责任的，依法予以处罚。本市建设工程实行监理向质量安全监督机构定期报告制度，项目总监理工程师通过监理管理信息平台，按照管理部门规定的内容，定期向质量安全监督机构报送施工现场监理情况的报告。

六、加强工程建设从业人员管理

（十五）加强对企业法人代表和注册执业人员的管理。建筑企业法人代表是企业安全生产第一责任人，依法对本单位的质量安全工作负总责，要落实企业安全生产责任制，组织企业制定安全生产的规章制度和教育培训制度，加强对建筑安全生产的管理，采取有效措施，防止伤亡和其他安全生产事故的发生。有关管理部门要加强对企业法人代表质量安全方面的法律培训，加强对注册执业人员的管理。勘察设计项目负责人、施工单位项目负责人以及项目总监理工程师应当由注册执业人员担任，并实行严格的岗位负责制。注册执业人员参加法律法规培训和专业培训的情况，要记入个人执业记录，未按规定参加培训的注册执业人员不得延期注册。建设管理部门应当加强对注册人员出借证章、重复注册等行为的查处力度，注册人员的诚信记录，作为单位参加投标的条件。建设管理、人力资源社会保障、工商、公安等部门要实现相关企业、人员信息的共享。

（十六）加强施工作业人员管理。规范建筑施工用工行为，保障工人的合法权益，在市、县区两级财政安排的教育费中应当单独列支建筑施工作业人员培训教育经费。总承包单位对劳务分包企业的施工现场管理、劳务作业和用工情况负有监督管理责任。各用工单位使用劳务人员，应当是有劳动合同关系或者劳务合同关系的人员，并实行实名制登记和发放人员信息卡。中心城区的建设工地实行工人刷卡上下班制度。建设、施工单位和劳务分包单位要加强建设工程施工作业人员的职业技能和安全培训，尤其要做好新入工地非专业人员上岗、转岗前的培训，全面提高其操作技能和安全生产意识。安全监管、建设交通、质量技监和公安（消防）部门应当加强对特种作业人员的教育和培训管理。企业特种作业人员必须根据安全生产的规定持证上岗，一经发现施工单位特种作业使用无证人员施工的，要立即责令停工整顿。建立政府、部门、行业协会和企业多层次培训体系，营造职业技能等级与劳动报酬挂钩的市场环境，逐步实现关键岗位技术工人经培训持证上岗。

七、加强建设工程质量安全监督管理

（十七）加快建设工程基本制度建设。各有关部门要根据建设工程质量安全管理的实际情况，按照加快完善本市建设工程法规规章体系的要求，抓紧制定和修订本市建设工程质量安全管理和建筑市场管理方面的地方性法规，并加快建设工程承发包管理、监理、检测等方面政府规章的制定修改，认真梳理配套的规范性文件，及时补充和完善建设工程质量安全管理所亟须的制度规范。进一步完善建设工程标准、规范体系。

（十八）加强各级建设工程质量安全监督机构建设。健全建设工程质量安全监督机构，将各级建设工程质量监督机构调整充实为独立的质量安全监督机构，并赋予建筑市场稽查职能。

各级政府要根据辖区内建设工程质量安全监管职责和工程建设的规模，保证质量安全监督机构专业技术人员的配备，并保证质量安全监督机构和人员的经费，以及开展建材质量专项抽检的经费。市建设交通委要制定建设工程质量安全监督规范，进一步规范建设工程质量安全监督机构的监管行为，加强考核，建设一支责权明确、行为规范、执法有力的质量安全监管队伍。对在建设工程质量监督管理工作中玩忽职守、滥用职权、徇私舞弊的工作人员，依法给予行政处分；构成犯罪的，依法追究刑事责任。

（十九）加大对工程建设中违法违规行为的查处力度。建设工程质量安全监督机构必须加强对建筑活动参与各方执行法律、法规和强制性标准情况的监督检查，改进检查手段，加强明察暗访，实施有效监督。各专业管理部门要根据部门职责分工，加强对建设工程质量和安全的监督管理，对建筑市场的各类违法违规行为依法实施行政处罚，对情节严重的，应当依法责令停工整顿，直至吊销从业资质证书。依法加强对工程质量和安全事故的调查处理，严肃事故责任追究，对发生重特大事故的企业，实行社会公告制度，并向本市投资管理部门通报，限定其新增项目的审批，向银行金融机构通报，限定其新的项目融资。

（二十）运用信息化手段促进建筑市场监管公开透明。创新政务公开方式，建立全市统一的建筑建材业管理信息平台，通过信息平台向社会公布项目立项、规划许可、工程招标、企业及注册人员情况、施工许可、合同备案、竣工验收等各类信息。充分利用信息化手段开展执法评查、质量考核、满意度测评等工作，促进建筑市场监管公开透明、公平公正。完善建筑市场诚信体系，对建筑企业发生重大质量安全事故，以及转包和违法分包工程、拖欠民工工资等违法违规行为，及时在建筑建材业管理信息平台上公示。进一步完善市区（县）共享、部门共享的数据库，各级建设交通、发展改革、财政、规划国土资源、环保、安全监管、公安（消防）和质量技监部门要依托信息系统，实现管理协同、信息共享和执法联动。要提高建设工地管理的信息技术水平，强化对建设工程主要环节、现场信息和险情预兆的监控，完善及时发现和应急处置机制。

八、加强领导，确保建筑市场整治取得实效

（二十一）转变职能，进一步推进政企分开改革。各有关部门要积极转变职能，严格区分政府公共管理职能和国有资产经营的职能，进一步推进政企分开改革。各区县隶属建设部门的建筑企业要立即清理，限期脱钩。要坚决改变建设工程管理和建筑市场中存在的区域封闭、内部循环、暗箱操作等现象。有关管理部门要着力开展市场秩序的整顿规范，充分发挥企业作为市场主体的能动作用，共同营造统一开放、法制健全、公平竞争和有序运转的建筑市场，为建筑企业健康发展营造良好氛围。

（二十二）加强组织领导和督促检查。各区县、各有关部门要根据各自职责，制订部署本地区、本行业开展建筑市场整治的实施办法和具体措施，落实监督管理责任，加强监督检查和指导，及时研究解决建筑市场整治过程中暴露的突出问题。市级管理部门要加强对区县的业务指导和监督检查，各区县政府要根据属地管理的原则，切实履行起本辖区内建设工程质量安全监管职责。同时，各区县政府要加强限额以下小型工程建设的监督管理，根据地区特点制定具体管理办法，确保小型工程质量安全监管全覆盖。有关管理部门要加强整治建筑市场的协同配合，加强宣传引导，营造良好氛围，全面提高本市建设工程质量安全水平。

2. 浙江省交通建设工程质量和安全生产管理办法

(2012年5月16日　浙江省人民政府　浙政令〔2012〕300号)

第一章　总　　则

第一条　为了加强交通建设工程质量和安全管理,保证工程建设质量和施工安全,根据《中华人民共和国公路法》、《中华人民共和国港口法》、《中华人民共和国安全生产法》、《建设工程质量管理条例》、《建设工程安全生产管理条例》等有关法律、法规的规定,结合本省实际,制定本办法。

第二条　在本省行政区域内从事交通建设工程新建、改建、扩建等活动,以及实施对交通建设工程质量和安全生产的监督管理,适用本办法。

军事港口、渔业港口、专用航道的工程建设和抢险救灾工程建设活动不适用本办法。

第三条　本办法所称交通建设工程,是指新建、改建、扩建的公路工程和水运工程。

本办法所称公路工程,是指公路的路基和路面工程、桥梁工程、隧道工程以及公路沿线附属设施工程。

本办法所称水运工程,是指港口工程、航道工程、修造船厂水工建筑物工程。

本办法所称交通建设工程从业单位,是指从事交通建设工程的建设(包括项目业主、代建单位、总承包单位,下同)、咨询、勘察、设计、施工、监理、试验检测、安全评价等单位,以及提供其他相关服务的社会中介机构和设备、材料的供应单位。

第四条　交通建设工程质量和安全生产管理坚持科学、客观、公正的原则,实行政府领导、行业监管、建设单位负责的管理体系。

第五条　县级以上人民政府应当加强对交通建设工程质量和安全生产监督管理工作的领导,督促有关部门切实履行监督管理职责,将具有管理公共事务职能的交通建设工程质量和安全生产监督机构(以下简称监督机构)的经费纳入同级财政预算。

第六条　省交通运输行政主管部门主管全省交通建设工程质量和安全生产监督管理工作;市、县(市、区)交通运输行政主管部门主管本行政区域内的交通建设工程质量和安全生产监督管理工作;市、县(市、区)人民政府单独设立港口管理部门的,由港口管理部门主管港口工程质量和安全生产监督管理工作。

县级以上人民政府交通运输行政主管部门和港口管理部门可以委托监督机构具体实施对交通建设工程质量和安全生产的监督管理工作。

县级以上人民政府发展和改革、安全生产监督管理、住房和城乡建设、公安、质量技术监督、环境保护等有关部门,在各自职责范围内依法做好交通建设工程质量和安全生产监督管理的相关工作。

第七条　交通建设工程从业单位应当按照法律、法规、规章以及国家和省有关规定履行保证工程质量和安全生产的义务，承担工程质量和安全生产管理责任。

建设单位应当根据交通建设工程的特点和技术要求，选择具有相应资质的勘察、设计、施工、监理等单位，并依照有关法律、法规、规章的规定和相关工程技术标准的要求，分别签订合同，明确双方的权利义务以及质量和安全生产要求。

建设单位对交通建设工程质量和安全生产负全面管理责任，勘察、设计单位对勘察、设计质量和安全生产负责，施工单位对施工质量和安全生产负责，监理单位对施工质量和安全生产承担监理责任，试验检测、安全评价等其他从业单位在其职责范围内承担相应的工程质量和安全生产责任。

第八条　任何单位和个人有权对交通建设工程的质量缺陷、安全生产隐患、质量安全事故等进行检举和投诉。交通运输行政主管部门、港口管理部门和其他有关部门以及监督机构应当依法及时处理检举和投诉。

第二章　工程质量管理

第九条　从事交通建设工程的新建、改建、扩建活动，必须严格执行基本建设程序，坚持先勘察、后设计、再施工的原则，保证交通建设工程的质量。

建设单位应当建立健全项目质量保证体系，制订质量管理制度，设置质量管理机构或者配备专职质量管理人员，严格履行质量管理职责。

勘察、设计、施工、监理单位应当落实质量岗位责任制，实行质量责任登记制度，并依照有关法律、法规、规章的规定和相关工程技术标准的要求以及合同约定进行勘察、设计、施工和监理。

第十条　建设单位应当按照基本建设程序的要求，在办理施工许可或者开工报告报备手续前，向相应的交通运输行政主管部门、港口管理部门或者监督机构办理工程质量和安全生产监督手续。

第十一条　办理工程质量和安全生产监督手续，建设单位应当提交下列材料：

（一）项目概况说明书，包括工程项目名称、地点、建设单位、联系方式等内容；

（二）初步设计、施工图批复文件；

（三）勘察、设计、施工、监理等合同；

（四）勘察、设计、施工、监理单位的资质证明材料；

（五）法律、法规规定的其他材料。

第十二条　对符合基本建设程序的交通建设工程，交通运输行政主管部门、港口管理部门或者监督机构应当自收到相关材料之日起 20 日内出具工程质量和安全生产监督通知书；属于监督机构办理的，监督机构应当同时向交通运输行政主管部门或者港口管理部门报告。

对不符合基本建设程序的交通建设工程，交通运输行政主管部门、港口管理部门或者监督机构应当书面通知申请人不予办理并告知原因；属于监督机构办理的，监督机构应当同时向交通运输行政主管部门或者港口管理部门报告。交通运输行政主管部门或者港口管理部门应当责令建设单位履行基本建设程序。交通建设工程符合基本建设程序后,建设单位应当重新办理工程质量和安全生产监督手续。

第十三条 建设单位应当督促相关从业单位加强质量管理,对工程质量进行检查,并定期向交通运输行政主管部门、港口管理部门或者监督机构报告工程项目的质量状况;对发现的工程质量问题,应当及时组织整改。

对地质复杂或者结构特殊的桥梁、隧道、高边坡、港口工程,以及采用新技术、新材料、新工艺、新设备的其他交通建设工程,建设单位应当明确专项质量管理措施和要求,组织做好施工过程的技术控制。

第十四条 建设单位应当严格执行合同约定的勘察设计周期和施工工期。确需调整勘察设计周期和施工工期的,不得影响工程质量,并应当征得设计、施工单位同意。

第十五条 勘察单位应当按照工程建设强制性标准和有关技术规范进行勘察,所提供的地质、测量、水文等勘察成果必须真实、准确、完整。

设计单位应当按照工程建设强制性标准、有关技术规范和勘察成果文件进行设计;设计文件应当符合国家和省规定的设计深度要求,注明工程合理使用期。

建设单位应当按照国家规定,委托工程设计咨询单位对设计文件进行审查复核。工程设计咨询单位应当对设计文件出具咨询报告并对其咨询报告质量负责。

第十六条 设计单位应当按照下列要求做好设计服务:

(一)在工程开工前,向建设、监理和施工单位进行施工图纸技术交底;

(二)在项目实施过程中,按照合同要求在施工现场设立代表处或者派驻设计代表,提供设计后续服务,及时处理施工中出现的有关问题;

(三)在工程质量验收时,对工程质量是否符合设计要求提出评价意见;

(四)在工程完工后,对工程设计质量进行后评估。

第十七条 施工单位应当建立质量责任制,建立健全施工质量保证体系,推行全面质量管理。

施工单位应当严格履行施工合同,建立施工现场管理机构,配备相应的主要管理人员。施工期内,施工单位不得擅自调整主要管理人员;确需调整的,应当征得建设单位同意。

施工单位不得转包和违法分包工程;将工程分包的,应当符合相关法律、法规、规章的规定和合同约定,与分包方签订分包合同,并对分包工程质量负责,不得以包代管。

第十八条 施工单位应当按照工程设计文件和图纸以及施工技术标准施工,不得擅自修改工程设计,不得偷工减料。

施工单位在施工过程中发现工程设计文件和图纸有差错的,应当及时提出意见和建议。

第十九条 施工单位应当严格履行施工报批、自检、报验程序。

依法应当实行监理的交通建设工程,其工程开工应当经监理单位同意;未经同意的,不得开工。

施工单位应当在每道工序完成后,按照规定进行自检;未经自检或者自检不合格的,不得报监理工程师签字确认。上道工序未经监理工程师签字确认,施工单位不得进行下道工序施工。隐蔽工程隐蔽前,施工单位自检合格后应当通知监理单位进行检查验收。

施工单位应当对存在质量问题的工程负责返修。

第二十条　施工单位应当建立施工技术档案，及时、真实、完整地记录施工过程中的质量、技术控制情况。

第二十一条　依法应当实行监理的交通建设工程，其监理单位应当按照法律、法规、规章以及有关技术标准、设计文件和合同约定，对工程施工质量实施监理。

交通建设工程监理实行总监理工程师负责制，未经总监理工程师签字，建设单位不得支付工程价款。

第二十二条　监理单位应当按照合同约定建立现场监理机构，配备相应的监理人员。监理服务期内，监理单位不得擅自调整监理人员；确需调整监理人员的，应当征得建设单位同意。

第二十三条　监理单位应当严格审查施工组织设计、施工技术方案、工程开工报告等是否符合法律、法规、规章、工程建设强制性标准和合同约定，重点审查桥梁、隧道和隐蔽工程的施工技术方案；对不符合要求的，不得予以签字确认。

监理单位应当按照监理规范和合同约定，采取旁站、巡视和平行试验检测等形式对工程实施监理，检查施工单位的质量保证措施落实情况和主要人员、关键设备到位情况，核查施工技术档案，重点检查桥梁、隧道和隐蔽工程的施工情况，并及时、真实、完整地做好监理记录。

第二十四条　交通建设工程试验检测机构应当取得国家规定的公路水运工程试验检测等级证书，并在核定的专业和项目参数范围内开展试验检测活动，出具真实的试验检测报告，客观反映受检项目的质量。

施工、监理单位应当加强其内部检测机构和工地试验室的管理，根据工程实际，合理确定工地试验室的规模，配置相应的试验检测人员和设备，在核定的专业和项目参数范围内进行试验检测。

第二十五条　交通建设工程完工后，建设单位应当及时组织交工验收，并自交工验收合格之日起 15 日内，将交工验收报告报送相应的交通运输行政主管部门或者港口管理部门备案。

交通建设工程正式投入使用前，建设单位应当及时组织竣工验收，并自竣工验收合格之日起 15 日内，将竣工验收报告报送相应的交通运输行政主管部门或者港口管理部门备案。

建设单位在组织交(竣)工验收前，应当委托具有相应资质的交通建设工程试验检测机构进行交(竣)工质量检测，并对工程质量进行评定，将检测和评定报告报送相应的监督机构备案。

交通运输行政主管部门或者港口管理部门发现建设单位在竣工验收过程中有违反国家和省有关建设工程质量管理规定行为的，责令停止使用，重新组织竣工验收。

第三章　安全生产管理

第二十六条　交通建设工程安全生产监督管理，应当坚持“安全第一、预防为主、综合治理”的方针。

交通建设工程从业单位应当严格按照《中华人民共和国安全生产法》、《建设工程安全生产管理条例》、《特种设备安全监察条例》等有关法律、法规、规章和工程建设强制性标准的规定，落实相关安全生产措施，承担相应的安全生产责任。

第二十七条　建设单位应当建立健全安全生产责任制度和安全生产管理体系，设置安全生产管理机构或者配备专职安全生产管理人员，组织施工现场日常检查、定期排查，督促安全问题的整改，并定期向交通运输行政主管部门、港口管理部门或者监督机构报告交通建设工程的安全生产状况。

第二十八条 建设单位应当制订交通建设工程生产安全事故应急预案，组织施工、监理单位建立应急救援组织，并定期组织救援演练。

第二十九条 交通建设工程开工前，建设单位应当对建设过程中可能存在的重大安全风险进行评估；交通建设工程交工验收前，建设单位应当对施工、监理单位的安全生产情况进行评价。

第三十条 建设单位在编制交通建设工程招标文件时，应当依法对施工单位的安全生产条件、安全生产信用情况、安全生产的保障措施等提出明确要求，并单列安全生产费用项目清单。

建设单位应当根据总监理工程师对施工安全生产费用投入情况的签字确认，及时支付施工安全生产费用。

第三十一条 建设单位不得对咨询、勘察、设计、施工、监理、设备租赁、材料供应、试验检测等单位提出不符合安全生产法律、法规、规章和工程建设强制性标准规定的要求。

建设单位不得明示或者暗示施工单位购买、租赁、使用不符合安全施工要求的安全防护用具、机械设备、施工机具以及配件、消防设施和器材。

第三十二条 施工单位应当建立健全安全生产责任制度和安全生产技术交底制度，设置安全生产管理机构，配备专职安全生产管理人员。

施工现场应当按照下列规定配备专职安全生产管理人员：

(一)合同价(下同)5 000 万元以下的工程不少于 1 人；

(二)5 000 万元至 1 亿元的工程不少于 2 人；

(三)1 亿元以上的工程不少于 3 人。

专职安全生产管理人员负责对施工安全生产状况进行现场监督检查，并做好检查记录；发现事故隐患时，应当及时向项目负责人和施工单位安全生产管理机构报告；对违章指挥、违章操作和违反劳动纪律的，应当立即制止。

第三十三条 施工单位的工程报价应当包含安全生产费用，并在工程报价中单列安全生产费用项目清单。

安全生产费用应当用于施工安全防护用具以及设施的采购和更新、安全施工措施的落实、安全生产条件的改善，不得挪作他用。

第三十四条 施工单位应当在施工组织设计中编制安全技术措施和施工现场临时用电方案。

对危险性较大的工程，施工单位应当单独编制安全专项施工方案，附安全验算结果，并经其技术负责人审核确认；对其中超过一定规模的危险性较大的工程，应当组织专家论证。安全专项施工方案实施前，应当经监理单位审查确认；其中超过一定规模的危险性较大的工程，还应当经建设单位审查确认。

第三十五条 监理单位应当审查施工组织设计和工程开工报告中的安全技术措施以及危险性较大的工程的安全专项施工方案；核查施工单位的生产安全事故应急预案和应急救援组

织建立情况；对危险性较大的工程，应当编制专项监理细则，明确安全监理方法、措施和控制要点以及对施工安全措施的检查方案。

第三十六条　监理单位应当落实安全监理巡视责任，监督安全技术措施和安全专项施工方案的实施，重点监管施工的关键部位、关键环节、关键工序；对发现的事故隐患，应当及时督促施工单位整改，必要时可以下达暂停施工指令，并向建设单位和有关部门报告。

监理单位应当及时、真实、完整地做好安全监理记录。

第三十七条　交通建设工程生产安全事故的调查、处理，按照有关法律、法规、规章以及国家和省相关规定执行。县级以上人民政府交通运输行政主管部门、港口管理部门以及监督机构依法参与相关生产安全事故的调查、处理。

第四章　监督检查

第三十八条　交通建设工程质量监督期为交通运输行政主管部门、港口管理部门或者监督机构出具工程质量和安全生产监督通知书之日起至工程竣工验收合格之日止；安全生产监督期为交通运输行政主管部门、港口管理部门或者监督机构出具工程质量和安全生产监督通知书之日起至工程交工验收合格之日止。

第三十九条　有关行政主管部门和监督机构按照职责实施监督检查时，可以依法行使下列职权：

（一）进入工地现场等与项目建设有关的场所进行检查；

（二）向被检查单位和有关人员询问相关情况；

（三）查阅和复制工程档案、合同、发票、账簿以及其他有关资料；

（四）责令被检查单位立即停止和纠正违反质量、安全生产规定的行为。

交通建设工程从业单位及其相关人员应当配合有关行政主管部门和监督机构依法实施的交通建设工程质量和安全生产监督检查，不得拒绝、阻扰或者隐匿、谎报有关情况和资料。

第四十条　对交通建设工程从业单位实施质量监督检查的主要内容包括：

（一）执行相关法律、法规、规章和工程建设强制性标准情况；

（二）项目质量保证体系建立和运行情况；

（三）工程实体质量和质量管理行为；

（四）质量保证资料收集归档情况。

第四十一条　对交通建设工程从业单位实施安全生产监督检查的主要内容包括：

（一）执行相关法律、法规、规章和工程建设强制性标准情况；

（二）项目安全生产管理体系建立和运行情况；

（三）对施工现场易发生生产安全事故的部位以及重点作业环节的监管情况；

（四）安全教育培训情况。

第四十二条　有关行政主管部门和监督机构以抽查、随机巡查等方式对交通建设工程质量和安全生产进行监督检查；监督检查时，应当做好现场记录；对检查中发现的问题，应当制发检查意见书。

第四十三条　监督机构应当具有相应试验检测、安全评价的能力和条件，根据需要也可以委托相应的专业机构进行试验检测或者安全评价。

第四十四条 交通建设工程实行信用评价制度。交通运输行政主管部门、港口管理部门或者监督机构应当对交通建设工程从业单位进行质量和安全生产综合评价,评价结果作为信用评价的重要依据,纳入交通运输行政主管部门统一的信用评价档案,并定期向社会公布。

第五章 法律责任

第四十五条 对交通建设工程从业单位违反本办法规定的行为,《中华人民共和国安全生产法》、《建设工程质量管理条例》、《建设工程安全生产管理条例》等法律、法规、规章已有法律责任规定的,从其规定。

第四十六条 建设单位违反本办法第九条第二款、第十三条第一款、第二十七条规定,有下列情形之一的,责令限期改正并给予警告;逾期未改正的,处1 000元以上1万元以下的罚款;情节严重的,处1万元以上5万元以下的罚款:

(一)未设置质量管理机构或者配备专职质量管理人员的;

(二)未设置安全生产管理机构或者配备专职安全生产管理人员的;

(三)未定期向交通运输行政主管部门、港口管理部门或者监督机构报告工程项目质量和安全生产状况的;

(四)对发现的工程质量问题未及时组织整改的。

第四十七条 施工单位违反本办法第十七条第二款、第三十四条第一款规定,监理单位违反本办法第二十二条规定的,责令限期改正并给予警告;逾期未改正的,处2 000元以上5 000元以下的罚款;情节严重的,处5 000元以上2万元以下的罚款。

第四十八条 施工单位违反本办法第十九条第二款和第三款、第三十四条第二款规定,有下列情形之一的,责令限期改正并给予警告;逾期未改正的,处5 000元以上1万元以下的罚款;情节严重的,处1万元以上5万元以下的罚款:

(一)依法应当实行监理的交通建设工程,其工程开工未经监理单位同意的;

(二)上道工序未经监理工程师签字确认,即进行下道工序施工的;

(三)隐蔽工程隐蔽前,施工单位自检合格后未通知监理单位进行检查验收的;

(四)对危险性较大的工程未按规定实施安全专项施工方案的。

第四十九条 监理单位违反本办法第二十三条、第三十五条、第三十六条规定,有下列情形之一的,责令限期改正并给予警告;逾期未改正的,处5 000元以上1万元以下的罚款;情节严重的,处1万元以上5万元以下的罚款:

(一)对依法应当审查(核查)的内容未进行审查(核查)的;

(二)未做好质量监理记录和安全监理记录的;

(三)对危险性较大的工程未编制专项监理细则的;

(四)对监理中发现的事故隐患,未及时督促施工单位整改的。

第五十条 本办法规定的行政处罚由县级以上人民政府交通运输行政主管部门和港口管理部门实施;县级以上人民政府交通运输行政主管部门和港口管理部门可以委托监督机构实施。

第五十一条　交通运输行政主管部门、港口管理部门和监督机构以及其他有关部门违反本办法规定，有下列情形之一的，对直接负责的主管人员和其他直接责任人员，由有权机关按照管理权限给予处分：

（一）违反法律、法规、规章和本办法规定的权限和程序实施行政许可与备案审查的；

（二）未依法履行交通建设工程质量和安全监督管理职责的；

（三）违法要求缩短交通建设工程建设工期的；

（四）发现违法行为或者接到对违法行为的举报后不依法进行查处的；

（五）违法实施行政处罚和监督检查的；

（六）其他玩忽职守、滥用职权、徇私舞弊的行为。

第五十二条　违反本办法规定，构成犯罪的，依法追究刑事责任。

第六章　附　　则

第五十三条　本办法所称危险性较大的工程的范围和规模，由省交通运输行政主管部门根据国家有关规定确定。

第五十四条　本办法自 2012 年 8 月 1 日起施行。

3. 关于全面深化“一岗双责”进一步完善安全生产责任制的通知

(2007 年 7 月 18 日　四川省人民政府　川府发〔2007〕40 号)

近年来我省安全生产形势总体稳定并逐步趋向好转,但形势依然严峻。为进一步加强安全监管,强化安全责任意识,落实综合治理措施,形成各司其职、各尽其责、分兵把口、齐抓共管的安全生产格局,促进全省安全生产形势稳定好转,根据《中华人民共和国安全生产法》、《四川省安全生产条例》和《四川省人民政府关于进一步加强安全生产工作的决定》(川府发〔2004〕20 号)等有关法律法规和政策精神,省政府决定全面深化“一岗双责”,进一步完善安全生产责任制,现就有关事项通知如下。

一、切实增强做好安全生产工作的责任感和紧迫感

安全生产关系人民群众生命财产安全,关系改革发展和社会稳定大局。各地、各部门要认真贯彻落实科学发展观,牢固树立安全发展理念,坚持“安全第一、预防为主、综合治理”的方针,以对人民群众高度负责的精神,充分认识做好安全生产工作的重要性,进一步增强责任感、使命感和紧迫感,切实加强安全生产工作,全面落实以“一岗双责”为核心的安全生产责任制度,以更坚定的决心、更有力的措施、更务实的作风,坚持不懈地把安全生产工作抓细抓实抓好,为“坚持科学发展、构建和谐四川”创造更加安全稳定的环境。

二、全面深化安全生产“一岗双责”

(一)各级人民政府及部门要建立健全领导班子全员安全生产责任制,深化安全生产“一岗双责”,落实政府安全生产监管主体责任。

主要负责人是本地区、本行业(领域)安全生产工作的第一责任人,对本地区、本行业(领域)安全生产工作负全面领导责任。负责把安全生产工作纳入本地区、本行业(领域)的发展规划,将安全生产纳入政府及部门的重要议事日程,定期组织分析安全生产形势,研究制定政策措施,及时解决工作中存在的重点难点问题。

分管安全生产工作的负责人是本地区、本行业(领域)安全生产工作综合监督管理的责任人,对安全生产工作负组织协调和综合监督管理领导责任。负责贯彻落实安全生产有关法律法规和方针政策,指导协调本地区、本行业(领域)的安全生产监督、检查和考核,组织开展安全生产事故的应急救援和调查处理工作。

分管其他工作的负责人对分管工作范围内的安全生产工作负直接领导责任,按照“谁主管,谁负责”、“谁发证,谁负责”、“谁审批,谁负责”的原则,负责支持配合分管安全生产工作的负责人抓好分管范围内的安全生产工作。

各地、各部门要严格落实安全生产责任,强化安全生产行政首长负责制,把安全生产作为对各级领导干部考核的重要内容,建立健全安全生产考核制度和考核指标体系。各级政府部门要在各自职责范围内加强安全生产监管,对有关行业和领域的安全生产工作依法实施监督管理,督促和指导生产经营单位不断夯实安全生产基础。

(二)进一步强化企业的安全生产主体地位,完善企业负责人的安全生产责任制,落实企业安全生产主体责任。

企业法定代表人是安全生产第一责任人,对本单位的安全生产负全面责任;分管安全生产的负责人是直接责任人,负直接领导责任;其他负责人对各自分管范围内的安全生产负领导责任,并负责支持配合分管安全生产工作的负责人开展安全生产工作。

各企业及其负责人要根据相关法律法规规定设置与本单位安全生产工作相适应的管理机构,配备安全生产专职(或兼职)管理人员;制定完善以安全生产责任制、安全操作规程和安全生产监督为主要内容的各项规章制度,推行事故隐患和职业危害监控,层层落实到车间、班组、岗位和每一位从业人员;积极采用安全性能可靠的新技术、新工艺、新设备和新材料,不断改善安全生产条件;改进生产经营单位安全管理,积极采用职业安全健康管理体系认证、风险评估、安全生产条件论证和安全评价、评估等方法,切实落实安全防范措施,提高安全生产管理水平。

三、严格执行安全生产责任追究制

各级人民政府及部门要在各自职责范围内认真履行职责,加大联合执法力度,有法必依、执法必严、违法必究,严格安全生产责任追究制,落实安全生产行政问责制,严肃认真查处安全生产事故。对因有关负责人忽视安全生产工作,不履行或不正确履行安全生产职责而导致发生安全生产事故的,根据《安全生产领域违法违纪行为政纪处分暂行规定》(监察部、国家安监总局令第 11 号)、《四川省关于重特大安全事故行政责任追究的规定》(省政府令第 179 号)的有关规定,严格按照“四不放过”(事故原因不查清不放过,事故责任者没有受到处理不放过,防范措施不落实不放过,职工群众没有受到教育不放过)原则依法严肃追究责任。继续坚持重特大安全事故述职检查制度。凡年度内发生 1 起 1 次死亡 30 人以上的特大安全事故,或者 1 次死亡 10 人以上重大安全事故,或者连续发生 5 起 1 次死亡 3 人以上较大安全事故的市(州)政府主要负责人应向省政府写出书面检查并到省政府述职。

4. 关于进一步加强公路水运工程施工安全管理工作的通知

（2011年4月13日　湖南省交通运输厅　湘交质安〔2011〕162号）

各市州交通运输局，厅直有关行业管理局：

当前，我省交通基础设施建设处于历史峰值，在建项目多，战线长，施工安全形势严峻。今年3月以来，高速公路工程连续发生施工安全事故，施工安全管理中还存在较多薄弱环节和突出问题。为进一步加强全省公路水运工程施工安全管理，落实企业主体责任和行业监管职责，现就有关事项通知如下：

一、完善施工安全管理组织体系

厅直相关行业管理局、各市州交通运输主管部门及所属公路水运工程行业管理单位要建立健全施工安全管理专门机构，机构人员的数量、资格应满足行业管理需要。建设单位、监理单位应设立专职安全生产管理部门，明确一名公司（项目）领导专职负责施工安全管理。建设单位设有现场派出机构（如工作站、工作组）的项目应保证派出机构中有一名专职安全专干。

二、完善施工安全操作技术规程

针对近年来施工安全事故易发、多发工程部位或施工工艺安全技术措施中存在的问题，厅直相关行业管理局要研究制定行之有效的施工安全操作规程，特别加强对高墩、满堂支架、梁体吊装、隧道支护和衬砌作业，以及起重机、架桥机、施工吊篮等特种设备和临时用电等的施工安全管理，确保安全操作规程落到实处，有效防范高处坠落、起重机械伤害、隧道坍塌、临时设施和支架垮塌等事故的发生。

三、加强临时工程的验收管理

各行业管理局应督促建设单位建立临时工程如施工驻地、工棚、施工便道、便桥和安全防护设施等工程的验收标准，对临时工程实行专项验收，单独计量。建设单位在招标文件中应要求施工单位在投标时将工程实物报价中包含的临时工程和安全措施费用分开报价。工程计量时，建设单位的安全生产管理部门应对临时工程和安全措施单独验收并根据实际发生计量支付。

四、加快推进工地安全生产标准化建设

省高速公路管理局、省公路管理局、省地方海事局和各市州交通运输局要以“平安工地”建设活动为载体，加快推进以岗位达标、专业达标、防护达标为主要内容的工地安全生产标准化建设，做到机构设置、制度建设、人员配备、驻地建设、现场防护、安全费用使用、安全检查表格标准统一。同时，及时组织达标验收，对未达标的项目或工程应停工整改，直至合格。

五、积极推行先进适用的技术装备设施

积极引导施工单位提高机械化、自动化作业水平，合理确定一线用工数量。在全省公路水运工程项目推行隧道进洞人员定位系统、大型起重机械安全监控管理系统；隧道作业、桥梁满堂支架和悬臂现浇施工时必须设置逃生管道、逃生楼梯等紧急避险措施。

六、积极推行施工安全风险评估和工程风险监测制度

积极培育施工安全风险评估和工程风险监测市场，推动安全生产评估、监测、安全培训、技术改造等专业服务性机构的规范发展。建设单位应对建设项目和施工难度较大的工程（长大隧道、高墩大跨桥梁、地质不良高边坡等）进行施工安全风险评估，并根据风险评估结果对重大风险源实施全程监测。

七、严格工程开工安全生产条件强制性审查

把满足安全生产条件作为工程（包括单位工程、分部分项工程）开工的必要条件，严格执行审查制度。特别要加强对安全验算结果、特种设备验收、现场安全防护措施和安全技术交底等环节的审查。各行业管理局应统一制定工程开工安全生产条件标准，监理单位对照标准逐一审查通过后方可签发开工报告。坚决杜绝未经批准擅自开工行为。凡降低安全生产条件造成隐患的，要追究相关责任人和责任单位的责任。安全生产条件的审查主要包括以下六个方面：

（一）人员资格是否满足相关要求；

（二）工程专项施工方案是否按要求编制并审批；

（三）特种设备是否经过相关部门检测验收合格；

（四）相关人员是否进行安全教育培训；

（五）安全技术交底是否交到一线作业人员，并签字确认；

（六）现场安全防护措施是否落实到位。

八、进一步完善教育培训机制

从业单位必须实行全员安全教育培训制度，所有从业人员必须先培训，后上岗，切实提高各类人员安全生产意识、安全技能及自我保护能力，积极预防安全生产事故。从业人员教育培训主要包括以下三个方面：

一是建设单位应当定期组织本单位相关负责人及相关业务部室人员进行安全教育培训，提高管理人员的政策水平，增强安全管理能力。根据工程建设需要，也可组织项目监理单位、施工单位的相关人员进行安全教育培训。

二是监理单位应当根据监理规范要求，针对工程特点，对驻地监理机构的监理人员开展安全教育培训，提高监理人员安全管理水平和安全意识，认真履行安全监理职责。

三是施工单位应当严格执行安全生产“三级教育”制度，从工作实际出发，坚持学用结合，针对岗位要求和特点，确定培训内容，增强培训的针对性和实效性。要以班组为最小单元，把班组的安全培训纳入安全生产规划、年度工作计划和目标责任体系，制订班组的安全培训实施方案。一线作业人员须取得由施工单位颁发的培训考核合格证书后方可上岗。尤其要加强对农民工的教育培训，组织开展岗前、班前的安全教育，切实做好安全技术交底工作。

九、加强复杂工程施工工艺设计

设计单位对复杂工程不能仅局限于结构外形及施工图设计，应加强对施工工艺措施的设计。施工图中应对复杂工程的施工工艺做出相应的技术说明，同时在施工图技术交底时做出详尽解释。

十、进一步加大安全监督力度

强化交通质安监督机构对工程施工安全的专业监管，全面落实行业管理部门对工程施工安全的行业管理职责，完善施工安全专业监管与行业监管相结合的工作机制，加强协作，形成合力。对重大安全隐患由厅直相关行业管理局或省交通建设质安局挂牌督办，各级交通运输主管部门加强督促检查。进一步加强监管力量建设，提高监管人员专业素质和技术装备水平，加强对工程施工安全的现场监管和技术指导。

5. 江苏省公路水运建设工程安全监管规定

（2012 年 5 月 13 日　江苏省交通运输厅　苏交规〔2012〕3 号）

第一章　总　　则

第一条　为加强我省公路水运建设工程安全监督管理，落实安全监管责任，规范安全监管工作，保障人身及财产安全，根据国务院《建设工程安全生产管理条例》、交通运输部《公路水运工程安全生产监督管理办法》等有关法规、规章规定，结合本省实际，制定本规定。

第二条　列入国家和地方基本建设计划的本省公路水运建设工程新建、改建、扩建以及拆除、加固等安全生产管理和安全监管适用本规定。

第三条　公路水运建设工程安全监管应当遵循统一监管、分级负责、属地管理的原则，贯彻"安全第一、预防为主、综合治理"的方针。

第四条　本规定所称公路水运建设工程安全监管分为行业安全监管和项目安全监管。

行业安全监管是指县级以上地方人民政府交通运输（港口）主管部门（以下简称"交通运输主管部门"）依据国家法律、法规和相关技术标准，在职责范围内实施对公路水运建设工程安全监督管理，督促建设、勘察、设计、监理、施工、检验检测单位等安全责任主体（以下统称"从业单位"）正确履行相应安全职责，保障人民生命财产安全，维护社会公共利益的行为。

项目安全监管是指公路水运建设工程项目建设单位（以下简称"建设单位"）依据国家法律、法规和相关技术标准，在行业安全监管指导下，对公路水运建设工程项目实施日常安全生产管理，保障工程建设安全生产的行为。

第五条　交通运输主管部门、建设单位应当制定安全生产监管制度，设立安全生产监管机构，配备专职安全管理人员，落实安全生产专项工作经费，依法实施安全生产条件审查，开展安全生产检查，组织安全生产科学研究和培训教育，推动安全生产规范管理和技术进步。

第二章　一般规定

第六条　公路水运建设工程安全监管工作应当实行行业安全监管与项目安全监管相结合，由省交通运输主管部门统一领导。省交通运输主管部门所属有关管理机构、设区的市、县（市、区）交通运输主管部门根据项目管理权限依法负责本行政区域内公路水运建设工程安全监管工作。

第七条　省交通运输工程质量监督机构具体负责组织实施全省公路水运建设工程安全监管工作。省交通运输主管部门所属有关管理机构应当按照分工负责、协同配合的原则，在职责权限范围内实施公路水运建设工程有关行业和项目安全监管。

省交通运输主管部门应当加强对设区的市、县(市、区)交通运输主管部门行业安全监管工作的行业指导和监督。

设区的市交通运输主管部门应当按照本规定,明确其所属管理机构相应的公路水运建设工程安全监管工作职责,指导和督促所属县(市、区)交通运输主管部门开展公路水运建设工程安全监管工作。

第八条 交通运输主管部门安全生产综合监督机构应当按照职责权限对本行政区域内公路水运建设工程安全监管工作进行指导与监督。

第九条 交通运输工程质量监督机构负责牵头组织并协调其他管理机构开展区域内公路水运建设工程安全监管工作。主要职责为:

(一)组织拟订有关公路水运建设工程安全监管规章和规范性文件,指导本行政区域内公路水运建设工程安全监管工作。

(二)组织行业安全生产检查和对直接负责监管的公路水运建设工程项目安全生产工作开展专项督查。

(三)负责对公路水运建设工程施工企业《安全生产许可证》的申报、年检和动态管理;负责对公路水运建设工程施工企业安全生产管理人员的考核、年检和动态管理。

(四)依法组织或者参与公路水运建设工程生产安全事故的调查和处理。

第十条 交通运输主管部门所属相关管理机构根椐项目管理权限和管理职责,负责本行政区域内公路水运建设工程有关行业和项目安全监管工作。

第十一条 建设单位承担项目安全生产总体责任。建设单位应当建立健全项目安全生产管理制度,落实内部安全生产责任;依据法律、法规和合同约定对项目实施安全管理,组织开展项目安全生产管理和检查,将检查情况作为对从业单位的信用评价和合同履约的重要依据;编制项目生产安全事故应急预案并组织演练。

发生生产安全事故时,建设单位应当按照有关规定及时向有关交通运输主管部门和地方安全生产监督管理部门报告,并对现场进行及时、妥善处置,开展应急救援。

第十二条 勘察、设计单位应当按照法律、法规、工程建设强制性标准及规范进行勘察与设计,对工程安全生产承担勘察、设计责任。

监理单位应当按照法律、法规、工程建设强制性标准及国家有关规定进行安全监理,对工程安全生产承担监理责任。

施工单位应当按照法律、法规、工程建设强制性标准及国家有关规定组织施工作业,配备相应的安全设施和安全管理人员,合理使用安全生产费用,对施工安全生产承担主体责任。

第三章 安全监管过程控制

第十三条 公路水运建设工程应当按照国家有关规定,加强安全监管过程控制。

第十四条 按照国家有关规定应当进行安全预评价的公路水运建设工程项目,建设单位应当组织进行安全预评价,在工程可行性研究过程中进行危险、有害因素识别,危险度评价和提出安全对策措施及建议。

公路水运建设工程项目未按规定进行安全预评价的,交通运输主管部门相关管理机构应当提出行业管理意见。

第十五条　交通运输主管部门相关管理机构在组织初步设计文件行业审查时,对按规定应当进行安全风险评估的公路水运建设工程项目,应当同时对安全风险评估报告提出评审意见。

第十六条　建设单位在组织施工图设计文件审查时,应当同时对设计是否符合相关要求,是否落实有关行业管理意见,以及是否采取相应的安全生产措施提出审查意见。

公路水运建设工程项目施工图设计文件未明确安全生产要求,未落实有关行业管理意见,或者未采取相应安全生产措施的,交通运输主管部门相关管理机构不得办理审批手续。

第十七条　建设单位在招投标工作中应当充分考虑初步设计安全风险评估报告、勘察与设计单位安全建议,在招标文件中明确安全生产条件、安全生产信用情况、安全生产的保障措施等要求,并按规定报交通运输主管部门备案。

资格审查文件和招标文件中应当包括安全评审的专项内容。投标文件中存在不符合工程建设强制性标准及法律、法规、规章有关安全管理规定内容的,评标委员会应当予以否决。

交通运输主管部门建设管理机构发现招标文件中从业单位及人员资质资格、安全生产费用与措施等存在不符合法律、法规、规章有关安全管理规定内容的,应当在收到备案文件后提出处理意见。

第十八条　公路水运建设工程项目未按规定落实工程安全保障措施的,交通运输主管部门相关管理机构应当不予办理施工许可或者不予开工备案。

第十九条　建设单位应当对安全风险较大的专项工程按照有关规定督促施工单位开展安全风险专项评估工作,并形成符合要求的评估报告。

交通运输主管部门相关管理机构应当对施工安全风险专项评估的实施情况进行督查。

第四章　安全生产监督检查

第二十条　交通运输主管部门相关管理机构应当根据职责权限,开展公路水运建设工程安全监督检查。监督检查主要分为以下三种形式:

(一)层级督查:一般适用上级单位对下级单位开展安全管理工作情况的了解和检查。检查主要内容包括:安全管理制度、安全生产费用、安全管理措施、安全作业环境等。督查结束后应当形成督查通报,提出安全生产管理工作中存在的问题及整改意见。被督查单位应当按照要求及时反馈整改情况。

(二)专项督查:一般适用于对工程项目有关特定内容的专项督查。具体督查内容由交通运输主管部门相关管理机构根据上级相关工作要求和项目实际情况进行确定。督查结束后应当形成督查通报,指出参建单位存在的问题并提出整改和处理意见。被督查项目应当按照要求及时反馈整改和处理情况。

(三)项目抽查:一般适用于交通运输主管部门相关管理机构对下级单位或者工程项目的随机检查。督查结束后应当形成督查意见书,告知被查单位、项目存在的主要问题,被督查单位、项目应当及时反馈整改情况。

第二十一条　省交通运输主管部门每年至少组织一次对设区的市交通运输主管部门公路

水运建设工程安全生产监管工作开展情况的层级督查。省交通运输主管部门所属有关管理机构应当根据实际情况每年安排相应的公路水运建设工程安全生产督查活动。

设区的市交通运输主管部门应当按照职责权限和本规定的要求,对本行政区域内公路水运建设工程安全生产管理工作进行层级督查、专项督查和项目抽查,并指导县(市、区)交通运输主管部门开展公路水运建设工程安全生产督查工作。

第二十二条 建设单位应当明确开展安全生产检查的形式、内容和频率。风险大、技术难度高的公路水运建设工程项目应当对从业单位实施安全生产专项考核。

第二十三条 有关督查单位对安全生产工作成绩突出的单位及个人给予表扬和鼓励。建设单位可以设立专项资金,对安全生产工作成绩突出的单位及个人给予奖励。

第二十四条 交通运输主管部门对督查中发现存在严重问题的单位及个人,或者经整改仍然达不到安全生产条件的项目,应当依法给予相应处罚。对发生安全生产事故的公路水运建设工程项目应当按照有关规定进行处理。

第二十五条 交通运输主管部门应当将督查情况纳入从业单位的信用评价,将从业单位在公路水运建设工程项目上的安全生产工作表现作为其安全生产资质资格审查与年检、招标资格预审、评标阶段对从业单位安全生产工作评价的重要依据。

建设单位应当将从业单位安全生产工作情况纳入从业单位履约考核内容。

第二十六条 交通运输主管部门应当建立举报制度,及时受理对公路水运建设工程生产安全事故隐患以及安全监管人员违法行为的检举、控告和投诉。

第五章 附 则

第二十七条 设区的市交通运输主管部门、省交通运输主管部门所属有关管理机构、建设单位可以根据本规定并结合本单位实际情况制定实施细则。

第二十八条 公路水运大中修工程的安全监管可以参照本规定执行。

第二十九条 本规定自2012年7月1日起施行。2004年发布的《江苏省交通建设工程安全监督管理(暂行)规定》同时废止。

6. 进一步加强全省公路水运工程建设安全管理的若干规定(试行)

(2012 年 11 月 4 日　湖北省交通运输厅　鄂交安〔2012〕747 号)

为了进一步加强全省公路水运工程建设安全管理,防止和减少生产安全事故,保障人民生命和财产安全,促进工程建设,根据国家和省有关法律法规,结合我省公路水运工程建设实际,制定本规定。

一、安全管理"八严禁"

(一)严禁在危险区域设置施工驻地或加工场所

严禁在泥石流区、爆破区、滑坡体、洪水位下等危险区域设置施工驻地或加工场所。施工现场的办公区和生活区应与作业区分开设置。

(二)严禁安全管理人员无证上岗

施工单位项目负责人、专职安全生产管理人员以及监理工程师必须取得交通运输主管部门颁发的安全生产培训考核合格证书。安全管理人员的配置应满足施工安全管理需要。

(三)严禁作业人员未经安全教育培训和技术交底上岗作业

施工单位必须对作业人员进行安全生产教育和培训,保证作业人员具备必要的安全生产知识,熟悉有关安全生产规章制度和安全操作规程,掌握本岗位安全操作技能。未经安全生产教育和培训合格的作业人员不得上岗作业。特种作业人员必须持特种作业操作资格证书方可上岗。作业人员上岗前必须由施工单位技术人员对其进行安全技术交底。

(四)严禁作业人员安全防护不到位上岗作业

施工单位应建立安全防护用品管理制度,配置必要的安全防护用品。安全防护用品必须具有产品合格证书。作业人员上岗作业时必须正确佩戴和使用安全防护用品。

(五)严禁特种设备未经检验合格投入使用

施工现场的特种设备必须经有相应资质的检验检测机构进行验收,验收合格后方可投入使用。施工单位必须对特种设备进行定期检查和维修、保养。

(六)严禁未开展安全风险评估组织施工

项目单位必须建立风险源管理制度,强化风险源管理。施工单位必须按规定开展施工安全风险评估。监理单位应审查施工安全风险评估报告,无风险评估报告的,不得签发开工报告。

(七)严禁危险性较大工程未编制安全专项方案施工

危险性较大工程开工前必须编制安全专项施工方案,经监理工程师审批后方可实施。必要时,安全专项方案应组织专家评审。危险性较大工程施工时,必须执行项目领导带班制度。

（八）严禁在恶劣自然条件下进行露天施工

当出现雷电、暴雨、冰雹等恶劣天气或发生泥石流、滑坡等自然灾害时，必须提前做好防范措施，停止露天作业，及时撤离危险区域人员。

二、路基施工"四不准"

（一）基坑开挖防护不到位不准施工

基坑开挖应合理确定边坡坡度，设置安全通道，完善排水设施和支撑防护措施。基坑四周必须设置安全防护栏杆和警示标志；必要时，应设置夜间警示红灯和反光标识。

（二）高边坡开挖分级防护不到位不准施工

高边坡开挖必须完善排水系统，严格按照设计从上而下分级开挖、分级防护，严禁违规交叉作业，同时应做好边坡稳定性监测监控。

（三）爆破作业安全管理不到位不准施工

爆破作业应按规定编制爆破设计书或爆破说明书，并经有关部门审批同意。必须划定警戒区，设置警戒线、警戒标志和警戒岗哨，起爆前应进行清场。爆破须经 15 分钟后方可接近现场检查；发现盲炮须由原爆破人员按规定处置，确认安全后方可解除爆破警戒。

（四）弃渣场防护不到位不准施工

弃渣场选址应符合相关规定要求，并经设计单位确认。弃渣场应完善排水系统和防护措施，严格遵循"先支挡、后弃渣"原则。

三、桥梁施工"八不准"

（一）桩基防护不到位不准施工

桩基作业周边应设置隔离护栏和警示标志。挖孔桩作业时，孔口必须高出地面 30 厘米；须经常检查孔壁的稳定性及吊具设备的安全可靠性；应加强孔内气体监测，完善通风措施；暂停作业时，孔口须用牢固可靠的罩盖进行覆盖，并设置警示标志。钻孔桩作业时，泥浆池应设置明显的安全标志和有效的安全防护设施。

（二）高空作业安全措施不到位不准施工

墩柱施工必须搭设之字形步梯或安装施工电梯，严禁使用钢筋制作的简易爬梯，严禁作业人员在墩柱模板或钢筋笼上徒手攀爬，严禁吊车吊人。施工电梯使用不得超过设计荷载，载人时不得超过 9 人。立起的钢筋笼和安装后的模板超过 8 米时必须设置缆风绳。高空作业必须规范设置操作平台和临边防护设施；必要时，高墩大跨作业区须设置人员安全通道。采用施工挂篮作业时，施工挂篮必须经检验合格后方可使用，作业时不得超过 2 人。

（三）起重吊装管理不到位不准施工

起吊前必须试吊。吊装作业必须有专人指挥，吊物空中停留时操作人员不得脱岗。塔吊、施工电梯的地基承载力必须满足规定要求。轨道式起重设备须设置有效的限位和保险装置，未作业时必须使用夹轨钳。不良施工条件下起重吊装应采取有效的防范措施，必要时应暂停作业。水上吊装作业时，起重设备在旋转、变幅、移船和升降钩时必须缓慢、平稳，起重船吊重不得超过额定负荷的 80%。

（四）支架、脚手架搭设不规范不准施工

支架、脚手架必须经过设计验算。基础必须按规定处理，并完善排水设施。支架、脚手架钢管、扣件等材料必须合格,杆件设置、连接必须符合要求,并按规定设置剪刀撑、缆风绳,不得随意堆放材料及杂物。脚手架应与永久性设施有效联接,严禁与便桥、支架、砼泵管相连。支架必须经过预压,验收合格后方可投入使用。

(五)挂篮安全管理不到位不准施工

悬臂浇筑采用挂篮施工时,混凝土浇筑前必须检查挂篮锚固、水平限位、吊带和限位装置,并进行静载试验。挂篮移动时,必须加强观察,严禁超速。不得在已浇筑的悬臂箱梁上设置钢筋加工作业区,临时荷载堆放必须合理、均衡。

(六)跨线作业防护措施不到位不准施工

跨线施工前必须办理相关报批手续。作业时应设置安全通道和防撞、警示等防护设施,必要时现场应设专人管理。

(七)大型模板安全性能不满足要求不准施工

大型模板必须具有足够的刚度和强度,连接杆件牢固,爬升或提升系统运行正常,并经验收合格后方可投入使用。大型模板存放必须采取防倾覆措施。

(八)安装拆除管理不到位不准施工

塔吊、门吊、缆索吊、电梯等起重设备及拌和站、大型支架等设施必须委托具备相应资质的单位进行安装与拆除。作业现场应设置警戒,有专人指挥,严禁违规上下交叉作业。

四、隧道施工“八不准”

(一)洞口管理不到位不准施工

隧道施工必须封闭管理,严格执行人员进出登记制度。洞口应设置消防设施,加强边坡防护,并设置截水沟。长大隧道必须按规定设置人员电子管理系统或视频监控系统。瓦斯隧道严禁携带火源或易产生静电的物品进入。

(二)开挖支护管理不到位不准施工

隧道开挖面作业人员不得超过9人。隧道开挖必须采用与围岩地质条件相适应的工艺工法施工。初期支护必须紧跟开挖面,并严格控制仰拱、二衬与开挖面的安全距离。浅埋段或Ⅳ级以上围岩隧道严禁全断面开挖。

(三)地质超前预报不到位不准施工

长大及以上隧道或地质不良隧道必须开展超前地质预报。出现异常情况时必须立即停止施工,在调整支护参数和工艺、工法,制定相应的处置方案,经审查同意后方可恢复施工。

(四)监控量测不到位不准施工

隧道施工必须进行监控量测。发现围岩变形、支护开裂、地面沉降或者数据异常的,必须停止施工,并制定相应的处置方案,经审查同意后方可恢复施工。

(五)洞内通风不到位不准施工

隧道开挖150米后必须采用机械通风,送风口与开挖面距离须符合有关要求,并加强空气质量检测。瓦斯隧道必须按要求安装瓦斯自动报警仪,实行不间断通风,并组织监测专班加强监测。瓦斯浓度大于1%时必须采取安全防突措施。

(六)爆破管理不到位不准施工

隧道施工必须实行控制爆破。严禁在隧道内同时运输、储存炸药、雷管。富水地段敷设爆破网络时,接头应做好防水、绝缘处理。瓦斯隧道爆破必须进行爆破设计,报经有关部门审批,并使用煤矿专用雷管和炸药,在洞外起爆,爆破前后须喷雾洒水,渣体用水浇透后方能运出洞外。

(七)防排水措施不到位不准施工

隧道施工必须制定防排水方案。反坡施工应采用多级泵站接力排水,顺坡施工应做好侧向排水沟。洞顶有河、塘、池、沟等时,应对底层进行防渗铺砌,溢水段应加以疏导。水位较高、围岩软弱的浅埋隧道应降低地下水位,提高地层稳定性。

(八)应急救援措施不到位不准施工

隧道施工必须制定应急救援预案,建立应急救援队伍,储备应急救援物资和设备,并经常组织开展应急演练。施工现场必须按规定设置救生和逃生管道、消防设施,布设应急照明、报警系统。

五、水上水下施工"四不准"

(一)未按规定办理水上水下施工许可不准施工

在通航水域从事施工作业前,必须按规定向有关部门办理水上水下施工许可,并发布航行通告。

(二)潜水作业安全管理不到位不准施工

潜水作业必须严格执行作业时间和替换周期规定。作业时,潜水员必须按照规程下潜,值班人员不得脱岗。危险水域无安全预防措施严禁从事潜水作业。

(三)船舶施工管理不到位不准施工

施工船舶必须具有有效证件,并按规定显示水上作业号型、号灯、信号旗。严禁施工船舶超载或偏载。挖掘机、装载机等陆用机械设备在驳船上作业时,必须严格控制驳船的纵横倾角,并对挖掘机、装载机等进行封固。沉排、铺排作业时,滑板、排体上不得站人。抛枕作业时,船上的活动物件必须固定。打桩作业时,必须测量水深,清除水下障碍物,采取必要措施预防溜桩。夜间作业时,照明的照度值必须满足要求。

(四)水下爆破管理不到位不准施工

水下爆破作业前必须发布爆破通告,设置警戒人员或警戒船。水下起爆网路必须满足要求,装药时须采取必要的安全措施,并严格按照规程起爆。遇到恶劣的天气、水文情况时,不得从事水下爆破作业。

六、隐患排查治理"四强化"

(一)强化隐患排查制度

施工、监理、建设单位必须建立隐患排查制度,开展安全隐患排查。隐患排查必须严格执行领导带班,做到全覆盖。施工单位隐患排查每旬不少于1次,监理单位隐患排查每月不少于1次,建设单位隐患排查每季度不少于1次。

(二)强化隐患逐级报送制度

施工、监理、建设单位应建立月度隐患报送制度,隐患信息与安全生产事故月报信息一同报送。施工单位应将较大及以上隐患报送监理单位,监理单位应将重大及以上隐患报送建设单位,建设单位应将特别重大隐患报送相应的交通运输主管部门或交通运输质量监督机构。

(三)强化隐患分级督办制度

特别重大隐患由相应的交通运输主管部门或交通运输质量监督机构督办,重大隐患由建设单位督办,较大隐患由监理单位督办。隐患督办单位应及时下达隐患督办通知书,并提出督办要求。必要时,重大及以上隐患应报请县级及以上人民政府挂牌督办。

(四)强化隐患复查销号制度

施工单位是隐患整改的责任主体,必须加强隐患整改落实,对较大及以上隐患应制定整改计划和方案,做到整改措施、资金、期限、责任人、应急预案"五到位"。安全隐患整治后,施工单位应向督办单位提交销号申请;督办单位应及时对隐患整改情况进行现场核查,确认达标后,予以销号。

七、责任追究"五从严"

(一)安全生产保证体系不健全的从严追究责任

未按规定设置专职安全管理机构、未足额配备专职安全管理人员、安全生产责任制不健全、安全管理制度不落实、安全专项经费投入不足的,应对负有责任的建设、施工或监理单位进行通报,必要时可约谈单位负责人。

(二)安全专项活动不落实的从严追究责任

未按国家和省有关安全生产的要求组织开展各项安全专项活动,应对负有责任的建设、施工或监理单位进行通报。

(三)隐患排查治理不到位的从严追究责任

未建立安全隐患排查治理制度、安全隐患整改不力、未认真履行安全监理职责、对隐患排查治理监管不力的,应对负有责任的建设、施工或监理单位进行通报,必要时可约谈单位负责人。施工单位拒不整改或多次整改后仍存在较大及以上安全隐患的,相应的交通运输主管部门或交通运输质量监督机构应将其列入安全监督检查重点名单,并录入安全生产信用管理系统,必要时可向有关部门提出降低其资质等级,暂停或吊销相关安全管理人员证书的建议。

(四)应急管理不到位的从严追究责任

未编制应急救援预案、未组建专兼职应急救援队伍、未储备应急救援物资或落实应急管理资金、未定期进行演练的,应对负有责任的建设、施工或监理单位进行通报。

(五)发生生产安全责任事故的从严追究责任

发生一般生产安全责任事故的,建设单位应对负有责任的施工、监理单位进行通报,必要时约谈企业负责人,并录入信用体系。发生较大及以上生产安全责任事故、一年内发生二次及以上生产安全责任事故或发生生产安全事故后迟报、瞒报、谎报的,相应的交通运输主管部门或交通运输质量监督机构对负有责任的建设、监理、施工单位进行通报,约谈其负责人,必要时向有关部门提出降低或取消其资质等级,暂停或吊销相关安全管理人员证书的建议。

7. 云南省公路建设项目施工安全信用评价办法(试行)

(2008 年 8 月 26 日　云南省交通厅　云交基建〔2008〕689 号)

第一条　为加强公路建设项目安全监督,保护人民生命和财产,根据《中华人民共和国安全生产法》、《建设工程安全生产管理条例》、《安全生产许可证条例》、《公路水运工程安全生产监督管理办法》,以及有关法律法规、标准,制定本办法。

第二条　对公路工程建设项目施工安全信用评价,应当遵守本办法。

前款所称的公路工程建设项目,是指纳入基本建设程序的新建、改建以及养护大修等工程。

第三条　公路工程建设项目应当进行施工安全信用评价。

交通主管部门对没有进行过施工安全信用评价的公路工程建设项目不予批准通车许可。

第四条　省级交通主管部门或其委托的安全监督机构负责省级交通主管部门直管的重点建设项目的安全信用评价工作。州(市)、县人民政府交通主管部门或其委托的机构负责本行政区域所属建设项目的安全信用评价工作,并将评价结果报到省级交通行政主管部门安全信用评价机构备案。

第五条　工程项目交工验收前三十日,由各从业单位填报云南省公路建设工程施工安全信用评价表,经建设单位审核批准后,统一由建设单位报到所属安全监督机构评价。

第六条　施工安全信用评价,主要依据施工期内是否发生安全事故和日常安全生产检查的综合情况。

(一)凡发生一次死亡三人(含三人)以上的安全生产事故的项目,实行一票否决,该项目评价为"不合格"。

(二)凡发生一次死亡一至二人的项目,结合平时的监督检查情况给予评价。监督机构和建设单位在项目施工期内,按照《云南省公路建设施工现场安全生产条件监督检查评价办法》中的要求,每次检查后对项目(分合同段)安全管理情况评出"A、B、C、D"四个级别。交工验收前将监督机构每一次检查评价(或由监督机构委托建设单位检查的评价)的级别汇总,评价出项目施工期内安全管理"合格、基本合格、不合格"三个等级。

第七条　每年将全省公路建设项目安全信用评价汇总。对评为二个以上(含二个)"不合格"或评为三个以上(含三个)"基本合格"的项目法人单位,交通主管部门向安全生产许可证颁发部门建议暂扣或吊销其安全生产许可证,同时向有关资质证书颁发部门建议降低其资质等级。

第八条　监督机构有权将评价为"不合格"的项目或者在检查中整改不力、屡教不改的建设项目法人单位和有关责任人列入安全监督检查重点名单,登录在全国安全生产信用管理系统中。有关责任人所持有的交通主管部门颁发的《安全生产考核合格证书》不得通过延期申请。

第九条　在全省范围内从事公路建设项目招标活动,应当要求投标人提交已完项目的施工安全信用评价表,作为从业单位安全管理信用的评标依据。

第十条　本规定自 2008 年 9 月 1 日起试实施。本规定由云南省交通运输厅负责解释。

公路建设项目安全评价申请书

____________:

____________________工程项目即将完工,按照《公路水运工程安全生产监督管理办法》、《云南省公路建设施工安全信用评价规定》的要求,现申请办理交工验收安全评价手续。

联 系 人:____________

联系电话:____________

传　　真:____________

电子邮件:____________

单位地址:____________

邮政编码:____________

申请单位:(公章)

年　　月　　日

附件:1. 建设单位安全工作总结(略)

2. 施工单位安全工作总结(略)

3. 监理单位安全工作总结(略)

注:本申请书由建设单位填写。

云南省公路建设工程施工安全信用评价表

项目名称：

<table>
<tr><td>合同段</td><td></td><td>里程桩号</td><td></td></tr>
<tr><td>法人单位名称</td><td></td><td>交工日期</td><td></td></tr>
<tr><td>工作内容</td><td colspan="3"></td></tr>
<tr><td colspan="4">工程安全生产或安全信用自我总结：

（中标单位）：（公章）
年　月　日</td></tr>
<tr><td colspan="4">监理单位评价意见：

（公章）
年　月　日</td></tr>
<tr><td colspan="4">建设单位评价意见：

（公章）
年　月　日</td></tr>
<tr><td colspan="4">安全监督机构意见：

（公章）
年　月　日</td></tr>
</table>

注：施工、监理单位安全信用的评价，由建设单位上报；若对其他从业单位的安全信用还需评价时，可以修改"施工、监理"单位名称换相应单位名称。监理单位的评价由建设单位签署意见。

公路建设项目从业单位安全责任人

项目名称：　　　　　　　　　　　　编号：

合同段	单位名称	单位安全生产资质证号	承揽内容	合同价(万元)	责任人			
					姓　名	职　务	资格证号	身份证号码

填报单位(公章)：　　　　　　　　填报人：　　　　　　　年　　月　　日

注：本表由建设单位统一填报，填表单位要盖公章。施工单位要填单位负责人、分管副职、总工、安全部门负责人、项目负责人、分管项目副经理、技术负责人、项目安全管理部门负责人。其他从业单位填法人单位负责人、项目负责人。不足时可加行填写。

8. 云南省公路工程从业队伍职、民工驻地安全管理规定(试行)

(2007年3月12日　云南省交通厅　云交基建〔2007〕181号)

第一章　总　　则

第一条　为加强和规范公路建设项目职、民工驻地的安全管理,保障人民生命和财产安全,维护社会稳定,预防驻地安全事故,增强施工驻地安全意识,结合我省山高坡陡,地质、地形、地貌较为复杂,雨季洪灾频发的实际情况,根据国家有关法律、法规,制定本规定。

第二条　本规定所称的驻地,是指在我省公路建设(新建、改建、扩建、大修、维修、养护等)项目从事工程施工和劳务承包的单位或个人的临时驻地。

第三条　职、民工驻地管理应认真贯彻执行"安全第一,预防为主"的方针,和"谁建设、谁负责、谁使用,谁负责"的原则。

第四条　在我省从事公路建设的职民工在劳动过程应享有获取安全驻地的权利、休息的权利、劳动安全卫生保护的权利、接受安全生产教育培训的权利及法律规定的其他权利。

第五条　凡在我省从事公路建设(新建、改建、扩建、大修、维修、养护等)工程项目的从业单位必须遵守本规定。(从业单位:是指从事公路工程建设的建设、勘察、设计、施工、监理和检测试验的单位以及相关设备、材料的供应单位的统称)。

第二章　职、民工驻地建设的基本要求

第六条　职、民工驻地严禁建盖在滑坡体地段、河道边、水库下游沟边、山谷底、低凹处和未经碾压的弃土场上面等存在安全隐患的地点。

第七条　用人单位要根据设计工程量的大小,编制职民工的使用计划,计划应明确不同时期的职民工数量,驻地规模等。农民工驻地须满足消防、卫生、保温、通风及防洪防灾等要求,明确划分施工区和生活区;合理设置宿舍、食堂、饮水、厕所等生活设施;职、民工宿舍净高不得低于2.5m,每间居住人数不得超过20人,人均居住面积不得少于2.5m^2,禁止使用通铺、地铺。

第八条　驻地规划时要按不同的使用功能隔离,不能连接成整体,须预留安全通道;必须远离炸药库、油库等易燃、易爆危险物品;厨房、锅炉等设施要与住房具有一定的安全距离。

第九条　驻地电力线路要统一布设,并配备有效的消防灭火设施,雷区必须安设避雷装置。

第十条　租用民宅作为施工驻地的,同样按照以上条件对照要求,严禁租用危房。

第三章 职、民工驻地建设的管理

第十一条 承包人在选定项目驻地时,必须参照施工设计图,避开地质不良地段,满足防洪要求,并按第二章的相关要求综合规划。

第十二条 职、民工驻地的选址和建设规划图必须报经监理审核、业主审查批准,方能建盖;未经批准擅自施工,若存在安全隐患,必须无条件搬迁,并承担全部责任和经济损失。租用民宅作为驻地的,同样必须报经监理审核、业主审查批准后,方能使用。

第四章 驻地安全管理职责

第十三条 职民工驻地房屋内,禁止个人使用电炉,严禁私藏危害公共安全的易燃、易爆物品(如:炸药、雷管等)。禁止改变原有结构、设施(包含电路布设、消防器材等)。

第十四条 各单位结合管理情况,每月组织一次驻地安全检查,定期组织各种应急演练。

第十五条 业主单位的职责:

(一)贯彻落实国家安全生产的法律、法规和行业标准,加强职民工驻地建设管理和安全检查,推行职民工驻地标准化建设。

(二)负责审批承包人的驻地建设规划,督促、检查承包人的驻地安全管理的落实情况。

(三)负责在招投标阶段明确职、民工驻地建设的规模和要求,要求投标人进行相应的报价。

(四)对从业单位的职、民工驻地事故隐患进行检查,存在重大事故隐患、严重危及人身安全时,有权责令整顿。

(五)检查从业单位的职、民工驻地建设资金落实及使用情况。

第十六条 勘察、设计单位职责。

(一)勘察、设计单位进行勘察设计时必须考虑:线路设计如果涉及沟河、不良地质、水文等地段,应综合分析地质、水文调查资料,对从业单位可能会造成挤占河道的地段要进行必要的分析论证,向业主提出驻地选址安全区域的建议。

(二)设计阶段的概、预算编制要列入职、民工驻地建设的相关费用。

第十七条 监理单位职责。

(一)负责审核承包人的驻地建设规划选址,督促、检查承包人驻地安全管理的落实情况。

(二)对承包人的职、民工驻地事故隐患进行检查,承包人的职、民工驻地存在重大事故隐患、严重危及施工安全和人身安全时,有权责令整顿。

(三)对承包人的职、民工驻地建设的选址、施工质量、进度、资金投入等进行控制,并按合同要求进行计量。

第十八条 承包人的职责。

(一)贯彻执行国家安全生产的方针政策、落实安全生产规定,并按前述要求设计、报批、建设驻地。

(二)建立安全组织管理机构,制定职、民工驻地安全管理制度和措施,层层落实安全责任；

（三）项目经理或法人代表委托人为职、民工驻地安全的第一责任人，对职、民工的驻地安全管理负直接责任；

（四）负责职、民工的安全教育和制定各种应急预案并演练，检查落实和整改职、民工驻地安全隐患；

（五）发生事故应立即上报业主及当地有关部门，积极做好抢救工作，并协助有关部门做好事故调查和善后处理工作。

第十九条 劳务承包队伍职责。

（一）自觉遵守国家安全生产的有关方针政策、法律法规和单位各项规章制度，做好驻地安全管理工作，并负有民工驻地安全管理的最直接的责任。

（二）进入施工现场前，首先对驻地进行认真选址，征得民工同意后并报项目部审查，住房结构必须牢固，入住人员安排合理，安全消防设施齐全。

（三）积极参加各种安全生产宣传教育活动和事故预案应急演练活动，不断提高自我保护意识。

（四）对驻地经常进行自我安全检查，发现隐患，及时整改。

（五）发生驻地安全事故应立即采取自救措施并上报项目部，积极做好抢救工作，并协助有关部门做好事故调查和善后处理工作。

第五章 责任追究和处罚

第二十条 驻地发生伤亡事故要坚持"四不放过"（事故原因不查清楚不放过、事故责任者及广大职工群众未受到教育不放过、安全措施未落实不放过、事故责任者没有得到处理不放过）的原则，查明事故原因、分清责任、制订整改措施、严肃处理事故责任者。

第二十一条 对违反国家安全法规及本规定，造成重、特大伤亡事故的承包人，按照国家相关的法律、法规追究相关责任人的责任。

第二十二条 承包人（包括劳务承包队）凡因错误指挥，玩忽职守，有章不循，忽视驻地安全工作，缺乏驻地安全管理制度；不按规定对职、民工进行安全教育和应急演练，驻地建设不规范，没有安全消防设施和安全应急通道，重大隐患不及时消除，造成伤亡事故的；追究相关责任人的责任，并依据相关规定给予行政处分和经济处罚；构成犯罪的，移交司法机关处理。

第二十三条 伤亡事故发生后，瞒报、谎报或者故意拖延不报的，按管理权限对有关人员给予行政处分和经济处罚；构成犯罪的，移交司法机关处理。

第六章 附 则

第二十四条 对原在建项目由各单位按规定要求进一步整改落实本规定，新开工项目必须严格按照本规定执行。

第二十五条 本规定自颁发之日起实施。

9. 关于印发《云南省公路建设工程施工现场临时用电管理办法》和《云南省公路建设工程施工脚手架与支架模板支撑系统安全管理规定》的通知

（2012 年 3 月 26 日　云南省交通运输厅　云交基建〔2012〕155 号）

各州、市交通运输局，省公路开发投资公司、省公路局，石锁、锁蒙高速公路公司：

为贯彻落实“安全第一、预防为主、综合治理”的安全生产方针，进一步规范全省公路建设工程现场临时用电和施工脚手架与支架模板支撑系统的安全管理工作，杜绝重大安全事故发生，全面提高施工现场文明施工水平，依据国家和省有关规定，结合工作实际，厅制定了《云南省公路建设工程施工现场临时用电管理办法》和《云南省公路建设工程施工脚手架与支架模板支撑系统安全管理规定》，现予印发，请遵照执行。望你们在实施过程中认真总结经验和发现问题，及时报厅。

附件：1. 云南省公路建设工程施工现场临时用电管理办法（略）

2. 云南省公路建设工程施工脚手架与支架模板支撑系统安全管理规定（略）

10. 福建省公路水运建设工程安全生产条件审查管理办法

（2010 年 4 月 6 日　福建省交通运输厅　闽交工安〔2010〕9 号）

第一条　为加强我省公路水运建设工程的安全管理，明确工程安全生产条件审查程序、内容，确保专项施工方案安全实施，积极防范和遏制公路水运工程建设安全生产事故的发生，依据国务院《建设工程安全生产管理条例》、交通运输部《公路水运工程安全生产监督管理办法》和《福建省建设工程安全生产管理办法》等相关安全生产法律法规，特制定本办法。

第二条　本办法适用本省境内列入国家和地方基本建设计划的公路、水运基础设施新建、改建、扩建以及拆除、加固等建设项目。

第三条　分部分项工程安全生产条件审查程序。

（一）施工单位在申请分部分项工程开工时，应向总监办（驻地办）报送分部分项工程开工报告，报告中必须含有对分部分项工程的安全生产条件自查情况的书面材料。书面材料包含《分部、分项工程开工安全生产条件申请检查表》和表格附件栏中要求的相关资料。分部分项工程的安全生产条件自查情况必须经项目部专职安全生产管理人员和技术负责人检查合格，项目负责人签字后报审。

（二）总监办（驻地办）按照安全监理方案和危险性较大工程专项安全监理细则中的要求，由安全监理工程师和专业监理工程师对施工现场的安全生产条件进行核查。分部分项工程满足施工现场安全生产条件及相关要求，经总监理工程师（驻地监理工程师）批准后方可开工。

（三）不具备安全生产条件的分部分项工程一律不得开工。

第四条　分部分项工程安全生产条件审查的主要内容。

（一）在分部分项工程中施工单位相关人员职责的落实情况。是否明确分管领导、专职安全员、施工技术人员、设备管理人员、兼职安全员等人员及其职责。

（二）分析分部分项工程中的危险源状况及防范措施。必须明确指出现场各类危险源、等级、分布状况以及拟采取的防范措施。

（三）对以下危险性较大工程必须编制专项施工方案，并附安全验算结果，经技术负责人、监理工程师审查同意签字后实施，并明确专职安全生产管理人员进行现场监督。

1. 不良地质条件下土、石方、滑坡体和高边坡施工等；

2. 既有工程改扩建施工；

3. 桩基础、挡墙基础、深水基础及围堰工程；

4. 桥梁工程中的梁、拱、柱等构件施工等；

5. 隧道工程中的不良地质隧道、高瓦斯隧道、海（水）底隧道等；

6. 水上工程中的打桩船作业、施工船作业、外海孤岛作业、边通航边施工作业等；

7. 水下工程中的水下焊接、混凝土浇筑、爆破工程等；

8. 爆破工程；

9. 大型临时工程中的大型支架、模板、便桥的架设与拆除，桥梁、码头的加固与拆除；

10. 其他危险性较大的工程。

(四)对于地质条件复杂、周边施工环境复杂、超过一定规模的危险性较大工程的专项施工方案和业主、设计、监理单位认为有必要开展专家论证的专项施工方案，施工单位应当组织专家对已编制的专项施工方案进行论证、审查。

专家组成员应不少于5人，专家组论证、审查结束后应当出具书面论证、审查报告。施工单位应当根据论证、审查报告修改完善安全专项施工方案，经施工单位技术负责人、总监理工程师签字后，严格组织实施。专家组书面论证、审查报告应作为安全专项施工方案的附件。

(五)拟在工程施工投入的一线工人工种、数量，对一线工人的安全技术交底、危险告知及相关的安全培训。

(六)施工现场临时用电、施工用电管理人员应符合要求。

(七)施工机械设备进场验收登记验收情况，是否组织相关单位验收合格，特种机械设备是否按要求进行检验检测。施工机械设备是否明确安全管理责任人，操作人员、维修保养人等，以及特种作业人员的持证情况。

(八)现场的安全标志牌、防护措施是否到位。

(九)应急措施是否具有操作性，应急救援器材、设备配备到位情况。

(十)相关过程的安全检查记录。

第五条　专项安全监理实施细则。

监理单位须对危险性较大的工程编制专项安全监理细则。专项安全监理细则由专业监理工程师编制，并经总监理工程师(驻地监理工程师)批准。专项安全监理细则应包括以下主要内容：

(一)危险性较大的工程安全监理工作的特点和施工现场环境状况；

(二)安全监理人员工作安排与职责；

(三)安全监理工作的方法和措施；

(四)针对性的安全监理检查、控制要点；

(五)明确危险性较大的工程部位和施工环节实施旁站监理人员；

(六)相关过程的检查记录和资料目录。

第六条　工程安全生产条件报备与审查。

(一)监理单位应将批复的工程开工报告和专项安全监理细则及时向建设单位报备。

(二)建设单位应当建立安全生产条件审查制度和责任制度。必须对危险性较大工程专项施工方案中的安全保障措施以及应急预案进行严格审查。必要时，可委托有相应资质的咨询机构进行安全评价。同时应当建立健全的审查体系，有领导分管、有部门分工、有专人负责，对未开展分项工程安全生产条件审查和未编制专项安全监理细则的相关责任单位依据合同进行处罚。

第七条　各相关单位应认真落实工程开工条件审查工作，并留有相应审查记录。各级管理部门在日常施工安全监督检查中应将分项工程安全生产条件审查工作落实情况作为检查的重点,对未落实安全生产条件审查工作的相关单位给予通报批评,严重地给予行政处罚。

第八条 本办法自印发之日起实施。

附表(略)。

11. 浙江省公路水运危险性较大分部分项工程安全专项施工方案管理办法(试行)

(2010 年 10 月 13 日　浙江省交通运输厅　浙交〔2010〕236 号)

第一条　为加强全省公路水运建设工程项目的安全技术管理,规范危险性较大的分部分项工程安全专项施工方案的编制、论证及审查工作,预防施工安全事故,保障人身和财产安全,根据国务院《建设工程安全生产管理条例》和交通运输部《公路水运工程安全生产监督管理办法》等有关法律、法规、规章,结合我省实际,制定本办法。

第二条　本省境内列入国家和地方交通基本建设计划的公路、水运基础设施新建、改建和扩建等建设项目适用本办法。

第三条　本办法所称的危险性较大分部分项工程是指公路水运建设项目在施工过程中存在的、可能导致作业人员群死群伤或造成重大不良社会影响的工程(危险性较大分部分项工程范围见附件 1)。

本办法所称的危险性较大分部分项工程安全专项施工方案(以下简称"专项方案"),是指在公路水运工程建设中,施工单位在编制施工组织设计的基础上,针对危险性较大的分部分项工程,以分部、分项工程为单元,依据有关工程建设标准、规范和规程,单独编制的安全技术措施文件。

第四条　施工单位应当在危险性较大分部分项工程施工前编制专项方案;对于超过一定规模的危险性较大分部分项工程,施工单位应当组织专家对专项方案进行论证(超过一定规模的危险性较大的分部分项工程范围见附件 2)。

第五条　施工单位在提交开工报告前,应当向监理单位、建设单位提供本合同段危险性较大分部分项工程的清单,建设单位应当组织监理、施工等单位对本项目的危险性较大分部分项工程的清单进行审核确认,并据此进行管理。

第六条　专项方案应当由施工单位组织编制,主要应当包括以下内容:

(一)编制说明:编制依据、编制目的、适用范围等;

(二)工程概况:工程简介、水文地质条件、施工平面布置、施工准备情况等;

(三)施工工艺:主要施工技术方案、技术参数、工艺流程、施工方法、施工要求等;

(四)施工计划:施工进度计划、材料与设备计划、劳动力计划等;

(五)危险因素分析:危险源辨识、危险因素评估等;

(六)施工安全保障措施:组织保障、技术措施、监测监控措施、安全应急措施等;

(七)安全检查和验收:检查方法、内容、程序验收等;

(八)安全验算及相关图纸;

（九）其他需要说明的内容。

第七条 对于超过一定规模的专项方案，施工单位应当在分部分项工程开工前组织专家进行论证。对于未超过一定规模但监理单位或建设单位认为有必要进行专家论证审查的专项方案，施工单位也应当按照本办法组织专家进行论证审查。

第八条 专项方案编制完成后首先应当由施工单位组织技术、安全、质量等相关部门的专业技术人员进行审核。对于不需要专家论证的专项方案，施工单位审核合格后，由施工单位技术负责人签字确认后报监理单位，由项目总监理工程师审批；对于需经专家论证的专项方案，在施工单位相关技术人员审核后，施工单位应当组织专家进行论证，并根据专家的书面论证审查意见对专项方案进行修改完善，完善后的专项方案由施工单位技术负责人签字确认后报监理单位，由项目总监理工程师审核签字，再报建设单位审批。

专项方案未经审批，不得组织实施。

第九条 专家论证会应当符合下列要求：

（一）专家论证会应当由施工单位组织召开。

（二）专家组应当由不少于5名具有相关专业资格及相关经验的专家组成。专家组成员应当事先征得建设单位同意，本分部分项工程的参建各方人员不得以专家身份参加专家论证会。

（三）建设、监理、施工、设计等相关单位应当参加论证会，涉及铁路、海事、交警等相关部门的应邀请其相关人员参加论证会。

（四）需论证审查的专项方案应当在论证会召开3天前送达专家组成员及参加论证会相关单位部门。

第十条 专家论证的主要内容：

（一）专项方案内容是否完整，安全控制措施是否可行；

（二）专项方案计算和验算依据是否符合有关标准规范；

（三）安全施工的基本条件是否具备，是否符合现场实际情况等。

第十一条 施工单位应当严格按照专项方案组织施工，不得擅自修改、调整专项方案。如在施工过程中确需作重大或实质性修改、调整专项方案的，修改调整后的专项方案应当按本办法第八条重新审批。对于已由专家论证审查的专项方案，施工单位应当重新组织专家进行论证。

第十二条 专项方案实施前，施工单位项目部技术负责人应当对相关施工技术、安全管理及施工作业人员进行安全技术交底；在施工过程中，应当指派专职安全生产管理人员进行现场监督，发现不按照专项方案施工的，应当要求其立即整改；发现有危及人身安全紧急情况的，应当立即停止作业并组织作业人员撤离危险区域。

施工单位技术负责人应当定期巡查专项方案实施情况。

第十三条 施工单位、监理单位应当组织有关人员对危险性较大分部分项工程进行验收，验收合格后，方可进入下一道工序。

第十四条 监理单位应当将危险性较大的分部分项工程列入监理规划和监理实施细则，应当针对工程特点、周边环境和施工工艺等，编制安全监理细则，制订安全监理工作流程、方法和措施。

第十五条 监理单位应当对专项方案实施情况进行现场监理。对不按专项方案实施的，应当责令整改,施工单位拒不整改的,应当及时向建设单位报告。

第十六条 建设单位应当督促施工单位做好专项方案编制、论证及实施工作,督促监理单位加强对专项方案实施情况的检查。

第十七条 建设单位、监理单位、施工单位可根据本办法,结合具体工程实际和特点进一步细化具体的操作规定。

第十八条 本办法由浙江省交通运输厅负责解释。

第十九条 本办法自发布之日起施行。

附件 1

危险性较大分部分项工程范围

一、土石方开挖工程

不良地质条件下有潜在危险性的土方、石方开挖工程。

二、滑坡处理及边坡防护工程

(一)滑坡体处治工程。

(二)高度超过 6m(含 6m)的边坡处理工程。

(三)高度超过 3m(含 3m)的支挡工程。

(四)大型或复杂的边坡防护工程(预应力锚索、抗滑桩等)。

三、基坑开挖、支护、降水工程

(一)人工挖孔桩工程、岩溶段桩基工程。

(二)开挖深度超过 3m(含 3m)的基坑(槽)的土方开挖工程。

(三)地质条件不良或周围环境及地下光缆、管线复杂的基础开挖工程。

(四)水深超过 5m(含 5m)的桩基础、挡墙基础、地下连续墙、沉井基础、深水基础及围堰工程。

(五)地下水位在坑底以上的基坑支护与降水工程。

四、模板工程及支撑体系

(一)高度超过 5m 的水平混凝土构件模板支撑工程。

(二)跨度超过 10m 的水平混凝土构件模板支撑工程。

(三)施工总荷载大于 $10kN/m^2$ 水平混凝土构件模板支撑工程。

(四)集中线荷载大于 15kN/m 水平混凝土构件模板支撑工程。

(五)工具式模板工程(滑模、爬模、大型模板等)。

(六)特殊结构模板工程。

(七)用于钢结构安装的满堂模板支撑工程。

五、起重吊装及安装拆卸工程

(一)采用非常规起重设备、方法,且单件起吊重量在 100kN 及以上的起重吊装工程。

(二)采用起重机械进行安装的工程(塔吊、大型门吊、架桥机等)。

(三)起重机械设备自身的安装、拆卸工程。

(四)特殊环境下的吊装工程。

(五)打桩机械、钻孔机械等大型机械装拆工程。

(六)沥青混凝土、水泥混凝土拌和设备装拆工程。

六、水上及水下工程

(一)外海作业工程。

(二)码头、水工结构物、边通航边施工航道作业工程。

(三)内河深水超过 2m 作业工程。

(四)内河打桩船作业、施工船作业、水上平台作业工程。

(五)水下混凝土浇筑工程。

(六)水下打捞、拆除、焊接、设置设施等工程。

七、架设、拆除与爆破工程

(一)拆除拱、梁等较易坠落、坍塌的工程。

(二)拆除高度 5m(含 5m)以上的墙、立柱等易坍塌的工程。

(三)大型支架、模板、便桥、设备架设拆除工程。

(四)桥梁、码头加固与拆除工程。

(五)港口、码头大型设备的安装与拆除工程。

(六)有特殊要求的架设工程

(七)所有涉及爆破的工程。

八、桥梁工程

(一)悬浇、悬拼施工的桥梁工程。

(二)转体、顶推施工的桥梁工程。

(三)斜拉桥、悬索桥塔、索施工工程。

(四)跨线施工桥梁工程。

(五)跨径 10m 以上圬工拱桥拱圈施工工程。

(六)跨径 20m 以上钢筋混凝土拱桥拱圈施工工程。

(七)高度超过 5m(含 5m)的柱、墩、塔等构件工程。

(八)预应力结构张拉、压浆工程。

(九)支架法现浇梁、拱工程。

九、隧道工程

(一)隧道出渣、运输工程。

(二)隧道初期支护、二衬工程。

(三)隧道洞口、明洞施工工程。

(四)隧道围岩突变区段掘进工程。

(五)竖井、斜井、辅助坑道工程。

(六)隧道预应力锚杆工程,盾构隧道深基坑施工,盾构设备安装、拆卸,盾构进出洞施工,特殊地质、环境区域盾构隧道掘进施工,盾构隧道掘进施工常见问题处理等工程。

(七)溶洞、暗河、瓦斯、岩爆、涌水突泥、断层等不良地质隧道,浅埋段、偏压严重段隧道掘进工程。

(八)沉管隧道施工中沉管浮运、就位、对接等水上、水下作业工程。

(九)长隧道和Ⅳ级及以下围岩的短隧道初期支护工程。

十、其他

(一)采用新技术、新工艺、新材料、新设备及尚无相关技术标准的危险性较大工程。

(二)20m以上高空作业工程。

(三)边通车(通车公路为二级及以上)边施工作业的工程。

(四)特种设备施工工程。

(五)施工临时用电工程(用电设备5台以上或总容量50kW以上)。

(六)其他危险性较大工程视具体情况而定。

附件2

超过一定规模的危险性较大分部分项工程范围

一、滑坡处理及边坡防护工程

(一)滑坡体处治工程。

(一)岩质边坡高度超过30m、土质边坡超过15m边坡处理工程。

二、基坑开挖、支护、降水工程

(一)开挖深度20m以上的人工挖孔桩工程。

(二)开挖深度超过5m(含5m)基坑开挖、支护、降水工程。

三、模板工程及支撑体系

(一)高度超过8m的水平混凝土构件模板支撑工程。

(二)跨度超过18m的水平混凝土构件模板支撑工程。

(三)施工总荷载大于15kN/m^2水平混凝土构件模板支撑工程。

(四)集中线荷载大于20kN/m水平混凝土构件模板支撑工程。

四、起重吊装及安装拆卸工程

采用非常规起重设备、方法,且单件起吊重量在100kN及以上的起重吊装工程。

五、水上及水下工程

(一)外海作业工程。

(二)码头、水工结构物、边通航(通航航道等级四级及以上)边施工的航道工程。

六、架设、拆除与爆破工程

(一)有特殊要求的架设工程。

(二)所有涉及爆破的工程。

七、桥梁工程

（一）悬浇、悬拼施工的桥梁工程。

（二）转体、顶推施工的桥梁工程。

（三）斜拉桥、悬索桥塔、索施工工程。

（四）跨高速公路、一级公路、铁路的跨线桥梁工程。

（五）高度超过15m柱、墩、塔等构件工程。

（六）跨径15m以上圬工拱桥拱圈施工工程。

（七）跨径30m以上钢筋混凝土拱桥拱圈施工工程。

八、隧道工程

（一）盾构隧道深基坑施工，盾构设备安装、拆卸，盾构进出洞施工，特殊地质、环境区域盾构隧道掘进施工，盾构隧道掘进施工常见问题处理等工程。

（二）溶洞、暗河、瓦斯、岩爆、涌水突泥、断层等不良地质隧道，浅埋段、偏压严重段隧道掘进工程。

（三）沉管隧道施工中沉管浮运、就位、对接等水上、水下作业工程。

（四）长隧道和Ⅳ级及以下围岩的短隧道初期支护工程。

九、其他

（一）采用新技术、新工艺、新材料、新设备及尚无相关技术标准的危险性较大工程。

（二）30m以上高空作业工程。

（三）边通车（通车公路为高速公路、一级公路）边施工的作业工程。

（四）其他超过一定规模的危险性较大工程视具体情况而定。

12. 云南省公路建设项目危险性较大的分部分项工程专项方案安全管理办法(试行)

(2010 年 3 月 17 日　云南省交通运输厅　云交基建〔2010〕200 号)

第一条　为加强对云南省公路建设项目危险性较大的分部分项工程安全管理,进一步明确安全专项施工方案编制内容,规范专家论证程序,把好工程安全源头关,依据《建设工程安全生产管理条例》、《公路水运工程安全生产监督管理办法》及相关安全生产法律法规,结合云南省公路建设实际,制定本办法。

第二条　本办法适用于我省境内列入国家和地方交通基本建设计划的公路建设新建、扩建、改建工程,以及拆除、加固等建设项目。

第三条　本办法所称危险性较大的分部分项工程是指公路建设工程在施工过程中存在的、可能导致人员群死群伤和重大经济损失或造成重大不良社会影响的分部分项工程、临时工程、特殊复杂的工作内容等。危险性较大的分部分项工程参考《云南省公路建设项目危险性较大分部分项工程指导目录》,见附件。

第四条　危险性较大的分部分项工程安全专项施工方案(以下简称"专项方案")是指施工单位在编制施工组织(总)设计的基础上,除所编制的安全技术措施和施工临时用电方案之外,针对危险性较大的分部分项工程应当单独编制专项施工方案。

第五条　施工单位应当在危险性较大的分部分项工程施工前编制专项方案。本办法中专项方案审查论证分为两类,一类为项目总监理工程师审查签字批准实施;另一类为超过一定规模的危险性较大的分部分项工程(见参考指导目录),由施工单位组织专家对专项方案进行论证,并按论证修改意见完善后,经施工单位技术负责人、总监理工程师签字后实施。

第六条　专业性较强的分部分项工程实行分包的,其专项方案可由分包单位组织编制,施工单位进行复核,超过一定规模的应当组织专家进行论证。

第七条　专项方案编制应当包括以下内容。

(一)工程概况:危险性较大的分部分项工程概况、施工平面布置、施工要求和技术保证条件。

(二)编制依据:相关标准、规范及图纸等。

(三)施工计划:进度计划、材料与设备计划。

(四)施工工艺:施工方法、工序流程、工艺控制、工序检查、验收环节等。

(五)施工安全保证措施:组织保障、技术措施、应急预案、监测监控、施工技术管理人员及作业人员专项方案安全培训和技术交底工作等。

(六)劳动力计划:专职安全生产管理人员、特种作业人员等。

（七）计算书及相关图纸。

第八条 不需要专家论证的专项方案应当由项目技术负责人组织本项目技术、安全、质量等相关部门的专业技术人员进行内审，内审合格后由项目技术负责人签字报送监理单位，由总监理工程师组织相关专业监理工程师进行评审合格后，由总监理工程师签字批准实施，记录资料中，应当附上参加审查专项方案会议人员的签到表。

第九条 需要专家论证的超过一定规模的危险性较大分部分项工程专项方案，由项目技术负责人组织本项目技术、安全、质量等相关部门的专业技术人员完成专项方案的编制、复核，并由项目负责人签字后上报本单位（母体单位）。

再由施工单位（法人）技术负责人组织本单位技术、安全、质量等部门的专业技术人员进行审核。经审核合格后，由施工单位技术负责人签字后报送（专业工程进行分包的，由专业分包单位及施工单位技术负责人共同签字）监理或建设指挥部。

专家论证会议由施工单位组织，专家组成员由建设指挥部负责选定或在云南省交通运输厅（局）安全技术专家库中随机抽取，由专家组成员推荐其中一名担任组长并主持专家论证会。特殊情况，可由该建设项目总工程师或总监理工程师主持。下列人员应当参加专家论证会。

（一）随机抽取的云南省交通运输厅（局）安全技术专家。

（二）建设项目从业单位中相关有经验的技术人员。

（三）建设指挥部总工程师或分管安全副指挥长，以及指挥部技术、质量、安全部门负责人。

（四）监理单位技术负责人、项目总监理工程师及相关人员。

（五）施工单位分管安全的负责人、技术负责人、项目负责人、项目技术负责人、专项方案编制人员、项目专职安全生产管理人员。

（六）勘察、设计单位项目技术负责人及相关人员。

第十条 专家组成员应当由5名或5名以上符合相关专业要求的专家组成（一般情况与论证项目有利害关系的施工、监理单位人员不得以专家身份参加专家论证会）。

第十一条 专家论证的主要内容。

（一）专项方案内容是否完整、可行。

（二）专项方案计算书和验算依据是否符合有关标准规范。

（三）安全施工的基本条件及措施是否满足现场实际情况。

专项方案经论证后，专家组应当提交论证报告，对论证的内容提出明确的意见，并在论证报告上签字。该报告作为专项方案修改完善或实施的指导意见。

第十二条 施工单位应当根据论证报告修改完善专项方案，并经施工单位技术负责人、总监理工程师签字后，方可组织实施，专职安全管理人员进行现场监督。

第十三条 专项方案经论证后需做重大修改的，施工单位应当按照论证报告进行修改，并重新组织专家进行论证。

第十四条 施工单位应当严格按照专项方案组织施工，不得擅自修改、调整专项方案。如因设计、结构、外部环境等因素发生变化确需修改的，修改后的专项方案应当按本办法第八、九条重新审核。

第十五条 专项方案实施前，编制人员或项目技术负责人应当向现场管理人员和作业人员进行安全技术交底。

第十六条　施工单位应当指定专人对专项方案实施情况进行现场监督和按规定进行监测。发现不按照专项方案施工的,应当要求其立即整改;发现有危及人身安全紧急情况的,应当立即组织作业人员撤离危险区域,并采取可能的应急措施撤离现场。

第十七条　对于危险性较大的分部分项工程,施工单位、监理单位应当组织有关人员进行验收。验收合格的,经施工单位项目技术负责人及总监理工程师或授权的专业监理工程师签字后,方可进入下一道工序。

第十八条　监理单位应将危险性较大的分部分项工程列入监理规划和监理实施细则,应当针对工程特点、周边环境和施工工艺等,制订安全监理工作流程、方法和措施。

第十九条　监理单位应当对专项方案实施情况进行跟踪监理;对不按专项方案实施的,应当责令整改,施工单位拒不整改的,应当及时向建设单位报告;建设单位接到监理单位报告后,应当立即责令施工单位停工整改;施工单位仍不停工整改的,建设单位应当及时向主管部门报告。

第二十条　云南省交通运输厅安全技术专家库见《云南省交通行业首届安全技术专家委员组成名单》(云交安委〔2007〕2 号)。各州(市)交通主管部门应当建立、维护安全技术专家库。专家应当具备以下基本条件。

(一)学风正派、学术严谨、有良好的学术道德、廉洁奉公、遵纪守法、责任心强、诚实守信。

(二)具有高级专业技术职称,具备坚实的专业基础知识,具有较丰富的工作实践经验,具有较强的工作能力。

(三)获得过相应的国家、省级优秀项目奖和科学技术进步奖。

(四)身体健康,年龄适宜。

第二十一条　本办法自颁布之日起执行,由云南省交通运输厅负责解释。

附件

云南省公路建设项目危险性较大分部分项工程指导目录

类　别	分部分项工程及工作内容	监理审查	专家论证
路基	构筑物基坑开挖深度超过 3m,未超过 3m 但地质条件或周边环境复杂	√	
	滑坡病害地质处治工程施工方案	√	
	不良地质条件下有潜在危险性的土方、石方开挖	√	
	周边环境复杂的土石方施工	√	
	边坡高度大于 30m 以上的防护工程施工方案	√	
	爆破工程	√	
	拆除风险较高、影响较大的大型结构物工程		√
	拆除结构物、周围有民居等复杂环境的大型爆破工程		√
桥梁	大于 5 ~ 6m 深水基础及围堰工程		√
	人工挖孔作业施工	√	
	支架与模板现浇混凝土工程	√	

续上表

类　别	分部分项工程及工作内容	监理审查	专家论证
桥梁	支撑高度超过 8m，或搭设跨度超过 18m，或施工总荷载大于 15kN/m^2，或集中线荷载大于 20kN/m 的模板支撑系统支架与模板现浇混凝土工程		√
	承重支撑体系	√	
	单跨大于 100m 以上的大桥、特大桥悬臂挂篮施工工程		√
	桥梁预制梁板吊装	√	
	预制梁板厂或构件加工厂吊装	√	
	桥梁工程中的梁、拱、柱等构件施工等	√	
	刚构桥、拱桥、斜拉桥等大桥、特大桥施工方案		√
	自制拼装起重设备	√	
	单跨大于 100m 以上的大桥、特大桥无支架吊装及门架缆绳吊装方案		√
	水上工程中的打桩船作业、施工船作业、边通航边施工作业等		√
	水下工程中的水下焊接、混凝土浇筑、爆破工程等	√	
隧道	非常见不良地质隧道、高瓦斯隧道、水底海底隧道等		√
	常见的不良地质隧道	√	
	各类围岩条件隧道开挖施工方案（含爆破）	√	
	隧道衬砌台车，凿岩台架	√	
	通风设备及通风方案	√	
	有害气体检测设备及监测方案	√	
	隧道超前监测	√	
	隧道变形监控	√	
路面	各类拌和厂的布置及安全保障措施（包括规划、防火、防雷等）	√	
	安全保通措施方案（包括设施、人员）	√	
其他	职民工驻地的选址、建盖	√	
	现场临时配电、用电方案	√	
	采用新技术、新工艺、新材料、新设备及尚无相关技术标准危险性较大分部分项工程	√	

注：建设、监理、施工单位应根据国家和交通运输部《公路水运工程安全生产监督管理办法》（交通运输部令 2007 年第 1 号）中规定对分部分项工程编制专项施工方案和审查论证，对未提及但具有一定危险性程度的亦应编制专项施工方案和审查论证，涉及本指导目录中的内容必须编制专项施工方案，并严格执行审查论证程序。

13. 山西省交通运输厅公路建设项目高危工程施工安全强制性要求(试行)

(2009 年 6 月 8 日　山西省交通运输厅　晋交公字〔2009〕327 号)

第一章　总　　则

1.1　为进一步强化公路建设项目高危工程施工安全监管,从源头上预防和杜绝生产事故的发生,保障施工人员生命安全和工程建设顺利进行,根据国家有关法律法规,并结合山西省公路建设实际。特提出本要求。

1.2　本要求适用于山西省新建、改扩建公路工程。大中修工程可参照使用。

从事山西省公路工程建设的施工、监理、勘察设计、建设单位均应执行本要求,并接受安全生产监管部门对公路工程安全生产的监督、检查。

1.3　本要求中高危工程指:隧道工程、爆破工程、高墩大跨径桥梁工程、高填深挖路基及其防护工程。

隧道工程:各种长度的钻挖式隧道。

爆破工程:使用炸药等火工材料的开挖工程。

高墩大跨径桥梁工程:墩高大于 10m 或跨径大于 40m 的桥梁工程。

高填深挖路基及其防护工程:路基填方高度超过 20m;挖方边坡高度超过 20m。

1.4　在公路建设项目高危工程施工中,除执行国家有关法律、法规和交通行业有关的标准规范外,还应执行本要求。

第二章　安全生产管理

2.1　工程开工前,建设、设计、监理、施工单位必须进行重大危险源识别,建立重大危险源档案和监控核销制度,明确责任人员,并制定安全生产事故应急预案,定期组织演练。

2.2　建设单位负责建设项目的安全生产管理,保证本要求在建设项目的贯彻执行。

2.3　设计单位必须在设计交底时进行安全技术交底,派驻现场的设计代表应协助建设单位进行安全生产管理。

2.4　监理单位必须编制安全生产监理计划,明确监理工程师的岗位职责、监理内容和方法等。审查施工组织设计中的安全技术措施或者专项施工方案是否符合工程安全建设强制性标准。

2.5　施工单位必须取得安全生产许可证,主要负责人、项目负责人、专职安全生产管理人员必须取得考核合格证。施工现场必须建立安全生产管理机构,配备专职安全生产管理人员,同时对一线作业人员进行安全培训教育,经考核合格后方准上岗,安全教育培训工作必须做到经常化、制度化。

2.6 施工单位在施工前,必须对作业工队、班组、人员进行书面安全技术交底,内容要求具有针对性、可行性、预防性,安全技术交底必须逐级进行,并履行签字手续。

2.7 施工单位必须编制专项施工方案,并附安全验算结果,经监理工程师审查同意后实施。

2.8 施工单位的垂直运输机械作业人员、爆破作业人员、安装拆卸工、起重信号工、电工、焊工等国家规定的特种作业人员,必须按照国家规定经过专门的安全作业培训,并取得特种作业操作资格证书。

2.9 施工单位在工程中使用的施工起重机械和整体提升式脚手架、滑模爬模、架桥机等自行式架设设施的特种设备,必须具有生产(制造)许可证、产品合格证,并在安装后经过由相应资质的检验检测机构检验或验收,同时必须建立特种设备检查。维修、保养、使用台账。

2.10 在施工现场各作业场所及重大危险源施工场所必须设置明确的安全标志牌,安全生产工作过程中必须留有书面记录,记录要求真实完整,能够全面反映安全生产管理工作的全过程。

2.11 严禁在泥石流区、滑坡体、洪水位下等危险区域设置施工驻地。

第三章 隧 道 工 程

3.1 进入隧道工地人员,必须配戴安全防护用品。隧道施工各班组间,必须建立完善的交接班制度,且必须严格执行洞口24小时值班进出登记制度。

3.2 隧道施工中必须对设计要求的必测项目进行监控量测,根据具体情况增加有针对性的选测项目,量测数据应及时做好回归分析。长大隧道和不良地质隧道必须采取长、中、短距离相结合的综合物探技术进行超前地质预报,并采用水平地质钻探核实验证,每个水平地质钻探断面至少布设三个钻孔,前后两次。钻孔搭接长度须达到5m以上。

3.3 洞口土石方工程施工前,必须做好洞顶、洞口、辅助坑道口的地表截、排水系统;按设计要求进行边、仰坡放线,自上而下逐段开挖,不得掏底开挖或上下重叠开挖,不得随意采用爆破施工,禁止采用深眼大爆破或集中药包爆破;地质条件较差时,必须先进行明洞施工。

3.4 Ⅳ级、Ⅴ级、Ⅵ级围岩,严禁采用全断面法开挖。

3.5 隧道开挖面作业人员不得超过20人,凿孔过程中,必须有安全员随时检查工作面安全状况,严禁在残眼中继续钻进。

3.6 Ⅳ级、Ⅴ级、Ⅵ级围岩,初期支护的挖、支、喷三环节必须紧跟。仰拱距开挖面距离不得大于30m,二次衬砌的施工时间必须在围岩和锚喷支护变形基本稳定后及时进行,距离开挖面不得大于100m。

3.7 隧道施工必须采用机械通风,在进入隧道150m以后必须以设计能量全速通风。压入式通风管的送风口距开挖面不宜大于15m,排风式风管吸风口不宜大于5m。

3.8 不良地质地段施工,必须设专人随时检查。当发现量测数据有不正常变化或突变,洞内拱顶下沉或地表下沉位移值大于允许位移值，洞内或地表出现裂缝以及喷层出现异常裂缝时，必须立即组织人员撤离现场，并及时上报。

3.9 瓦斯隧道必须配备瓦斯检测仪器、瓦斯自动检测报警断电装置等设备。瓦斯隧道内照明器材、施工机具等，必须采用防爆型。隧道内严禁使用明火照明，严禁一切火种、引燃物品、手电筒等携入施工现场。在钻眼、装药、放炮前及放炮后四个环节上必须搞好瓦斯巡回检测工作。

3.10 瓦斯浓度达到以下数值时，必须停工进行处理：

(1)掘进工作面风流中的瓦斯浓度达到1%时，必须停止电钻打眼；达到1.5%时，必须停止工作，撤出人员，切断电源，进行处理。

(2)电动机附近20m以内风流中的瓦斯浓度达到1.5%时，必须切断电源停止运行；掘进工作面的局部瓦斯积聚浓度达到2%时，其附近20m以内必须停止工作，切断电源。

3.11 当在同一隧道两个工作面接近贯通时，两端担任掘进的单位必须加强联系，服从统一协调指挥。两个工作面的距离接近余留8倍循环进尺时，应及时报告相关负责人，由负责人决定另一端停止掘进，将人员和设备撤走。并在安全距离处设置警示，禁止人员入内，直至全面贯通。

3.12 长大隧道开挖面至二次衬砌之间，必须设置直径不小于50mm的钢管救生通道。其中不良地段，开挖面必须设置长度大于50m的直径为600mm钢管，壁厚不小于10mm，作为必要的安全逃生通道；同时须布设应急照明、通风通道，安装声光报警系统和视频监控系统。

3.13 必须细化塌方、涌突水等突发紧急情况下的应急预案，并至少进行一次预演，检验其可操作性和有效性。

第四章 爆破工程

4.1 大型爆破必须由具有相应爆破设计资质的企业进行设计，爆破施工必须由相应资质的企业承担，操作人员必须具有爆破作业上岗资格。

4.2 炮眼应严格按规定的药量装药填塞，装药必须用木棒把炸药轻轻压入炮孔，严禁冲捣和使用金属棒；填塞时应保持导火索、导爆索及电雷管脚线的完整。

4.3 在闪电鸣雷时，禁止装药、安装电雷管和连接电线等操作，应迅速将雷管的脚线和电线的主线两端短路，所有工作人员应立即离开装药地点，隐藏于安全区。

4.4 扩大药壶时，严禁采用先点燃导火索后将药包抛入孔底的操作方法。多次扩壶时，要留有炮眼冷却时间，其间隔时间不少于15分钟（使用硝化甘油炸药时，不少于30分钟）。

4.5 爆破前必须确定警戒范围，在警戒范围的边界设置明显的安全标志和警戒点，并派人警戒，警戒人员必须按规定的地点坚守岗位。

4.6 每次爆破，必须填写爆破记录，爆破时由专人清点爆炸数与装炮数量，确认炮响完并过5分钟后，方准爆破人员进入爆破作业点，发现“盲炮”后必须停止其附近的所有其他工作，查明原因并及时处理。

4.7 爆破后，必须确认已经解除警戒，作业面上的悬岩危石也经检查处理后，清理石方人员方准进入现场。

第五章 高墩大跨径桥梁工程

5.1 高墩台采用爬模及滑模施工方法是,模板结构必须进行特殊设计并要求在工厂制作,对模板和提升结构必须进行验算和试验。

5.2 跨径超过80m的桥梁,必须建立桥梁健康监测系统,跟踪施工过程监测桥梁状态,包括塔、梁、索应力、应变测试(含自然条件)等,确保施工安全合理。

5.3 墩台施工达到20m以上,或高度不足20m,但在郊区或平原区施工或附近无高大建筑物提供防雷保护时,在雷雨季节必须设置防雷电设施,避雷系统未完善前,不得开工。

5.4 高墩台施工前,必须搭好脚手架及作业平台,墩台高度在2~10m时,平台外侧须设栏杆及上下扶梯;墩台高度在10m以上时,须加设安全网;悬臂浇筑上部结构的桥梁和斜拉桥、悬索桥,墩台高度超过40m时必须加设附着式人员升降电梯。脚手架高度在10~15m时,须设置一组(4~6根)缆风绳,每增高10m应再加设一组,缆风绳与地面夹角为45°~60°,缆风绳的地锚应设围栏,防止碰撞破坏。

5.5 在高、低压线路下方均不得搭设脚手架,脚手架的外侧边缘与外电架空线路的边线之间必须保持安全操作距离。不得将模板支架、缆风绳、泵送混凝土和砂浆的输送管等固定在脚手架上,脚手架上严禁悬挂起重设备。脚手架架体超过24m时,严禁使用排脚手架。脚手架应设有安全防护设施的斜道,作业人员严禁攀爬脚手架上下。

5.6 塔、墩台钢筋骨架绑扎安装后,未浇筑混凝土部分超过8m,浇筑完成之前必须设置缆风绳。

5.7 龙门架或起重吊机进行悬臂拼装时,吊机的定位、锚固必须按设计进行,并完成静载试验后进行试吊。重大吊装作业遇有下列情况时,必须停止:

(1)指挥信号系统失灵。

(2)天气突然变化,影响作业安全。

(3)卷扬机、电机过热,起重吊机或托梁部件变形或其他机械设备、构件等发现有异常情况。

5.8 钢筋混凝土或预应力混凝土就地浇筑前,必须对支架进行预压试验。支架搭设每隔4排立杆必须设置一道纵向剪刀撑;支架高度6m,每隔2m设置一道水平剪刀撑;剪刀撑斜杆与地面的倾角必须在45°~60°。

5.9 悬臂浇筑采用挂篮施工时,在浇筑混凝土前必须对挂篮锚固、水平限位、吊带和限位装置进行全面检查,并做静载试验;挂篮移动中须设观察哨进行监护,速度控制在0.1m/min以内。

5.10 预应力张拉前,张拉设备工具(如千斤顶、油泵、压力表、油管、顶楔器及液控顶压阀等)必须符合施工安全的要求,压力表须按规定周期进行检定。张拉操作中,若出现异常现象(如油表震动剧烈,发生漏油,电机声音异常,发生断丝、滑丝等),必须立即停机进行检查。

5.11 高空作业必须配置防护拦网、栏杆或其他安全设施,作业人员必须穿戴合格的防护用品。高空作业所用工具、材料严禁投掷,上下主体交叉作业中间必须设隔离设施。

第六章　高填深挖路基及其防护工程

6.1　高边坡开挖,必须完善坡顶临时排水系统,严格按照设计坡度采取从上而下开挖,禁止采用挖空底脚方法开挖土方或者不良地质岩石。作业期间必须设专职安全员对边坡进行观察,随时观察开挖土质的变化情况、上部塌方和物体坠落、高边坡是否有滑动的可能,发现异常情况及时采取安全措施。

6.2　机械开挖须设专人指挥,严禁人员进入机械旋转范围。多台机械开挖,挖土间距必须大于10m以上。多台阶开挖须验算边坡稳定,确定挖土机械离台阶边坡底脚安全距离。开挖工作须与装运作业面相互错开,严禁上、下双重作业。

6.3　弃土下方和有滚石危及范围内的道路,必须设警告标志,作业时坡下严禁通行。

6.4　高填方路基填筑时,必须设专人指挥,机械与路基边缘距离须不小于30cm,确保轮胎(履带)压在压实的路基范围内。

6.5　在施工中遇下列情况之一时必须立即停工:

(1)填挖区土体不稳定,有发生坍塌危险时;

(2)气候突变,发生暴雨、水位暴涨或山洪泥石流暴发时;

(3)在爆破警戒区内发出爆破信号时;

(4)地面涌水冒泥,出现陷车或因雨发生坡道打滑时;

(5)工作面净空不足以保证安全作业时;

(6)施工标志、防护设施损毁失效时。

6.6　基坑(包括桥梁工程基坑)开挖,必须根据土质、水文和开挖深度等选择安全的边坡坡度或支撑防护。沟槽(基坑)开挖深度超过2m时,其边缘上面作业必须按高空作业要求进行安全防护并设置警告标志。开挖沟槽(基坑)位于现场通道或居民区附近时,须设置安全护栏。

6.7　基坑边缘外围有水时,必须完善临时排水设施;在有地下水流的情况下进行挖基时,必须配足抽水机具,设置作业人员出入基坑的安全通道。

6.8　采用机械开挖基坑,坑内不得有人作业;机身距坑边的安全距离不得小于1m;开挖基坑的人员不得在坑壁下休息。

6.9　边坡防护作业,必须搭设牢固的脚手架。

(1)脚手架必须进行强度、刚度及稳定性等方面的验算;

(2)脚手架要铺满、绑牢,无探头板,并要牢固地固定在脚手架的支撑上。脚手架要设置栏杆,确保操作人员安全通行;

(3)脚手架上料斜道的铺设宽度不得小于1.5m坡度不得大于1∶3,防滑条的距离不得大于0.3m;

(4)拆除脚手架时,周围应设置护栏或警示标志,必须从上而下地拆除。

6.10　护面墙砌筑时,墙下严禁站人。抬运石块上架,跳板必须设防滑条。

6.11　砌筑作业时,严禁在砌筑好的坡面上行走,上下必须使用爬梯。架上作业时,架下不准有人操作或停留,不得重叠作业。不得采用从上而下自由滚落的方式运输材料。

6.12　防护工程在基坑开挖和砌筑过程中,必须设置专人对边坡进行观察,随时观察土质变化情况及边坡有无坍塌和滑动现象,发现异常情况及时采取安全措施。

14. 关于在重点公路建设项目开展工程施工安全风险评估工作的通知

(2010 年 8 月 17 日　四川省交通运输厅　川交函〔2010〕564 号)

各市、州交通局(委),厅质监站,各在建高速公路、重点公路建设项目公司:

按照《四川省交通运输厅关于印发〈四川省交通重点项目三年集中建设攻坚活动工作方案〉的通知》(川交函〔2010〕130 号)的部署,为进一步提高公路建设项目施工安全监管水平和应急保障能力,促进交通建设领域施工安全生产形势持续好转,结合三年集中建设攻坚活动、"平安工地"建设活动、隐患排查治理的工作要求,现将开展工程施工安全风险评估工作的有关事项通知如下。

一、评估工作范围

各在建高速公路建设项目应开展工程施工安全风险评估工作,省重点公路和地方重点公路建设项目可参照执行。

(一)桥梁工程:(1)多跨或跨径大于等于 40m 的石拱桥,跨径大于等于 250m 的钢筋混凝土拱桥,跨径大于等于 350m 的钢箱拱桥,钢桁架、钢管混凝土拱桥;(2)跨径大于等于 200m 的梁式桥,跨径大于 400m 的斜拉桥,跨径大于 1 000m 的悬索桥;(3)墩高或桥高大于 100m 的桥梁;(4)桥址处地震烈度大于 7 度且跨径大于 150m 的桥梁;(5)其他建设环境复杂、施工技术要求特殊的桥梁。

(二)隧道工程:(1)穿越高地应力区、区域地质构造、煤系地层、采空区、水体等地质条件、水文地质复杂的隧道;(2)偏压、大断面、变化断面等结构受力复杂的隧道;(3)长度大于 3 000m 或通风、照明、救援等要求特殊的隧道;(4)其他建设环境复杂、施工技术要求特殊的隧道。

(三)高边坡工程:(1)开挖高度大于等于 20m 的土方边坡,或者开挖高度大于等于 30m 的岩质边坡;(2)其他建设环境复杂、施工技术要求特殊的边坡。

二、评估工作内容

根据已排查出的施工安全隐患,各建设单位应会同监理、施工、设计等单位,重点对桥梁、隧道、高边坡等工程的施工安全隐患点(危险有害因素)可能对项目造成的安全影响进行工程施工安全风险评估,并依据此评估报告(工程施工安全风险评估报告内容详见附件)着力做好施工安全隐患和可能引发的工程地质灾害的防治规划,分类监控、管理和处治,切实落实治理和防范措施,确保施工安全。工程施工安全风险评估工作主要内容如下。

(一)对已排查出的施工安全隐患点(危险有害因素)进行分析辨识,以确定可能出现施工事故隐患的性质、种类、级别、范围。

（二）评估确定风险发生的概率和危险程度：根据已分析辨识的施工安全隐患点（危险有害因素），并综合考虑以下三个方面内容以评估确定施工安全风险发生的概率和危险程度。

1. 桥梁工程：整体施工方案，专项施工方案（桩基、水上平台、高墩、吊装），大型施工设备安装与使用，安全防护设施，施工技术力量。

2. 隧道工程：整体施工方案，防冒顶、涌突水（泥）、坍塌、岩爆、大变形、瓦斯爆炸等突发性事件的专项施工方案的预测预报（监控监测）、防范措施及其对应的应急预案，隧道施工通风方案。

3. 高边坡工程：施工方案，防滑坡、塌方，边坡开挖时保通警戒方案。

（三）评估确定风险防范措施：即确定为消除已分析辨识的施工安全隐患点（危险有害因素）要采取的技术措施和管理措施。

（四）开展动态施工风险管控工作：制定工程施工安全风险管控计划和检查记录表，开展必要的日常施工安全生产检查，落实风险评估报告中的风险防范措施，确保消除事故隐患或及时遏制在一定条件下转化生成的事故隐患，降低工程施工风险。

三、评估工作职责

在继续深入开展施工安全隐患排查工作的基础上，各建设单位应按照动态管理的要求，组建施工安全风险管理小组，有针对性地开展施工期安全风险管控等活动。

（一）建设单位：负责组织和协调开展施工安全风险评估工作，提供真实、可靠、准确、完整的基础资料；督促项目各施工单位开展工程施工安全风险评估工作，定期检查工程施工安全风险评估工作开展情况。

（二）设计单位：积极配合施工安全风险评估工作，提供必要的设计基础资料。

（三）监理单位：协助建设单位开展施工安全风险评估工作，督促和检查项目各施工单位开展工程施工安全风险评估工作；对施工单位工程施工安全风险评估工作的开展情况提出意见或评价，并及时将意见或评价报项目建设单位。

（四）施工单位：负责提交施工准备阶段及施工期间的桥梁、隧道、高边坡等工程的施工方案，积极开展工程施工安全风险评估工作；根据工程施工安全风险评估报告及时制定本合同段工程施工安全风险管控计划和检查记录表，积极落实风险评估报告中的风险防范措施，开展必要的日常安全管理、检查等，并在变更施工方案后，适时组织施工风险评估以修正施工安全风险管控内容。

四、评估工作要求

（一）加强领导，精心组织。各项目建设单位要切实加强领导，结合项目特点，及时对排查出的隐患点可能对工程造成的安全影响进行评估，切实落实评估报告中的风险防范措施，保障施工安全。

（二）突出重点，加强检查。针对桥梁、隧道、高边坡等重点工程，根据不同的施工阶段和项目自查情况，厅将组织有关专家和人员进行专项监督检查，重点检查爆破、瓦斯隧道、不良地质高边坡治理、桥梁合龙阶段、高墩大跨径特殊桥梁等高危施工作业的监测、监控。

（三）信息畅通，全面总结。开展工程施工安全风险评估工作期间，各项目建设单位要明确专人负责信息报送及联系沟通，确保联系渠道畅通。各项目建设单位要进行阶段性小结和年度总结,认真总结开展工程施工安全风险评估工作情况,包括工作成效、存在问题和建议等,年度总结于当年12月15日前报厅“平安工地”建设活动领导小组办公室(厅质监站)。

按照川交函〔2010〕311号文件要求,厅质监站将各项目开展工程施工安全风险评估工作的情况纳入“平安工地”建设活动年度安全考核管理内容之一,并及时将各项目开展评估工作情况总结和评比结果报厅。

附件

工程施工安全风险评估报告内容

(一)封面(建议包括:项目名称及合同段、施工单位名称、评估时间等)。

(二)目录。

(三)××项目×合同段工程施工安全风险评估报告会签到表。

(四)××项目×合同段安全组织机构图。

(五)××项目×合同段工程施工安全风险管理小组(正式文件)。

(六)列出××项目×合同段工程施工安全风险评估主要依据并说明风险评估范围(主要依据应包括:本合同段已排查出的施工安全隐患、施工方案;范围应说明:截至本次风险评估日期前已开工的施工工点或施工作业面)。

(七)××项目×合同段工程施工安全风险/隐患管控表[此表为工程施工安全风险评估报告成果表,应包括:风险/隐患单列项的监管责任人(分管领导)、现场责任人(专职安全管理人员)、建议采取的风险防范措施、建议管控时间周期、检查方法和频率、拟/已采取的防范措施]。

(八)制定××项目×合同段工程施工安全风险管控计划和检查记录表(管控计划:正式文件)。

15. 湖南省在建高速公路重大危险源清单编制及销号制度

（2009 年 3 月 31 日　湖南省交通运输厅　厅质安〔2009〕43 号）

为进一步加强在建高速公路项目的安全生产管理，突出安全生产管理工作重点，按《公路水运工程安全生产监督管理办法》的有关规定，将危险性较大工程划分为重大危险源进行管理，制定本制度。

一、重大危险源类别

共分为桥梁工程（基础施工、墩柱施工、桥梁架设），隧道工程，高边坡，爆破工程（爆破作业、炸药仓库），其他等五类重大危险源。

重大危险源应建立清单台账并按风险级别划分进行管理（见附件 1）。

二、重大危险源的管理

（一）重大危险源清单的编制程序

在项目开工初期，由业主组织各标段施工单位填写重大危险源清单，经监理处审核后，业主单位汇总统一报项目监督工程师，项目监督工程师报厅质监站备案。

1. 施工单位应编制标段的重大危险源清单。施工单位根据施工图纸、施工的主要工艺、施工进度安排和施工具体情况，按风险和具体划分原则进行清单的编制。

2. 监理单位应严格审核所辖各标段施工单位上报的重大危险源清单，必要时，应组织施工单位现场查勘，根据审核情况确定各标段施工单位重大危险源清单，汇总形成监理处所辖各标段重大危险源清单，并上报项目业主。

3. 项目业主应指导监理处和施工单位进行重大危险源清单的编制和审核工作，汇总各标段重大危险源清单后，建立项目重大危险源清单台账。

（二）重大危险源的销号程序

对清单中的各重大危险源实行销号制度。施工单位在各个重大危险源的工程部位施工完毕后，5 个工作日内提出销号申请，由监理单位负责核实。监理单位在 10 个工作日内出具审核意见，如审核不通过，应回复施工单位进行限期整改并重新提出销号申请，如审核通过，风险等级为一、二级的重大危险源销号须报项目业主核定并备案。一级重大危险源的销号资料由业主在备案后 5 个工作日内报项目监督工程师备案（见附表 1）。

三、重大危险源清单的变更

由于高速公路工程建设难度较大，技术复杂，在施工过程中施工、监理和业主单位可根据设计和实际情况，对清单中重大危险源进行变更，变更情况由业主单位上报项目监督工程师备案。

四、重大危险源清单表格填写说明(见附表2)

(一)重大危险源名称及部位应填写标段号及桥梁或隧道的名称、危险源分类和桩号(部位)等。如桥梁工程按分类划分可能有三类重大危险源,则分别填写,名称和桩号可合并填写。

(二)简况中应填写重大危险源工程的主要技术指标和施工方法。如桥梁工程要写明桥梁的跨度、墩高以及梁体的施工方法(吊装、挂篮或现浇)。

(三)施工时段按施工单位的进度安排填写。

(四)风险等级按风险划分原则和具体划分规定填写。

(五)施工责任人栏填施工项目部负责人或具体分管负责人,监理工程师栏填写具体负责该标段的监理人员。

附件1

重大危险源的风险划分

一、重大危险源风险级别划分原则

风险共分三级:

一级:可能造成10人以上死亡或5 000万元以上直接经济损失事故的危险源或发生事故的可能性较大的危险源。

二级:可能造成3~9人死亡或1 000~5 000万元直接经济损失事故的危险源或发生事故的可能性一般的危险源。

三级:可能造成1~2人死亡或100~1 000万元直接经济损失事故的危险源或发生事故的可能性较小的危险源。

二、重大危险源风险的具体划分

(一)桥梁工程指大桥、特大桥、特殊结构(形式)桥梁、跨线桥或现浇梁板的桥梁。

1. 基础施工:主要是人工挖孔桩、水上桩基础和扩大基础的深基坑施工。桩基施工风险级别定为三级危险源;如人工挖孔施工处于陡坡或悬崖上则可定为二级危险源;基坑开挖深度超过5m时,定为二级危险源,2~5m定为三级危险源。

2. 墩柱施工:主要指高空作业。按墩高划分风险级别,10~30m为三级,30~100m为二级,100m以上为一级。

3. 桥梁架设:主要指梁体吊装、刚构或连续箱梁的挂篮施工、整体承重脚手架现浇梁体的施工等。其中,风险划分梁体吊装为三级,现浇梁板施工为二级,挂篮施工、斜拉桥和悬索桥架设为一级。

(二)隧道工程:包括隧道的掘进以及竖井、斜井的施工。隧道按长度划分风险等级,1km以下为三级,1~3km为二级,3km以上为一级;如隧道地质条件复杂可适当调整风险等级。

(三)高边坡:主要指挖方和填方8m以上的边坡、半填半挖边坡和弃土场边坡。按周围环境的复杂程度和危险程度划分风险等级,8~25m为三级,25m以上为二级,如边坡下有住房可向上调整一级风险等级。

（四）爆破工程：主要指路基石方爆破和炸药储存仓库。其中，路基石方爆破定为三级，炸药储存仓库定为二级。

（五）其他重大危险源：根据工程实际情况确定，如行车较危险的施工便道，临近的设施或山体可能会对工程造成重大事故的部位；反开挖的涵洞基础施工可参考深基坑作业。

附表 1

重大危险源销号登记表

<table>
<tr><td>项目名称</td><td colspan="3"></td></tr>
<tr><td>施工单位</td><td colspan="3"></td></tr>
<tr><td>重大危险源
名称及部位</td><td></td><td>风险
级别</td><td></td></tr>
<tr><td>施工简况及
销号申请</td><td colspan="3">专职安全员（签字）________
施工负责人（签字）________
年　月　日</td></tr>
<tr><td>监理工程师
审核意见</td><td colspan="3">监理工程师（签字）________
年　月　日</td></tr>
<tr><td>建设单位
核定意见</td><td colspan="3">业主（签字）________
年　月　日</td></tr>
</table>

附表2

(项目名称)高速公路重大危险源清单表

标段及施工单位：

监理单位：

序号	重大危险源名称及部位			简况	施工时段	风险等级	施工负责人	专职安全员	监理工程师
1									
2									
3									
4									
5									
6									
7									
8									
9									
10									

16. 关于加强重点公路建设项目高危作业施工监测监控工作的通知

（2010 年 7 月 30 日　四川省交通运输厅公路水运质量监督站　川交质监函〔2010〕175 号）

各在建高速公路、重点公路建设项目公司：

按照四川省交通运输厅《关于印发〈四川省交通重点项目三年集中建设攻坚活动工作方案〉的通知》（川交函〔2010〕130 号）要求和部署，为进一步提高建设项目施工安全管控水平，促进交通建设领域施工安全生产形势持续好转，各建设单位应结合三年集中建设攻坚活动、"平安工地"建设活动和隐患排查治理工作，加强对在建项目高危作业施工点的监测监控工作。现将有关事项通知如下。

一、各建设项目应进行全线排查，统计可能存在的高危作业施工点，主要包括以下内容。

（一）桥梁工程

1. 斜拉桥、连续刚构桥梁体悬臂浇筑施工；
2. 拱桥拱圈（拱肋）的悬臂拼装施工；
3. 悬索桥索鞍吊装、猫道和主缆架设施工；
4. 钢管结构的空中拼装和混凝土灌注施工；
5. 预制梁运输和架设施工；
6. 高墩和索塔施工。

（二）隧道工程

1. 浅埋隧道施工、隧道进口及洞身浅埋段施工；
2. 软弱围岩隧道施工；
3. 高应力、高地温隧道施工；
4. 穿越不良地质（断层破碎带、涌水、煤与瓦斯）地段的隧道施工。

（三）边坡工程

1. 不良地质边坡工程施工；
2. 开挖路堑式高边坡工程支挡施工；
3. 不稳定高边坡整治工程施工。

二、针对项目可能存在的高危作业施工点，各建设项目应做好以下监测监控工作。

（一）大桥和特大桥各施工阶段需对永久结构、临时结构、主要施工装备的几何线形、受力和变位状态等进行适时监测，应重点监测以下内容。

1. 主梁或拱圈施工过程中的应力、变形（高程和轴线偏位）监测；

2. 索或大缆的内力、塔的应力和变位监测；

3. 锚碇的应力和变位监测；

4. 支架的受力、变形和稳定性监测；

5. 重要施工装备中主要受力构件的应力监测；

6. 高墩、索塔的应力、变形及稳定性监测。

（二）监控量测和超前地质预报是保证隧道施工安全和工程质量的重要举措，可有效地避免施工过程中事故的发生，隧道开挖过程中必须进行监控量测和超前地质预报。隧道工程应重点监测和预报以下内容。

1. 浅埋段地表沉降及周边建筑物沉降变形；

2. 拱顶下沉和周边位移收敛；

3. 衬砌裂缝、地表裂缝及掌子面变形观测；

4. 隧道的衬砌应力、土压力、水压力及围岩内部应力监测；

5. 隧道内有毒、有害气体浓度监测；

6. 隧道前方突水、突泥、高应力、软岩、岩溶及不良地质地段的超前预报。

（三）不良地质边坡和高边坡工程施工主要监测部位包括开挖结构面和开口线上部岩体，通过人工巡查和对观测数据进行整理、分析，掌握边坡岩体内部作用力和外部变形情况，分析、判断高边坡的稳定状况。其监测内容主要有如下几点。

1. 边坡外部变形监测；

2. 表面裂缝监测；

3. 深层变形监测；

4. 支护效应监测；

5. 爆破振动及声波监测；

6. 边坡渗流监测。

三、工作要求

（一）各建设项目施工单位应建立远程监控系统，监测监控高危作业施工点、面。

（二）各建设单位要切实加强领导，高度重视建设项目高危作业施工点、面的监控管理工作，督促施工单位和第三方监测机构严格按照监测方案实施工程监测监控工作，畅通预警预报工作机制，遏制重特大生产安全事故发生。

（三）开展日常施工安全生产检查，重点检查高危作业施工点、面的监测监控手段或措施落实情况及其取得的成效。一旦检查发现监测监控手段或措施未取得成效或成效甚微，项目建设单位应立即组织相关专家进行重新论证，并尽快落实新的监测监控手段或措施。

（四）各建设单位要突出重点，加强检查；项目监理单位要把高危作业施工监测监控方案执行情况检查纳入监理日常巡查，记录到监理日志；项目施工单位应对高危作业施工监测监控方案执行情况和成效进行经常性检查，查漏补缺，切实落实监测监控措施，使监测监控工作真正起到预警预报作用，确保施工安全。

（五）根据各建设项目不同的施工阶段和自查情况，并结合我站监督工作计划，我站将组织有关专家和人员进行专项监督检查，重点对爆破、坍塌、高瓦斯隧道、不良地质高边坡治理、桥梁合龙阶段、高墩大跨径特殊桥梁等高危施工作业的监测监控情况、取得的成效等进行检查。对于检查中发现的重大问题，我站将积极做好整改落实情况的跟踪监督检查。

17. 福建省公路水运建设工程安全生产费用管理暂行规定

（2010 年 11 月 5 日　福建省交通运输厅　闽交建〔2010〕151 号）

第一章　总　　则

第一条　为加强公路水运建设工程安全生产费用管理，建立安全生产投入长效机制，改善施工作业条件，减少施工伤亡事故，切实保障施工人员人身安全，根据《中华人民共和国安全生产法》、国务院《建设工程安全生产管理条例》、财政部和国家安全生产监督管理总局《高危行业企业安全生产费用财务管理暂行办法》、交通运输部《公路水运工程安全生产监督管理办法》、《福建省建设工程安全生产管理办法》等有关规定，制定本暂行规定。

第二条　在本省境内从事公路水运工程的新建、改建、扩建等有关活动应当遵守本规定。

第三条　本规定所称公路水运建设工程项目安全生产费用（以下简称“安全生产费用”）是指公路水运施工单位按照有关规定和施工安全标准，用于施工安全防护用具及设施的采购和更新、安全施工措施的落实、施工现场防抗台风、暴雨等自然灾害、安全生产条件的改善、加强安全生产管理等所需的费用。

第四条　安全生产费用管理坚持“项目计取、确保需要、规范使用”的原则。

第二章　安全生产费用的确定

第五条　设计单位编制工程概（预）算时，应当依据有关规定，计列安全及文明施工措施费。

第六条　建设单位在编制工程招标文件时，应当明确安全生产费用及安全生产条件、保障措施、专职安全生产管理人员配备等有关要求；并在工程量清单细目中以总额价形式单列安全生产费用作为指定报价，费用总额一般不得低于投标价的 1.0%，且该项费用不得作为竞争性报价。建设单位对工程项目的安全防护、安全施工有特殊要求需增加安全生产费用的，应当在招标文件中予以明确，并在安全生产费用项目清单中增列相应项目及费用。

第七条　施工单位在投标时，应当按照招标文件计列的安全生产费用总额报价，不得擅自更改；当建设单位单列的安全生产费用总额不能满足施工实际需要时，施工单位应在其他相关子目报价中考虑不足部分。

第三章　项目安全生产费用的使用和管理

第八条　安全生产费用应当按照有关规定，在以下范围内使用：

（一）完善、改造和维护安全防护、检测、探测设备、设施支出。

1."四口"(通道口、预留洞口、电梯井口、楼梯口)、"五临边"(未安装栏杆的平台临边、无外架防护的层面临边、升降口临边、基坑临边、上下斜道临边)等防护、防滑设施的费用。

2.防止物体、人员坠落设置的安全网、棚等费用。

3.安全警示、警告标志、标牌及安全宣传栏等购买、制作、安装及维护的费用。

4.特种设备、压力容器、避雷设施、大型施工机械、支架等检测检验费用。

5.隧道逃生管等其他安全防护、检测设施、设备的费用。

(二)配备必要的应急救援器材、设备和现场作业人员安全防护物品支出。

1.各种消防设备及器材,救生衣、圈,急救药箱及器材费用。

2.安全帽、保险带、手套、雨鞋、口罩等现场作业人员安全防护用品费用。

3.其他专门为应急救援所需而准备的物资及专用设备、工具的使用费用。

(三)聘请专家参与安全生产检查与评价费用。

(四)重大危险源、重大事故隐患的评估、监控支出。

1.对重大危险源、重大事故隐患进行辨识、评估、监控、监管费用。

2.火工材料、放射性物品的临时存放所需费用。

3.对有重大危险因素的分部、分项工程安全专项施工方案进行论证、咨询的费用。

(五)安全技能培训、进行应急救援演练及防抗台风、暴雨等自然灾害支出。

1."三类人员"和特种作业人员的安全教育培训、复训费用。

2.内部组织的安全技术、知识培训教育费用。

3.组织安全生产应急预案演练费用。

4.防抗台风、暴雨等自然灾害措施支出费用。

(六)其他与安全生产直接相关的支出。

1.召开安全生产专题会议等相关活动费用。

2.举办安全生产为主题的知识竞赛、技能比赛活动费用。

3.安全经验交流、现场观摩费用。

4.购置、编印安全生产书籍、刊物、影像资料费用。

5.配备给专职安全人员使用的相机、电脑等物品费用。

6.建设单位和监理单位共同认定的其他安全生产费用。

第九条 施工单位在以下范围内发生与安全生产相关的费用,均不列入安全生产费用,按正常工程费用渠道列支。

(一)施工单位应当为施工人员办理团体人身意外伤害险或个人意外伤害险费用。

(二)施工单位为职工提供的职业病防治、工伤保险、医疗保险费用。

(三)工地临时办公、宿舍、食堂等现场办公生活设施为达到安全要求所需费用。

(四)施工现场与外界的隔离、围挡设施费用。

(五)为保证施工期间交通安全而设置的临时安全设施和标志、标牌费用。

(六)爆破作业及穿越村镇、公路、河流、地线管线的施工现场进行防护、隔离等设施费用。

(七)按正常施工作业所设置的基坑围护、防失稳支撑、支架、安全用电等设备费用。

(八)高边坡、高路堤的稳定观测、现浇桥梁施工监控、隧道施工监控量测、超前地质预报和"第三方"检测等费用。

(九)日常安全生产检查及考核奖励费用。

(十)建设单位和监理单位共同认定的其他不列入安全生产费用支出的费用。

第十条 安全生产费用实行专款专用。施工单位应当建立健全工程项目安全生产费用列支、计取和使用制度,明确安全生产费用管理程序、职责及权限,并在财务管理中单独列出现场安全项目费用清单。施工单位应当在规定范围安排使用安全生产费用,不得挪用或挤占。

第十一条 监理单位应当对施工单位在施工现场安全生产费用使用情况进行监理。

监理单位发现施工单位在施工现场存在安全隐患或未落实安全生产费用的,应当提出要求其改正,施工单位拒不改正的,监理单位可暂时停止安全生产费用及工程款的计量支付,并及时向建设单位报告。

第十二条 建设单位应当对施工单位的安全生产费用使用情况进行监督检查。

第四章 安全生产费用的支付

第十三条 建设单位与施工单位应当在施工合同中明确安全生产费用的数额、项目清单、支付计划、使用要求、调整方式等条款;并按照本规定及合同约定及时向施工单位支付安全生产费用。在监理工程师下达开工令后,应预付安全生产费用总额的30%。

第十四条 施工单位应当根据招投标文件的要求,编报当月投入使用的安全生产费用使用报表(按项目清单编制,附相关凭证)及下个月的安全生产费用使用计划,经项目负责人签字盖章后与当月工程款计量支付表同时报送监理工程师审核。

第十五条 监理工程师收到安全生产费用使用报表后,应当在7日内对施工单位的安全生产费用使用报表进行审核,核实无误后予以签字确认。

第十六条 建设单位对经监理工程师签字确认的安全生产费用使用报表进行审核确认后,与当月工程款同时计量支付给施工单位。

第十七条 施工单位安全生产费用应根据实际需要投入使用,当实际使用费超出合同规定的安全生产费用总额的,承包人应在本项目其他相关子目的单价或总额价中予以考虑,发包人不再另行支付超出部分的安全生产费用。安全生产费用实际投入使用少于合同中规定的安全生产费用总额的,建设单位不得支付余额部分的安全生产费用。

第十八条 实行工程总承包的项目,总承包单位依法将工程分包给其他单位的,总承包单位应当与分包单位在分包合同中明确由分包单位实施的安全措施、分包工程安全生产费用及支付等条款。严禁总承包单位拖欠分包单位的安全生产费用。

第五章 安全生产费用的监督管理

第十九条 各级交通主管部门对公路水运建设工程安全生产费用计取、支付、使用实施监督检查。

跟踪审计机构应当加强对公路水运建设工程安全生产费用资金使用管理的审计监督,确保资金“专款专用”。

第二十条 各级交通主管部门在工程项目招标投标阶段,应当认真审查招标文件中安全生产费用项目清单单列情况、投标报价按本规定确定安全生产费用情况。

第二十一条 各级交通主管部门应当及时受理对公路水运建设工程安全生产费用不按规定计取、支付以及挪用挤占安全生产费用的举报和投诉,并按有关规定调查处理。

第六章 附 则

第二十二条 本规定由福建省交通运输厅负责解释。

第二十三条 本规定自发布之日起施行。

附件:安全生产费用使用清单(略)

18. 四川省公路水运建设工程安全生产费用管理办法(试行)

(2010 年 8 月 31 日　四川省交通运输厅　川交函〔2010〕596 号)

第一章　总　　则

第一条　为加强公路水运建设工程安全生产费用管理,建立安全生产投入长效机制,改善施工作业条件,减少施工伤亡事故,切实保障施工人员人身安全,根据《中华人民共和国安全生产法》、国务院《建设工程安全生产管理条例》、四川省《安全生产条例》、交通运输部《公路水运工程安全生产监督管理办法》、财政部和国家安全生产监督管理总局《高危行业企业安全生产费用财务管理暂行办法》、《四川省公路水运建设工程安全生产监督管理实施办法(试行)》等有关规定,制定本办法。

第二条　在本省境内从事公路水运工程的新建、改建、扩建等有关活动应当遵守本办法。

第三条　本办法所称公路水运建设工程安全生产费用(以下简称"安全生产费用")是指公路水运施工单位按照有关规定和施工安全标准,用于施工安全防护用具及设施的采购和更新、安全施工措施的落实、安全生产条件的改善、安全生产技术改造和进步、加强安全生产管理等所需的费用。

第四条　安全生产费用管理坚持"项目计取、确保需要、规范使用"的原则。

第二章　安全生产费用的计取

第五条　编制工程概(预)算时,应当依据公路、水运工程基本建设项目概算预算编制办法规定费率,计列安全及文明施工措施费。

第六条　建设单位在编制工程招标文件时,应当确定项目所需的安全生产费用,单列安全生产费用项目清单。建设单位对工程项目的安全防护、安全施工有特殊要求需增加安全生产费用的,应当在招标文件中予以明确,并在安全生产费用项目清单中增列相应项目及费用。安全生产费用应专款专用,不得挤占其他工程建设费用。

第七条　施工单位应当按照招标文件计列的安全生产费用项目清单报价,安全生产费用总额一般不得低于投标价的 1.0%,且不得作为竞争性报价。

第三章　安全生产费用的支付

第八条　建设单位与施工单位应当在施工合同中明确安全生产费用的数额、项目清单、支付计划、使用要求、支付条件、调整方式等条款。

第九条 施工单位应当根据招投标文件的要求，编报当月投入使用的安全生产费用使用报表（按项目清单编制，附相关凭证）及下个月的安全生产费用使用计划，经项目负责人签字盖章后与当月工程款计量支付表同时报送监理工程师审核。

第十条 监理工程师收到安全生产费用使用报表后，应当在7日内对施工单位的安全生产费用使用报表进行审核，核实无误后予以签字确认。

第十一条 建设单位对经监理工程师签字确认的安全生产费用使用报表进行审核确认后，与当月工程款同时计量支付给施工单位。

第十二条 施工单位安全生产费用实际投入使用少于合同中规定的安全生产费用总额，建设单位不得支付余额部分的安全生产费用。

第四章 安全生产费用的使用

第十三条 安全生产费用应当按照有关规定，在以下范围内使用（具体支付范围及清单见附件）。

（一）购置、改造、维护和完善安全防护、检测、探测设备、设施支出。

（二）应急救援器材、设备和现场作业人员安全防护物品支出。

（三）安全生产宣传教育、检查与评价支出。

（四）重大危险源、重大事故隐患的评估、整改、监控支出。

（五）安全生产技术改造和进步，安全技能培训及进行应急救援演练支出。

（六）其他与安全生产直接相关的支出。

第十四条 施工单位在以下范围内发生与安全生产相关的费用，均不列入安全生产费用，按正常工程费用渠道列支。

（一）施工单位应当为施工人员办理团体人身意外伤害险或个人意外伤害险费用。

（二）施工单位为职工提供的职业病防治、工伤保险、医疗保险费用。

（三）工地临时办公、宿舍、食堂等现场办公生活设施为达到安全要求所需费用。

（四）施工现场与外界的隔离、围挡设施费用。

（五）为保证施工期间交通安全而设置的临时安全设施和标志、标牌费用。

（六）爆破作业及穿越村镇、公路、河流、地线管线的施工现场进行防护、隔离等设施费用。

（七）按正常施工作业所设置的基坑围护、防失稳支撑、支架、安全用电等设备费用。

第十五条 安全生产费用实行专款专用。施工单位应当建立健全工程项目安全生产费用管理、计取和使用制度，明确安全生产费用管理、计取和使用的程序、职责及权限。施工单位应当在规定范围安排使用安全生产费用，不得挪用或挤占。

第十六条 监理单位应当对施工单位在施工现场安全生产费用使用情况进行监理。

监理单位发现施工单位在施工现场存在安全隐患或未落实安全生产费用的，应当提出要求其改正，施工单位拒不改正的，监理单位可暂时停止工程款的计量支付，并及时向建设单位报告。

第十七条 建设单位应当至少每半年对施工单位的安全生产费用使用情况进行监督检查。

第五章　安全生产费用的监督管理

第十八条　各级交通主管部门及各级公路水运工程质量监督机构应对公路水运建设工程安全生产费用计取、支付、使用实施监督管理。

跟踪审计机构应当加强对公路水运建设工程安全生产费用资金使用管理的审计监督,确保资金足额支付,“专款专用”。

第十九条　各级交通主管部门在工程项目招标投标阶段,应当认真审查招标文件中安全生产费用项目清单单列情况、投标报价按本办法确定安全生产费用情况。

第二十条　各级交通主管部门应当及时受理对公路水运建设工程安全生产费用不按规定计取、支付以及挪用挤占安全生产费用的检举、控告和投诉。

第六章　附　　则

第二十一条　本办法由四川省交通运输厅负责解释。

第二十二条　本办法自发布之日起施行。

附件:1. 安全生产费用使用范围
　　　2. 安全生产费用使用清单

附件 1

安全生产费用使用范围

一、购置、改造、维护和完善安全防护、检测、探测设备、设施支出

（一）登高作业：平面及立面安全网，安全护栏，桥面临边防护，地面防护棚，爬梯（上下通道）及防护网，监视设施，其他安全保护措施。

（二）深坑（孔）作业：临边安全网，临边护栏，坑（孔）口遮盖设施，上下通道的安全网，爬梯（通道）及防护网，其他安全保护措施。

（三）线路交叉作业：交通管制、疏导、警示等临时交通安全设施，防护棚，隔离护栏及安全网，减速带，信号灯，抢通保通，其他安全保护措施。

（四）隧道作业：人员进洞搜身器，人员进出洞刷卡器，台车（台架）临边护栏，专用区域隔离护栏，交通警示设施，监视设施（不含瓦检系统），灭火器具，矿灯，临时存放火工品的防爆箱，交通信号灯，交通指挥棒，各种有毒有害气体及粉尘检测仪，风速检测仪，其他安全保护措施。

（五）施工现场管理：场地和便道的临边防护栏、安全网、隔离围墙、砖石（混凝土）砌块等安全围挡设施，预留孔洞口防护栏及安全网，防风防雨灯罩，施工机具防护棚，应急照明灯，消防池，固压防护，森林防火设施，主动（被动）防护网，喷锚、框格锚杆等高边坡（深坑）防护，非人为因素发生事故的抢险、道路保通，爆破作业警戒设施，特殊结构物（部位）封闭施工防护设施，其他安全保护措施。

（六）“三库”管理：监视系统的探头，防潮风扇、防潮垫板、恒温设施，避雷针，防静电设施，灭火器具，防护围堤，隔离护栏（护网），火工品库房检查验收，温度计，湿度计，其他安全保护措施。

（七）设备安全（保险）装置：漏电保护开关，施工用电接地保护装置，防触电保护装置，三级（二级）漏电（断电）保护标准配电箱，外电防护，各类施工机具、机电设备的安全装置，起重（提升）机械的各种保护及保险装置，压力容器的保险及信号装置，其他安全保护措施。

（八）其他：各种安全警示、警告、标志与标牌的购买、制作、安装及维护，起重机械、爬模、架桥机等特殊设施设备的安全防护，以及经设计单位明确的安全防护设施、设备和经监理、业主批准需完善、改造和维护的安全防护设备、设施。

二、应急救援器材、设备和现场作业人员安全防护物品支出

（一）应急救援设备（器材）：医用氧气、止血消毒等急救药品及器材，应急照明灯，应急通风电费，应急排水电费，消防设备（器材），防毒面具，对讲机等应急通信设备，编织袋等应急抢险备用材料（物资）等。

（二）个人安全防护设备：安全带，保险绳，安全帽，防尘口罩，耳塞，护目镜，防护面罩，手套，雨衣，雨鞋，雨具，绝缘靴，反光背心，安全员工作服，安全袖标，水上作业救生衣（救生器具）等。

（三）其他专门为应急救援所需而准备的物资、专用设备、工具的费用。

三、安全生产宣传教育、检查与评价支出

(一)特种设施设备的检验检测或标定:施工电梯、塔机、龙门吊、架桥机、压力容器、生活锅炉、火工品库房、预制场轨道式门式起重机、汽车吊、避雷设施等特种设施设备的检验检测。

(二)安全评价:委托安全评价机构进行安全预评价,聘请外部专家对桥梁、隧道、线路交叉工点、"三库"、便道、便桥等特殊重大工点的专项施工方案进行安全咨询及评价,特殊结构、特殊工点等安全评估。

(三)日常安全生产检查、评估费用。

四、重大危险源、重大事故隐患的评估、整改、监控支出

(一)对重大危险源、重大事故隐患进行辨识、评估、监控、监管费用。

(二)爆破物、放射性物品的储存、使用、防护费用。

(三)对有重大危险因素的分部、分项工程安全专项施工方案进行论证、咨询的费用。

五、安全生产技术改造和进步、安全技能培训及进行应急救援演练支出

(一)安全教育培训:购置、编印安全生产宣传与教育书籍、挂图、报刊、音像资料,安全知识竞赛,参加"三类人员"和特种作业人员的安全教育培训、复训,参加外部组织的其他教育培训,布置安全生产展览,制作安全宣传栏,制作安全宣传标语,聘请外部专家或机构进行安全教育培训,内部组织安全专项教育培训,其他安全教育培训。

(二)应急救援预案演练:一次性消耗或报废的演练材料、器材(器械),演练宣传(含媒体宣传),标语标牌(横幅),指挥旗,袖标,应急照明灯,邀请公安、消防、医疗等单位联合参演等。

六、其他与安全生产直接相关的支出

召开安全生产专题会议,安全经验交流、现场观摩,配备给专职安全人员使用的相机、电脑等物品,安全生产奖励费用,作业人员健康体检,办公区和生活区的防腐、防毒、防四害、防雷击、防静电、防煤气中毒、防火等设施(器具),其他与安全生产直接相关且经业主、监理审批同意旨在增加施工安全度的工作。

附件2

安全生产费用使用清单

序号	费用大类	使用细目	费用(元)
1	完善、改造和维护安全防护、检测、探测设备、设施支出	①“四口”“五临边”等防护、防滑设施	
		②防止物体、人员坠落设置的安全网、棚等	
		③安全警示、警告标识、标牌及安全宣传栏等购买、制作、安装及维修、维护	
		④特种设备、压力容器、避雷设施、大型施工机械、支架等检测检验,设备维修养护	
		⑤其他安全防护设施、检测设施、设备	
2	配备必要的应急救援器材、设备和现场作业人员安全防护物品支出	①各种应急救援设备及器材,救生衣、圈,急救药箱及器材	
		②安全帽、保险带、手套、雨鞋、口罩等现场作业人员安全防护用品	
		③其他专门为应急救援所需而准备的物资、专用设备、工具	
3	安全生产宣传教育、检查与评价支出	①日常安全生产检查、评估	
		②聘请专家参与安全检查和评价	
4	重大危险源、重大事故隐患的评估、整改、监控支出	①对重大危险源、重大事故隐患进行辨别、评估、整改、监控、监管	
		②爆破物、放射性物品储存、使用、防护	
		③对有重大危险因素的分部、分项工程安全专项施工方案进行论证、咨询	
5	安全生产技术改造和进步、安全技能培训及进行应急救援演练支出	①“三类人员”和特种作业人员的安全教育培训、复训	
		②内部组织的安全技术、知识培训教育	
		③组织应急救援演练	
6	其他与安全生产直接相关的支出	①召开安全生产专题会议等相关活动	
		②举办安全生产为主题的知识竞赛、技能比赛等活动	
		③安全经验交流、现场观摩	
		④购置、编印安全生产书籍、刊物、影像资料	
		⑤配备给专职安全员使用的相机、电脑等物品	
		⑥安全生产奖励费用:发给专职安全员工资以外的安全目标考核奖励,安全生产工作先进个人、集体的奖励	
安全生产费用总额			
合同投标价			
比例			

19. 云南省公路建设工程安全生产费用管理暂行规定

（2010 年 3 月 17 日　云南省交通运输厅　云交基建〔2010〕200 号）

第一章　总　　则

第一条　为加强云南省公路建设工程项目安全生产费用管理，建立安全生产投入长效机制，改善施工作业条件，减少施工伤亡事故，切实保障施工人员人身安全，根据《中华人民共和国安全生产法》、国务院《建设工程安全生产管理条例》、交通运输部《公路水运工程安全生产监督管理办法》、财政部和国家安全生产监督管理总局《高危行业企业安全生产费用财务管理暂行办法》、其他省《公路水运建设工程安全生产费用管理暂行规定》等相关安全生产法律法规，结合云南省公路建设实际，制定本办法。

第二条　本规定适用于我省境内列入国家和地方交通基本建设计划的公路新建、扩建、改建工程，高速公路养护大修等工程项目。

第三条　本规定所称安全生产费用是指在公路建设工程中确保安全作业环境及安全施工措施及条件所需的安全生产费用。

第四条　安全生产费用管理坚持“项目计取、确保需要、规范使用”的原则。

第二章　安全生产费用的计取

第五条　编制公路建设项目概（预）算时，应当依据公路工程基本建设项目概算预算标准办法规定费率，单列安全及文明施工措施费，不得扣减或隐含在其他项目内。

第六条　建设单位或委托招标单位在编制工程招标文件时，应当确定项目所需的安全生产费用，单列安全生产费用项目清单。建设单位对工程项目的安全防护、安全施工有特殊要求需增加安全生产费用的，应当在招标文件中予以明确，并在安全生产费用项目清单中增列相应项目及费用。

第七条　施工单位应当按照招标文件计列的安全生产费用项目清单报价，安全生产费用总额不得低于投标价的 1.0%，且不得作为竞争性报价（不参与 100 ~ 700 章汇总）。

第三章　安全生产费用的管理与支付

第八条　建设单位与施工单位应当在合同文件中明确安全生产费用项目清单、数额、支付方式、使用要求、调整形式等条款。

第九条 施工单位应当在开工前依据合同文件编制安全生产费用总体使用计划,指导项目建设周期内有效使用安全生产费用。每月应编制具体投入部位和安全设施设计图纸及详细的使用清单计划,监理工程师应进行审核。

第十条 安全生产费用实行专款专用,不得挪用或挤占。实际投入细目与清单细目费用有出入的,经建设指挥部和监理单位同意,可在安全生产费用其他细目中适当调整。同项目安全设备设施单价出入存在较大争议的,可由建设指挥部组织不少于3家施工单位共同询价,确定全线指导范围价使用。

施工单位应当建立安全生产费用管理、计取、使用制度。健全安全生产费用痕迹管理资料台账,包含从购买、入库、领用、回收等环节的监控及证明所投入的票据凭证资料。

第十一条 监理单位应当对安全生产费用使用情况进行监理。对使用安全生产费用所投入的设备、设施、防护用品及本规定使用范围的支出等方面,进行验收签认。

第十二条 施工单位应当根据合同文件的要求,编报当月投入使用的安全生产费用使用报表(计量支付报表格式可参照土建支付样本,按项目清单编制,附票据凭证及监理过程验收记录)和次月安全使用计划,经项目负责人签字盖章后与当月工程款计量支付表同时报送监理工程师审核。

第十三条 监理工程师收到安全生产费用使用报表后,应当在7日内对施工单位的安全生产费用使用报表进行审核,核实无误后予以签字确认。

第十四条 建设单位对经监理工程师签字确认的安全生产费用使用报表进行审核确认后,与当月工程款同时计量支付。

第十五条 施工单位安全生产费用实际投入使用超出合同文件中安全生产费用总额的,一般不单独计量支付。若建设指挥部对安全防护、安全施工有特殊要求需计量支付的,超出部分可以在其他暂定金额项目中计取。安全生产费用实际投入使用少于合同文件中安全生产费用总额的,建设单位不得支付余额部分的安全生产费用。

第十六条 实行总承包依法将工程进行分包的,应当在分包合同中明确由分包单位实施的安全措施、安全费用及支付等条款。分包单位安全生产条件及措施投入不足的可以由总包单位配足。安全生产费用不得由劳务分包队伍承担。

第十七条 监理单位发现施工单位在施工现场存在安全隐患或未落实安全生产费用的,应当责令其改正,施工单位拒不改正的,监理单位可暂时停止工程款和安全生产费用的计量支付,并及时向建设单位报告。

第十八条 建设单位应当至少每半年对施工单位的安全生产费用使用情况进行监督检查。

第四章 安全生产费用的使用范围

第十九条 安全生产费用应当用于本施工项目的安全防护用具及设施的采购和更新、安全施工措施的落实、安全生产条件的改善,不得挪作他用。使用范围包括如下。

(一)完善、改造和维护安全防护、检测、探测设备、设施支出。

1.“四口”(通道口、预留洞口、电梯井口、楼梯口)、“五临边”(未安装栏杆的平台临边、无外架防护的层面临边、升降口临边、基坑临边、上下斜道临边）等防护、防滑设施的费用；

2. 防止物体、人员坠落设置的安全网、棚等费用；

3. 安全警示、警告标志、标牌及安全宣传栏等购买、制作、安装及维护的费用；

4. 特种设备、压力容器、避雷设施、大型施工机械、支架等检测检验费，设备维修养护费用；

5. 隧道、挖孔桩等工程部位有害气体检测及购置、维护检测设备费用；

6. 其他安全防护、检测设施、设备的费用。

（二）配备应急救援器材、设备和现场作业人员安全防护物品支出。

1. 各种消防设备及器材，救生衣、圈，急救药箱及器材费用；

2. 安全帽、保险带、手套、雨鞋、口罩、特种作业人员专用工作防护服等现场作业人员安全防护用品费用；

3. 其他专门为应急救援所需而准备的物资、专用设备、工具的费用。

（三）安全生产检查与评价支出。

1. 日常安全生产检查、评估费用；

2. 聘请专家参与安全检查和评价费用。

（四）危险源、事故隐患的评估、整改、监控支出。

1. 对重大危险源、重大事故隐患进行辨识、评估、监控、监管费用；

2. 爆破物、放射性物品的储存、使用、防护费用；

3. 对有重大危险因素的分部、分项工程安全专项施工方案进行论证、咨询的费用。

（五）安全技能培训及进行应急救援演练支出。

1. “三类人员”和特种作业人员的安全教育培训、复训费用；

2. 内部组织的安全技术、知识培训教育费用；

3. 组织应急预案演练费用。

（六）其他与安全生产直接相关的支出。

1. 召开安全生产专题会议等相关活动费用；

2. 举办安全生产为主题的知识竞赛、技能比赛活动费用；

3. 安全经验交流、现场观摩费用；

4. 购置、编印安全生产书籍、刊物、影像资料费用；

5. 配备给专职安全人员使用的相机、电脑等物品费用；

6. 安全生产奖励费用：发给专职安全员工资总额以外的安全目标考核奖励，安全生产工作先进个人、集体的奖励；

7. 建设单位和监理单位共同认定的其他安全生产费用。

第二十条　施工单位在以下范围内发生与安全生产相关的费用，均不列入安全生产费用，按正常工程费用渠道列支。

（一）施工单位应当为施工人员办理人身意外伤害险费用。

（二）施工单位为职工提供的职业病防治、工伤保险、医疗保险费用。

（三）工地临时办公、宿舍、食堂等现场办公生活设施为达到安全要求所需费用。

（四）除建设指挥部与监理单位协商同意外，施工现场与外界的隔离、围挡设施费用；以及为保证施工期间交通安全而设置的临时安全设施和标志、标牌费用。

（五）爆破作业及穿越村镇、公路、河流、地线管线的施工现场进行防护、隔离等设施费用。

（六）按正常施工作业所设置的基坑围护、防失稳支撑、支架、安全用电等设备费用。

（七）工程量清单中600章所包含的安全设施及预埋管线费用。

（八）可以使用在永久工程中，临时储备存放的应急救援物资费用。

第五章　安全生产费用的监督管理

第二十一条　各级交通主管部门对公路建设工程安全生产费用计取、支付、使用实施监督管理。

第二十二条　跟踪审计机构应当根据本规定加强对公路建设工程安全生产费用资金使用管理的审计监督，确保资金“专款专用”。

第二十三条　各级交通主管部门在工程项目招标投标阶段，应当认真审查招标文件中安全生产费用项目清单单列情况、投标报价按本规定确定安全生产费用情况。

第二十四条　各级交通主管部门应当及时受理对公路建设工程安全生产费用不按规定计取、支付以及挪用挤占安全生产费用的检举、控告和投诉。

第六章　附　　则

第二十五条　本规定由云南省交通运输厅负责解释。

第二十六条　本规定自发布之日起施行。

附件：安全生产费用使用清单（略）

20. 关于发布《公路工程施工安全监理指南》(试行)的通知

(2010 年 5 月 14 日　贵州省交通运输厅　黔交安〔2010〕13 号)

各市(州、地)交通局、厅属各单位:

为更好地贯彻落实交通运输部《公路水运工程安全生产监督管理办法》,促进贵州省公路工程安全监理工作向程序化、规范化、科学化发展,提高公路工程施工安全监理工作的水平。根据贵州省交通运输厅《关于下达 2008 年科学技术项目计划表的通知》(黔交科教〔2008〕16 号)精神,由贵州省交通建设工程质量监督局、贵州高速公路开发总公司及交通运输部科学研究院等单位共同编制了《公路工程施工安全监理指南》(试行)(以下简称"《指南》"),由厅组织进行了鉴定验收,现发布试行。

请各单位在执行本《指南》中注意收集存在的问题和意见,并及时向厅反馈,以便修订时参考。

联系人:周畅

联系电话:0851 - 5922272(传真)

电子信箱:gzsjttaqc@163. com

附件:《公路工程施工安全监理指南》(试行)(略)

21. 浙江省公路水运建设工程施工现场安全标志和安全防护设施设置规定(试行)

(2011 年 3 月 28 日　浙江省交通运输厅　浙交〔2011〕68 号)

第一章　总　　则

第一条　为加强我省公路水运建设工程安全生产管理,规范施工现场安全标志和安全防护设施的设置,减少施工伤亡事故,切实保障施工人员人身安全,根据《建设工程安全生产管理条例》、《公路水运工程安全生产监督管理办法》、《公路工程施工安全技术规程》和《水运工程施工安全防护技术规范》等有关法规、规章、标准,结合我省实际,制定本规定。

第二条　本省境内从事公路水运建设工程的新建、改建、扩建等有关活动应当遵守本规定。

第三条　本规定所称的公路水运建设工程施工现场安全标志(以下简称"安全标志")是指在公路水运建设工程施工现场设置的由图形符号、安全色、几何形状(边框)或文字构成的用以表达特定安全信息的标志。

本规定所称的公路水运建设工程施工现场安全防护设施(以下简称"安全防护设施")是指在公路水运建设工程施工现场预防施工时发生人员伤亡事故而设置的各类安全设施、设备、器具等。

第四条　公路水运建设工程施工现场安全标志和安全防护设施应当根据"安全可靠、技术可行、经济实用"的原则设置。

第二章　安全标志设置

第五条　安全标志类型分为禁止标志、警告标志、指令标志和提示标志。禁止标志是指禁止不安全行为的图形标志;警告标志是指提醒周围环境引起注意,避免可能发生危险的图形标志;指令标志是指必须做出某种动作或采取防范措施的图形标志;提示标志是指提供某种信息的图形标志。

第六条　安全标志的基本形式、颜色、图形、文字说明及制作材料应当符合《安全标志及其使用导则》(GB 2894—2008)、《安全色》(GB 2893—2008)的要求。临时性道路交通标志应当符合《公路临时性交通标志技术》(JTT 429—2000)和《道路交通标志和标线》(GB 5768—2009)的要求。具体设置应满足附件 1 的要求。

标志牌应当完整清晰,材质质地坚固耐久,有触电危险的作业场所应使用绝缘材料。

第七条 施工单位应当在施工阶段,结合作业条件、施工环境等因素在施工现场设置表示禁止、警告、指令和提示等信息的安全标志,安全标志的设置必须符合国家标准。

第八条 施工单位应当在施工现场入出口处、施工起重机械、临时用电设施、脚手架、出入通道口、梯道口、沿线交叉口、孔洞口、桥梁口、隧道口、基坑边沿、临空临边、作业场站、爆破物及有害危险气体和液体存放处等事故易发生的危险部位设置足够、有效、明显的安全标志,其设置要求如下。

(一)施工现场出入口处。应根据需要设置"施工危险、闲人免进、当心落物、当心吊物、当心扎脚、注意安全、必须戴安全帽"等标志;结合标准化工地和平安工地要求在主出入口处设置安全生产"五牌一图",即工程告示牌、安全文明施工告示牌、安全生产措施告示牌、危险源告示牌、消防保卫告示牌和施工现场总平面图示牌。

(二)施工起重机械等设备。在施工机具旁应设置"作业范围内禁止站人、当心触电、当心伤手、当心机械伤人"等标志和相应的安全操作规程告示牌;在木工机械处应设置"禁止戴手套"等标志;机械、电气设备维修时在相应的机械、电气开关处要设置"禁止启动、禁止合闸"等标志;龙门架、脚手架等处的醒目处应设置"禁止攀登、禁止停留、当心落物"等标志;配电房、电气设备开关处、发电机、变压器等附近应设置"禁止烟火、禁放易燃物、当心触电、注意锁门"等标志。

(三)出入通道口及梯道口。出入通道口应设置"安全通道"标志,设置"禁止停留、注意安全、当心落物、必须戴安全帽、仅供人通行"等标志,车行通道还应设置"限速、限宽、限高"等标志;梯道口应设置"注意安全、必须戴安全帽、仅限人攀登"等标志。

(四)沿线交叉口。应设置"非工作人员禁止入内、注意安全、当心行人车辆、前方施工注意安全"等标志,交叉施工、边通行边施工路段等作业区两端还应设置交通路标、交通警告、警示、诱导标志等临时性道路交通标志,必要时,施工作业区两端应当配备必要的交通指挥人员或设置交通信号灯。

(五)孔洞桥隧口。孔洞口应设置"禁止入内、注意安全、当心坑洞"等标志;桥梁隧道口应设置"非工作人员禁止入内、注意安全、必须戴安全帽"等标志。

(六)基坑边沿及临空临边。基坑边沿应设置"非工作人员禁止入内、当心坑洞、当心坍塌、当心坠落"等标志;临空临边应设置"禁止靠边、禁止抛物、注意安全、当心坠落、必须戴安全帽、必须系安全带"等标志,相应地面周边区域内应设置"注意安全、当心落物"等标志;基坑边沿及临空临边,必要时夜间要设置照明灯或示警灯。

(七)作业场站。结合实际应设置"非工作人员禁止入内、禁止烟火、注意安全、当心坑洞、当心触电、当心伤手、当心扎脚、必须戴安全帽、必须穿救生衣"等标志;振捣混凝土场所应设置"必须戴防护手套、必须穿防护鞋"等标志;雨天路滑处应设置"当心滑跌"标志。

(八)爆破物及有害危险气体和液体存放处。设置"非工作人员禁止入内、禁止烟火、禁止带火种、禁止易燃物、当心爆炸、安全通道"等标志。

安全标志的具体设置可参照附表1,但应根据工程实际和施工安全需要进一步补充完善,合理确定。

第九条 安全标志应当设置在醒目处,高度与视线尽量一致,基础稳定牢固,不得擅自拆除或移动,多个安全标志同时设置时要求排序合理整齐。

第三章　安全防护设施设置

第十条　安全防护设施主要包括安全围栏(挡)、防护栏杆、防护盖板(网)、脚手架及操作平台、爬梯、张拉挡板、安全通道、防落天棚、安全网、安全带(绳)、安全帽、救生衣等,防护设施本身应符合安全性、有效性要求,其设置基本要求如下:

(一)安全围栏(挡)。围栏(挡)高度不小于1.8m,围栏(挡)立柱埋入深度不小于50cm,混凝土固定,相邻立柱间距不大于2m,立柱顶部离地面高度不小于1.9m,立柱设置上下两道横杆,上杆离地高度1.8m,下杆离地高度为0.6m,外侧用密目式安全网或隔离栅封闭,立柱、栏杆均采用钢管。封闭式施工现场的施工区、生活区围墙高度不小于2.5m,选用砌体、金属板材等硬质材料。

(二)防护栏杆。栏杆高度不小于1.2m,立柱埋置或固定牢固,相邻立柱间距不大于2m,立柱顶部离地面高度不小于1.4m,立柱须设置扫地杆及上中两道栏杆,上杆高度1.2m,中杆高度0.6m,栏杆用黑黄或红白相间的条纹标示,临空临边处设置挡脚板和安全网,挡脚板高度不应小于18cm,立柱、栏杆均采用钢管。

(三)防护盖板(网)。孔洞等处的防护盖板(网)应采用钢板等硬质材料制作,安装牢固。采用钢筋网盖时,网格应不大于5cm×5cm,钢筋采用ϕ14mm及以上规格。

(四)脚手架及操作平台。采用钢管搭设,符合行业标准《建筑施工扣件式钢管脚手架安全技术规范》等标准的规定。操作平台应满足强度要求,并固定牢固,搭设面积足够、满铺、操作方便,大型操作平台应进行稳定性验算。

(五)爬梯。应采用固定式爬梯,爬梯结构及其支撑结构应用金属制成,构造牢固可靠,能满足人行或材料运输需要,有特殊使用要求的应作专门的设计验算,梯身及两端必须固定牢固在支撑结构及工程实体上,梯道面宜使用钢质材料并设防滑条,爬梯坡度应符合使用及有关规范要求,踏板上下间距不超过30cm,梯宽一般不应小于100cm,梯子顶端的踏棍应与攀登的顶面齐平,并设置1.2m高的扶手。独立制作的爬梯高度超过6m或依托支架制作的爬梯高度超过3m时,必须分别按每6m、每3m设置梯间转向平台,平台宽度不低于梯宽;梯道和平台均应设置两道栏杆和挡脚板,栏杆高度不低于1.2m,挡脚板高度不小于20cm,栏杆用黑黄或红白相间的条纹标示,栏杆外侧加设密目式安全网。必要时爬梯顶面应加设护笼。

(六)安全通道。临空的安全通道应经专门设计和受力验算,采用钢材加工制作,通道两侧设置牢固的立柱和防护栏杆,立柱间距不大于2m,防护栏杆由上、下两道横杆组成,上杆高度1.2m,下杆高度0.6m,栏杆用黑黄或红白相间的条纹标示,两侧设置安全防落网。通道两端的搁置长度应不小于20cm,并固定牢固。

(七)防落天棚。防落天棚搭设应满足承重、防雨的要求,棚顶应当具有足够的抗砸能力。防落天棚的高度应符合安全通行要求,长度应超过支架等上部设施的两侧,并按防高处落物半径确定,宽度以不减少道路原通行路面的宽度及防高处落物半径为底限确定;天棚的材料,应使用钢管,按脚手架标准设计和搭设,并刷红白相间的条纹标示,棚顶可采用满覆盖竹脚手架片或木板后再覆盖一层密目式安全网,侧面设一定高度的密目式安全网;在天棚的通行口外,设置限定车辆通过高度的门框架,框架周边贴反光膜;设置必要的交通提示、警告、导向牌、锥帽、水码、信号灯、反光镜等交通设施。

(八)张拉挡板。张拉挡板应采用钢板等硬质材料制作,面积不小于2m×2m,钢板厚度不小于0.5cm,挡板基础稳定,固定牢固。

(九)安全网、安全带(绳)、安全帽等。其质量、使用和保管应分别符合现行国家标准《安全网》(GB 5725—2009)、《安全带》(GB 6095—2009)、《安全帽》(GB 2811—2007)等的规定。

第十一条　施工单位应当根据施工过程安全生产需要,综合施工现场及周边施工作业环境、作业条件等因素,在施工现场易发生事故的危险部位设置有效的安全防护设施;对不安全因素多,在作业过程中既容易伤害作业人员,也容易伤害施工现场以外的人员的,应将施工现场与外界隔离,实施封闭式施工管理。

安全防护设施的设置要求可参照附表2,但应根据工程实际和施工安全需要进一步补充完善,合理确定。

第十二条　安全防护设施设置要求部位合理,安装稳定牢靠,设施本身外观清晰,材质坚固耐用,结构尺寸完整,颜色布置合理有效。

第十三条　施工现场应当优先考虑采用定型化、标准化、工具化的安全防护设施,对于要求承重的大型安全防护设施应当根据施工荷载大小进行独立设计制作。

第十四条　安全防护设施安装设置应与所防护的对象合理配套,具有安全可靠的防护作用,作业环境视线不良时,应当增设必要的照明设施和警示警告标志。

第四章　安全标志和安全防护设施管理

第十五条　施工单位应当在项目开工前,根据施工安全需要,结合工程实际和具体工程内容编制施工现场安全标志和安全防护设施设置总体计划,绘制安全标志和安全防护设施平面布置图,真实完整地列出安全标志和安全防护设施设置内容和清单目录,经监理单位审查确认后,报建设单位备案。在实施过程中应做好安全标志和安全防护设施具体设置情况的动态登记。

第十六条　施工单位应当根据不同施工阶段设置安全标志和安全防护设施,施工前应当派驻专职安全管理人员对安全标志和安全防护设施的设置进行自检,经监理单位验收合格后,方可投入使用。

第十七条　施工单位应当建立施工现场安全标志和安全防护设施管理制度,定期组织检查、维修和保养安全标志和安全防护设施,建立相应的维修和保养档案,并按有关规定及时报废更新。

第十八条　监理单位应当及时审查确认施工单位施工现场所需的安全标志和安全防护设施设置总体计划、平面布置图、清单目录及所需费用,及时报备建设单位。

第十九条　监理单位应当加强施工现场安全标志和安全防护设施的设置检查,重点检查安全标志和安全防护设施设置的符合性、合理性、安全性和有效性,及时对施工现场安全标志和安全防护设施设置进行检查验收。

第二十条 建设单位应当督促施工单位做好施工现场安全标志和安全防护设施设置总体计划、平面布置图和清单目录的编制和实施工作，督促监理单位加强对施工现场安全标志和安全防护设施设置的管理。

第二十一条 建设单位应当为施工现场安全作业环境提供条件，优先安排安全标志和安全防护设施所需的安全生产费用，确保安全生产费用及时到位。

第二十二条 建设单位、监理单位、施工单位可根据本办法，结合具体工程实际和特点进一步细化具体的操作规定。

第二十三条 公路水运建设工程施工现场安全标志和安全防护设施的设置除执行本规定外，还应符合有关法律法规和现行强制性标准、规范的规定。

第二十四条 安全生产监督机构在检查时发现安全标志和安全防护设施制作、设置等问题严重、整改不力或多次整改仍然存在问题的，可按照有关规定对从业单位进行行政处罚，并将其列入安全监督检查重点名单中，登录在安全生产信用管理系统中，并向有关部门通报。

第五章 附 则

第二十五条 从业单位或个人违反本规定，按照《中华人民共和国安全生产法》、《建设工程安全生产管理条例》和《浙江省安全生产条例》及其他有关法律、法规的相关规定，给予行政处罚。

第二十六条 本规定由浙江省交通运输厅负责解释。

第二十七条 本规定自发布之日起施行。

附件1

安全标志基本要求及示例

一、安全标志分为禁止标志、警告标志、指令标志和提示标志四类

(1)禁止标志：其几何图形为带斜杠的圆环，斜杠和圆环为红色，图形符号为黑色，其背景为白色。禁止标志尺寸应当根据危险部位的性质及周边环境状况确定，安全标志基本形式的尺寸：外径不小于25~50cm。

如：禁止入内、禁止烟火、禁止攀登、禁止用水灭火、禁止合闸、禁止放易燃物、禁止抛物等标志。

(2)警告标志：警告标志的含义是使人们注意可能发生的危险。其几何图形是正三角形，三角形的边框和图形符号颜色为黑色，其背景为黄色。警告标志尺寸应当根据危险部位的性质及及周边环境状况确定，基本形式尺寸：三角形外边不小于30~60cm。

如:当心坑洞、当心塌方、当心触电、当心坠落、注意安全、当心机械伤人等标志。

(3)指令标志:指令标志的含义是告诉人们必须遵守某项规定。其几何图形是圆形,其背景色是具有指令含义的蓝色,图形符号为白色。指令标志尺寸应当根据危险部位的性质及周边环境状况确定,基本形式尺寸:圆形图案直径不小于25~50cm。

如:必须戴安全帽、必须穿救生衣、必须系安全带、必须戴防护眼镜等标志。

(4)提示标志:是指示目标方向的安全标志。几何图形是长方形,图形背景为绿色,图形符号及文字为白色。

二、临时性道路交通标志

临时性道路交通标志形式符合《道路交通标志和标线》(GB 5768—2009)和《公路临时性交通标志技术》(JT/T 429—2000)。

如:施工路栏、锥形交通标、道口标注、车辆慢行等。

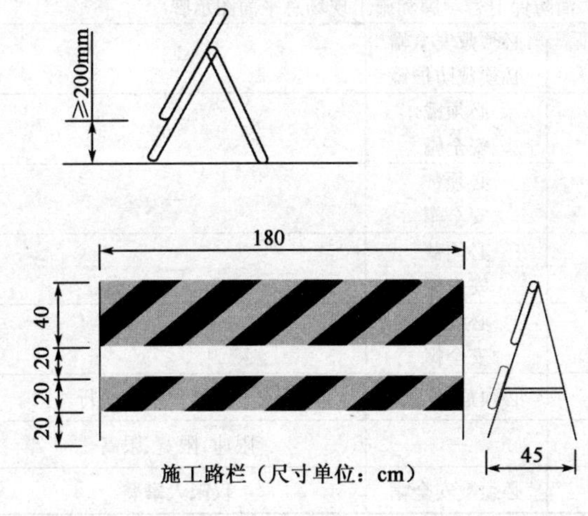

施工路栏(尺寸单位:cm)

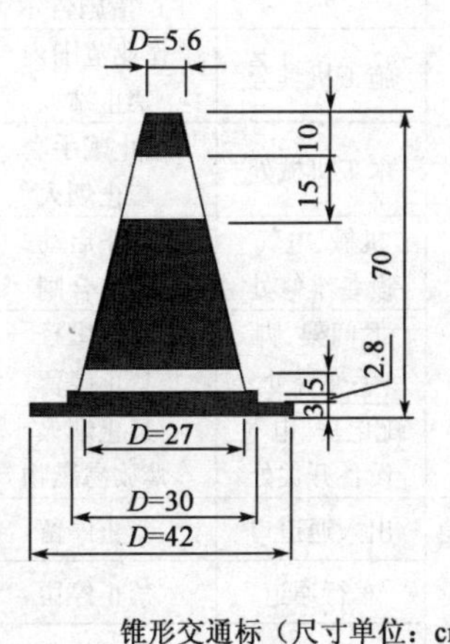

锥形交通标(尺寸单位:cm)

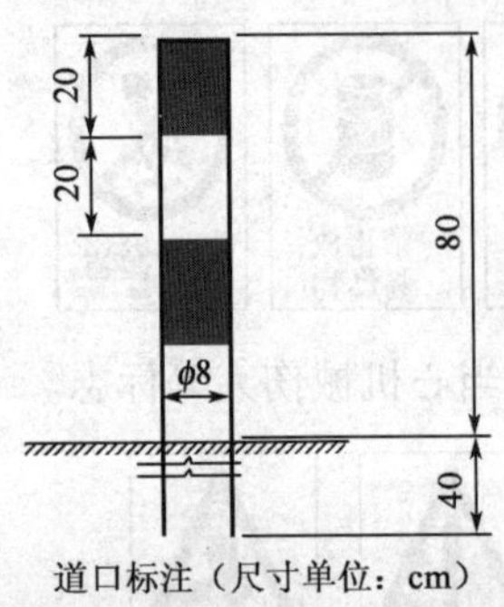

道口标注（尺寸单位：cm）

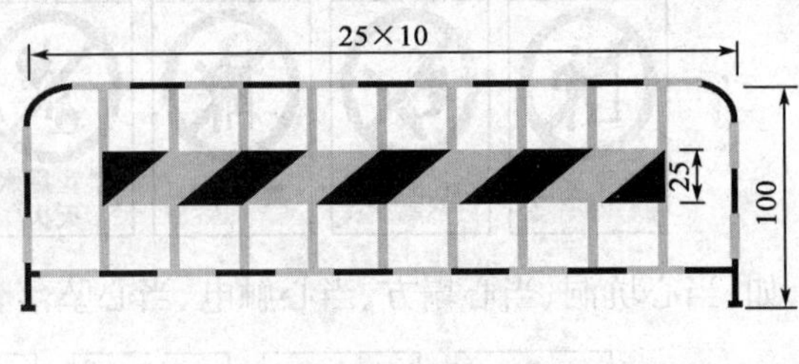

施工路栏（尺寸单位：cm）

车辆慢行

道路封闭

向左行驶

向左改道

前方施工

附表 1

施工现场安全标志设置表

工程、机械部位		标志类型			
		禁止标志	警告标志	指令标志	提示标志
施工现场出入口处	施工现场出入口	施工危险、闲人免进	注意安全 当心落物	必须系安全带	进入施工现场必须戴安全帽
	主出入口	结合标准化工地和平安工地设置“五牌一图”，即工程告示牌、安全文明施工告示牌、安全生产措施告示牌、危险源告示牌、消防保卫告示牌和施工现场总平面图示牌			
施工起重机械等设备	施工机具旁	作业范围内禁止站人	当心触电 当心机械伤人	必须戴安全帽 必须戴防护镜	—
	木工机械处	禁止戴手套 禁止烟火	注意安全	必须戴安全帽	—
	机械、电气设备维修处	禁止启动 禁止合闸	注意安全	必须戴安全帽	—
	龙门架、脚手架等处	禁止攀登 禁止停留	当心落物	必须戴安全帽	—
	配电房、电气设备开关处	禁止烟火 禁放易燃物	注意锁门 当心触电	必须戴安全帽	—
出入通道口及梯道口	出入通道口	禁止停留	当心落物	必须戴安全帽	安全通道仅限人通行
	车行通道	禁止停留	注意安全	—	限速、限宽、限高
	梯道口	禁止停留	注意安全	必须戴安全帽	仅限人攀登

续上表

工程、机械部位		标志类型			
		禁止标志	警告标志	指令标志	提示标志
沿线交叉口	普通交叉口	非工作人员禁止入内	注意安全 当心行人车辆	—	前方施工注意安全
	边通车边施工路段	除设置普通交叉口所需标志外,还应设置交通路标、交通警告、警示、诱导标志等临时性道路交通标志,必要时应配备交通指挥人员或设置交通信号灯			
孔洞桥隧口	孔洞口	禁止入内	注意安全 当心坑洞	—	—
	桥隧口	非工作人员禁止入内	注意安全	必须戴安全帽	—
基坑边沿及临空临边	基坑边沿	非工作人员禁止入内	当心坍塌 当心坠落	—	夜间照明或示警灯
	临空临边	禁止靠边 禁止抛物	注意安全 当心坠落	必须戴安全帽 必须系安全带	夜间照明或示警灯
作业场站	—	非工作人员禁止入内 禁止烟火	注意安全 当心触电等	必须戴安全帽 必须系安全带等	—
爆炸物及危险品存放	炸药库、油库、油罐等	非工作人员禁止入内 禁止烟火 禁止带火种 禁放易燃物	当心爆炸	—	安全通道

附表2

安全防护设施设置表

工程类型		部　位	防护设施	设置要求	
路基工程	土石方开挖施工	开挖区域周围	防护围挡	开挖区域须设置防护围挡,且满足基本要求	
		临空便道	防护栏杆	临空便道须设置防护栏杆,且满足基本要求	
	挡土墙施工	土墙砌筑	安全带(绳) 安全网	满足基本要求	挡土墙作业点没有挂安全带条件的,应为作业人员设置挂安全带的安全绳
	修坡、护面砌筑施工	操作平台	脚手架 防护栏杆 爬梯 安全网	满足基本要求	①必须搭设操作平台,平台高度在2~10m时,平台外侧应设栏杆及上下扶梯,10m以上时,还应加设安全网,平台应满铺脚手板; ②作业点没有挂安全带条件时,应为作业人员设置挂安全带的安全绳; ③设置供作业人员上下的专用爬梯
	喷射砂浆防护施工	操作平台	脚手架 防护栏杆 爬梯 安全网	满足基本要求	①脚手架高度在2~10m时,平台外侧应设栏杆及上下扶梯,10m以上时,还应加设安全网; ②作业点没有挂安全带条件的,应当设置安全绳或安全栏杆

续上表

工程类型		部　　位	防护设施	设 置 要 求	
桥梁工程	钻孔灌注桩施工	泥浆池	防护围挡隔离栅或安全网	满足基本要求	若施工需要,可在围护非临道路一侧设置可关闭的门;若需进入泥浆池内部作业,须设计专用通道,通道应支撑牢固,两侧采用栏杆和密目式安全网封闭
桥梁工程	钻孔灌注桩施工	作业平台	防护栏杆 消防器材 救生圈	①作业平台除桩位处以外应满铺钢板,钢板厚度不小于5mm;平台周边及进出平台的通道应设防护栏杆,防护栏杆应满足基本要求; ②作业平台应按照施工实际及规范要求经受力验算,栏杆的结构及横杆与栏杆柱的连接,能经受1 000kN的外力作用; ③作业平台应配备必要的消防器材,水上作业平台还应配备必要的救生圈	
桥梁工程	钻孔灌注桩施工	成桩孔周围	防护栏杆	满足基本要求	
桥梁工程	人工挖孔桩施工	作业区周围	围栏围护	满足基本要求	
桥梁工程	人工挖孔桩施工	井口	钢筋网盖 防护围挡	满足基本要求	井口设高出地面20cm以上的混凝土围护,厚度同护壁混凝土;停止挖孔作业时必须用钢筋网盖盖好,钢筋网盖满足基本要求
桥梁工程	人工挖孔桩施工	桩孔	防护罩 机械通风设施 保险绳 爬梯	①当桩孔挖至5m以下时,应在离孔底面3m左右处的护壁凸缘上设置半圆形的防护罩,提升作业时,孔内作业人员必须停止作业,站在防护罩下; ②当孔内有害气体超限时,应采取通风措施;当人工挖孔超过10m时,应采用机械通风设施; ③作业人员上下桩孔应采用专用爬梯,爬梯宽度宜为50cm,步距宜为30cm,强度应满足两人同时攀爬的要求;作业人员不得随吊桶上下桩孔	
桥梁工程	围堰施工	围堰周围	扶梯	钢板桩围堰四周须设置人员紧急疏散扶梯,便于紧急情况时人员及时疏散	
桥梁工程	围堰施工	围堰周围	防护栏杆 安全网	围堰四周设置安全防护栏杆和密目式安全网封闭,防护栏杆和安全网应满足基本要求	
桥梁工程	围堰施工	上下通道	爬梯	满足基本要求	
桥梁工程	沉井基础施工	沉井口四周	防护栏杆	满足基本要求	
桥梁工程	沉井基础施工	上下通道	爬梯	满足基本要求	
桥梁工程	沉井基础施工	基坑周边	防护栏杆	满足基本要求	基坑顶面安设机械、堆放料具和弃土,应在基坑边缘1~1.5m以外,引起地面振动的机械应在基坑边缘1.5~2m以外
桥梁工程	墩台施工	基坑周边	防护栏杆	①深度超过2m的基坑周边,必须设牢固的安全防护栏杆,防护栏杆应满足基本要求; ②基坑顶面安设机械、堆放料具和弃土,应在基坑边缘1~1.5m以外,引起地面振动的机械应在基坑边缘1.5~2m以外	
桥梁工程	墩台施工	作业层面	脚手架	满足基本要求	
桥梁工程	墩台施工	临空临边	防护栏杆 安全网	①防护栏杆应满足基本要求; ②在护栏内侧,布设密目式安全网封闭;在作业层下部用安全平网兜底;安全网应牢固固定在架体上	
桥梁工程	墩台施工	上下通道	爬梯	满足基本要求	

续上表

工程类型		部 位	防护设施	设 置 要 求
桥梁工程	预制张拉施工	预制场	防护围挡 张拉挡板	满足基本要求 钢绞线张拉两端必须装设防护挡板,两侧 3m 内严禁站人或通行
	梁板运输安装	作业区域	防护栏杆爬梯	满足基本要求
		桥面间隙	安全通道 防护栏杆	满足基本要求
	梁板现浇施工	挂篮	防护栏杆 安全绳	①挂篮内必须设置防护栏杆,防护栏杆应满足基本要求; ②作业点没有挂安全带条件时,应为作业人员设置安全绳
	梁板现浇施工	作业层面	脚手板	脚手板可采用钢、木材料制作,每块质量不宜大于 30kg,脚手板材质应符合相关国家标准的要求,木脚手板宽度不小于 200mm、厚度不应小于 50mm;冲压钢脚手板应有防滑措施;脚手板的两端应以直径不小于 4mm 的镀锌铁丝箍两道捆扎
		支架的临边	防护栏杆安全网	满足基本要求
		上下通道	爬梯	满足基本要求
		跨通行道路支架	防落天棚 脚手架 安全网	满足基本要求,在作业面上还应配置一定数量的灭火器
		桥面间隙	专用通道 防护栏杆	满足基本要求
		现浇梁板人孔	钢筋网盖	满足基本要求
	预应力张拉施工	操作平台	防护栏杆 安全网	①预应力张拉、孔道压浆、封端施工必须搭设稳固的操作平台,设置防护栏杆,栏杆满足基本要求;并在防护栏杆上拉设三角彩旗以起到警示作用,以防作业人员高空坠落; ②在横向预应力施工时,若搭设工作平台困难,则可采用移动式挂篮,移动式挂篮应经专门设计和受力验算;支架工作平台或挂篮操作平台设防护栏杆,防护栏杆应满足基本要求
	混凝土护栏施工	操作平台	防护栏杆 安全网	①移动式挂篮应经专门设计和受力验算,临空面操作平台应进行封闭防护 ②操作平台的防护栏杆应满足基本要求
隧道工程	洞口开挖施工	开挖区域周围	防护围挡	稳定洞口的边坡和仰坡,做好天沟、边沟等排水设施,确保地表水不致危及隧道的施工安全,保持洞内排水通畅,无积水 开挖区域周围须设置不低于 1.8m 的围栏
		临空便道	防护栏杆	临空便道处须设置防护栏杆,防护栏杆应满足基本要求
	钢支护施工	工作台车	防护栏杆	工作台车、梯子等应安装牢固;台架上的铺板应满铺,并钉铺(绑缚)结实,木板厚度不小于 50mm;高于 2m 的台架上应设置安全防护栏杆,防护栏杆应满足基本要求;台架下方贴反光膜,以标示轮廓
		洞身	机械通风设施	洞深开挖超过 10m,安装机械通风设施

续上表

工程类型		部　位	防护设施	设 置 要 求
隧道工程	喷射混凝土支护施工	工作台车	防护栏杆	①工作台车、梯子等应安装牢固；台架上的铺板应满铺，并钉铺（或绑缚）结实，木板厚度不小于50mm；高于2m的台架上应设置安全防护栏杆，防护栏杆应满足基本要求；台架下方贴反光膜，以标示轮廓； ②进行喷射作业，必须佩戴防护用具（防尘口罩、防护面罩、眼镜、胶皮手套、劳保雨鞋等）
		洞身	机械通风设施	洞深开挖超过10m，安装机械通风设施
	超前支护施工	工作台车	防护栏杆	满足基本要求
		洞身	机械通风设施	洞深开挖超过10m，安装机械通风设施
	锚杆支护施工	工作台车	防护栏杆	满足基本要求
		洞身	机械通风设施	洞深开挖超过10m，安装机械通风设施
	混凝土衬砌施工	工作台车	防护栏杆	二次衬砌台车上的工作台架、梯子等应安装牢固；台架上的铺板应满铺，并钉铺（绑缚）结实，木板厚度不小于50mm；高于2m的台架上应设置安全防护栏杆，防护栏杆应满足基本要求；台架下方贴反光膜，以标示轮廓
		洞身	机械通风设施	洞深开挖超过10m，安装机械通风设施

22. 关于印发“架桥机”等六项施工作业安全关键控制点管理要求的通知

（2011 年 4 月 28 日　湖南省交通运输厅　湘交质安〔2011〕193 号）

各市州交通运输局，省高管局，省公路局，省地方海事局，省交通质安局：

架桥机、高墩、满堂支架、挂篮悬臂浇筑、隧道作业及临时用电是公路水运工程施工作业及安全风险防控的重点部位和关键环节，根据省厅“工程质量年”和《关于进一步加强公路水运工程施工安全管理工作的通知》（湘交质安〔2011〕162 号）要求，为强化公路水运工程施工安全管理主体责任落实，夯实安全生产工作基础，提高安全生产管理水平，有效防范施工安全事故，现将“架桥机”等六项施工作业安全关键控制点管理要求（以下简称《管理要求》）印发给你们，并就有关事项通知如下。

一、全省所有在建公路水运工程从业单位除应严格遵守安全生产操作规程和专项施工方案外，必须认真执行本通知印发的《管理要求》。《管理要求》将列入工程交工验收资料内容，并作为项目目标考核的重要依据。

二、工程项目建设、监理、施工单位须按照《管理要求》规定，突出加强对架桥机、高墩、满堂支架、挂篮悬臂浇筑、隧道作业及临时用电等方面的施工安全管理。施工单位要对照《管理要求》进行自检，监理单位进行专项验收，建设单位进行监管把关，相关责任人须签字确认。工程作业点发生变化后，施工、监理、建设单位须重新对照检查。签字确认的表格除由施工、监理、建设单位分别归档保管外，施工单位还须复印一份在施工现场予以公示。

三、各级交通行政主管部门、行业管理机构及项目建设单位主要负责人必须高度重视，严格落实《管理要求》。各单位要针对近年来施工安全事故易发、多发的工程部位及施工工艺安全技术措施中存在的问题，不断完善施工安全操作技术规程，突出抓好《管理要求》工作责任落实，加强监督检查，凡未落实《管理要求》工作规定的，按照“谁检查、谁签字、谁负责”的原则，对责任人进行严肃处理。

附件：1. 架桥机作业安全关键控制点管理要求（略）
2. 高墩作业安全关键控制点管理要求（略）
3. 满堂支架作业安全关键控制点管理要求（略）
4. 挂篮悬臂浇筑作业安全关键控制点管理要求（略）
5. 隧道作业安全关键控制点管理要求（略）
6. 临时用电安全关键控制点管理要求（略）

23.关于进一步强调挖孔桩施工安全要点的通知

(2010年11月21日　河南省交通运输厅　豫交质〔2010〕57号)

各在建高速公路项目公司：

为避免在挖孔桩施工过程中安全事故的发生,结合我省实际,对符合挖孔桩施工条件的项目特制定如下强制性施工安全规定,除岩性坚石外。

1.挖孔桩施工必须采用混凝土护壁的方式进行施工;每挖深1m(土质不好应适当减少),立即进行护壁,护壁厚度不少于10cm;护壁混凝土强度达到设计值85%方可继续下挖。

2.人工挖孔时,应设置高出地面不小于50cm的围挡设施,对孔壁的稳定性和吊装机具经常进行检查,孔边3m以内不得有机动车辆行驶或振动设备作业,洞口应有专人监护并同洞下人员随时保持联系。

3.孔内人员佩戴安全帽并有防坠落防护设施(掩体),提升时,孔下作业人员应躲进防护设施内以避免坠物砸伤。

4.相邻两孔有一孔爆破或浇筑混凝土时,另一孔应停止作业。

5.人工挖孔施工时,挖孔深度超过15m、二氧化碳含量超过0.3%时必须设置通风设施;应经常检查孔内有害气体含量,空气污染超过三级标准度值时,必须停止施工;岩石爆孔时不得采用有害气体炸药,不得用火雷管起爆。

6.夜间作业必须悬挂警示红灯,暂停施工时,孔口必须设置罩盖或标志。

7.所有电器设备必须设置漏电装备,孔内照明必须采用36V电器,起吊装备必须有限位装置、防脱钩装置。

24. 湖北省公路水运重点项目危险性分部分项工程安全专项施工方案管理办法(试行)

(2012 年 8 月 20 日　湖北省交通运输厅工程质量监督局　鄂交质监〔2012〕121 号)

第一条　为加强全省公路水运重点建设工程项目的安全技术管理,规范危险性分部分项工程安全专项施工方案的编制、论证及审批工作,确保安全专项施工方案实施,根据国务院《建设工程安全生产管理条例》和交通运输部《公路水运工程安全生产监督管理办法》等有关法律、法规、规章,结合我省实际,制定本办法。

第二条　本办法适用于全省境内列入国家和地方交通基本建设计划的高速公路、长(汉)江公路大桥、水运重点工程等新建、改扩建、大修等重点项目。其他公路水运项目可以参照执行。

第三条　本办法所称的危险性分部分项工程是指公路水运重点建设项目在施工过程中存在的、可能导致作业人员群死群伤和重大经济损失或造成重大不良社会影响的分部分项工程、临时设施工程、特殊复杂工作内容等。危险性分部分项工程包括:

(一)不良地质条件下有潜在危险性的土方、石方开挖;

(二)滑坡和高边坡处理;

(三)桩基础、挡墙基础、深水基础及围堰工程;

(四)桥梁工程中的梁、拱、柱等构件施工等;

(五)隧道工程中的不良地质隧道、高瓦斯隧道、水底隧道等;

(六)水上工程中的打桩船作业、施工船作业、边通航边施工作业等;

(七)水下工程中的水下焊接、混凝土浇注等;

(八)爆破工程;

(九)大型临时工程中的大型支架、模板、便桥的架设与拆除;桥梁、码头的加固与拆除;

(十)其他危险性较大的工程。

危险性分部分项工程分为危险性较大分部分项工程及危险性特别大的分部分项工程(见附件 1、2)。

第四条　本办法所称的危险性分部分项工程安全专项施工方案(以下简称"安全专项方案"),是指在公路水运重点工程建设中,施工单位在编制施工组织设计的基础上,针对危险性分部分项工程,以分部、分项工程为单元,依据有关工程建设标准、规范和规程,单独编制的安全技术措施文件。

其他分部分项工程应当在施工组织设计中编制安全技术措施。

第五条　施工单位在提交开工报告前,应当向项目监理单位、建设单位提供本合同段危险性分部分项工程的清单。建设单位应当组织监理、施工、设计等单位对本项目的危险性分部分项工程的清单进行审核确认,并据此进行管理。施工单位、监理单位应当建立危险性分部分项工程安全管理制度。

第六条 施工单位应当在危险性分部分项工程施工前编制安全专项方案。专业性强的危险性分部分项工程实行专业分包的,施工单位应当组织专业分包单位编制安全专项方案。

第七条 安全专项方案应当包括以下内容:

(一)编制说明:编制依据、编制目的、适用范围等;

(二)工程概况:工程简介、气象水文地质条件、施工平面布置等;

(三)施工技术方案:简要叙述主要施工方案、技术参数、计算结果、工艺要求、施工进度计划、材料及设备计划、专职安全管理人员及特种作业人员计划等;

(四)危险因素辨识与分析:结合工程特点进行危险因素辨识、分析、评估,确定危险因素等级,分析潜在的事故类型及危害,制定针对性的监控对策;

(五)施工安全技术保障措施:结合危险因素分析,制定安全技术措施、防护设施、现场管理要点等;

(六)安全管理措施:组织保障、制度保障、监测监控、检查验收的内容、方法、程序等;

(七)应急预案:明确应急救援机构,结合潜在的事故类型、等级制定应急救援措施,配备救援设施等;

(八)附录:有关计算书(满堂支架、大型模板、挂篮等临时设施须附设计单位的书面确认结果)及相关图纸,其他需要说明的内容等。

第八条 安全专项方案编制完成后,施工单位项目技术负责人应当组织本项目技术、安全、质量等相关部门的专业技术人员进行内部审核,并根据审核意见及时进行修改完善。

第九条 危险性特别大的分部分项工程安全专项方案,以及项目监理单位或建设单位认为有必要进行专家论证的危险性较大工程安全专项方案,由施工单位组织(或委托项目监理单位、建设单位组织)召开专家论证会对安全专项方案进行论证。

第十条 论证会专家组应当由5名及以上具有结构、地质、安全等相关专业资格及经验的专家组成。专家组成员应当事先征得建设单位同意。

下列人员应当参加专家论证会:

(一)建设单位安全负责人或技术负责人,有关部门负责人;

(二)监理单位相关负责人;

(三)勘察、设计单位相关负责人;

(四)施工单位项目负责人,技术、安全负责人,安全专项方案编制人员,本分部分项工程专职安全管理人员;

(五)涉及公路、铁路、海事、交警、安监等相关部门的,应邀请其参加论证会。

第十一条 专家论证的主要内容包括:

(一)安全专项方案内容是否完整,安全控制措施是否具体、可行;

(二)危险因素辨识分析是否合理、全面;

(三)安全专项方案计算和验算依据是否符合有关标准规范;

(四)安全施工的基本条件是否具备,是否符合现场实际情况等。

第十二条 安全专项方案论证后,专家组应当针对论证的内容提交书面论证意见,并在论证意见上签字。该意见作为安全专项方案修改完善的指导意见。施工单位应当根据论证意见对安全专项方案及时进行修改完善。

第十三条　经修改完善后的安全专项方案,应当由施工单位项目技术负责人签字确认后报项目监理单位。项目监理单位专业监理工程师应认真审查安全专项方案,并出具书面审查意见,报驻地监理工程师或总监理工程师审批同意签字后实施。经专家论证的安全专项方案,应报建设单位备案。

安全专项方案未经项目监理单位审批的,该分部分项工程不得组织实施。

第十四条　施工单位应当严格按照审批后的安全专项方案组织施工,不得擅自修改、调整安全专项方案。如在施工过程中,项目监理单位或建设单位认为确需作重大或实质性修改、调整安全专项方案的,修改调整后的安全专项方案应当重新审批。对于已由专家论证的安全专项方案,施工单位应重新组织专家进行论证。

第十五条　安全专项方案实施前,施工单位项目技术负责人、编制人员应当对相关施工技术、安全管理及施工作业人员进行安全技术交底和风险告知。

第十六条　施工单位应当指派专职安全生产管理人员对安全专项方案实施情况进行现场监督和按规定进行监测。发现不按照安全专项方案施工的,应当立即整改;发现有危及人身安全紧急情况的,应当立即停止作业并组织作业人员撤离危险区域。

施工单位项目技术负责人应当定期巡查安全专项方案实施情况。

第十七条　施工单位、项目监理单位应当及时组织有关人员对危险性分部分项工程施工安全技术保障措施进行检查验收,验收合格后,方可进入下一道工序。

第十八条　项目监理单位应当将危险性分部分项工程列入监理规划和监理实施细则。应当针对工程特点、周边环境和施工工艺等,编制安全监理细则,制定安全监理工作流程、方法和措施。

第十九条　项目监理单位应当对安全专项方案实施情况进行现场监理。对不按安全专项方案实施的,应当责令整改,施工单位拒不整改的,应当及时向建设单位报告;建设单位接到监理单位报告后,应当立即责令施工单位停工整改。

第二十条　建设单位应当督促施工单位做好安全专项方案编制、论证、审批及实施工作,督促项目监理单位加强对安全专项方案实施情况的检查。

第二十一条　建设单位可根据本办法,结合具体工程实际和特点进一步细化具体的操作规定。

第二十二条　项目施工安全监督机构应当对危险性分部分项工程安全专项方案的管理情况进行监督检查。施工单位违反本办法,未按规定编制、实施安全专项方案的,按照有关法律法规,给予行政处罚;项目监理单位违反本办法,未按规定审批安全专项方案或未对危险性分部分项工程实施监理的,按照有关法律法规,给予行政处罚。

第二十三条　本办法由湖北省交通运输厅工程质量监督局负责解释。

第二十四条　本办法自发布之日起施行。

附件 1

危险性较大分部分项工程一览表

序号	项　目	分部分项工程及临时设施工程等
1	不良地质条件下有潜在危险性的土方、石方开挖	不良地质条件下有潜在危险性的土方、石方开挖
2	滑坡和高边坡处理	20m 以上的边坡施工
3	桩基础、挡墙基础、深水基础及围堰工程	桩基础
		地下水位在坑底以上基坑支护与降水工程
		开挖土质基坑深度超过 5m(含 5m)
		深度未超过 5m,但地质条件不良或周围环境及地下管线复杂
		桩基础、挡墙基础、地下连续墙、沉井基础
		深水基础及水深 5m 以上围堰工程
4	桥梁工程中的梁、拱、柱等构件施工等	跨径 10m 以上圬工拱桥拱圈施工工程;跨径 20m 以上钢筋混凝土拱桥拱圈施工工程
		钢箱拱桥,钢桁架、钢管混凝土拱桥
		跨径 20m 以上梁、高 5m 以上柱、墩、塔等构件施工
		预应力结构张拉施工
		跨线桥梁的施工
5	隧道工程中的不良地质隧道、高瓦斯隧道、水底隧道等	不良地质、连拱、浅埋、偏压等隧道施工
		竖井、斜井、辅助坑道施工
		隧道洞口施工
		隧道围岩突变区段的掘进施工
6	水上工程中的打桩船作业、施工船作业、边通航边施工作业等	打桩船作业、施工船作业、水上平台作业,船舶调遣和拖航作业等
		陆用施工机械上驳船组合作业
		边通航边施工作业
		港口、码头大型设备的安装与拆除
		洪汛高发区的江河等处港口、码头的基坑及结构物施工
		受热带气旋、突风、洪水或风暴潮等灾害性天气影响的区域施工
		无掩护水域或急流险滩水域施工
7	水下工程中的水下焊接、混凝土浇注等	水下打捞、拆除、焊接、设置设施等作业
		水下混凝土浇筑
8	爆破工程	所有涉及爆破的工程
9	大型临时工程中的大型支架、模板、便桥的架设与拆除;桥梁、码头的加固与拆除	码头加固与拆除工程
		跨径 20m 以上行车便桥架设与拆除
		桥梁的加固与拆除工程

续上表

<table>
<tr><th>序号</th><th>项　　目</th><th colspan="2">分部分项工程及临时设施工程等</th></tr>
<tr><td rowspan="9">9</td><td rowspan="9">大型临时工程中的大型支架、模板、便桥的架设与拆除;桥梁、码头的加固与拆除</td><td rowspan="3">支架、模板架设与拆除</td><td>各类工具式模板工程:包括大模板、滑模、爬模、飞模等工程</td></tr>
<tr><td>混凝土模板支撑工程:搭设高度5m及以上;搭设跨度10m及以上;施工总荷载10kN/m^{2}及以上;集中线荷载15kN/m及以上;高度大于支撑水平投影宽度且相对独立无联系构件的混凝土模板支撑工程</td></tr>
<tr><td>承重支撑体系:用于钢结构安装等满堂支撑体系</td></tr>
<tr><td rowspan="6">脚手架架设与拆除</td><td>搭设高度24m及以上的落地式钢管脚手架工程</td></tr>
<tr><td>附着式整体和分片提升脚手架工程</td></tr>
<tr><td>悬挑式脚手架工程</td></tr>
<tr><td>吊篮脚手架工程</td></tr>
<tr><td>自制卸料平台、移动操作平台工程</td></tr>
<tr><td>新型及异型脚手架工程</td></tr>
<tr><td rowspan="7">10</td><td rowspan="7">其他危险性较大的工程</td><td colspan="2">特殊季节、边通车边施工作业</td></tr>
<tr><td colspan="2">大型机械装拆工程</td></tr>
<tr><td colspan="2">特种设备施工</td></tr>
<tr><td colspan="2">施工临时用电</td></tr>
<tr><td colspan="2">起重吊装工程</td></tr>
<tr><td colspan="2">采用新技术、新工艺、新材料、新设备及尚无相关技术标准的危险性较大的分部分项工程</td></tr>
<tr><td colspan="2">其他危险性较大的工程</td></tr>
</table>

附件2

危险性特别大的分部分项工程一览表

<table>
<tr><th>序号</th><th>项　目</th><th colspan="2">分部分项工程及临时设施工程等</th></tr>
<tr><td>1</td><td>不良地质条件下有潜在危险性的土方、石方开挖</td><td colspan="2"></td></tr>
<tr><td rowspan="2">2</td><td rowspan="2">滑坡和高边坡处理</td><td colspan="2">滑坡体处理、抗滑桩</td></tr>
<tr><td colspan="2">30m以上高边坡处理</td></tr>
<tr><td rowspan="2">3</td><td rowspan="2">桩基础、挡墙基础、深水基础及围堰工程</td><td colspan="2">开挖土质基坑深度超过5m(含5m)，或深度未超过5m，但地质条件不良或周围环境及地下管线复杂</td></tr>
<tr><td colspan="2">深水基础及水深20m以上围堰工程</td></tr>
<tr><td rowspan="7">4</td><td rowspan="7">桥梁工程中的梁、拱、柱等构件施工等</td><td colspan="2">跨径15m以上圬工拱桥拱圈施工工程；跨径30m以上钢筋混凝土拱桥拱圈施工工程</td></tr>
<tr><td colspan="2">钢箱拱桥，钢桁架、钢管混凝土拱桥</td></tr>
<tr><td colspan="2">跨径40m及以上梁，高30m以上柱、墩、塔等构件施工</td></tr>
<tr><td colspan="2">跨越高速公路、一级公路及铁路的跨线工程</td></tr>
<tr><td colspan="2">桥梁转体、顶推施工</td></tr>
<tr><td colspan="2">桥梁悬浇、悬拼施工</td></tr>
<tr><td colspan="2">斜拉桥、悬索桥塔、索施工</td></tr>
<tr><td rowspan="3">5</td><td rowspan="3">隧道工程中的不良地质隧道、高瓦斯隧道、水底隧道等</td><td colspan="2">溶洞、暗河、瓦斯、岩爆、涌水突泥等不良地质隧道及偏压严重隧道的掘进施工</td></tr>
<tr><td colspan="2">沉管隧道施工中沉管浮运、就位、对接等水上、水下作业</td></tr>
<tr><td colspan="2">盾构隧道深基坑施工，盾构设备安装、拆卸，盾构进出洞施工，特殊地质、环境区域盾构隧道掘进施工，盾构隧道掘进常见问题处理等</td></tr>
<tr><td rowspan="2">6</td><td rowspan="2">水上工程中的打桩船作业、施工船作业、边通航边施工作业等</td><td colspan="2">复杂条件下的边通航边施工作业</td></tr>
<tr><td colspan="2">不良地质条件下的大型基坑施工</td></tr>
<tr><td>7</td><td>水下工程中的水下焊接、混凝土浇注等</td><td colspan="2">复杂条件下的水下打捞、拆除、焊接、设置设施等作业</td></tr>
<tr><td>8</td><td>爆破工程</td><td colspan="2">大型或有特殊要求的爆破工程，水下爆破工程</td></tr>
<tr><td rowspan="6">9</td><td rowspan="6">大型临时工程中的大型支架、模板、便桥的架设与拆除；桥梁、码头的加固与拆除</td><td rowspan="3">支架、模板架设与拆除</td><td>工具式模板工程：包括滑模、爬模、飞模工程</td></tr>
<tr><td>混凝土模板支撑工程：搭设高度8m及以上；搭设跨度18m及以上，施工总荷载15kN/m² 及以上；集中线荷载20kN/m及以上</td></tr>
<tr><td>承重支撑体系：用于钢结构安装等满堂支撑体系，承受单点集中荷载700kg以上</td></tr>
<tr><td rowspan="3">脚手架架设与拆除</td><td>搭设高度50m及以上落地式钢管脚手架工程</td></tr>
<tr><td>提升高度150m及以上附着式整体和分片提升脚手架工程</td></tr>
<tr><td>架体高度20m及以上悬挑式脚手架工程</td></tr>
</table>

续上表

序号	项　目	分部分项工程及临时设施工程等
10	其他超过一定规模危险性较大的工程	30m 以上高空作业
		边通车边施工作业
		采用新技术、新工艺、新材料、新设备及尚无相关技术标准的危险性特别大的分部分项工程。
		其他危险性特别大的工程

25. 福建省公路水运工程施工现场领导带班生产工作制度细则(试行)

(2012 年 8 月 15 日　福建省交通建设质量安全监督局　闽交质监〔2012〕335 号)

第一章　总　　则

第一条　为了进一步加强福建省公路水运工程施工现场安全生产管理,根据国务院《关于进一步加强企业安全生产工作的通知》、七部委《关于加强重大工程安全质量保障措施的通知》以及有关法规规定,制定本工作制度。

第二条　福建省公路水运工程项目现场领导带班生产以及对其实施的监督检查、考核评价等,应当遵守本制度。

第三条　本制度所称的公路水运工程施工现场带班领导,是指公路水运工程施工合同段的项目经理、项目副经理、项目总工、项目副总工。设立安全总监岗位的,还包括安全总监。

对于有专业分包的合同段,还包括分包项目的施工管理负责人和技术负责人,对于施工总承包的项目,还应包括项目分段(分部或工区)的施工管理负责人和技术负责人,其中专业分包单位和项目分段的负责人现场带班范围仅限于其负责施工的范围。

本制度所称的施工现场,是指公路水运工程施工作业活动场所。

第二章　带 班 生 产

第四条　施工现场项目领导带班生产是指项目领导在施工现场,组织协调和指导公路水运工程项目的安全生产活动。

第五条　公路水运工程施工期间,项目领导必须在施工现场轮流带班生产,项目领导原则上不得同时承担二个及以上非相邻的施工合同段安全生产管理工作,确需在其他项目兼任的,应当征得项目建设单位的书面同意。

第六条　项目经理是公路水运工程施工合同段安全生产管理的第一责任人,对落实带班生产制度负全面领导责任。

第七条　公路水运工程施工合同段项目经理部,应根据项目施工特点,建立项目领导施工现场轮流带班生产制度,明确工作内容、职责权限、人员安排和考核奖惩等要求,制定《月份带班生产计划》附件一),并严格实施。

对于有专业分包的合同段,应负责督促分包单位制定《月份带班生产计划》。

对于施工总承包的项目,应负责督促项目分段(分部或工区)实施单位制定《月份带班生产计划》。

第八条 施工企业的项目领导施工现场带班生产制度和《月份带班生产计划》应报项目监理和建设单位备案。

项目领导因其他事务不能带班生产时,项目经理应指定其他项目领导承担其带班工作,并提前向项目监理和建设单位报备。

第九条 公路水运工程施工期间,应当在项目经理部驻地和施工现场设立《项目领导带班公示牌》(如附表二),公示每日带班生产的领导、职务、联系方式、带班作业项目、照片等。

第十条 项目领导带班生产方式主要有:

(一)带班生产:巡视检查后,领导根据施工现场安全生产状况,选择当日存在安全隐患的施工部位,或危险性较大的分部分项工程,或本合同段首件工程等作业区蹲点带班生产。

(二)现场检查:对当日合同段内施工作业区进行巡视检查,基本掌握施工现场安全生产状况,重点检查危险性较大的分部分项工程、事故多发易发的施工环节以及存在较多安全隐患的施工部位。

第十一条 本制度所称“危险性较大的工程”为以下工程:

1. 不良地质条件下有潜在危险性的土方、石方开挖;

2. 滑坡和高边坡处理;

3. 桩基础、挡墙基础、深水基础及围堰工程;

4. 桥梁工程中的梁、拱、柱等构件施工等;

5. 隧道工程中的不良地质隧道、高瓦斯隧道、水底海底隧道等;

6. 水上工程中的打桩船作业、施工船作业、外海孤岛作业、边通航边施工作业等;

7. 水下工程中的水下焊接、混凝土浇注、爆破工程等;

8. 爆破工程;

9. 大型临时工程中的大型支架、模板、便桥的架设与拆除;桥梁、码头的加固与拆除;

10. 既有线改扩建工程,边通车边施工的公路工程。

11. 其他危险性较大的工程。

本制度所称“事故多发易发的施工环节”,由建设单位、监理单位、施工单位根据本合同段的工程特点、施工环境、操作水平等确定,并应在本合同段施工现场轮流带班生产制度和《月份带班生产计划》中予以明确。

第十二条 项目领导带班生产时,应履行以下职责:

(一)进行班前教育。

(二)检查本合同段安全生产条件落实情况:

1. 人员到岗情况,特别是专职安全员施工现场履责情况和特种作业人员持证上岗情况;

2. 机械设备运行情况,特别是起重机械和整体提升式脚手架、滑模爬模、架桥机等自行式架设设施等特种设备安全运行情况;

3. 作业环境情况;

4. 专项施工方案落实情况。

(三)排查本合同段事故隐患。

(四)加强对重点部位、关键环节的施工指导,及时制止“三违”(违章指挥,违章操作,违反劳动纪律)行为。对施工现场存在重大隐患的工程,应从危险区域撤出作业人员或者暂时停止施工,限期整改,并报告项目监理和建设单位。

(五)规范填写《带班工作记录表》(附件三)。带班项目领导要准确记录到岗、离岗时间,委托交接的相关人员,班前教育内容,施工现场安全生产条件落实情况,问题与隐患的处理情况及相关指令,下一班需要注意的事项等。《带班工作记录表》必须由当班领导自行填写,严禁他人代为填写,确保记录的真实性,安质部门应将《带班工作记录表》每月及时归档。

第十三条 公路水运工程施工企业应建立本企业项目领导施工现场带班的责任考核制度,每半年至少组织1次对所承揽工程项目经理部的定期检查考核,检查考核结果应报备项目建设和监理单位。

第三章 监督检查

第十四条 项目领导现场轮流带班生产执行情况应纳入对施工企业的信用评价范围。

第十五条 项目监理单位应定期或不定期地对施工企业项目领导施工现场带班生产工作情况和月份带班生产计划的落实情况进行专项检查,每季度对各施工合同段项目领导施工现场带班生产工作进行考核评价,并将考核结果报建设单位。

第十六条 项目建设单位应建立施工合同段项目领导施工现场带班生产工作的考核奖惩机制,每半年至少组织一次全面的考核,运用经济与信用等手段,实施严格的奖惩。

第十七条 各级交通运输(港口)主管部门及其安全监督机构,应加强对施工企业项目领导施工现场带班生产制度落实情况的督查。

对未执行带班生产制度的施工企业,应责令纠正,并通报批评,同时作为企业不良信用予以记录;发生质量安全事故的,依法从重进行行政处罚,追究相关责任人的法律责任。

第十八条 对公路水运工程施工企业项目领导未按照本制度实施施工现场领导带班生产或者弄虚作假的行为,任何单位和个人均有权向项目建设单位、县级以上地方人民政府交通运输(港口)主管部门及其安全监督机构举报。

附件一:月份带班生产计划(略)

附表二:项目领导带班公示牌(略)

附件三:带班工作记录表(略)

26. 关于进一步规范隧道电子门禁系统管理的通知

（2012 年 7 月 26 日　福建省交通建设质量安全监督局　闽交质监〔2012〕307 号）

各在建公路工程建设单位：

近几年来，我省部分在建隧道工程陆续采用了“人员与车辆出入管理门禁系统”（以下简称“门禁系统”）技术，这种技术对有效控制和掌握隧道内施工现场人员、车辆、设备的分布状况，确保施工安全起到很好的作用。但是一些项目不用“门禁系统”或在使用过程中流于形式，不能充分发挥施工人员及车辆考勤、区域定位、安全预警、灾后急救、日常管理等功能，大大降低了其保障隧道施工安全的作用。为进一步规范隧道“门禁系统”的使用管理，全面提升隧道施工信息化管理水平，现提出以下要求：

一、2012 年新开工项目 1km 以上长隧道和特长隧道全面使用“门禁系统”

（一）各项目建设单位对于 2012 年及以后新开工项目内 1km 以上的长隧道和特长隧道，应要求施工单位在隧道洞门施工完毕后，安装好“门禁系统”；2012 年 8 月以后新招标的工程项目应将本通知相关要求写入招标文件。

（二）“门禁系统”的相关费用可依据《福建省公路水运建设工程安全生产费用管理暂行规定》第三章第八条第六项中“建设单位和监理单位共同认定的其他安全生产费用”规定予以支出。

（三）“门禁系统”应能实现以下功能：1. 能将人员车辆进出隧道的时间、隧道内各岗位人数和总人数适时统计并滚动显示在 LED 屏上；2. 能随时掌握隧道内施工现场人员、车辆、设备的分布状况和运动轨迹，特别对开挖、支护、二衬、机械、普工、运输等重要班组进行更加合理的调度管理以及安全监控管理；3. 当事故发生时，救援人员车辆能根据系统所提供的数据，迅速了解洞内人员的位置，及时采取相应的救援措施，提高应急救援工作效率。

二、加强对“门禁系统”的使用管理

施工单位应制定隧道人员车辆出入洞的有关规定或制度，并经常对“门禁系统”的运行情况进行检查，对不能有效发挥功效的应及时联系供货方进行维修；监理单位应定期对隧道“门禁系统”的工作运行保养情况进行检查，并根据建设单位的相关要求及时支付费用；建设单位要对“门禁系统”的费用支付要采取分期支付的方式，对不能发挥功效的“门禁系统”应少支付或不支付，同时也要加强监督检查，确保“门禁系统”使用正常。

三、进一步规范 1km 以下隧道人员车辆出入洞管理

对于 1km 以下的隧道应根据隧道施工标准化管理的要求，在洞口处应设置进洞作业人员动态牌和施工作业告示牌（正在掘进、爆破、出渣等），进洞作业人员动态牌和施工作业告示牌应能区分左右洞情况。各个洞口处要设置值班室、栏杆、人行通道,做到人车分流,车辆进出洞时值班人员应将车牌、车型、车上人员、进出洞时间进行登记后方可允许车辆进出。

各参建单位要高度重视隧道施工人员车辆进出洞的管理工作,充分发挥"门禁系统"的作用,全面提升隧道施工安全信息化管理水平,为规范日常管理、安全预警、灾后急救提供有力的技术保障。我局将把本通知中的相关要求执行情况作为2012年底大检查及日常各类检查的一个重要内容,对执行情况较差的项目和参建单位在信用考核中扣分,对不执行或执行差的项目和参建单位将予以全省通报。

27. 关于禁止使用木立柱和门式钢管模板支架的通知

（2012年4月6日　福建省交通建设质量安全监督局　闽交质监〔2012〕158号）

各设区市交通运输局（委）、漳州开发区交通局、平潭综合试验区交建局，各设区市高指，沿海各港务（口）局，各设区市交通质监站（局），厦门、泉州港水运质监站，各项目业主：

为确保交通建设领域施工质量与安全，提高模板支架工程质量，预防模板支架施工过程中出现失稳、坍塌等问题，根据福建省交通运输厅关于印发《2012年－2014年公路水运工程“质量安全年”活动实施方案》的通知（闽交建〔2012〕26号）和2012年全省交通运输工作电视电话会议精神，结合我局第一季度质量安全大检查发现的主要问题，现提出以下要求：

一、禁止使用木立柱和门式钢管模板支架

全省交通在建项目应立即禁止使用木立柱和门式钢管模板支架。建设单位不得对施工单位提出使用木立柱和门式钢管模板支架的要求，自行或委托招标代理机构编制的招标文件中不得指定使用木立柱和门式钢管模板支架；施工单位在投标时不得承诺使用木立柱和门式钢管模板支架，在工程开工前应严格编制模板支架工程专项施工方案，并报企业技术负责人审核和项目总监审查；监理单位应对模板支架工程专项施工方案是否违规使用木立柱和门式钢管模板支架进行严格审查，在施工过程中发现施工单位违规使用木立柱和门式钢管模板支架的，应责令施工单位立即停工改正，对拒不改正的应及时向当地交通建设行政主管部门报告。各级交通建设主管部门在招投标和施工合同备案等监管过程中，如发现违规采用木立柱和门式钢管模板支架报价的，必须责令有关单位及时改正。

二、强调模板及其支撑体系施工质量安全的技术要求

（一）基础支架。根据地基的不良地质情况采取针对性的处理措施，基础四周应设置排水沟，在支架基础满足稳定性、承载能力和安全要求后，进行配重预压。

（二）钢管规格。支柱的钢管规格应为$\Phi48\times3.5$mm，扣件式钢管壁厚不得小于3mm，碗扣式钢管壁厚不得小于3.5mm；钢管统一按$\Phi48\times3.0$mm计算惯性矩、回转半径等截面特性。

（三）联接要求。模板工程支撑体系应按规范要求设置立杆、水平杆和剪刀撑。当立杆间距小于或等于1.5m时，模板支撑架四周从底到顶连续设置竖向剪刀撑；中间纵、横向由底至顶连续设置竖向剪刀撑，其间距应小于或等于4.5m；剪刀撑的斜杆与地面夹角应在45°～60°之间，斜杆应每步与立杆扣接。模板支撑架高度大于4.8m时，顶端和底部必须设置水平剪刀撑，中间水平剪刀撑设置间距应小于或等于4.8m。立杆底部应设置可调底座或固定底座，立杆上端包括可调螺杆伸出顶层水平杆的长度不得大于0.7m，托撑伸出长度应不大于200mm。支架模板应按规定的荷载效应组合进行配重预压。拆除模板时，应制订安全措施，按顺序分段拆除，不得双层作业。

（四）支架高度。当支架搭设高度大于24m时，建议不采用满堂式支架体系，宜采用钢管立柱+贝雷架等符合规范和安全要求的其它支架体系，且应组织专家进行论证、审查。

三、加强模板及其支撑体系施工质量安全的管理要求

（一）各地、各单位应严格执行《建筑施工模板安全技术规范》（JGJ 162—2008）、《建筑施工扣件式钢管脚手架安全技术规程》（JGJ 130—2011）、《建筑施工碗扣式钢管脚手架安全技术规范》（JGJ 166—2008）等技术标准，大力推广扣件式钢管模板支架、碗扣式钢管模板支架等，禁止使用木立柱和门式钢管模板支架。严格控制木模板的周转次数，不得使用烂模或起皮、脱层、掉角、翘曲变形的木模板；木模板制作安装应拼缝严密、棱角顺直。

（二）对临时工程中的大型支架、模板等危险性较大工程必须编制专项施工方案，并附安全验算结果，经技术负责人、监理工程师审查同意签字后实施，并明确专职安全生产管理人员进行现场监督。对高大模板支架工程的专项施工方案，还应当组织专家进行论证、审查。

（三）在模板支架工程施工前，应对一线工人进行安全技术交底、危险告知及相关的安全培训。并将危险性较大的模板支架工程纳入工程开工报告中，参建单位应建立安全生产条件审查制度和责任制度。对模板支架工程专项施工方案中的安全保障措施以及应急预案进行严格审查。

四、其他要求

各在建项目应重点从上述几个方面，在4月30日前组织完成一次针对模板支架工程的安全专项检查，对检查发现的问题，要强化跟踪落实，狠抓整改，确保模板支架工程的质量安全。各地交通建设主管部门要依法履行安全生产监督管理职责，把模板支架工程质量安全作为检查工作的重点，对模板支架工程不具备安全生产条件的应下达停工令，限期进行整改。对未及时淘汰并继续使用木立柱和门式钢管模板支架的单位或模板支架工程存在重大安全隐患的项目，我局将依法给予行政处罚，并与年度信用考核挂钩。

28. 关于在一般公路水运项目中试行质量安全监督备案制实施意见

（2010 年 11 月 2 日　安徽省交通工程基本建设质量监督站　皖交质监站〔2010〕43 号）

为进一步完善“政府监督、业主管理、社会监理、企业自检”四级质量保证体系，加强质量安全监管，落实参建各方责任，决定在全省一般公路水运项目中试行质量安全监督备案制，现提出如下具体实施意见。

一、质量安全监督备案制是针对一般公路水运项目，由施工、监理和建设单位等对影响质量、安全的关键环节、关键部位检验确认后，报质量监督机构备案的制度。

二、实行质量安全监督备案制的项目，包括各市交通运输主管部门或所属质监机构负责监督的公路水运项目，以及省交通质监站监督的社会投资建设项目。

三、项目业主是项目实施管理的总负责单位，是工程项目的组织者、协调者和集成者，对项目建设成败起决定性作用，是落实质量安全监督备案制的第一责任人。

四、建设项目开工许可后一个月内，监督单位应督促从业单位和相关负责人，对项目进行质量、安全责任登记。

五、项目实施过程中，建设单位应及时组织施工和监理单位履行各项备案手续，有关备案手续未执行到位，不得进行相关工序施工；强行施工的，责令停工，限期整改。

六、主要备案内容如下：

（一）项目业主现场管理机构和人员审查备案（附件 1）；

（二）施工、监理单位合同履约备案（附件 2、3）；

（三）工地试验室建设备案（附件 4、5）；

（四）重大特殊施工工艺备案（附件 6）；

（五）主要分部工程中间交工验收备案（附件 7）；

（六）安全管理人员备案（附件 8）；

（七）安全生产基本情况备案（附件 9）；

（八）安全生产月备案（附件 10）。

七、施工、监理单位要对备案内容进行认真自查、复查，由项目经理和高级驻地监理工程师签字确认。项目建设单位应对备案材料进行认真核查，签证确认。项目业主、监理和施工单位要对备案材料的真实性、可靠性负责。

八、项目质量监督机构及时对备案情况进行现场抽查核验，符合备案要求的要及时签署同意备案意见，不符合备案要求的要提出整改意见。若备案资料不真实，提交虚假资料的不予备案,并通报至上级主管部门。未及时办理相关备案手续的,以催办通知书告知。

九、加强关键部位质量抽查。项目质量监督机构要对主要原材料质量、薄弱环节和涉及结构强度及稳定性的重要指标进行抽查验证检测,抽查频率控制在10% ~15%,抽查验证检测应与交工检测同期进行。具体抽检内容和频率参照附件11、12。

抽查检测费用由建设单位承担。抽查验证检测与交工检测不得为同一单位。

十、推行专家技术咨询制度。项目质量监督机构在进行特殊工程督查以及对质量问题(事故)仲裁、竣(交)工质量鉴定时,如有必要可以要求建设单位组织专家参与督查、鉴定。

十一、严把竣(交)工检测关。竣(交)工检测单位可以通过招标或直接委托方式确定。采取直接委托方式应符合不招标条件,并报经上级主管部门批准同意后,质量监督机构会同建设单位协商确定项目竣(交)验收质量检测单位和特殊专项检测单位。

检测合同由建设单位、检测单位和质量监督机构三方共同签订。

附件:1. 项目业主管理机构和人员备案表
2. 施工单位合同履约情况备案表
3. 监理单位合同履约情况备案表
4. 施工单位工地试验室备案表
5. 监理单位工地试验室备案表
6. 重大特殊施工工艺备案表
7. 主要分部工程中间交工备案表
8. 参建单位安全管理人员备案表
9. 安全生产基本情况备案表
10. 安全生产月备案表
11. 公路工程项目质量验证检测内容频率
12. 水运土建工程项目质量验证检测内容频率

附件 1

项目业主管理机构和人员备案表

编号：

<table>
<tr><td>项目名称</td><td colspan="4"></td></tr>
<tr><td>项目业主</td><td colspan="4"></td></tr>
<tr><td>现场负责人</td><td>姓　　名</td><td></td><td>技术职称</td><td></td></tr>
<tr><td>现场负责人业绩</td><td colspan="4"></td></tr>
<tr><td>计划、工程、财务、安全等主要职能管理部门设置情况</td><td colspan="4"></td></tr>
<tr><td>部门职责分工是否明确，管理制度是否完善</td><td colspan="4"></td></tr>
<tr><td>项目现场管理机构的组建单位审查意见</td><td colspan="4">年　月　日</td></tr>
<tr><td>质量监督机构备案意见</td><td colspan="4">监督负责人：　　年　月　日</td></tr>
</table>

注：1. 项目现场管理机构的组建单位在审查意见栏加盖单位公章。

2. 本表一式两份，质量监督机构和项目业主分别存档。

附件 2

施工单位合同履约情况备案表

编号：

<table>
<tr><td colspan="2">项目名称</td><td colspan="4"></td></tr>
<tr><td colspan="2">合同段</td><td colspan="4"></td></tr>
<tr><td colspan="2">施工单位</td><td colspan="2"></td><td>企业资质</td><td></td></tr>
<tr><td colspan="2">监理单位</td><td colspan="2"></td><td>现场负责人</td><td></td></tr>
<tr><td colspan="2" rowspan="3">项目经理</td><td colspan="2">合同约定</td><td colspan="2">实际进场</td></tr>
<tr><td>姓名</td><td>资格</td><td>姓名</td><td>资格</td></tr>
<tr><td></td><td></td><td></td><td></td></tr>
<tr><td colspan="2" rowspan="3">项目总工</td><td colspan="2">合同约定</td><td colspan="2">实际进场</td></tr>
<tr><td>姓名</td><td>技术职称</td><td>姓名</td><td>技术职称</td></tr>
<tr><td></td><td></td><td></td><td></td></tr>
<tr><td colspan="2">主要专业技术人员合同履约情况</td><td colspan="4"></td></tr>
<tr><td colspan="2">进场设备能否满足工程进度计划要求</td><td colspan="4"></td></tr>
<tr><td colspan="2">监理单位检查意见</td><td colspan="4"></td></tr>
<tr><td colspan="2">项目业主检查意见</td><td colspan="4"></td></tr>
<tr><td rowspan="3">检查单位</td><td>施工单位</td><td colspan="3">项目经理：</td><td>年 月 日</td></tr>
<tr><td>监理单位</td><td colspan="3">高级驻地监理工程师：</td><td>年 月 日</td></tr>
<tr><td>项目业主</td><td colspan="3">现场负责人：</td><td>年 月 日</td></tr>
<tr><td colspan="2">质量监督机构备案意见</td><td colspan="3">监督负责人：</td><td>年 月 日</td></tr>
</table>

注：1. 本表检查单位栏各单位负责人必须签字确认。

2. 本表一式两份，质量监督机构和项目业主分别存档。

附件 3

监理单位合同履约情况备案表

编号：

<table>
<tr><td colspan="2">项目名称</td><td colspan="4"></td></tr>
<tr><td colspan="2">合同段</td><td colspan="4"></td></tr>
<tr><td colspan="2">监 理 单 位</td><td></td><td>企 业 资 质</td><td colspan="2"></td></tr>
<tr><td colspan="2" rowspan="3">高级驻地
监理工程师</td><td colspan="2">合 同 约 定</td><td colspan="2">实 际 进 场</td></tr>
<tr><td>姓　　名</td><td>资　　格</td><td>姓　　名</td><td>资　　格</td></tr>
<tr><td></td><td></td><td></td><td></td></tr>
<tr><td colspan="2">主要专业监理工
程师合同履约情况</td><td colspan="4"></td></tr>
<tr><td colspan="2">仪器设备及交通工
具合同履约情况</td><td colspan="4"></td></tr>
<tr><td colspan="2">办公场所建设
合同履约情况</td><td colspan="4"></td></tr>
<tr><td colspan="2">项目业主
检查意见</td><td colspan="4"></td></tr>
<tr><td rowspan="2">检查
单位</td><td>监理单位</td><td colspan="4">总监理工程师：　　　　年　　月　　日</td></tr>
<tr><td>项目业主</td><td colspan="4">现场负责人：　　　　年　　月　　日</td></tr>
<tr><td colspan="2">质量监督机
构备案意见</td><td colspan="4">监督负责人：　　　　年　　月　　日</td></tr>
</table>

注：1. 本表检查单位栏各单位负责人必须签字确认。

2. 本表一式两份，质量监督机构和项目业主分别存档。

附件4

施工单位工地试验室备案表

编号：

<table>
<tr><td colspan="2">项目名称</td><td colspan="4"></td></tr>
<tr><td colspan="2">合同段</td><td colspan="4"></td></tr>
<tr><td colspan="2">施工单位</td><td colspan="4"></td></tr>
<tr><td colspan="2">母体机构名称及资质</td><td colspan="4"></td></tr>
<tr><td colspan="2">试验室负责人</td><td>姓名</td><td></td><td>证书编号</td><td></td></tr>
<tr><td colspan="2">人员配备情况</td><td colspan="4"></td></tr>
<tr><td colspan="2">仪器、设备配置情况</td><td colspan="4"></td></tr>
<tr><td colspan="2">管理制度建设情况</td><td colspan="4"></td></tr>
<tr><td colspan="2">具备试验检测项目</td><td colspan="4"></td></tr>
<tr><td colspan="2">监理单位审查意见</td><td colspan="4"></td></tr>
<tr><td colspan="2">项目业主审定意见</td><td colspan="4"></td></tr>
<tr><td rowspan="3">验收
单位</td><td>施工单位</td><td colspan="4">项目经理：　　　　年　月　日</td></tr>
<tr><td>监理单位</td><td colspan="4">高级驻地监理工程师：　　　　年　月　日</td></tr>
<tr><td>项目业主</td><td colspan="4">现场负责人：　　　　年　月　日</td></tr>
<tr><td colspan="2">质量监督机构
备案意见</td><td colspan="4">监督负责人：　　　　年　月　日</td></tr>
</table>

注：1. 本表验收单位栏各单位负责人必须签字确认。

2. 本表一式两份，质量监督机构和项目业主分别存档。

附件 5

监理单位工地试验室备案表

编号：

<table>
<tr><td colspan="2">项目名称</td><td colspan="4"></td></tr>
<tr><td colspan="2">合同段</td><td colspan="4"></td></tr>
<tr><td colspan="2">监理单位</td><td colspan="4"></td></tr>
<tr><td colspan="2">母体机构名称及资质</td><td colspan="4"></td></tr>
<tr><td colspan="2">试验室负责人</td><td>姓名</td><td></td><td>证书编号</td><td></td></tr>
<tr><td colspan="2">人员配备情况</td><td colspan="4"></td></tr>
<tr><td colspan="2">仪器、设备配置情况</td><td colspan="4"></td></tr>
<tr><td colspan="2">管理制度建设情况</td><td colspan="4"></td></tr>
<tr><td colspan="2">具备试验检测项目</td><td colspan="4"></td></tr>
<tr><td colspan="2">项目业主审查意见</td><td colspan="4"></td></tr>
<tr><td rowspan="2">验收单位</td><td>监理单位</td><td colspan="4">高级驻地监理工程师：　　　　年　月　日</td></tr>
<tr><td>项目业主</td><td colspan="4">现场负责人：　　　　年　月　日</td></tr>
<tr><td colspan="2">质量监督机构备案意见</td><td colspan="4">监督负责人：　　　　年　月　日</td></tr>
</table>

注：1. 本表验收单位栏各单位负责人必须签字确认。

2. 本表一式两份，质量监督机构和项目业主分别存档。

附件6

重大特殊施工工艺备案表

编号：

<table>
<tr><td colspan="2">项目名称</td><td colspan="3"></td></tr>
<tr><td colspan="2">合同段</td><td colspan="3"></td></tr>
<tr><td colspan="2">施工单位</td><td></td><td>企业资质</td><td></td></tr>
<tr><td colspan="2">特殊施工工艺</td><td colspan="3"></td></tr>
<tr><td colspan="2">施工单位自查意见</td><td colspan="3"></td></tr>
<tr><td colspan="2">监理单位审查意见</td><td colspan="3"></td></tr>
<tr><td colspan="2">项目业主复审意见</td><td colspan="3"></td></tr>
<tr><td rowspan="3">审查单位</td><td>施工单位</td><td colspan="2">项目经理：</td><td>年　月　日</td></tr>
<tr><td>监理单位</td><td colspan="2">高级驻地监理工程师：</td><td>年　月　日</td></tr>
<tr><td>项目业主</td><td colspan="2">现场负责人：</td><td>年　月　日</td></tr>
<tr><td colspan="2">质量监督机构备案意见</td><td colspan="2">监督负责人：</td><td>年　月　日</td></tr>
</table>

注：1. 重大特殊施工工艺是指技术复杂、施工难度较大的工艺。

2. 本表审查单位栏各单位负责人必须签字确认。

3. 本表一式两份，质量监督机构和项目业主分别存档。

附件 7

主要分部工程中间交工备案表

编号：

<table>
<tr><td colspan="2">项目名称</td><td colspan="3"></td></tr>
<tr><td colspan="2">分部工程名称</td><td></td><td>所属单位工程名称</td><td></td></tr>
<tr><td colspan="2">所属合同段</td><td></td><td>分项工程数量</td><td></td></tr>
<tr><td colspan="2">施工单位</td><td></td><td>技术负责人</td><td></td></tr>
<tr><td colspan="2">监理单位</td><td></td><td>专业工程师</td><td></td></tr>
<tr><td colspan="2">分部工程中间交工内容（桩号、项目划分、工程项目、工程数量）</td><td colspan="3"></td></tr>
<tr><td colspan="2">监理单位对施工单位中间交工申请的评述意见及其结论</td><td colspan="3"></td></tr>
<tr><td colspan="2">项目业主审定意见</td><td colspan="3"></td></tr>
<tr><td rowspan="3">验收单位</td><td>施工单位</td><td colspan="3">项目经理：　年　月　日</td></tr>
<tr><td>监理单位</td><td colspan="3">高级驻地监理工程师：　年　月　日</td></tr>
<tr><td>项目业主</td><td colspan="3">现场负责人：　年　月　日</td></tr>
<tr><td colspan="2">质量监督机构备案意见</td><td colspan="3">监督负责人：　年　月　日</td></tr>
</table>

注：1. 主要分部工程为《公路工程质量检验评定标准》、《水运工程质量检验评定标准》附录 A 中权值为 2 的分部工程。

2. 本表验收单位栏各单位负责人必须签字确认。

3. 本表一式两份，质量监督机构和项目业主分别存档。

附件 8

参建单位安全管理人员备案表

项目名称							
	序　号	姓　名	职　务	资格证书编号	单 位 名 称	安全生产许可证编号	联 系 电 话
建设单位	1						
	2						
	3						
	…						
监理单位	1						
	2						
	3						
	…						
施工单位	1						
	2						
	3						
	…						
建设单位对监理、施工单位人员的审查意见							
安全监管机构备案意见							

注:1. 建设单位资格证书编号填写安全类证书号,监理单位资格证书编号填写监理工程师(安全增项)编号,施工单位资格证书编号填写"三类人员"证书编号。

2. 本表一式两份,安全监管机构和项目业主分别存档。

附件 9

安全生产基本情况备案表

编号：

<table>
<tr><td colspan="2">项目名称</td><td></td></tr>
<tr><td colspan="2">合同段</td><td></td></tr>
<tr><td colspan="2">施工单位</td><td></td></tr>
<tr><td colspan="2">监理单位</td><td></td></tr>
<tr><td colspan="2">安全预案制订情况</td><td></td></tr>
<tr><td colspan="2">管理制度建设情况</td><td></td></tr>
<tr><td colspan="2">组织机构建立情况</td><td></td></tr>
<tr><td colspan="2">一线工人业余
学校设立情况</td><td></td></tr>
<tr><td colspan="2">监理单位审查意见</td><td></td></tr>
<tr><td colspan="2">项目业主审查意见</td><td></td></tr>
<tr><td rowspan="2">审查
单位</td><td>监理单位</td><td>高级驻地监理工程师：　　　　年　月　日</td></tr>
<tr><td>项目业主</td><td>现场负责人：　　　　年　月　日</td></tr>
<tr><td colspan="2">质量监督机
构备案意见</td><td>监督负责人：　　　　年　月　日</td></tr>
</table>

注：1. 本表审查单位栏各单位负责人必须签字确认。

2. 本表一式两份，质量监督机构和项目业主分别存档。

附件 10

安全生产月备案表

编号：

<table>
<tr><td colspan="2">项目名称</td><td colspan="4"></td></tr>
<tr><td colspan="2">合同段</td><td colspan="4"></td></tr>
<tr><td colspan="2">施工单位</td><td colspan="4"></td></tr>
<tr><td colspan="2">监理单位</td><td colspan="4"></td></tr>
<tr><td colspan="2">业余学校教学情况</td><td colspan="4"></td></tr>
<tr><td colspan="2">单元预警执行情况</td><td colspan="4"></td></tr>
<tr><td colspan="2">班前会开展情况</td><td colspan="4"></td></tr>
<tr><td colspan="2">现场安全防护
措施落实情况</td><td colspan="4"></td></tr>
<tr><td colspan="2">专项预案审查
落实情况</td><td colspan="4"></td></tr>
<tr><td colspan="2">监理单位审查意见</td><td colspan="4"></td></tr>
<tr><td colspan="2">项目业主审查意见</td><td colspan="4"></td></tr>
<tr><td rowspan="2">审查
单位</td><td>监理单位</td><td>高级驻地监理工程师：</td><td>年</td><td>月</td><td>日</td></tr>
<tr><td>项目业主</td><td>现场负责人：</td><td>年</td><td>月</td><td>日</td></tr>
<tr><td colspan="2">质量监督机
构备案意见</td><td>监督负责人：</td><td>年</td><td>月</td><td>日</td></tr>
</table>

注：1. 本表每月 25 日前上报。

2. 本表审查单位栏各单位负责人必须签字确认。

3. 本表一式两份，质量监督机构和项目业主分别存档。

附件 11

公路工程项目质量验证检测内容频率

编号：

<table>
<tr><th>单位工程</th><th>实测指标项</th><th>标准和评价方法</th><th>检测频率</th><th>抽查频率</th></tr>
<tr><td rowspan="3">路基工程</td><td>弯沉</td><td>按检评标准规定</td><td>双车道每公里80点</td><td rowspan="3">1. 弯沉按项目里程15%抽检；
2. 小桥、涵洞及支挡工程抽查总数的10%</td></tr>
<tr><td>小桥混凝土强度</td><td>每座采用回弹法或超声波法</td><td>不少于10个测区</td></tr>
<tr><td>涵洞及支挡工程混凝土强度</td><td>按检评标准规定</td><td>每道10个测区</td></tr>
<tr><td rowspan="6">路面工程</td><td>沥青路面压实度</td><td rowspan="2">按检评标准规定</td><td>双车道每公里测1点</td><td rowspan="6">1. 沥青路面压实度和弯沉、水泥混凝土面层强度和厚度、基层厚度和强度、基层压实度按项目里程10%抽检；
2. 沥青路面厚度按项目里程15%抽检</td></tr>
<tr><td>沥青路面弯沉</td><td>双车道每公里测80点</td></tr>
<tr><td>沥青混合料油石比</td><td>按设计规定</td><td>每项目抽检不少于3次</td></tr>
<tr><td>水泥混凝土面层强度、厚度</td><td>钻芯法检测，强度大(等)于设计值为合格，计算合格率，厚度大(等)于“设计值－10mm”为合格</td><td>每公里取芯3点(不足1km时，按1km计)</td></tr>
<tr><td>沥青路面厚度</td><td>按大(等)于设计值的85%</td><td>每公里抽查1点</td></tr>
<tr><td>路面基层厚度、强度</td><td>钻芯法检测</td><td>每公里取芯3点</td></tr>
<tr><td>桥梁工程</td><td>混凝土强度</td><td>回弹法，强度推定值大于设计强度且小于设计强度的1.5倍时为合格</td><td>大中桥不少于总孔数的30%，小桥逐孔检测；每孔上部及下部结构各测10个测区</td><td>大中桥抽查15%，小桥抽查10%</td></tr>
<tr><td rowspan="3">原材料</td><td colspan="2">沥青(针入度、延度、软化点)</td><td rowspan="3">—</td><td rowspan="3">每个项目抽测3组</td></tr>
<tr><td colspan="2">钢材(力学性能)</td></tr>
<tr><td colspan="2">水泥(凝结时间、安定性、胶砂强度)</td></tr>
</table>

附件12

水运土建工程项目质量验证检测内容频率

编号：

<table>
<tr><th>单位工程</th><th>实测指标项</th><th>标准和评价方法</th><th>检 测 频 率</th><th>抽 查 频 率</th></tr>
<tr><td rowspan="3">码头工程</td><td>沉桩桩顶偏位</td><td rowspan="3">按检评标准规定</td><td rowspan="3">逐件检查</td><td rowspan="3">抽查总数的10%</td></tr>
<tr><td>成品构件(混凝土基桩、构件)</td></tr>
<tr><td>混凝土柱及上部结构(强度、钢筋保护层厚度)</td></tr>
<tr><td rowspan="3">道路堆场</td><td>沥青路面压实度</td><td>满足设计要求</td><td></td><td>按每2 000m^2一点,且不少于3点</td></tr>
<tr><td>水泥混凝土强度、厚度</td><td rowspan="2">按检评标准规定</td><td>每伸缩缝一处</td><td>每10伸缩缝一处</td></tr>
<tr><td>道路、堆场基层厚度</td><td>道路每50m一处,堆场每100m^2一处</td><td>道路每250m一处,堆场每1 000m^2一处,且不少于3处</td></tr>
<tr><td>船闸工程</td><td>混凝土强度</td><td>按检评标准规定</td><td>逐段检查</td><td>每段分别检测闸室底板、两闸室墙共3点</td></tr>
<tr><td>桥梁工程</td><td>混凝土强度</td><td>按检评标准规定</td><td>大中桥不少于总孔数的30%,小桥逐孔检测;每孔上部及下部结构各测10个测区</td><td>大中桥抽查15%,小桥抽查10%</td></tr>
<tr><td rowspan="3">原材料</td><td colspan="2">沥青(针入度、延度、软化点)</td><td rowspan="3">—</td><td rowspan="3">每个项目抽测3组</td></tr>
<tr><td colspan="2">钢材(力学性能)</td></tr>
<tr><td colspan="2">水泥(凝结时间、安定性、胶砂强度)</td></tr>
</table>

29. 安徽省公路水运重点工程安全生产管理“单元预警法”推广实施(试行)方案

(2009年12月9日　安徽省交通工程基本建设质量监督站　皖交质监站〔2009〕66号)

为推进我省交通建设工程安全生产实现超前化、预防式管理,强化施工现场安全生产危险预警发布和预控措施落实,进一步提升交通建设施工安全的管理水平,省交通质监站通过对近几年全省安全生产事故的分析研究,运用现代管理理论,提出了“单元预警法”(附件1)这一新的安全生产管理方法,通过在省内四个具有代表性交通建设项目的试点,效果良好,并已完成了试点总结,现向全省各交通建设重点工程全面推广。

一、指导思想和总体目标

以科学发展观为统领,贯彻落实“安全第一、预防为主、综合治理”的方针,坚持“以人为本、科学发展”的科学理念,本着“创新机制、标本兼治”的原则,认真实践,不断总结,推动我省交通工程安全生产稳步发展,以实现交通建设工程事故数、人员伤亡数逐年“双下降”的目标。

二、主要内容和工作要点

以施工安全防范为核心,以生产管理单元的划分、施工现场危险源的辨识和预警信息的发布为主要内容,力求突出安全隐患,强调现场警示,明确防范重点,把安全生产定性认识转变成可控可防的具体安全管理措施。

(一)警示牌的竖立

项目业主及各施工单位分别在其驻地醒目处竖立“安全生产警示牌”(规格及内容参照附件2);施工单位在项目部驻地醒目处竖立“项目部施工危险源发布牌”(规格及内容参照附件3);对于施工场地固定、工序相对集中的施工点宜竖立“安全生产单元预警牌”(规格及内容参照附件4)。

负责安全的监理人员要不定期检查、核实以上各安全生产标牌的发布更新情况。

(二)预警单元的划分

项目部根据所属工程的特点,按照操作简单、方便可行的原则划分单元。按照生产工序相对独立、作业空间相对独立、施工范围相对固定和具有明显的区域界限的原则来划分。划分的单元要覆盖所有的工点和工序。如可以以工地(点)、驻地、单位工程及分项工程等为单元。

(三)预警级别的确定

施工单位专职安全员根据所划分单元的生产情况、施工作业环境及当日天气情况进行综合分析,认真做好当日危险源的辨识工作,并归纳分级。根据危险程度、影响范围、可能造成的人员伤亡和财产损失的程度,大体上划分为“一般(蓝色)”、“较重(黄色)”、“严重(橙色)”、

“特别严重(红色)”4 个等级。

(四)预警发布的形式

预警发布形式由项目部根据工程的特点和本单位的通常习惯自行确定,建议以定点预警和流动预警相结合,色彩预警和文字预警相结合,例如彩旗预警、彩灯预警、预警袖章、预警牌等。

(五)预警发布监控管理

1.“一般等级(蓝色)”由现场兼职安全员旁站,其他部门和人员巡视。

2.“较重等级(黄色)”由现场兼职安全员旁站,其他部门和人员巡视,其中项目部专职安全员重点巡视。

3.“严重等级(橙色)”由项目部专职安全员和现场兼职安全员旁站,其他部门和人员巡视,其中监理组安全工程师重点巡视。

4.“特别严重等级(红色)”建议停止施工,确需施工的则必须由监理安全工程师、施工单位专职、兼职安全员旁站,并且项目办分管安全的负责人、项目经理、总工、监理组长要重点巡视。

(六)预警实施评价与管理

项目办和监理组每周对各标段的各预警单元的预警信息发布是否及时正确、防控措施是否落实到位等方面进行评价,评价结果按“好”、“一般”、“差”进行。当某标段两个月内三分之一以上单元预警效果被评价为“差”,则该标段必须调整安全员,进行停工整顿。

三、总体安排和主要措施

从 2009 年 12 月起,在全省公路水运重点工程安全生产管理中全面推广“单元预警法”。各重点工程项目办要根据自身项目特点,制定本项目安全生产“单元预警法”实施方案,并下发到各参建单位。各施工单位根据自身工程特点,结合项目业主所下发的方案制定本标段具体实施方案,经监理单位审批后报项目办备案。监理单位应针对方案督促项目部在实施过程中,认真总结,不断完善。省交通质监站将适时检查各项目具体实施情况,力争用两年左右的时间把“单元预警法”发展成为我省一种广泛应用的安全生产管理方法。

(一)提高认识,加强领导

试点表明,“单元预警法”是行之有效的现场安全生产管理方法。各建设业主及参建单位的领导要充分认识推广应用“单元预警法”的重要意义,要把该方法当作提升安全生产管理水平重要举措,结合项目实际,认真组织实施。各项目办负责人要主抓该工作,项目安全管理负责人要具体抓,协助施工、监理单位拟定可行实施方案,解决现场实施难题,积极发挥好业主在安全生产管理上的主导作用。

(二)注重教育,夯实基础

安全教育是搞好安全生产工作的基础。要充分发挥“一校”、“一会”、“一志”活动的教育培训作用,大力提升全员安全意识和安全操作技能及自我保护能力;着力实现“一校”、“一会”、“一志”活动和“单元预警法”在项目施工现场的有机结合。

一线工人业余学校原则上每个月对每位工人要有不少于一次的培训,并注重以下三点:一是新进工人必须进行培训;二是工序改变时必须进行培训;三是气候、环境发生重大变化时必须进行培训。

班前会可以不拘形式、不拘地点，但必须做到以下两点：一是每天每班组必须召开班前会；二是班前会必须要讲解当日施工操作要领、存在的危险源及防范措施等。

专职安全员每日必须记好安全日志，要重点对第二天工序中可能存在的危险源进行梳理，制定相应的防控措施及时告知班组长，必要时应履行交底签认手续。

项目办分管安全的负责人每个月要到施工单位参加 1 ~ 2 次业余学校授课和班前会交底。安全监理工程师每个月要到所监理的各标段参加 1 ~ 2 次业余学校授课和班前会交底。

(三)突出重点，全面推进

“单元预警法”是综合工程施工工序特点、危险源识别及施工生产环境等因素推出的一种安全生产管理方法，要求项目各参建单位认真分析项目工程特点和环境特殊性，根据“单元预警法”的相关要求和实施步骤，找出重点部位、重点环节，认真排查工序危险源，结合施工天气环境，拟定切实可行的预警发布形式和危险源防控方案，抓住重点，全面推进推广实施工作。

(四)统筹协调，注重实效

在推广实施“单元预警法”工作中，建设业主和各参建单位要积极协作，单位职能部门要密切配合，共同完成推广实施工作。各项目部要积极调动人力和物力，细化落实方案，落实实施责任人；监理单位要加强施工工序危险源的辨识和本方法实施方案的审批，督促现场各项防控措施的落实；建设业主应在驻地树立“安全生产警示牌”，以此带动本方法推广活动的全面展开。业主单位要把“单元预警法”的实施情况作为对施工单位考核考评的重点内容之一，可从项目安全资金列支实施专项资金，用于奖励实施行动快、现场效果好的单位，并适时组织观摩学习，营造出比、学、赶、超的现场安全生产氛围。

(五)掌握动态，强化管理

各项目办要定期召开推广实施调度会，通过交流总结，掌握实施动态，解决发现问题。同时，建设业主和监理单位要配备责任心强、业务能力强的技术人员充实安全管理工作，加强实施阶段的现场检查和指导；项目部要选拔责任心强，熟悉施工工序、精通危险源辨识，掌握防控知识的技术型人才担任专职安全管理人员，全面落实本方法的实施工作。建设业主和监理单位要认真做好预警实施评价与管理工作，严格执行评价标准，督促落实整改措施，确保本方案的现场实施效果，力争在不断完善的基础上形成较为成熟的安全管理方法，并以此建立长效机制，力求在交通建设工程中取得良好的经济效益和社会效益。

附件：1. 安全生产管理的一种方法——单元预警法

2. 安全生产警示牌制作示意图(略)

3. 项目部施工危险源发布牌制作示意图(略)

4. 安全生产单元预警牌制作示意图(略)

附件 1

安全生产管理的一种方法——单元预警法

一、从生产事故风险公式谈起

风险是危险、危害事件的可能性与危险、危害事件严重程度的综合度量。常用的表达公式是:

$$R=f(F,C)$$

式中:R——生产系统事故风险;

F——生产系统发生事故的可能性;

C——生产系统发生事故的严重程度。

通过上式可以看出:1. 从生产过程中事故发生的角度看,生产事故风险来源于两个方面:①生产过程中发生事故的概率,即事故概率风险。它是用来预测生产过程中可能发生什么事故及其发生事故的可能性有多大。②生产过程中发生事故的后果。其反映了在生产过程中可能发生什么事故,且一旦事故发生,会造成什么样的损失。2. 从生产过程中事故发生的结果看,发生事故的概率越大,或者事故的严重程度越大,生产事故的风险也就越大。3. 从生产事故风险的管理方面,降低生产事故风险,最有效的方法就是最大限度地降低发生事故的概率和事故发生的后果,或者是根据生产具体情况,本着可行、有效的原则,降低其中之一。

二、安全生产管理是一门科学

人类预防事故的"三大对策",是安全工程技术对策、安全教育对策和安全管理对策。纵观我国近年来在安全生产管理方面的工作,明显地存在着侧重于宣传教育和行政管理,工程技术对策不够;侧重于单个事故后的处理,事故原因的系统分析和理论研究不足。现代安全生产管理应该从传统的事故管理转变为现代的事件分析与隐患管理,从传统的静态安全管理转变为现代的安全动态管理,从传统的被动、辅助、滞后的安全管理程式转变为现代主动、主导、超前的安全管理程式,从过去企业只顾生产经济效益的安全辅助管理转变为现代化的效益、环境、安全与卫生综合管理等。

安全生产管理理论,从早期的事故后管理发展到 20 世纪 60 年代的强化超前、预防型管理,从近代事故的管理发展到现代的隐患管理,从事故致因理论基础上的管理发展到现代的科学管理。安全管理的方法,从传统的行政手段、经济手段和常规督查手段发展到现代的法治手段、科学手段和文化手段,从基本的标准化、规范化管理发展到现代的"预防为主、综合治理"的科学管理。

三、安全生产管理的基本理论

(一)安全系统论

系统工程是现代管理学的一个最基本的原理。安全系统工程是以预测和预防事故为中心,以识别、分析、评价和控制系统风险为重点,研究安全事故预防的一般规律和方法。在事故预防过程中,安全系统涉及两个系统对象:事故系统和安全系统。

事故系统涉及四个要素,通常称“4M”要素:人(Men),人的不安全行为是事故产生的最直接的因素;机(Machine),机器的不安全状态也是事故产生的直接因素;环境(Medium),不良的生产环境影响人的行为,同时对机械设备产生不良的作用;管理(Management),管理的欠缺。其中,最重要的因素是管理,因为管理对人、机、环境都会产生作用和影响。

安全系统的要素是:人,人的安全素质(心理与生理素质、安全能力素质、文化素质);物,设备与环境的安全可能性(设计安全性、制造安全性、使用安全性);能量,生产过程能的安全作用(能的有效控制);信息,充分可靠的安全信息流(管理效能的充分发挥)是安全的基础保障。

认识事故系统要素,对指导我们通过打破事故系统来保障人类的安全具有实际的意义。但是这种认识带有事后型的色彩,是被动的、滞后的,而从安全系统的角度出发,则具有超前的和预防的意义。因此,从建设安全系统的角度来认识安全原理更具有理性的意义,更符合科学性原则。

(二)事故致因理论

为了主动、有效地预防事故,首先必须深入了解和认识事故发生的原因。根据事故理论的研究,事故具有三种基本性质,即因果性、随机性与偶然性、潜在性与必然性。可以说每一起事故发生,尽管或多或少都存在偶然性,但却无一例外地都有着各种各样的必然性。因此,预防和避免事故的关键就在于找出事故发生的规律,识别、发现并且消除导致事故的必然原因,控制和减少偶然原因,使发生事故的可能性降低到最小。由于现代工业生产系统是人造系统,因此,任何事故从理论和客观上讲都是可预防的。

海因里希事故因果连锁论(多米诺骨牌事故论)为安全生产的经典理论。

1931 年,美国工程师海因里希首先提出了著名的事故因果连锁论,用以阐述导致事故的各种原因因素之间及与事故之间的关系。他认为,事故的发生不是一个孤立的事件,尽管事故发生可能在某一瞬间,却是一系列互为因果的原因事件相继发生的结果。

海因里希最初提出的事故因果连锁过程包括如下 5 个因素:遗传和社会环境、人的缺点、人的不安全行为或物的不安全状态、事故、伤害。他认为,遗传和社会环境、人的失误、人的不安全行为和事件是导致事故的连锁原因,就像著名的多米诺骨牌一样,一旦第一张倒下,就会导致第二张、第三张直至第五张骨牌依次倒下,最终导致事故和相应的损失。同时,他还指出,控制事故发生的可能性及减少伤害和损失的关键环节在于消除人的不安全行为和物的不安全状态。即抽去第三张骨牌就有可能避免第四和第五张骨牌的倒下。他认为,只要消除了生产过程中的危险性,努力防止人的不安全行为或物的不安全状态,安全事故就不会发生,由此造成的人身伤害和经济损失也就无从谈起。这一理论从产生伊始就被广泛用于安全生产工作之中,也是搞好安全管理的重要原则。

(三)博德事故因果连锁论。

在海因希里事故因果连锁的基础上,博德提出了反映现代安全观点的事故因果模型。

博德事故因果模型的基本观点如下:

(1)控制不足——管理。事故因果连锁中一个最重要的因素是安全管理。大多数企业,由于各种原因,完全依靠工程技术上的改进来预防事故是不现实的,需要完善安全管理工作,才能防止事故的发生。如果安全管理上出现缺陷,就会使得导致事故基本原因的出现。

(2)基本原因——起源论。为了从根本上预防事故,必须查明事故的基本原因,并针对查明的基本原因采取对策。基本原因包括个人原因及工作有关的原因。所谓起源论,是在于找出问题的基本的、背后的原因,而不仅仅是停留在表面的现象上。

(3)直接原因——征兆。不安全行为或不安全状态是事故的直接原因。这是最重要的,也是必须加以追究的原因。但是,直接原因不过是像基本原因那样的深层原因的征兆,是一种表面现象。

(4)事故——接触。从实用的目的出发,往往把事故定义为最终导致人员身体损伤、死亡、财物损失的,不希望的事故。但是,越来越多的人把事故看作是人的身体或构筑物、设备与超过其阈值的能量的接触,或人体与妨碍正常生产活动的物质的接触。

(5)伤害、损坏——损失。博德模型中的伤害,包括了工伤、职业病,以及对人员精神方面、神经方面或全身性的不利影响。人员伤害及财物损坏统称为损失。

四、公路工程安全生产的特点

(一)产品生产的不固定性

交通建设产品一般均为比较复杂的、大型的、投资多的一次性产品,或称单件性产品。在产品形成过程中,要根据其构成特点、技术要求、使用功能、合同约定的质量、工期和资金等条件,进行施工生产和系统管理。当这一产品完成后,施工单位就必须转移到新的施工点去,工作环境多变,施工人员流动性大。

(二)露天作业条件恶劣性

交通建设工程施工大多是在露天空旷的场地或水域完成的,有些甚至要在悬崖、深谷、潮汐海浪汹涌等处作业,工作环境相当艰苦,防护条件差,生产和管理复杂,容易发生伤亡事故。

(三)结构庞大施工高空性

交通建设产品的结构十分庞大,操作工人大多在十几米,甚至几百米的高空进行施工作业,容易产生高处坠落的伤亡事故。

(四)施工队伍流动性大、素质参差不齐,导致实施安全管理的困难性

近年来,由于工程建设发展迅速,缺乏大量有技术基础并能熟练操作的工人,大批文化水平较低、安全意识和自我保护能力较弱的农民进入建筑队伍,导致施工队伍整体素质参差不齐,而且由于施工队伍流动性大,多数务工人员还不太了解如何按安全操作规程进行施工作业。

(五)手工操作多、体力消耗大、强度高,造成劳动保护的艰巨性

在恶劣的作业环境下,施工人员手工操作多,体能耗费大,劳动时间和劳动强度都比其他行业要大,其职业危害严重,带来了个人劳动保护的艰巨性。

(六)产品品种多样性、施工工艺多变性,导致施工安全管理的复杂性

交通建设产品品种多样性,使得施工生产工艺复杂多变。如一座桥从基础、下部结构、上部结构至竣工验收,各道施工工序均有其不同的特性,其不安全的因素各不相同。同时,随着工程建设的进展,施工现场的不安全因素也在随时变化,要求施工单位必须针对工程进度和施工现场实际情况不断地、及时地采取安全技术措施和安全管理措施予以保证。

(七)施工场地窄小,带来多工种作业的立体交叉性

近年来,交通建设工程由低向高发展,由地上向地下、水下发展,施工现场却由宽到窄发展,致使施工场地与施工条件要求的矛盾日益突出,多工种立体交叉作业增加,导致机械伤害、物体打击事故增多。

施工安全生产的上述特点,决定了施工生产的不安全隐患多存在于高处作业、交叉作业、垂直运输、个人劳动保护以及使用电气机具等环节,伤亡事故也多发生在高处坠落、物体打击、机械伤害、起重伤害、触电、坍塌等方面。同时,新、奇、个性化的建筑产品的出现,给交通建设工程施工带来了新的挑战,也给交通建设工程安全管理和安全防护技术提出了新的要求。为了更加有效地进行安全生产管理,划小单元,使其作业内容相对简单明确,安全生产的影响因素重点突出。这样排查隐患,风险控制就更具针对性和有效性。

五、应用单元预警法管理安全生产

(一)单元预警法就是将公路工程根据作业内容、作业地点的不同,将管理对象划分为若干单元。通过对单元范围内的施工工艺、天气状况等安全隐患源的排查分析,给作业人员提出相应的安全风险超前警示。

(二)应用单元预警法进行安全生产管理的前提是安全生产责任体系健全、管理制度完善、机具设备基本完好、一线管理和施工人员达到应有的基本素质。

(三)应用单元预警法主要步骤:(1)确定管理对象和范围,划分单元。(2)检查应用单元预警法进行安全生产管理的前提条件是否符合。(3)熟悉单元范围内工作目标与计划、施工工艺和工序、机具设备运转状态以及其他技术要求。(4)了解下一个工作日的工作内容、天气状况,确定安全风险预警等级,并以一定形式传达给现场作业人员。(5)检查当日的安全生产情况,并做好记录和分析(见框图)。

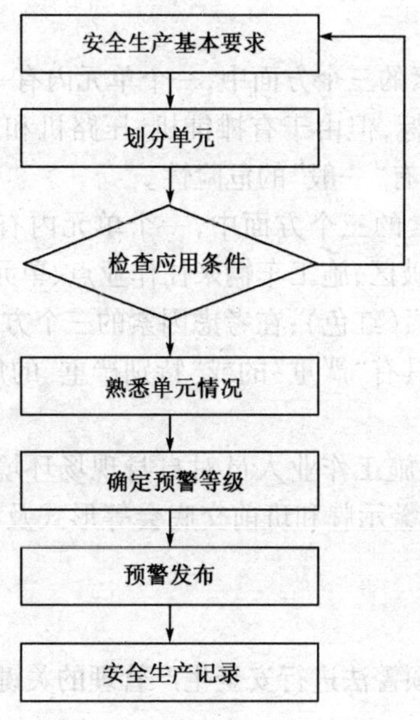

1. 划分单元

划分单元的目的是为更好地进行危险有害因素分析。划分单元的方法很多，如按生产工艺相对空间位置划分、按生产工艺功能划分、按危险因素类别划分、按作业场所划分、按工种划分和按作业性质划分等。但无论采用什么样的划分方法，都应坚持生产过程相对独立、空间上相对独立、事故范围相对固定和具有明显的界限的原则。

2. 检查应用条件

应用单元预警法，必须满足以下条件，一是 4 个基本条件：(1)安全目标；(2)主要危险源与不利环境因素识别；(3)事故的应急预案；(4)施工现场安全生产保证措施(制度建设和安全检查)。二是 4 个辅助条件：(1)组织机构与职责；(2)安全教育和培训(施工工艺技术交底)；(3)文件和资料管理；(4)安全记录(安全生产日志)。

3. 熟悉单元情况

根据建设工程的特点，大致上可以从 5 个途径进行了解：(1)工程目标；(2)工程主要内容；(3)工程实施的主要工序和时间；(4)工程实施中主要危险；(5)工程所处的环境(包括地形、气候)。

4. 确定预警等级

(1)预警等级

根据危险程度、影响范围、可能造成的人员伤亡和财产损失，大体上划分为“一般”、“较重”、“严重”和“特别严重”4 个等级。相应的预警颜色为蓝、黄、橙、红。

(2)考虑因素：

一是根据施工工艺：>2m 的高空(开挖深度)的高处作业；多台机械设备的同时作业；爆破作业；大型支架、模板、门架安装与拆除；起吊、打桩、钻井、搅拌、摊铺等机械作业；水上、潜水等作业；梁板现浇与架设。二是根据施工环境：易燃、易爆物品；临时用电；边通车边施工；粉尘、噪声、通风不良等。三是根据施工气候：雨天、雾天、大风和夜晚等；高温、严寒。

(3)预警等级的含义

“一般”(蓝色)：在考虑因素的三个方面中，一个单元内有一项发生，如某高速公路路面摊铺现场，天气良好、施工环境达标，但由于有摊铺机、压路机和运料车等多台机械设备同时作业，因此该单元预警可以定为具有“一般”的危险性。

“较重”(黄色)：在考虑因素的三个方面中，一个单元内有两项同时发生，可以定为具有“较重”的危险性。如在石方爆破区，施工车辆来往作业点、单元预警可定为“转重”危险性。

“严重”(橙色)、“特别严重”(红色)：在考虑因素的三个方面中，一个单元内有三项(含三项)以上的同时存在，可以定为具有“严重”的或“特别严重”的危险性。

5. 预警发布

确定预警等级，目的是提醒施工作业人员对自身现场环境的危险性的了解，强化危险意识，防患于未然。因此，用广播、警示牌和班前交底会等形式及时地传达给施工企业人员至为重要。

六、危险评价方法讨论

危险评价方法是应用单元预警法进行安全生产管理的关键。对事物的评价方法可分为定性评价和定量评价。

定性评价方法的特点是容易理解、便于掌握,评价过程简单。目前,定性危险评价方法在国内外安全管理工作中被广泛使用。但定性危险评价方法往往依靠经验,带有一定的局限性,评价结果有时因评价人员的经验和经历等有一定大的差异。

定量危险评价方法是基于大量的试验结果和广泛的事故资料统计分析获得的指标或规律(数学模型),对生产系统的工艺、设备、设施、环境、人员和管理等方面的状况进行定量计算。评价结果是一些定量的指标,如事故发生的概率、事故的伤害(破坏)范围、定量的危险性等。但该类评价方法要求数据准确、充分,分析过程完整,判断和假设合理,特别是需要准确地给出基本致因因素的事故发生概率,显然这对目前工程实际是十分困难的。

任何危险评价方法都有一定的适用范围和条件。选择危险评价方法,要针对工程实际情况、特点和评价目的,认真地分析和选择。在满足评价目的、能够提供所需的评价结果的前提下,应该选择计算过程简单、所需数据较少和容易获取的评价方法,使评价工作量和要获得的评价结果都是合理的,不要使评价出现无用的结果或引起不必要的麻烦。